普通高等教育"十一五"国家级规划教材

经济管理基础通论

徐康宁　李　东/主编

科学出版社

北　京

内 容 简 介

本书的内容包括经济学和管理学的基本原理，以及市场营销、人力资源管理和财务会计的基础知识，是一部综合经济管理专业原理性与技能性知识于一体的基础性教材和读物。通过学习本书，不仅可以拓宽在校大学的专业视野，使他们熟悉经济学的最重要的基本原理，理解市场经济的运行，而且可以掌握一些基本而有用的管理技能，如管理的职能、基本财务分析、进入市场的基本方法等，以适应市场经济的竞争。

本书可用作大学理工科专业和非经济管理专业通识教育课程的教材，也可作为对经济管理类专业有兴趣的学生、青年进行专业启蒙的基础读物。

图书在版编目(CIP)数据

经济管理基础通论/徐康宁，李东主编. —北京：科学出版社，2009
（普通高等教育“十一五”国家级规划教材）
ISBN 978-7-03-019141-0

Ⅰ.经… Ⅱ.①徐…②李… Ⅲ.经济管理-高等学校-教材 Ⅳ.F2

中国版本图书馆 CIP 数据核字(2009)第 041492 号

责任编辑：王伟娟 李俊峰/责任校对：陈玉凤
责任印制：徐晓晨/封面设计：耕者设计工作室

科学出版社出版
北京东黄城根北街 16 号
邮政编码：100717
http://www.sciencep.com
北京虎彩文化传播有限公司印刷
科学出版社发行 各地新华书店经销
*
2009 年 3 月第 一 版 开本：B5(720×1000)
2018 年 4 月第八次印刷 印张：25 1/4
字数：499 000

定价：65.00 元

（如有印装质量问题，我社负责调换）

目　　录

第1章　导言：打开一扇新知的窗

世界充满了新奇，也充满了机会。青年人对新奇是最敏感的，他们渴望发现新奇背后的答案；青年人对机会也是最跃跃欲试的，他们希望能找到把握机会的密码。新奇与机会是一个事物的两面，知道了新奇的答案，离机会就不会远了。

——本书主编

【本章学习目的】

1. 了解个人和企业的选择在经济生活中的重要作用。
2. 理解经济世界的四个基本问题。
3. 懂得市场经济优于计划经济，理解中国由计划经济走向市场经济是一个必然。
4. 理解政府在市场经济中的作用。
5. 了解管理的基本职能。
6. 理解企业的长期竞争优势与其管理能力有关。

对于阅读这本书的读者而言，本书是一个新知的世界。本书是专门为理工科专业的大学生而写的，为的是让学科学和工程技术专业的大学生懂得市场经济的基本理论知识，增强市场的意识，学会观察实际生活中的经济现象。

读者在生活中司空见惯的生产、销售、消费等经济现象，其背后都包含着许许多多的道理。从工程技术的角度看，一种产品能够变成现实，首先需要有人设计它，然后要靠人把它生产出来，生产的时候又要遵循一定的技术标准和工艺规定，产品才是合格的。当我们换一种思维角度来看的时候，很可能用另外的道理来解释它。就像本书所要阐述的一些基本原理一样，产品出现在市场，首先是因为有人需要它（用较为专业的话讲，就是有市场需求），而且这个产品的市场价格既不能高，也不能低，高了就没有相应的需求，低了就没有足够的供给。更重要的一点是，通常情况下（通常这两个字很重要），这个价格不是哪一个人可以决定的，其背后是市场的力量在起作用。不过，有的时候一种产品的价格越高，竞相购买的人却越多，投资市场就常见这种情形。这又是一种新奇。

读书和学习，如同坐在一个有多扇窗户的房间里，多打开一扇窗，就能多看到一片外部的世界。这个世界有新知，可能还有神奇。

1.1 学会如何做出选择

我们首先会接触到经济学的话题。

我们的身边时时刻刻都有应该如何做出选择的问题。上什么样的大学，读什么样的专业，今后应该从事什么样的专业。在收入一定的时候，是把多余的收入用于储蓄，还是用于投资；是投资于证券，还是投资于收藏……这些都是如何选择的问题。企业的生产经营活动更是一种选择性的商业行为。是生产汽车，还是生产家用电器，或是生产医药产品，甚至干脆什么都不生产，把企业的钱全部用于购买其他企业的股权，企业实际上是在做这种选择。我们在第 2 章中将分析，个人和企业在经济生活中不断地进行选择，是因为我们拥有的资源是有限的。用一定的资源去生产汽车，就不能生产家用电器。即使对于一个社会而言，即全体公众作为一个整体，其经济活动也是通过各种各样的选择而实现的。

人们根据什么来做出选择又是一个极其复杂的问题。

经济学家认为，通常情况下，人们是根据对未来的收益评价而做出选择。一般而言，经济活动中的选择行为符合未来收益最大化的预期。这也是经济学中“理性人”的含义。人们做出一种选择，是觉得这种选择可以回避风险，带来可能达到的最大收益。例如，选择生产汽车的企业，是因为厂商预计生产家用电器会有风险，而汽车的生产能给企业带来收益。同样，生产家用电器的厂商也是这样想的。世界上没有只求冒风险而不愿意要收益的企业，通常情况下也没有乱花钱而不计较是否给自己带来效用的个人，因为这不符合人的理性思考的本性。

然而，人们在期待预期收益的选择行为中，真的都是非常理性的吗？

当消费者进入商店时，他们首先会对那些打折或降价的商品感兴趣。商店经理知道，一件商品的价格如果只标上原价的一半甚至更少时，会大大激起消费者的购买欲望，因为消费者总是会拿现在的价格和原先的价格进行比较，以为此时购买是明智的选择，尽管这时商品的绝对价格还是很贵的。在成熟的经济学家的眼里，消费者很可能犯了行为选择的错误，因为他们这时会用原来的价格作为参照系。错就错在这里，用原来的价格作为参照系是很不理性的，因为商家很容易设置这样的圈套：把原先的价格标得很高，然后打一个折扣，但仍然以一个较高的价格卖了出去。

经济学家把这种以实际上没有道理的信息作为参照系的选择现象称为“锚定效应”。为了检验这种“锚定效应”的存在，经济学家和数学家曾经一起邀请接受试验的参与者通过转轮盘来猜数字。轮盘上的数字从 0 到 100，经过事先的设计后，轮盘在转动后总是停在 10 和 65，然后让参与者估计非洲国家在联合国成员国中的比例。非洲国家在联合国成员国中的比例是实际的事实，与轮盘上的数字毫无关系。可是，把轮盘转到 10 的人估计的数字平均是 25%，把轮盘转到 65 的人估计的数字平均是 45%。显然，参与者是把估计的数字和轮盘上的数字有了某种关联，或受到一种信息的提示，其实这两个数字或信息是完全没有关系的。

我们再来看另外一种非理性的选择。

一位美国教授让学生在下列情况下必须做出选择：

学生先是支付了 100 美元，准备周末去密歇根滑雪，但随后又被告知可以用 50 美元的价格去威斯康星一个更有意思的地方度假。当支付了两次的旅行费用后，学生们才被告知，这两次旅行的计划同在一个周末，现在必须从中选择一个，放弃一个。学生们会如何选择？（你不妨在看下文之前先为他们做出选择）

学生们做出的选择符合常情，但却不理性。大多数学生选择了去密歇根滑雪，虽然他们明知后一个旅行计划更有意思，但仍然认为第一个计划花了他们更多的金钱，不应该就这样浪费掉。经济学家把这种选择现象称为挽救“沉没成本”的选择。在现实经济生活中有许许多多“沉没成本”的事情发生。一家企业生产的产品并不成功，但已经在这个产品上投入了很多的金钱。理性的企业应该尽快改变策略，尽管因此而会蒙受损失；感情用事的企业可能会继续增大在这个产品上的投入，因为舍不得“沉没下去的成本”，其结果可想而知：损失更大，甚至因此而破产。“不要为打翻的牛奶哭泣”，这是经济学家的忠告。

学一些经济学的知识，就是要懂得“选择是非常重要的”这样一个道理；而且，不仅个人的经济行为是选择，企业的决策也是选择，甚至政府的经济政策其实也是一种选择。个人、企业和政府都想做出理性的选择，但结果未必都是如此。

1.2　经济学是什么

作为学术上一门较为完整的学科，经济学只有两百多年的历史。英国学者亚当·斯密的不朽著作《国富论》发表于 1776 年，那也是美国独立宣言发表的一年。两者都出现在同一年并不完全是偶然的巧合：从君主专制下得到的政治自由和从国家法令干预下解放出来的价格，这两者是密切相关的。

亚当·斯密当然仅仅代表了一个开端。从《国富论》的问世到凯恩斯的《就业、利息和货币通论》的出版（1936 年），在这 150 多年当中，经济学已经经历了许多发展阶段。大致在 19 世纪中叶，出现了马克思的批判资本主义的巨著《资本论》（1883 年，在马克思逝世后又出版了两卷）。

有关经济学的定义很多，但是多数的和比较权威的经济学家认为经济学应该是这样一种定义：经济学是研究人和社会如何进行选择，以使用稀缺资源来生产各种商品，并把商品分配给社会的各个成员或集团之用的学科。稀缺是经济学的一个显著的现象：因为资源稀缺，所以选择是必要的。让我们想象一个极富有的人，他可以得到他想要的一切。也许这个人的词汇里根本没有稀缺这个词，但不要忘了时间也是一种资源，他必须决定每天把时间如何用来消费或娱乐。如果把时间也算在内的话，稀缺确实是经济社会的现实。

必须做出选择不仅是针对每个个人而言，而且是针对整个经济而言。人们做出的选择共同决定着这些稀缺资源是如何使用的。为什么曾经被用来种庄稼的土地又用来建工厂？为什么在仅仅几十年间，用来造马车的资源又用来生产汽车？成千上万个消费者、工人、发明家、管理人员和政府官员的决定是如何交织在一起决定着社会稀缺资源的使用的？经济学家（斯蒂格利茨，2000）把这些问题归结为以下四个关于经济如何运行的问题。

1. 生产什么，生产多少

生产什么和生产多少主要取决于厂商和消费者两者之间的相互作用，但是政府也起一定的作用。价格的因素在生产什么产品上起着关键的作用。某些物品的价格上升会诱使厂商增加生产以增加利润。于是，经济学要研究的一个核心问题就是：为什么有的产品比别的产品价格高？为什么有些产品的价格会上升或下降？

2. 产品怎样生产

生产产品的方式往往很多。纺织品可以用手工织机生产，但也可以用现代的机器生产出来，而且产量更高。最先进的机器可以用计算机操纵，一个工人就可以监控很多台机器。好一些的机器一般造价较高，但是节省了人力。亨利·福特（美国福特汽车公司的创始人）开创了汽车制造的新方式——生产装配线，后来汽车制造商又开始使用机器人。用什么机器生产产品不仅取决于技术进步，而且取决于厂商对利润的追求。

3. 为谁生产

产品被生产出来，就出现了分配的问题，即产品是为谁生产的，谁来消费生产出来的产品？一般来说，收入高的人得以消费更多的产品。但是这个回答又引来新的问题：是什么决定着收入与工资的高低？教育、储蓄、经验和勤奋的作用是什么？这些问题都难以回答。现在，我们只简单地说，收入的高低主要取决于厂商和个人两者之间的相互作用，而政府用税收参与收入的分配，并且在产品的生产过程中也起很大的作用。

4. 由谁做经济决策

在计划经济中，政府负责经济活动的一切事物。计划经济的管理机构通过一个官员体系发布命令，告诉人们生产什么，用什么方式生产以及谁来消费。在市场经济中，政府也做经济决策，但并不是直接用行政命令的方式告诉人们生产什么、生产多少以及为谁生产，而是通过引导市场的方式，间接地调控生产与消费。

1.3 经济学的分支

1.3.1 微观经济学和宏观经济学

对产品、劳动和资本市场的具体研究被称为微观经济学（microeconomics）。微观经济学（“micro”来自希腊语，其意义是“小”）集中于研究厂商、家庭和个人的经济行为。它研究单个的单元如何做出决策以及影响这些决策的因素。相反，宏观经济学（macroeconomics，“macro”来自希腊语，其意义是“大”）集中于研究经济作为一个整体的行为，尤其是那些总量的变化，如失业率、通货膨胀率、经济增长率和贸易差额。这些总量告诉我们的不是任何单个厂商或家庭的情况，而是经济总体的情况。

微观经济学代表由下而上的视角，而宏观经济学则为由上而下的视角。宏观经济作为一个整体的行为是以微观经济的行为作为基础的。例如，总的失业率从某种角度说是数以千计的厂商的雇工决策造成的结果；通货膨胀率是数以千计的有关价格的决策造成的结果；经济增长率是数以千计的有关投资、消费和新产品的决策造成的结果。

1.3.2 实证经济学与规范经济学

经济学家在说明经济现象及其原因的时候，他们是在应用实证经济学。当他们评价政策以及不同政策的好处和代价时，他们是在应用规范经济学。实证经济学关系到“是”什么，关系到经济社会如何运行；规范经济学则牵涉到“应该”是什么，牵涉到人们的价值标准和评价。规范经济学和实证经济学有密切的关系。如果我们不知道一项政策的后果，就无法判断它是好的政策还是坏的政策。

设想一下对每公斤牛肉征税1元的情况。实证经济学会描述征税可能对牛肉价格产生的影响：价格会上升整整1元吗？或者生产者会消化掉价格增长的一部分吗？在此分析的基础上，经济学家会接着预言牛肉消费会下降多少，以及谁会受到征税的影响。比如，他们可能会发现，低收入者受到的影响相对较大，因为他们把收入较大的比例花在买牛肉上。然而应不应该征税则是一个规范经济学的问题。在回答这一问题时，经济学家会衡量征税对增加收入的好处、它带来的消费扭曲以及由于低收入者实际上负担较多的税收而造成的不公平状态等问题。

1.4 经济学的方法与实验

经济学主要采用逻辑的推理方法和统计学的检测方法来研究经济生活中的变量，诸如价格、工资、利率、产量等，以及这些变量之间的相关性问题，经济学还要分清哪些是因果关系，哪些是相关关系。

经济生活是极其复杂的，它有数不清的企业和人口，还有多种多样的行业和价格，经济学面对如此复杂的现象，经常所使用的方法之一是：假定其他条件不变或其他条件相同。自然科学如生物学研究某一现象时完全可以做到其他条件不变或其他条件相同，如研究某种物质对某种疾病的影响，但经济学却很难用人为的办法使其他条件不变或其他条件相同。例如，经济学家在研究提高进口汽车关税对国内汽车工业的影响时，其他条件很可能已经变化了：走私汽车数量迅速增加，而这方面是没有统计资料的。即使如此，经济学家还是要先假定其他条件不变，然后再根据对变化的条件所作的估计进行修正。经济学常常用观察和估计的方法，而不像自然科学用精确度量的方法。虽然经济学常常使用统计资料，但这种方法也有不足：统计资料有的是抽样调查的，反映的事物不一定全面和准确，有的统计资料本身就不够准确。

有的时候，经济学家也进行社会实验。例如，他们试验不同税率对人们就业选择的影响，试验不同所有制对地方经济的影响。经过改革开放，中国几乎所有的农村都实行了土地联产承包责任制，但河南有一个叫南街村的村庄至今还采用人民公社制度下的生产方式和消费方式——人们共同劳动，土地共同所有，消费品采用实物分配方式，连家具都是村里分配的，农民的生活状况能够达到江南的水平，经济学家也可以把它当做一个实验品来观察。

1.5 中国：从计划经济走向市场经济

在1979年以前，中国是一个典型的计划经济国家，所有的用于经济发展的资源均是采用行政指令性计划分配的，大至全国一年生产多少钢材，用多少土地生产水稻和小麦，小至一个县办的五金工厂当年招收多少学徒工，均由计划来决定。当时世界上和中国一样实行计划经济的国家还有苏联、朝鲜、古巴和越南等。

计划经济体制的弊端是很明显的。从经济学角度分析，经济生活中的价格、利润等信号在计划经济体制下发生严重扭曲、失真，或完全不起作用。市场上有需求的产品，人们不愿生产或不能生产；企业生产出来的许多产品，并非人们的真正需求。更严重的是，计划经济造成商品的严重短缺，粮食、食油、猪肉、水果、钢材、汽车、自行车、书籍、电影、服装、家具……一切都处在短缺之中，以至于短缺经济成了计划经济的另一种说法。今天的青年学生无法想象，30 年前中国大城市中居民买豆腐还要凭票才能购买，“豆腐配给制”是计划经济的典型产物。

在 20 世纪 80 年代，中国的经济经历了改革和发展的阶段，经济的活跃性愈加显著，但在其间十几年的发展中，仍有较浓厚的计划经济的色彩和痕迹。

从 20 世纪 90 年代开始，中国开始由过去的计划经济体制向市场经济体制转变，最终正式宣布建立社会主义市场经济体制。经济生活中生产什么产品，生产多少产品，生产出来由谁消费，主要不再是由计划来决定，而是由市场来决定。

中国实行社会主义市场经济体制的一个直接结果是：产品的迅速丰富、社会财富的迅速增加和居民收入的较快提高。在市场经济的环境下，食品、服装、电视机、个人计算机以及电影和书籍均大大丰富，居民持币购买的选择余地大大拓宽，当年居民极为珍惜的可以换来几块豆腐的“豆腐票”，今天变成了另一种意义上的“珍惜”——部分收藏家的珍惜之物。

1.6　市场经济中的政府作用

当经济学家提出市场经济应该主要由市场机制来支配时，其意思主要是减少政府干预，让市场自由地发挥分配资源的作用。但在实际生活中，政府在经济中的作用似乎又是不可替代的。可以试想一下：如果没有政府的作用，无论是美国还是中国，今天是否会有这么多的高速公路？还可以试想一个问题：一个独占某项关键技术的厂商，如果他把产品的价格定得过高，以至于全社会的利润都转移到他的企业中了，或者他完全垄断了市场，如果没有政府的调控，其情形会如何(美国微软公司的案例可以启发对这个问题的思考)？

问题还不仅仅如此。在竞争性的市场经济中，个人做出的决策反映他们自己的愿望；厂商的决策则以追求最大限度的利润为目的。为此，厂商必须生产消费者需要的产品，并且以低于其他厂商的价格进行生产。在厂商追求利润的相互竞争中，消费者在产品的种类上和价格上都得到好处。市场经济就是这样回答了生产什么，以什么方式生产，以及决策是怎样做出的这三个问题，而且总的说来，这些回答能够保证经济的效率。市场经济也对第四个问题提供了答案——产品为谁生产。但是这个问题的答案并非人人都能接受。市场把产品分配给那些愿意并且能够付出最高价格的人。就像拍卖场上竞相购买的人们那样，那些愿意并且能够付出最高价格的市场参与者才能把物品带回家。但是，人们愿意并且能够付出多少取决于他们的收入高低，而收入的高与低又是根据什么确定的，市场则不能做出充分的回答，而且也无法解决收入分配中的公平与合理问题。尽管市场总的来说回答了这些能够保证经济效率的基本经济学问题，但是在某些地方这些回答是不够的，或者说在许多人看来是不够的。当市场运行得不好的时候，或者说人们认为它运行得不好的时候，人们希望政府发挥更大的作用。甚至于在某种情况下由政府出面来保护某个濒于倒闭的企业也是必要的，因为这样能够避免大批的工人失业，而且也有利于本国产品和外国产品的竞争。20 世纪 70 年代，美国政府就用财政担保的办法挽救过著名汽车企业克莱斯勒公司。当然，这种方法不能任意使用。到了 20 世纪末的时候，克莱斯勒公司再度发生危机，这一次美国政府并没有再次伸出援手，而是让奔驰公司兼并了它。

一般说来，市场经济需要政府建立一种法律体系使私有厂商和个人能在此体系下运作。同时，政府要对企业进行管理以便保证它们不误导消费者，不忽视员工的安全问题，不污染空气或水源。在有些工业部门中，政府拥有自己的企业，和私有企业一样运作，即使是最发达的市场经济国家（如美国）也不例外——政府拥有的田纳西流域管理局（TVA）是美国最大的电力生产者。当然，世界上还有一些对经济施加更直接的控制的政府。在决策权集中于政府手中的国家里，政府官员可以决定一家工厂生产什么、生产多少，可以通过法律规定工资水平，不是规定最低工资水平，而是规定所有的工资水平，当然包括最高工资水平。

在本章下面的案例中，读者可以发现，在市场经济高度发达的美国，也有政府出面干预经济的事情。

案例：美国政府对克莱斯勒公司的挽救

在今天，计算机和基因工程而不是汽车被人们当做新技术。汽车的发展不再代表最新的技术突破。但无论如何，美国的汽车工业是世界上最发达的，尽管它经历了 1973 年的难忘劫难。1973 年，石油输出国组织（OPEC）——主要是中东的一些国家——联合起来减少了石油供应，造成供应短缺和油价上涨。实际上，OPEC 在 1973 年后期的几周内完全中断了石油出口。OPEC 的力量使不少人吃了一惊，包括美国的石油工业。当时的美国车比起日本车和德国车来又大又重。这一点是易于解释的：美国人的收入更高，因此能够养得起更大的车，用更多的汽油。而日本和德国对汽油征税较高，这使日本人和德国人倾向于较小而且省油的车。

美国汽车工业曾一直以为美国人对耗油的大车的偏好会持续下去，导致他们对 OPEC 造成的高油价缺乏准备。而其他国家，尤其是日本，其小型的、便宜的、省油的汽车处在极为有利的地位。于是，美国的汽车进口量在 20 世纪 70 年代几乎翻了一番，从 1970 年进口占全国总销售量的 15％到 1980 年的 27％，而且在整个八九十年代始终居高不下。日本汽车的大量进口，对美国汽车公司和美国汽车工业构成了极大的威胁。

20 世纪 70 年代后期，美国三大汽车公司之一——克莱斯勒公司已经濒临破产。银行拒绝向它贷款，怕它无力偿还。克莱斯勒没有现金偿付到期的借款，因此向政府求援。在随后关于政府是否应该救助克莱斯勒的争论中，赞成救助的人向人们描述失业工人和空旷破败的工厂的景象——政府一直认为保持充分就业是它的责任之一。不赞成救助的人指出，工人和其他资源可以重新加以调配。公司破产后，工人、机器和厂房毕竟不会消失，而是被新主人雇佣或购买。他们还指出，重新调配是合理的，因为克莱斯勒的破产就说明它的管理者没有很好地使用其资源。

最后，还是支持政府救助的意见占了上风。于是，政府伸出了救助之手，为克莱斯勒的新贷款提供担保。这种担保意味着，如果克莱斯勒不能偿还贷款，政府将用税款帮它偿还。由于政府的担保，克莱斯勒从私人投资者和银行手中取得了贷款，而且利率较低。克莱斯勒得到的钱至少部分地是以其他公司的利益作为代价的，它们本来也想借钱，但资源却流向了克莱斯勒。克莱斯勒由此付清了欠款，公司又重新站稳了脚跟。

事实表明，政府也有很强的动机站出来帮克莱斯勒一把，政府不但担心失去汽车工业的三大公司之一，也担心它自己会由于几年前制定的一项工人退休金保险计划而要损失不少的钱。这个保险计划保证在公司破产的情况下照样发给工人退休金。假如克莱斯勒破了产，政府将不得不拿出数亿美元作为退休金付给工人们。

值得一提的是，美国不仅在 30 多年前就曾通过政府干预来调节经济，而且在 21 世纪的今天，美国政府也常常出手，接手一些政府认为必须解救的企业。2008 年，美国爆发了几乎百年未遇的金融危机，多家投资银行、储蓄银行、房地产贷款公司即将倒闭，美国用政府注资或直接接收的方式，挽救了一批金融机构。美国是最崇尚自由经济的国家，市场经济最为发达，美国政府在危机中对金融机构的解救，是否意味着市场机制本身就不可能是完美无缺的？

1.7　管理的功能

读这本书的读者，不仅要了解经济学的知识，还要掌握一些实用的管理学方面的理论和知识，如知道如何提高管理的效率，学会看企业的财务数据，理解市场营销对企业经营的重要性（在今天的市场经济环境下，学会“营销”几乎是现代人生存的基本本领)。在具体了解和学习相关知识之前，有必要先概略地知道管理有哪些功能（洪明洲，2001)。

管理者应做什么工作才能使他人工作，而且使他人做得有“效率”？管理者必须做许多决策，才能将人与其他资源联结在一起，产生效果，达到目标，这些决策与行动大致可以划归为四种“管理”功能。

企划：制定组织目标及达到目标的最佳策略，并设计完成的程序与做法。

组织：建立达到目标所需的角色、责任和权力结构与工作结构。

领导：引导并启发组织成员，使之努力，完成组织目标。

控制：评估组织成员的工作及其成效，确使目标能顺利完成。

以上四种管理功能是相互关联的，互为补充的，从管理者的决策或行为，我们很难区分出哪一件具体的工作是单独的企划、组织、领导或控制。

要做好任何一项功能，必须依靠其他功能的配合，而这些功能可能同步或连续在进行，以促使别人有效工作；为此，管理者必须在各种场合扮演不同角色，来执行这些功能，管理学者观察一般经理人的工作后，提出管理者角色的理论。

管理者角色的定位十分重要。根据台湾大学洪明洲教授的研究，经理人的活动可以归纳为管理者执行管理功能所需扮演的十种角色，分别是形象人物、领导者、联络官、侦测者、咨询传送者、发言人、创业家、干扰处理者、资源分配者和协商者。形象人物的角色是在公司内主持庆典会、接见重要访客、与外界签署文件、剪彩等；领导者的角色是勉励部属，激励员工士气；联络官的角色是和外界建立与维持人际关系网路，联络组织与外界的关系；侦测者的角色是收集资讯，使组织内外各种资讯都会传送到他手上，成为资讯流通中心；资讯传送者的角色在于，不仅收到各种资讯，也负责将资讯传给部属，与同事共享资讯；管理者还具备发言人的角色：负责对外发表组织内部消息；在管理者的角色中，创业家的角色最为重要，他们常有新构想，且常常想办法改变组织现状，发起组织的变革；管理者也是干扰处理者，他们常碰到组织内外的压力与麻烦，为了确保组织的平顺运作，碰到非预期的麻烦，必须格外耗费心力处理；管理者一定同时是资源分配者，这种角色负责分配组织的各项资源，并决定谁有权处分组织的资源；协商者也是管理者的角色，他们必须介入不同立场团体的谈判，以平衡双方不同的利益。

根据与管理四大功能的关系，管理者的十种角色可以归纳为三类：人际角色、咨询角色和决策角色。形象人物、领导者和咨询传送者的角色属于人际角色，侦测者、资讯传送者和发言人的角色属于资讯角色；创业家、干扰处理者、资源分配者和协商者属于决策角色。

1.8　从世界 500 强的变迁看企业的持续经营

好的管理可以提高人的效率，改善企业的经营状况；差的管理却使任何企业的效率走向反面。从某种意义上讲，企业管理的问题，实际上是保持企业持续竞争优势的问题。让我们从世界 500 强来开始对持续竞争优势的分析。1955 年，时代华纳集团《财富》杂志的编辑埃德加·史密斯提出了根据企业上一年销售额等指标编制美国工业企业 500 强排行榜的建议，并在当年付诸实现。随后，这一排行榜包含的企业种类越来越多，不仅有美国的工业企业，而且还扩展到了美国之外的工业企业的排名。20 世纪 90 年代之后，全球服务企业的排名也被纳入了排行榜之中，并于 1994 年实现了对全球工商、服务产业的综合排名，即全球综合 500 强。

应该说能够入围世界 500 强的企业都是实力雄厚的巨型企业，它们确实代表了全球企业的精英，这个排名也成了一种象征实力的无形资产。然而，尽管这些企业实力雄厚，但面对起伏不定的世界市场，谁也没有能力保证永远留在 500 强的排行榜内。每年必定有很多的企业被淘汰出局，同时又有一些企业加入这个排行榜。1954 年首批入围的企业 500 强到 1995 年时就有 90 家被淘汰，如果考虑到每年都有企业反复进进出出的话，500 强排名的变动频率是远远高于这个比例的。很多的企业就如同流星般划过天空，仅留下了短暂的记忆。例如，在 20 世纪 80 年代红极一时、名声甚至超过 IBM、康柏的 500 强企业王安电脑公司，在短短的几年之后就走向了破产的边缘。留在世界 500 强中的大部分公司的排名都有很大变动，也显示出一时的绝对优势未必能保证长久的辉煌。1954 年首批入选美国工业 500 强前 10 名的企业，到 1998 年时，只有通用汽车、福特汽车、通用电气三家企业仍居排名榜前 10 名，除了克莱斯勒由于被兼并而被淘汰出局外，其余企业的排名均大幅度下降。而前 10 名之后的企业排名变动就更大了，曾位列 1956 年全美工业企业第 49 名的太阳石油公司到 1997 年时已成为了 500 强的最后一名。而美国以外进入世界 500 强的企业排名变动频率并不逊色于美国企业。除频繁的名次变更之外，从 1956～1998 年的 40 余年时间里，同样有许多知名企业退出 500 强。在世界航空领域赫赫有名的英国劳斯莱斯公司从 1994 年开始就在排行榜中销声匿迹了，尽管这家公司的产品——劳斯莱斯汽车依旧是 21 世纪最名贵的汽车，但公司的整体规模和实力已和往日不可同日而语。

经历了近半个世纪的风风雨雨，《财富》500 强排行榜中的企业可谓“年年岁岁花相似，岁岁年年人不同”。排行榜每一年都会出，而 500 强的企业却永远在变，即使是曾经被人们认为是最有实力的企业，也难以长久地维持其竞争实力。

1.9　企业的生命周期与长寿公司

世界500强企业排行榜清楚地表明，即使实力最强的企业也会有一个诞生、成长、壮大、衰退的过程，这个过程就是企业的生命周期。根据对国内外经济学理论和管理学理论关于企业成长过程的考察分析，企业的生命周期可以划分为孕育期、生存期、高速成长期、成熟期、衰退期和衰亡期几个阶段。孕育期是指企业的筹建阶段，是企业诞生之前的准备时期。生存期是指在孕育期之后，企业取得登记注册并开始营运的时期，此时的企业就像婴儿刚刚出世一样，面临的最大考验就是要健康地生存下去。企业如果在5～7年的时间内能够生存下来并得到发展，随后就会进入高速发展期。紧跟高速发展期之后的是企业发展的成熟期，这一阶段内，企业的发展速度已经开始减缓，市场占有率不再提高。如同人体机能一样，在经历了长时间的发展之后，企业也开始步入逐步衰退的时期，甚至最终死亡。

早在19世纪末20世纪初，著名经济学家阿尔弗雷德·马歇尔（Alfred Marshall）就在他的《经济学原理》一书中生动地描述了企业的兴衰成败。马歇尔把企业比作森林中的树木，“少数生存的树木一年比一年壮大，它们的高度每年都增加，就可以多得到一些阳光和空气，终能耸然高出邻近的树木之上，似乎它们会永远这样生长下去。但是迟早年龄对它是有影响的。较高的树木虽然能比它的竞争者得到较多的阳光和空气，但它也逐渐失去生命力，相继让位于物质力量虽较小，而青春活力却较强的其他树木”。相对于今天的经济学家，100年前的经济学家善于使用比较典雅的语言和生动的比喻，马歇尔的这个令人回味无穷的比喻生动而又不乏准确。

企业的生命周期到底有多长？什么样的企业能称为长寿公司呢？世界上寿命最长的企业是瑞典的斯托拉公司——700多岁。但这只是特例，缺乏普遍性。有人做了个并不严谨的推算，认为人的平均寿命大约是极限寿命的一半，那么企业的寿命也应如此——即使达不到700岁也至少应在100岁以上。然而，《财富》中500强企业的频繁更迭表明，即使对于最有实力的企业来说，保持半个世纪的辉煌都是困难的，更何况众多默默无闻的企业呢？据统计，欧洲和日本的企业平均寿命只有12.5岁，美国每年新生的50万户企业中，只有4%能活过10年。企业寿命如果能超过百年，就可以成为一个名副其实的长寿公司了。

铸就百年业绩的长寿公司几乎是每一个企业的愿望，中国的企业似乎也不应该例外，不管是国有企业，还是民营企业，都应该有办成长寿公司的目标。变一时的荣耀为百年的辉煌，最关键的一点就是要始终保持企业的竞争优势，使其具有持续性，要努力延长成长期、成熟期的时间，竭力避免企业步入衰退期。虽然企业要达到这样的目标难度很大，但并非不可能，通用、福特公司等经历了近一个世纪的企业就是明证。可以说，在 21 世纪里，企业的成功主要不是在于一时变成“明星”（从 20 世纪到 21 世纪交替的几年内，人们看到了不少短命的“明星企业”的结局），而是在于追求持续的竞争优势。

【重要词汇】

◇ 理性选择

个人、企业和政府根据成本和未来收益的情况做出有利于取得收益的选择。

◇ 稀缺资源

用于生产的各种原料、生产要素以及自然资源在供应上都有一定的稀缺性，不能满足所有的需求。

◇ 微观经济学

主要是对产品、劳动和资本市场的具体研究，集中于研究厂商、家庭和个人的经济行为，研究单个的单元如何做出决策以及影响这些决策的因素。

◇ 宏观经济学

主要是对经济整体的行为进行研究，尤其是那些总量的变化，如失业率、通货膨胀率、经济增长率和贸易差额等。

◇ 管理功能

管理在人的行为中所起到的作用，包括计划、组织、领导、控制等各个具体环节。

◇ 企业生命周期

企业发展演变的全过程，包括诞生、成长、壮大、衰退几个阶段，形成一个完整的周期。

【知识练习】

1. 本章内容中的“选择”是什么含意？为什么人们总是在做出各种选择？为什么说经济学所讲的选择又是一个极其复杂的问题？

2. 经济学是一门什么样的学科？理解经济世界的四个基本问题是什么？

3. 市场经济与计划经济的最大区别在哪里？

4. 在市场经济中，政府是否应该发挥作用？市场经济是否意味着完全自由的经济？

5. 管理的功能是什么？这些功能之间有何联系？

6. 管理在企业成为“长寿公司”中起到什么作用？

【能力训练】

1. 你想过生活中的经济问题吗？读了本章后是否对生活中的经济问题有新的理解？试图学会用“理性决策”和“稀缺性”这样的语言来描述和分析生活中

的经济现象。

2. 人们为什么更加倾向于选择用银行贷款而不是依靠积蓄来购买住房？这种选择是理性的吗？这种选择对其他选择有什么影响？

3. 世界上还有实行计划经济的国家，这些国家以后是否会有更强的竞争力？中国的部分国有企业仍然有较强的竞争优势，这和计划经济矛盾吗？

4. 案例分析：

政府如何在市场中发挥作用

中国的证券市场可谓是世界的一个奇迹：在经历了长达数年的漫漫“熊市”后，从2006～2007年，用了仅仅不到一年的时间，行情指数就从1000多点跃上5000点以上的高位（上证综合指数2006年9月5日为1664.08点，2007年8月30日为5167.88点），许多上市公司的股价其间经历了连续翻番的过程。在财富效应的引导下，大量新股民拥入市场。新股民携带大量资金入市，又继续推高了股价，以致出现连续45天涨停的股票（自2007年2月28日起，股票ST金泰连续45个交易日涨停，股价从3.16元连续涨至最高的26.58元，刷新了中国证券市场的一个纪录。事后证明，这只股票的市场表现是被人为操纵了，而且是和中国“首富”——国美电器董事局主席黄光裕有关。）。

面对迅速膨胀的股票市场，政府管理层需要不需要出面引导干预？有人说证券市场就是一个完全性的市场，就应该由参与市场的人根据自由选择来决定市场的方向；有人说任何市场都应该有政府的影子，必要时政府应该发挥作用。如果听由市场任意发展，一定会出现“市场失灵”或资源浪费的结果，市场有可能出现过大的“泡沫”，最后难以收拾，就像20世纪日本证券市场曾经经历的那样。

对于上述两种不同的观点，你认为哪种观点比较正确些？为什么？

如果政府应该出面加以引导和干预，那管理层可以做出的选择有：

A. 规定股票价格上涨的幅度，放开股票价格下跌的幅度；

B. 不允许新股民入市，或提高入市的门槛；

C. 通过增加发行或改变利率的方法调节市场的供求关系；

D. 发布更多的市场信息，以便让投资者了解市场的真实情况。

在上述选择中，你认为哪种办法更适宜政府在市场经济中应发挥的作用。

5. 你能否举出一个“长寿公司”和“短命企业”的例证，分析管理以及管理者在其中的作用。

第 2 章　资源配置与市场机制

广泛地使用市场可以减少社会结构的紧张程度，因为，它使它所进行的任何活动都没有顺从的必要。市场所涉及的范围愈广，纯粹需要政治解决的问题愈少，从而需要达成协议的问题愈少。反过来说，需要达成协议的问题愈少，在维持一个自由社会的条件下取得协议的可能性愈大。

——密尔顿·弗里德曼[①]

【本章学习目的】

1. 了解资源配置的含义及其在经济生活中的重要作用。
2. 理解资源的稀缺性这一经济学意义的内涵。
3. 理解解决资源配置的两种不同手段以及相应不同的效果。
4. 了解市场如何通过“看不见的手”配置资源。
5. 熟悉供给与需求的基本原理。
6. 了解“市场失灵”的经济学含义。

还记得莎士比亚戏剧中那句经典台词吗？“生存还是死亡，这是个问题”（to be or not to be，it is a problem）。在现代经济社会，我们每个人的生活都是由一个接着一个的选择所构成的。但与戏剧化的悲壮抉择不同，我们所面临的大部分问题都是如何选择更为美好的事物，或者选择更有价值的结果。为什么要进行选择呢？这是因为，与夹带着人们的无穷想象力的无限欲望相比，人类所拥有的资源却又是何等有限！为了能够最大化地满足欲望，我们必须选择如何将稀缺资源在不同用途之间进行有效配置，这就是资源配置的问题。人类社会已经试验过两种不同的配置方法，一是利用计划手段，一是通过市场。尽管计划配置曾经在一些国家的经济增长中发挥过重要作用，但历史事实已经证明，市场配置在有效性方面更胜一筹。市场配置的核心就是让价格机制去引导、指挥资源的流动，那么，市场中的价格又是怎样确定的呢？简单地说，它是由需求与供给的相互作用决定的。要认识市场的基本运行规律，体会市场变幻的无穷奥妙，就必然需要对它们进行详细的讨论。尽管市场配置资源是有效的，但也要认识到，它并非完美无缺，在一些情况下，市场也会失灵。记住这一点，对于辩证地观察市场运行是

---

① 密尔顿·弗里德曼（1912～2006 年）：芝加哥大学经济学教授、诺贝尔经济学奖获得者。

非常必要的。

2.1 资源稀缺性及配置机制

2.1.1 欲望的无限性和资源的有限性

认识经济学，首先要了解这样两个概念：欲望与稀缺性。欲望就是人们想要得到某些物品或做出某些行为的愿望，满足欲望这是人类从事生产活动的根本目的和动力。人的欲望是多种多样的，不仅是对于不同的人而言，他们的欲望存在很大不同，即便对于同一个人，在不同的环境下，他的欲望也会发生改变。按照美国心理学家亚伯拉罕·马斯洛的解释，人的欲望从低到高可以划分为五个层次：基本的生理需要、安全的需要、融入社会的需要、获得尊重感的需要以及自我实现的需要。这些需要层次依次递进，某一个层次的欲望得到满足之后，又会进一步向更高层次的欲望发展。在 20 世纪 80 年代之初，中国城镇居民的收入较低，很多家庭的最大愿望可能就是拥有一块手表或者一辆自行车；进入 21 世纪之后，随着国家经济的发展及人们生活水平的提高，老百姓更加追求过上精致的生活，住房、汽车、海外旅游、音乐会，等等，这些又成为广大居民的新追求。从这个例子可以看出，人们的欲望是无限的。

但在另一方面，我们所拥有的、能够用于满足欲望的资源又是有限的，与无限的欲望相比，资源是稀缺的，这就是所谓的资源“稀缺性”。当然，这里的稀缺不是指绝对数量的多少，而只是相对于欲望的无限性而言的。也许有人会问，拥有很多钱财不就可以想要什么就买什么了吗？问题在于，与我们无限的欲望相比，再多的钱也可能会显不足。大学生宿舍里一个经常的夜谈话题，就是将来中了 500 万大奖后怎样去花——即便中了大奖还需要对各种愿望进行斟酌考虑，可见资源是多么的“稀缺”。当然，除了财富的稀缺之外，稀缺性更重要的是体现在大量物质资源的有限性之上——几乎所有的产品都是取自某些自然资源，如煤炭、石油等不可再生矿产资源就是稀缺性最为显著的例子。曾经有报道指出，按照目前的开采速度，这些资源最多也就只能维持人类使用百余年。我们不排除随着科学技术的进步，可用资源的数量会增加、种类会更丰富、使用效率会更高，但在一定时期内，资源总量是有限的。如果说矿产资源的例子离普通大学生的生活还比较远的话，那么对于任何一个人而言，有一种资源都是稀缺的，这就是“时间”！让我们记住哲人培根的名言：“时间就是速度，时间就是生命，时间就是效率。”

经济学中所说的稀缺资源，不仅是指土地、石油、铁矿石等这些自然资源，而且还指资本、技术、体制、政策等非天然形态的资源。在经济学家的眼中，所有有助于生产活动的因素和条件都是资源，而且，从某种意义上来讲，这些资源也是稀缺的。例如，当社会上资本数量既定的时候，增加在兵器产业的投资，就会减少在食品产业增加投资的机会。这就是经济学中几乎已经成为范式的例子：黄油与大炮的抉择。稀缺性是一种普遍的状态。正是由于稀缺性，将资源用于某种用途，就意味着不能将其另作他用，这就是经济学中所说的机会成本。在资源的各种用途中，如何决定资源的配置以获得最大效应，这就是经济学的核心所在。

2.1.2　资源是怎样配置的

我们所生活的这个社会是由许多不同类型的企业、行业所组成的，它们所生产的不同产品和劳务满足着人们各种各样的需要。人的欲望是无限的，而用以满足欲望的资源却是稀缺和不足的。我们不可能让每个企业、每个行业都去无限制地进行生产，在稀缺性的约束下，怎样才能最大化地满足人们的各种欲望呢？为了用最少的资源消耗来换取最多的经济产品，就必须对资源在各个企业、各个行业间的配置进行选择。事实上，关于经济学的一个非常流行的解释，就是将其定义为研究资源配置最优化的方法。尽管如此简单的定义并不能完全阐述经济学科的内涵，但它确实说明了经济学家所要面对的问题。如何有效配置资源，这个问题最终可以归结为三个关于经济如何运行的问题。一是生产什么、生产多少的问题。在一定的经济、社会及自然条件下，消费者如何选择自己需要的商品和服务，厂商如何做出生产决策，两者之间存在何种关系，这些都是需要详细分析的。二是如何生产的问题。同一种产品的生产方式可能会有很多，同样是种植小麦，在我国主要是依靠农民的精耕细作，而在美国则主要是靠大规模机器化作业。当然，规模生产并非一定优于精耕细作，究竟采用何种生产方式，还要考虑不同资源禀赋的制约。三是为谁生产的问题。生产的最终目的是为了消费，那么谁来消费生产出来的产品呢？这里又涉及收入分配的问题。

要协调好资源配置中的上述三个问题，目前主要存在两种做法，一是计划配置，二是依靠市场机制。完全利用计划手段对资源进行配置的经济模式，就是我们非常熟悉的计划经济体制。苏联以及改革开放前的中国，都是计划经济体制的典型案例。这种体制的基本特征就是，资源基本上都划归国有，或更确切地说，归政府所有。经济社会发展的决策高度集中于政府，政府根据自己掌握的信息，利用计划的方法对资源进行配置。计划经济体制就像一个大工厂，大量的国有企业事实上只是这个社会大工厂中的车间。企业根据政府的指令性计划获得生产资料和劳动力，并按照计划去生产指定品种、指定数量的产品，生产出来的产品再按照计划销售给指定的部门。计划经济体制下，每个消费者最终获得哪些产品、能够获得多少，这也是由政府计划安排好了的。

首先，我们要承认这样的事实，计划经济体制在苏联以及中国的经济建设中发挥过极其重要的作用。由于高度集权的计划经济体制具有集中力量办大事的优点，两国工业基础的快速建立都得益于各自实施的多个“五年计划”。但是，随着两国经济的深入发展，计划经济体制的弊端也逐步显现。计划经济体制得以正常、有效运行有一个前提，就是政府能够在最有效的位置上指导经济活动，政府对于资源存量、生产技术、需求类型等基本信息有充分且正确的认识。显然，这个前提是不太可能成立的：一方面，人们的需要是多种多样、变化无端的，政府怎么可能清楚地了解到所有这些情况呢？另一方面，计划体制下逐层收集、传递信息的机制，也会导致信息传递的滞后和失真。信息不充分的后果就是资源配置无效率：市场上有需求的产品，企业不愿或不能生产，企业生产出来的产品，又并非人们的真正需要！除此之外，计划经济体制还有一个弊端，就是它很难实现经济的可持续增长。由于收入的分配也是由政府计划规定的，劳动者往往无法得到与其付出劳动相对应的物质激励。缺乏有效激励，劳动者的生产效率普遍较低，进而导致了长期增长缺乏动力乃至出现停滞。

与计划配置相对应的资源配置机制就是市场机制，即借助于市场交换，依靠供求、价格、竞争机制，调节资源配置，分配经济收入。以市场为资源配置手段的经济体制，就是市场经济体制。与计划经济不同的是，市场经济体制下，资源归具有明晰产权的自然人或由自然人组成的法人（企业、团体等）所拥有，各个经济主体都是独立的，可以自由地决定是否进入市场，自由地参与竞争与合作。资源配置需要协调的三个问题，即生产什么、生产多少，如何生产以及为谁生产，都由各个经济主体独立决策。消费者以最大化自身效用为原则进行决策，企业以最大化自身利润为决策原则，这些分散、自主的决策，对于抓住市场信息、充分有效地利用资源，具有十分重要的意义。关于这一点，我们将在 2.2 节中进行更为详细的说明。目前，除了极少数国家之外，大部分国家和地区都采用了市场经济体制，这其中就包括中国。

2.1.3　纯粹的市场经济并不存在

尽管市场配置资源较计划手段具有无可比拟的效率优势，但严格来说，世界上没有哪个国家采用了纯粹的市场经济体制，即所有经济活动完全由市场来安排。这是因为，尽管消费者或企业可以准确及时地了解到与自身经济活动相关的市场信息，但他们却无法有效地从宏观上把握经济走势。对于个体而言，他的决策虽然是有效、合理的，但从宏观角度来看，却有可能是盲目的，甚至可能带来灾难性的后果。历史上为什么会爆发第二次世界大战？虽然历史学家给出的解释很多，但纯粹市场经济体制中存在的盲目性难辞其咎。从 20 世纪 20 年代末开始，西方经济爆发了一次史无前例的严重经济危机，这也就是所谓的“大萧条”。在美国，从 1929～1933 年，产品生产减少了 30％，商业投资全部停止，失业率从 3%上升至 25%！可见萧条达到了何等严重的地步，与美国相似，几乎所有资本主义国家都未能逃脱大萧条的肆虐。对于纯粹市场经济的过度自信，对市场波动听之任之，这是导致大萧条的直接原因。为了摆脱严重的经济危机，美国开始了政府参与并主导的新政，而德国、意大利和日本却走上了纳粹主义、军国主义道路，这最终导致了第二次世界大战的爆发！战争结束之后，几乎没有哪个国家再敢于采用纯粹的市场经济。由政府利用计划手段对市场经济进行干预，以解决市场不能解决的问题，如经济衰退、失业、通货膨胀、收入分配、区域不平衡等，这些已成为各国经济调控的重要内容。这种以市场机制为主体，以国家计划克服市场缺陷为补充，自由竞争与国家干预相结合的资源配置体制，又被称为混合经济体制。当前全球大部分国家采用的市场经济，实质上都是这种混合经济体制。

2.2　市场的功效

2.2.1　市场与“看不见的手”

市场具有两个层面的含义，具体而言，它是指交换商品的场所，抽象而言，则是泛指一切商品交易活动。为什么借助市场交易关系就能够有效地配置社会资源、组织经济活动呢？喧嚣、吵闹，乃至乱糟糟的市场却造就了高效、有序的经济运行体系，这其中的奥秘又在哪里呢？早在 18 世纪后期，伟大的经济学家亚当·斯密就向我们道出了其中的缘由。在著名的《国富论》一书中，斯密写道：

每一个人……既不打算促进公共和利益，也不知道自己是在什么程度上促进那种利益……他所盘算的也只是他自己的利益。在这种场合下，像在其他许多场合一样，他受着一只看不见的手的指导，去尽力达到一个并非他本意想要达到的目的。

原来是因为有一只“看不见的手”在对全部交易活动进行着管理，这只手就是市场的价格机制。价格机制最为重要的作用就是保证了信息的快速传递。我们在前面曾讲过，计划手段配置资源之所以失败，重要原因就在于中央决策者信息不充分，对于各种产品的确切需求并不清楚。而在市场经济体制下，商品的需求信息准确及时地反映在了价格的变动之上。例如，在其他条件不发生变动的情况下，市场上对于某种商品的需求增加，该商品的价格就会出现上涨。价格变动迅速地反映出了消费者的需求信息，企业再根据价格变动传递出的信息，对其产量做出相应调整。这样一来，稀缺的资源就被配置到了能够满足消费者迫切需要的地方。反过来，如果大家对于某种商品的偏好降低了，这时商品的价格就会出现下降，相应地，生产企业就会减少产量和资源投入。可见，价格机制就像指挥棒一样，有什么样的需求，它就指挥资源去满足这样的需求，而当消费者的需求减少时，它就指挥资源流向其他更具价值的地方。进一步地，价格还决定了产品的分配。市场经济中的价格真实地反映了生产某种产品的资源成本，消费者要想使用某件产品，就必须支付与产品成本相应的等价物。谁拥有这样的支付能力、并且对该商品有需求，谁就可以购买该件商品，从对商品的使用中获得效用。不仅如此，由于价格真实地反映了生产某种商品所耗费的成本，这也为有效率地生产提供了激励。不论我们在生产中投入了多少资源、多少劳动，这些成本都可以从市场交易中得到补偿，并且取得合理的利润。货币收益的激励可以无限大，生产中的效率越高，一定投入生产出的产品越多，你所得到的利润就会越大，这种收入激励有力地推动了资源的有效利用。正是基于价格机制所发挥的这些作用，使得市场经济体制能够更为有效地利用稀缺资源，能够保证经济更为持久地增长。

2.2.2　商品市场与要素市场

市场经济体制的关键就是价格引导资源配置，事实上，在美国芝加哥大学这样的著名学府中，研究市场运行的经济理论甚至就被直接地称为“价格理论”。就理论分析而言，市场运行机制是简单而清晰的，但从更为贴近现实的角度来看，市场的具体形式却又是多种多样的。我们的身边存在着大量针对人们不同需求类型的市场，大致上可以将它们划分为两大类：一类是商品市场，一类是要素市场。

商品市场，顾名思义，就是出售各种有形商品的市场。商品又可以细分为用于满足消费者最终需求的消费品，以及用于投入生产过程的中间品。消费品市场离老百姓的生活最近，而各种稀缺资源也是通过制造成为最终消费品，并通过消费品市场出售给广大消费者的。在所有的消费品市场中，我们最为熟悉的可能就是农贸市场和超市了。每天，我们从这些地方购进各种生活必需品，如食物、饮料、生活用纸等。这样的商品多属于易耗品，也就是购买之后很快就会被消费掉，不能够长期使用。要购买耐用消费品，我们往往要去另外一些专门的市场，如购买电视机、空调这样的家用电器要去苏宁、国美这样的电器大卖场，购买汽车要去北京亚运村这样的专业汽车市场。

除了这些满足人们最终需求的消费品市场，还有一些专门为企业生产服务的中间品市场，这些又被称为生产资料市场。最为重要的生产资料市场，就是那些资源产品市场，如英国的伦敦原油期货市场、铜期货市场，美国的芝加哥商品交易所，等等。还有一些重要的资源市场并没有固定的交易场所。例如，在我国每年由国家发展和改革委员会组织的煤电企业供销洽谈会，每年由国内钢铁企业与世界铁矿石主要供应商所进行的谈判，等等。这些交易磋商在哪里进行，哪里就成为临时市场。不过，有时候，消费品市场和生产资料市场并没有那么明确的界限，如在一些小型的粮食市场中，既有一些企业如面包房、糕点店等购买粮食用于生产，也有消费者购买自用，这时它就同时具备了消费品市场和生产资料市场的特征。

另一种类型的市场是要素市场，它是企业为了组织经营而去获取基本生产要素的交易场所。企业之所以需要这些要素，是为了使用这些要素来生产出消费者所需要的最终产品，因而对于要素的需求往往也被称为引致需求。资本和劳动是保证企业经营的两个最为基本的要素，它们分别对应着相应的要素市场。资本，简单地说就是资金。企业获得资金的途径有三种，即贷款、发行债券以及发行股票，对应于不同的融资形式存在着不同的要素市场。如果企业要贷款，就要去找银行。如果可能的话，企业会尽量与较多的银行进行协商，以期达成最为有利的贷款协议。尽管现实中并不存在固定的贷款市场，但企业与银行间这种不断谈判、磋商的过程就形成了无形的市场。如果企业计划通过发行债券或发行股票的方式获得资金，它就可以向证券交易市场提出申请，以其未来的收益交换对资金的使用权。在资本市场中，价格对于资源配置的引导作用表现得非常显著：哪个企业的预期收益高，其债券的收益率水平或其股票价格就越高，这时资金就更愿意流向这个企业。劳动市场是另一个非常重要的要素市场。事实上，所有的产品，甚至包括资本在内，都是劳动者通过劳动创造出来的，因而劳动市场对于经济运行具有至为关键的意义。就是对于我们每个人而言，劳动市场也是十分重要的：我们究竟从事何种工作、获得多少收入，人力资本价值怎样体现，这些问题的答案都要到劳动市场中去寻找。

尽管我们大致可以将市场分为商品和要素市场两种类型，但市场的具体形式却可以是千变万化的。除了前面提到的大家非常熟悉的农贸市场、超市之外，还有大量我们并没有关注到，但却与生产、生活同样密切相关的市场，如位于郑州、合肥的全国粮食市场，每年在不同城市召开的全国糖酒交易会，等等。而且随着科技的进步，市场的具体形式也在不断发生着变化，互联网的出现就极大地扩充了市场的具体形式。现在，我们如果要买一些书籍或音像制品，除了去新华书店之外，还有当当、卓越这样的网络商店可供选择。企业要购买一些生产设备、半成品等生产资料，也可以通过一些网络市场进行，如中国制造网、阿里巴巴等。互联网同样也改变了要素市场。例如，现在大学生求职时并不一定非要去挤招聘会，直接造访相关公司网站或专业招聘网站同样是很好的选择。不仅限于劳动市场，技术进步的触角还深入到了资本市场。传统的证券交易所，如纽约证券交易所、香港证券交易所都是有固定交易场所的，但互联网却造就出了一个不需要交易所的证券市场——NASDAQ 股市。事实上，纳斯达克就是一个报价系统，股价信息由互联网传播，交易商也是通过互联网买卖股票。尽管历史并不悠久，但作为一家无形的证券交易市场，它已经无可争议地确立了自己在全球股市中的重要地位。我们相信，随着科技的进步，必然还会涌现出越来越多的更为新颖的市场形式。

2.3 需求、供给与均衡

2.3.1 需求与供给

既然价格在资源配置中发挥着如此重要的作用，那么它又是怎样确定的呢？事实上，市场中存在着两股相互作用的力量，它们的共同作用决定了价格的形成及其变动方向，这两股力量分别是需求和供给。

首先来看需求。经济学中所讲的需求就是在特定时期内，消费者对于某种商品愿意并且能够购买的数量。需求与前面提到的欲望是不同的，欲望仅仅是希望得到某种物品的主观愿望，但有些愿望可能距离消费者的支付能力很遥远，这样的欲望是不能称为需求的。只有那些具备支付能力的欲望，才构成了经济学意义上的需求。进一步地，我们还要对需求与需求量的概念加以区分。需求量是指特定时期，对应于特定价格水平，消费者有能力购买的商品的数量，而需求反映的则是商品需求量与各种可能价格水平之间的动态对应关系。需求可以分为个人需求和市场需求，前者是指单个消费者或家庭对于某种商品的需求，而将所有消费者的个人需求进行加总，则构成了该种商品的市场需求。个人需求和市场需求虽然在规模上存在差异，但在具体特征、影响因素及其对价格的决定作用等方面都是相似的。出于简化分析的目的，这一节中我们的分析将以市场需求为基础。接下来的问题就是，怎样描述出对于某种商品的需求呢？一种方法是使用表格，将各种价格水平及其对应的商品需求量在表中一一列出，这种表又称为需求表。尽管需求表对需求情况的描述很清晰、明确，但并不直观。更为常用的方法则是使用图示法，即用坐标系中的曲线来反映需求量与不同价格水平之间的对应关系，这样的曲线又被称为需求曲线。例如，图 2-1 中的 DD 就是某种商品的需求曲线，按照经济学中的习惯做法，纵轴表示价格，横轴表示需求量。

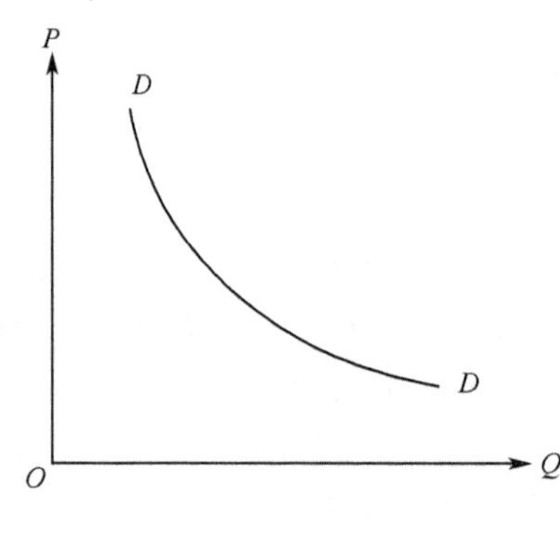

图 2-1 需求曲线

从对需求曲线的观察中我们可以发现这样一个特征：在其他条件不变的前提下，商品的价格越低，消费者对于该商品的需求量就会越大；反过来，商品价格越高，对该商品的需求量越小。需求量与价格呈反方向变化，需求曲线斜率为负，这就是经济学中所说的“需求规律”。为什么商品的需求量会与其价格水平反方向变动呢？经济学中用收入效应和替代效应来对此加以解释。在货币收入不变和其他商品价格也不变的前提下，某种商品，比方说牛肉的价格出现下跌，消费者这时在牛肉面前的实际收入就提高了，通俗地说，就是钱更值钱了。在不减少其他商品购买量的前提下，消费者就可以购买到更多的牛肉。相反，若牛肉的价格上涨，则意味着实际收入下降。这种因商品价格下降或上升而使消费者的实际收入增加或减少，并进而增加或减少对该商品购买量的现象，就是收入效应。所谓替代效应，则是指一种商品价格下降，比方说牛肉，就使其对于其他价格未变商品，比方说猪肉的相对价格出现上涨，消费者这时就会更多地购买牛肉以替代相对变得昂贵的猪肉。相反，若牛肉价格上涨使得猪肉的相对价格下降，消费者则会更多地购买猪肉以替代牛肉。在收入效应和替代效应的共同作用下，需求曲线就成为一条负斜率曲线。对于一般商品而言，需求规律都是成立的，但现实生活中也存在着一些例外，如那些可以显示身份的炫耀性商品，如钻石、珠宝等，它们的价格越高，需求量反而有可能会越大。

需求规律描述的是价格变动对于商品需求量的影响，这反映在图形中就是需求量沿着需求曲线的移动。进一步地，我们来看需求的变动，即各个价格水平与需求量之对应关系的变化，这反映在图形中就是需求曲线的左右平移。哪些因素影响着需求的变动呢？主要有这样几个。

一是消费者的偏好。偏好对于需求的影响最为直接。如果消费者对于某种商品的偏好较过去增加，那么在同一价格水平上，他就会增加对该商品的需求量，这表现为需求曲线的右移。反之，若偏好降低，则需求减少，需求曲线左移。

二是收入水平。在其他因素不变的前提下，消费者的收入水平提高，这时他就会在大部分商品上多支出一些，从而引致需求曲线右移。反之，若收入水平下降，则会引致需求曲线左移。

三是相关商品的价格。商品的需求不仅与自身价格有关，相关商品价格的变动同样会影响被考察商品的需求。如果相关商品是被考察商品的替代物，比如牛肉和猪肉，由于替代效应的存在，牛肉价格上升导致猪肉的相对价格出现下降，这时猪肉的需求就会上升。如果相关商品与被考察商品是互补物，比如汽油和汽车，那么汽油价格的上升则会影响汽车的销售，导致汽车需求下降。

四是预期。如果预期某种商品的价格将会出现上涨，消费者则会增加对该种商品的现期需求，近年来我国房地产市场的高涨行情，很重要的推动因素就是这种预期效应。

下面我们再来讨论供给的问题。供给就是指在特定时期内，生产者对于某种商品愿意并且能够提供的数量。类似地，供给和供给量也是两个相互联系却又要加以区分的概念。供给量是指在某一时期，对应于特定价格水平，生产者愿意并且能够向市场供应的商品数量。供给则是指商品供给量与不同价格水平之间的动态对应关系。供给同样可以分为单个厂商对某种商品的个别供给，以及由所有个

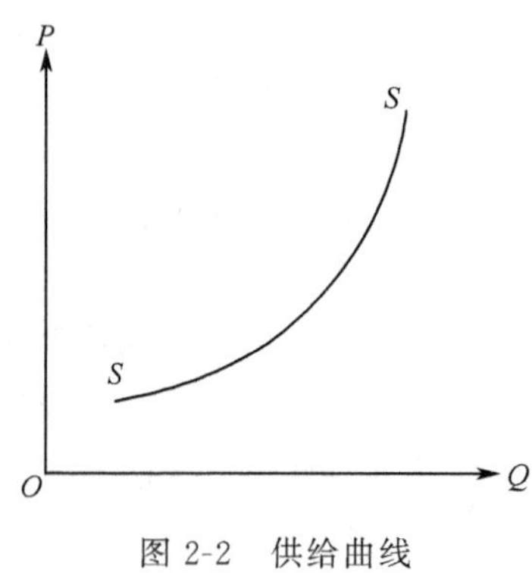

图 2-2　供给曲线

别供给加总而成的市场供给。出于简化分析的目的，本节中所指的供给均是指某一商品的市场供给。将某种商品每一可能的价格水平及与之对应的供给量列于同一表格中，即得到一张反映供给关系的供给表。但为了更直观地描述供给状态，经济研究中更多的是采用图示法，即用曲线来反映供给量与价格水平之间的对应关系，这样的曲线就称为供给曲线。例如，图 2-2 中 SS 就是某种商品的供给曲线。

可以看出，供给曲线与需求曲线的形态截然不同，价格与供给量之间存在着显著的正向联系，供给曲线的斜率为正。在其他因素既定的条件下，供给量随价格的提高而增加，随价格的下降而减少，这也被称为“供给规律”。为什么会形成这样一种关系呢？这是出于厂商利润最大化的动机。在生产技术和生产要素价格不变的情况下，商品价格上涨使利润上升，为了实现利润最大化，厂商就愿意将更多的资源配置到商品生产中去，从而增加了产品的供给。反之，价格下跌导致利润下降，厂商就会相应减少供给量。对于一般商品而言，供给规律是普遍成立的，但现实生活中也存在着一些例外。例如，当工资水平上升到一定高度之后，劳动者的一般生活需要得到满足，此时他会希望多一点休息、娱乐时间，进一步提高工资，劳动的供给并不一定会上升，反而还会出现减少。另外还有一些物品，如土地、名画等，它们的供给是固定的，反映在图中就是一条垂直线。

供给规律描述的是价格变动对于商品供给量的影响，这反映在图形中就是供给量沿着供给曲线的移动。进一步来看供给的变动，即各价格水平与供给量之对应关系的变化，这反映在图形中就是供给曲线的左右平移。影响供给变动的因素主要有这样几个。

一是生产技术的变化。例如，生产技术水平的提高减少了要素投入量，从而降低了商品的生产成本，在其他条件不变的情况下，这会增加商品的供给，使供给曲线右移。

二是生产要素的价格。在商品价格不变的条件下，如果生产要素价格提高，那么生产这种商品的利润就会减少，出于利润最大化考虑，企业自然就会减少供给，导致供给曲线左移。

三是预期。当生产商预期某种商品的价格要上涨时，他们往往会减少供应量，增加库存，以期在价格上涨之后赚得高利润，而现期商品的供给就会相应减少。

2.3.2　价格的形成：需求与供给的均衡

以上我们分别对需求和供给的基本特征及其影响因素进行了分析，现在是到了讨论价格形成的时候了。我们所要做的，就是将需求和供给这两股力量结合在一起，将图 2-1 中的需求曲线 DD 与图 2-2 中的供给曲线 SS 放置在同一个坐标系内，如图 2-3 所示。由于两条曲线的斜率符号相反，故它们在图中的 E 点相交。这一点标示着价格水平 OP_0，而对应于这个价格水平，消费者愿意并且能够购买到的商品量为 OQ_0，生产者愿意并且能够供给的商品量也是 OQ_0。换言之，商品市场在 E 点达到了一个均衡状态，OP_0 这个由需求和供给共同作用所决定的价格水平就是市场均衡价格。这个价格也是市场中唯一存在的稳定价格水平。

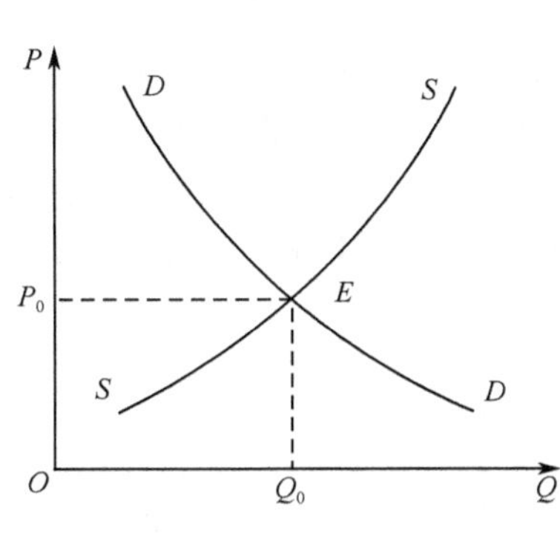

图 2-3　均衡价格和均衡产量

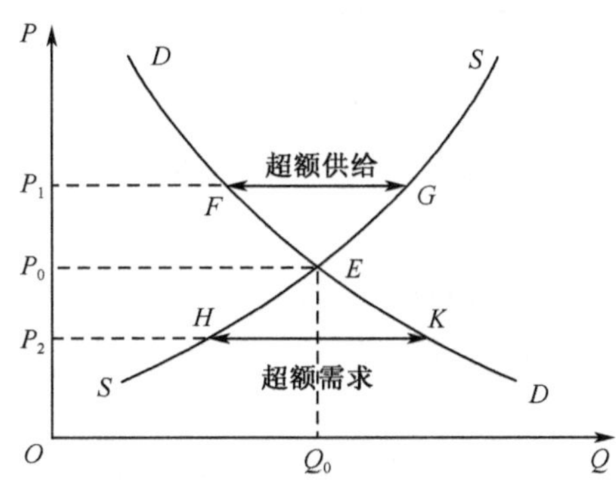

图 2-4　均衡价格的形成

下面进一步来说明这个均衡价格是如何形成的。在图 2-4 中，我们还标出了另外两个价格水平 OP_1 和 OP_2，其中 OP_1 高于 OP_0，OP_3 低于 OP_0。如果该商品开始时的价格为 OP_1，那么与 OP_1 对应的供给量就是 P_1G，但这时消费者只愿意购买 P_1F 数量的商品，因而市场上存在着超额供给 FG。为了出售掉多余出来的产品，生产者必然会形成激烈竞争，从而使价格水平下降，价格下降进一步导致供给量减少、需求量增加。竞争将会一直持续下去，直至价格降至均衡水平 OP_0，需求量与供给量相等时为止。相反，如果最初价格水平为 OP_2，低于均衡水平 OP_0，消费者愿意购买量多于生产者愿意供给的数量，这时就会出现超额需求 HK。为了得到有限的供给，消费者之间也会展开竞争，结果自然使价格上升，这又将导致供给量增加和需求量减少。竞争一直持续下去，直至价格上升至均衡水平 OP_0，需求量等于供给量。可以看出，均衡点 E 将是市场竞争中出现的唯一结果，而价格机制就像一只“看不见的手”，引导着供求关系达到这个均衡状态。

上述分析表明，在供给和需求既定的情况下，由于供求的相互作用，市场上最终会形成一个均衡价格和对应的均衡产量。如前所述，如果一些因素发生变化，需求和供给也会相应地发生变化，表现在图形上就是相关曲线的左移或右移。那么，这样的变动会对均衡状态产生怎样的影响呢？大致上，我们可以将需求和供给的变动分为三种情况。

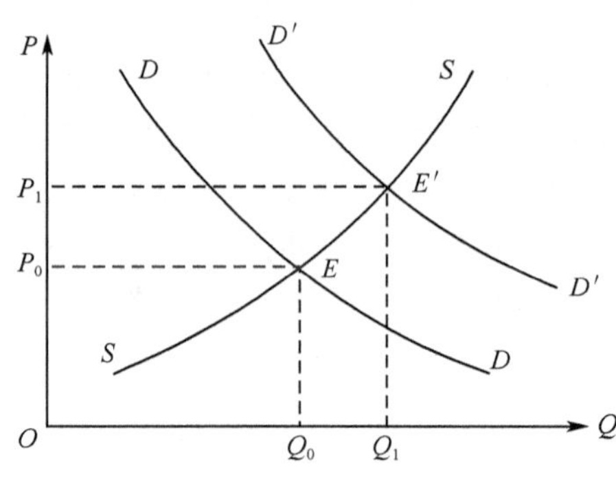

图 2-5　需求变动对均衡价格的影响

第一种是供给不变，需求发生变动。假定由于消费者对于某种商品的偏好增加，或者消费者收入提高，或者替代品价格上升等原因，需求曲线右移。假设供给状况不变，这时的情况就如图 2-5 所示，需求曲线 DD 右移至 $D'D'$，均衡点也随之变动，由 E 移至 E'，形成了新的均衡价格 OP_1 和均衡产量 OQ_1。显然，均衡价格和均衡产量较原来都有提高。相反，如果需求减少，需求曲线左移，则情况正相反，即均衡价格和均衡产量都出现下降。

第二种是需求不变，供给发生变化。假定某种商品的需求情况不变，但由于技术水平提高或者投入要素成本下降等原因，供给增加，供给曲线右移。这时的情况就如图 2-6 所示，供给曲线 SS 右移至 $S'S'$，新的均衡价格和均衡产量分别为 OP_2 和 OQ_2。显然，价格较原来降低了，但产量却增加了。如果情况正相反，即供给减少，则均衡价格会出现上升，但均衡产量却会下降。

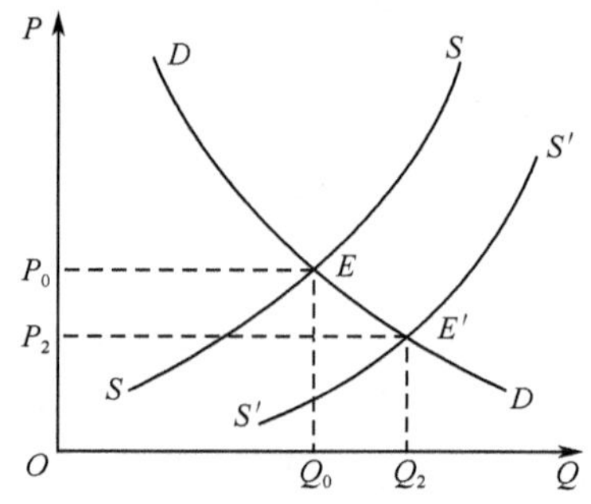

图 2-6　供给变动对均衡价格的影响

第三种是需求和供给同时变动。这时的情况要复杂得多。如果需求、供给同时增加，一种可能的情况就如图 2-7 所示。对应于新的均衡点 E'，新的均衡产量上升至 OQ_3，但新均衡价格与初始价格之间的关系却并不明确。OP_3 可能大于 OP_0，也可能小于 OP_0，甚至还有可能等于 OP_0。反过来，如果需求、供给同时减少，则均衡产量必定减少，而新的均衡价格仍然存在着以上三种可能。进一步地，如果需求和供给反方向变动，情况会更加复杂，可能的结果也会更多。读者可以将此作为一道习题，拿出纸和笔，去分析一下市场变幻的无穷奥妙。

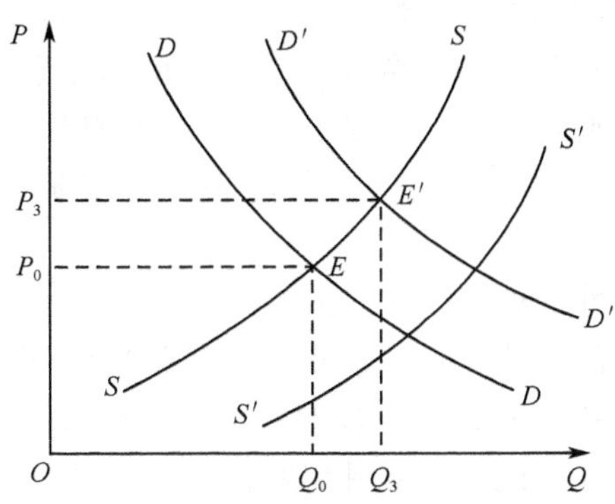

图 2-7　需求和供给同时变化时的均衡价格和均衡产量

2.4　市场失灵

2.4.1　外部性

我们曾经在第 1 章结尾的提问中提到“市场失灵”这一名词，现在要专门讨论这一问题。

市场是配置资源的有效渠道，但它并非完美无缺。外部性、公共物品和共有资源，这是市场出现失灵的三种重要情况。当出现市场失灵时，政府就需要动用它那只“看得见的手”来进行调节。

首先来看外部性的问题。如果生产或消费者的活动所带来的后果并不完全由其本人承担，而是会对其他人产生一定的影响，这种效应就称为外部性。进一步地，如果一个人的经济活动给其他人带来了有利影响，就称为“正外部性”，如果这种影响是不利的，则称为“负外部性”。由于个体在进行经济活动时并没有考虑到其行为的外部效应，没有考虑到对社会总成本和总收益的影响，这时的市场均衡并不是最有效率的。当前随着经济社会的发展，由负外部性导致的经济问题越来越多，其中环境污染问题就表现得非常突出。近年来我国工业化进程加快，各地区工业经济发展迅速，大量企业投入运营，而在这些企业进行生产的过程中也创造出了大量的有毒气体、有毒废液。出于经济利益的考虑，很多企业将这些污染物直接排入大气、河流、湖泊之中，从而造成了日益严重的环境污染。工业化进程的加快还推动了工业品消费的增加，汽车就是其中一例。奔驰的汽车排出刺鼻的尾气、发出刺耳的噪声，还会引起严重的交通堵塞，这些都是负外部性的表现。存在负外部性时，私人成本和社会成本之间出现差异。以化工厂为例，它所计算的成本只是原材料、设备、能源消耗等方面的要素投入，至于排出的有毒气体和废液，这是它没有也不会考虑到的。但从社会角度来看，这些负外部性都是社会所要承担的成本，这部分成本加上工厂的私人成本，构成了总的社会成本。显然，私人成本要少于社会成本。成本低意味着更高的利润，更高的利润导致更高的产出，因此，只考虑私人成本而未考虑社会成本时工厂的均衡产量，要高于考虑到社会成本时的社会最优规模，也就是说，资源没有达到最佳配置。

现实生活中正外部性的例子也很普遍。例如，一个养蜂场会使相邻果园的产量大幅增加，因为蜜蜂的采花、授粉使水果的结果更多更好，但果园丰收的收益仅仅归果园所有，这样就形成了养蜂对于果园的正外部性。再比如，路边房子的主人将墙面粉刷一新，并在院子里栽种艳丽的鲜花，这样做不仅美化了房东的居住环境，同时还会给过路行人带来美感和愉悦。与负外部性相比，正外部性带来的不是麻烦和困扰，而是有利的因素、合意的结果。但在资源的有效配置方面，正外部性同样也没有达到社会最佳状态，与负外部性不同，此时的生产则是未能达到社会认为应当有的规模。这是因为，正外部性的存在使私人收益小于社会收益，较低的收益导致较低的产出，故此时的资源也没有达到最佳配置。

2.4.2 “看得见的手”

既然外部性导致资源的非有效配置，那么减少或消除外部性带来的效率损失，就成为一个必须关注的问题。怎样做呢？主要还是要靠政府那只“看得见的手”来对市场进行必要的干预。

政府可以通过直接管制的方法来消除或减弱负外部性。对于一些社会外部成本远远大于行为者个人所得收益的行为，政府可以通过直接禁止此类行为来解决负外部性，如将把有毒废液倾倒在水源中视为严重犯罪。在我国的海河、淮河流域，由造纸企业造成的水体污染问题十分突出，大量不具污水治理能力的小造纸厂肆意向河流中排放污水，导致日益严重的水体污染。为了解决这种负外部性，几乎每一年环保部门都要关停一批严重污染企业。而对于那些具有较高社会收益、完全禁止并不现实的行为，政府可以通过设定标准的办法来减少负外部性。近年来，随着国内城镇居民汽车拥有量的飞速增长，大家经常能够听到“欧Ⅱ”“欧Ⅲ”“欧Ⅳ”这样的术语。这些术语实际上就是欧盟制定的关于汽车尾气排放的洁净标准。这些标准按严格程度从低到高依次称为“欧Ⅱ”“欧Ⅲ”“欧Ⅳ”标准，并依时间顺序分别实施，凡是尾气排放未达标准的汽车将不能在欧盟销售和行驶。这些严格的排放标准对汽车污染起到了显著的控制作用，有效减少了汽车使用中的负外部性。

税收和补贴也是政府抵消负外部性不良影响的重要干预措施。我们在之前说过，负外部性的问题是私人成本小于社会成本。那么，对产生负外部性的厂商征税或者罚款，让其支付由于污染而导致的社会所增加的成本，把外部成本内部化，这是促使厂商减少乃至消除负外部性的可行措施。对负外部性进行征税的做法最早是由经济学家庇古提出的，因而这种税收又被称为“庇古税”。税收的水平越高，厂商负外部性行为的成本也就越高，因而减少的污染也就越多。政府部门可以通过确定合适的税收水平，来使负外部性的影响降低到期望的水平。与负外部性的情况正相反，正外部性的问题是私人收益小于社会收益，经济主体不愿意提供符合社会意愿的产品或服务。此时，政府可以向产生正外部性的经济主体提供一定的补贴，将正外部产生的社会收益内部化，从而鼓励其提供更多的产品和服务。

2.4.3　解决外部性问题有时也要依靠市场

除了政府的干预管理之外，市场自身是否也能够解决外部性问题呢？从理论上说，完全依靠市场来消除或减少负外部性对于资源配置的影响也是可能的。美国芝加哥大学的著名经济学家科斯就提出过这样一个定理，即如果产权明确定义，如果经济主体间可以无成本地协商，那么在外部效应市场上，不论产权最初归哪一方，私人各方都可以通过协商达到资源的最优配置。这就是经济学中非常有名的科斯定理，它表明完全依靠市场来解决外部性问题在理论上也是可能的。但问题在于现实往往与理论假设相距甚远，现实中的很多物品、资源的产权是不清晰的，现实中的协商成本也不可能是无成本的，而往往是存在着很高的交易成本，因此，完全依靠市场来解决外部性的问题，这是不太现实的。不过，“看不见的手”还是可以和“看得见的手”一起来发挥作用的，设立排污权交易市场就是一例。

如前所述，管制和税收是解决负外部性的重要手段。但在应用税收手段时，厂商到底能够减少多少污染排放量，一个地区的总排放量最终能够控制在一个什么规模，这些是不明确的。若直接进行总量控制，政府可以把排放总量细分并指派给各个企业。为了保证公平性，一般会采用均分制，而这样做很有可能缺乏效率。由于企业技术状况不同，有的企业用不完指标，对污染控制缺乏激励，甚至会通过增加排污量来降低成本。另外一些企业则可能因为技术老化，排污量年年超标，久而久之，企业可能因超标罚款而导致成本大增，企业经营困难，甚至被迫停产。从经济发展的角度来看，这样的后果也是非效率的。解决这些不足，我们可以引入市场机制，创造出一个排污权交易市场，将污染排放指标进行市场化交易。这个市场会像其他一般物品的市场一样，由供求因素支配，“看不见的手”将保证这个市场有效地配置排污权。治理污染需要高成本的企业愿意为排污许可证出高价，而能以低成本减少污染的企业也将愿意出售它们拥有的排污许可证。只要存在这样一个排污权交易市场，无论最初如何分配指标，最后的配置效率都将是有效率的。而且，由于减少污染会带来收益，排污权市场会推动治污技术的开发，而不是仅仅把污染水平刚好控制在设定的限度内。

链接：

排污权交易在我国的应用

煤炭是我国最主要的能源资源，但燃烧煤炭产生大量的二氧化硫，从而导致严重的环境污染问题。针对这个问题，国家环保总局从1998年起启动了“二氧化硫排放总量控制及排污交易试点”项目，并逐步在山东、山西、江苏、河南、上海等地进行试点工作。作为推行二氧化硫排污交易最早的省份，江苏诞生了中国第一笔二氧化硫排污权交易和第一笔异地二氧化硫排污权交易。根据国家环保总局的安排，江苏省自2001年起开始了二氧化硫排污权交易试点工作，环保部门首先以排污许可证形式将二氧化硫排放控制配额无偿分配给各家企业。在2001年底，南通醋酸纤维有限公司因生产规模的扩大，急需增加二氧化硫排放总量；而同样位于南通市区的天生港发电公司，由于实施了烟气脱硫工程，使二氧化硫排污总量指标“多”了出来。在南通市环保局的撮合下，两家企业最终达成了我国首例二氧化硫排污权交易：在为期6年的交易期限里，由天生港发电公司每年卖给南通醋酸纤维有限公司300t二氧化硫排污权指标，每吨价格250元。之后不久，在江苏又诞生了全国第一笔异地排污权交易。在2003年初，苏州太仓港环保发电有限公司决定在原先基础上再扩建2×300MW发电供热机组。尽管公司将对新上的发电供热机组进行脱硫，但每年仍要增加2000t的二氧化硫排放量，公司已没有二氧化硫排污指标余量。而地处南京的南京下关发电厂由于引进先进的脱硫治理技术，每年二氧化硫实际排放量比核定的排污总量指标减少了3000t。在此情况下，由江苏省环保厅牵头，撮合两家企业进行排污权交易。江苏省环保厅同时组织专家对此次二氧化硫排污权交易的可行性进行了评估，认为太仓市尚有较大的环境容量，太仓公司买回排污权之后，即使在最不利的气候条件下，对周围地区产生的影响也很轻微。2003年5月，太仓公司与下关电厂在南京签订了中国第一个异地二氧化硫排污权交易协议：2003～2006年，太仓电厂以1元/kg的价格，每年从下关电厂买回1700t二氧化硫排污权额度，每年共计向下关电厂支付170万元的交易费用。

2.4.4 公共产品与共有资源问题

以上我们详细探讨了由外部性导致的市场失灵。除了外部性之外，公共物品和共有资源是市场失灵的另外两种情况。一般而言，对于任何一种物品，我们总可以用排他性和竞争性来定义其特性。所谓排他性，是指一个人使用一件物品时，就排除了其他人同时使用该物品的可能性。所谓竞争性，是指一个人对一件物品的使用，会影响其他人使用该物品时的效果。市场上所提供给广大消费者的物品，都同时具有排他性和竞争性的特征，这样的物品被称为私人物品，如计算机、衣服、食品等。如果一种物品既不具有排他性，也不具备竞争性，这样的物品就被称为公共物品。公共物品的现实例子有很多，最为明显的就是国防服务。对于一国中任何公民，他在享受国防服务时并不能排斥其他人同时享受该服务，他的消费也不会影响其他人享受该服务的质量。在有效地提供社会所需要的公共物品方面，市场同样也会出现失灵，而这是因为人们都有一种搭便车的激励。由于公共物品具有非排他性和非竞争性特征，任何一个人都可以从其他人提供的公共物品中获益，但却不用支付任何成本。既然如此，为什么自己还要去生产公共物品呢？直接利用别人提供的公共物品不就可以了吗？这就是搭便车的行为。如果社会中的每一个人都这样想——而且确实也会如此，那么谁还会去提供公共物品呢？因此，最终的结果就是没有人会去生产公共物品。市场机制无法提供社会所需要的公共物品，即市场出现了失灵。而要解决这个问题，只能依靠政府的介入，由政府提供公共物品。几乎在所有的国家中，国防服务、基础研究等具有公共性质的物品，都是由政府来提供的。

共有资源与公共物品具有相似之处，即它们都具有非排他性，不同的是，共有资源具有竞争性：想要使用共有资源的任何一个人都可以免费使用，但他的使用减少了其他人对共有资源的享用。共有资源的使用同样会影响资源的配置效率，导致市场失灵问题。经济学中有一个非常有名的寓言——“公地悲剧”。在中世纪的欧洲城镇，一般都会留有部分共有草地由镇里的居民集体拥有，所有居民都可以到这块草地上放羊。一个家庭的羊群在共有草地吃草，同时会降低其他家庭可以得到的草地的质量，这就是负外部性。由于人们在决策养多少羊时，并不会考虑这种外部性，结果每个人都会尽可能地增加羊群，导致羊群数量过多。草地失去了自我维护的机能，最终被吃光，羊群也无法生存了，这就是“公地悲剧”。这个故事表明，共有资源往往遭到过度利用，这是不符合社会的长远发展要求的。要解决这个问题，一种方法是明晰产权，将共有资源分配给各个家庭，从而转变为私人物品。但并非所有的共有资源都是可以明晰产权的，像湖泊中的鱼类资源就是一例。这时，政府只有通过管制，如设定禁渔时间、限定捕鱼数量等手段，才能够减轻对共有资源的过度利用。

【重要词汇】

◇ 资源稀缺性

与人们无限的欲望相比，我们所拥有的、能够用于满足各种欲望的资源是有限和不足的，这就是资源稀缺性。这里的稀缺不是指绝对数量的多少，只是相对于欲望的无限性而言的。

◇ 市场机制

借助于市场交换，依靠供求、价格、竞争机制，调节资源配置，分配经济收入的资源配置机制。

◇ 需求

特定时期内，消费者对于某种商品愿意并且能够购买的数量。需求与欲望不同，欲望仅仅是主观愿望，只有那些具备支付能力的欲望，才构成经济学意义上的需求。

◇ 需求规律

在其他条件不变的前提下，商品的价格越低，消费者对于该商品的需求量就会越大；反过来，商品价格越高，对该商品的需求量越小。需求量与价格呈反方向变化，需求曲线斜率为负，这就是经济学中所说的“需求规律”。

◇ 供给

特定时期内，生产者对于某种商品愿意并且能够提供的数量。或者说，特定时期内，生产者对应于某种商品的每一可能的价格愿意并能够提供的数量。

◇ 供给规律

在其他因素既定的条件下，供给量随价格的提高而增加，随价格的下降而减少，这被称为“供给规律”。

◇ 外部性

如果生产或消费者的活动所带来的后果并不完全由其本人承担，而是会对其他人产生一定的影响，这种效应就称为外部性。

◇ 公共物品

如果一种物品既不具有排他性，也不具备竞争性，这样的物品就被称为公共物品。公共物品的现实例子有很多，最为明显的就是国防服务。市场不能有效地提供公共物品，因为存在着搭便车的行为。一般地，公共物品都是由政府来提供的。

【知识练习】

1. 为发展经济，必须对稀缺的资源进行配置，资源配置有哪两种方法？

2. 与计划经济相比，为什么市场能够有效地配置资源？

3. 有哪些因素会影响商品的需求与供给？用图示法来演示一下，当需求与供给反方向变化时，新的均衡产量和价格会发生怎样的变化？

4. 可以应用哪些手段来解决外部性带来的资源非有效配置问题？

5. 公共物品、共有资源与私人物品这三者之间存在哪些不同？为什么前两种物品会引起市场失灵？

【能力训练】

1. 结合你所熟悉的经济现象，列举一两个由市场来配置资源的事实。

2. 中国正在成为“世界工厂”，大量的低成本产品正源源不断地从中国的外资企业、民营企业乃至家庭作坊中生产出来，并进入国际市场。中国产品或“中国制造”的产品之所以价格低廉，很大程度上是因为劳动力成本很低，中国沿海地区出口企业生产的产品多数是来自内地的劳工生产的。但是，自 2006 年起，广东、江苏等地的廉价劳动力不那么好找了，“务工难”开始变成了“招工难”，许多年轻的农村劳动力开始在家务农了，或在当地做工了。你能用资源配置的理论解释这种现象吗？市场及其市场机制在其中发挥了怎样的作用？

3. 随着时间的推移，电子信息产品的市场价格不断下降，如 PC、MP3、数码相机等，而资源性产品的市场价格却不断走高，如木制地板、冰箱铜管、不锈钢制品等。除了资源稀缺性的因素外，与市场的供求关系有什么样的联系？还有，新的科技发现与创新会改变自然资源的供给吗？

4. 案例分析：

“市场失灵”的后果

据《市场报》2005 年 5 月 20 日的报道，湖南省桃源县兴隆街乡竹园村，原本真如陶渊明笔下的桃花源一般，山清水秀，景色宜人。全村 200 多户人家生活在 16 000 多亩的楠竹海洋里，村民世代与竹相伴，卖竹为生。然而近年来，由于当地政府引进了一家化工厂，环境遭到严重破坏，静谧、秀丽的“世外竹园”，顿时笼罩在化学制造的污染之中。这家化工厂制造炸药、鞭炮用的氯酸钾，开始生产能力为年产 2000t，后经改造，年生产能力不断扩大。

由于化工厂的污染，竹园村的竹林有千余亩受到不同程度的破坏，受损楠竹近 10 万根。由于竹林遭到严重污染，导致竹子的市场价格被压得很低。正常情况下，市场的竹子是根据尺寸论“根”售的，现在遭到污染的竹子只能按重量卖，甚至论“吨”卖。

化工厂的生产不仅导致当地竹子的贱价抛售，而且破坏了当地的生活环境，造成空气的污染和水源的污染。

针对以上案例，请用市场外部性分析化工厂的经济行为，说明“市场失灵”是怎样发生的。如果完全由市场调节的话，除了直接的生产成本外，化工厂生产的社会成本还包括哪些方面？这些成本化工厂为什么没有承担？

第3章　消费与生产

为什么像水那样对生命如此不可缺少的东西具有如此低的价格，而对生命并非必不可少的钻石却具有如此高的价格？

——亚当·斯密

【本章学习目的】

1. 了解消费偏好、消费者剩余等基本概念。
2. 熟悉边际成本与边际收益在经济生活中的意义。
3. 了解不完全竞争、垄断等市场现象。
4. 理解经济增长的含义。
5. 了解生产、消费与经济增长之间的关系。

每天我们都要就如何配置稀缺的钱和时间做出无数的抉择。我们是应该吃早餐，还是应该睡懒觉呢？傍晚用来读书还是去拜访朋友呢？买一辆新车还是修理我们的旧车呢？用掉我们的收入还是储蓄起来以备他日不时之需呢？当我们权衡各种需求和欲望之时，我们就做出了决定自己生活方式的选择。同时，每天在我们吃早餐之前，必须得有人先去烤制面包。一国的生产能力——生产多少条面包、多少桶原油、多少瓦电能等——是一国经济潜力的衡量标志。生产力取决于劳动力的规模和质量、资本的数量和质量、科技水平和科技应用的能力，以及公共部门和私人部门的性质。为什么美欧等发达国家的生活水平较高，而非洲等一些经济欠发达国家的生活水平较低？为了寻求答案，我们必须弄清楚生产这部庞大而复杂的机器是如何运转的。本章将首先探讨消费者选择和消费者行为的基本原则，我们将看到，个人追求其最为偏好的消费品组合的过程如何解释市场需求的模式，我们还将学习如何衡量我们每个人参与市场经济所得到的福利。本章的另一目的在于了解市场是如何决定商品和服务的供给的。我们将给出生产、成本和利润最大化等重要概念，并阐述它们之间的相互关系。本章还将对几种市场类型的基本特征以及消费、生产与经济增长的关系进行分析和阐释。

3.1　消费者决策

3.1.1　效用理论与消费者剩余

1. 效用、基数效用与序数效用

效用是指商品满足人的欲望的能力，换言之，效用是指消费者在消费商品时所感受到的满足程度。一种商品对消费者是否具有效用，取决于消费者是否有消费这种商品的欲望，以及这种商品是否具有满足消费者的欲望的能力。“效用”这一概念与人的欲望是联系在一起的，它是消费者对商品满足自己欲望的能力的一种主观心理评价。

既然效用是用来表示消费者在消费商品时所感受到的满足程度，于是，就产生了对这种“满足程度”即效用大小的度量问题。在这一问题上，经济学家先后提出了基数效用和序数效用的概念，并在此基础上，形成了分析消费者行为的两种方法，它们分别是基数效用论者的边际效用分析方法和序数效用论者的无差异曲线的分析方法。

“基数”和“序数”这两个术语来自数学。基数是指 1、2、3……，基数是可以加总求和的。例如，基数 3 加 9 等于 12，且 12 是 3 的 4 倍等。序数是指第一、第二、第三……，序数只表示顺序或等级，序数是不能加总求和的。例如，序数第一、第二和第三，可以是 10、20 和 50，也可以是 11、19 和 21。它所要表明的仅仅是第二大于第一，第三大于第二，至于第一、第二和第三本身各自的数量具体是多少，并没有实际意义。

在 19 世纪末和 20 世纪初期，西方经济学家普遍使用基数效用的概念。基数效用论者认为，效用如同长度、重量等概念一样，可以具体衡量并加总求和，具体的效用量之间的比较是有意义的。表示效用大小的计量单位被称作效用单位。例如，对某一个人来说，吃一顿丰盛的晚餐和看一场高水平的足球赛的效用分别为 5 效用单位和 10 效用单位，则可以说这两种消费的效用之和为 15 效用单位，且后者的效用是前者的效用的 2 倍。

到了 20 世纪 30 年代，序数效用的概念为大多数西方经济学家所使用。序数效用论者认为，效用是一个有点类似于香、臭、美、丑之类的概念，效用的大小是无法具体衡量的，效用之间的比较只能通过顺序或等级来表示。我们仍以前面的“晚餐和足球赛”为例，消费者要回答的是偏好哪一种消费，即哪一种消费的效用是第一，哪一种消费的效用是第二。换言之，消费者要回答的是宁愿吃一顿丰盛的晚餐，还是宁愿看一场高水平的足球赛。进一步来说，序数效用论者还认为，就分析消费者行为来说，基数效用的特征是多余的，以序数来度量效用的假定比以基数来度量效用的假定所受到的限制要少，它可以减少一些被认为是值得怀疑的心理假设。

在现代微观经济学里，通常使用的是序数效用的概念。本节的后半部分主要介绍序数效用论者是如何运用无差异曲线的分析方法来研究消费者行为的。至于基数效用论者的边际效用分析方法，将在随后部分作一简要的介绍。

2. 边际效用和边际效用递减规律

基数效用论者将效用划分为总效用（total utility，TU）和边际效用（marginal utility，MU）。总效用是指消费者在一定时间内从一定数量商品的消费中所得到的效用量的总和。边际效用是指消费者在一定时间内增加一单位商品的消费所得到的效用量的增量。假定消费者对一种商品的消费数量为 Q，则总效用函数为

$$\mathrm{TU} = f(Q) \tag{3.1}$$

相应的边际效用函数为

$$\mathrm{MU} = \frac{\Delta \mathrm{TU}(Q)}{\Delta Q} \tag{3.2}$$

当商品的增加量趋于无穷小，即 $\Delta Q \to 0$ 时，有

$$\mathrm{MU} = \lim_{\Delta Q \to 0} \frac{\Delta \mathrm{TU}(Q)}{\Delta Q} = \frac{\mathrm{dTU}(Q)}{\mathrm{d}Q} \tag{3.3}$$

这里要指出的是，边际分析方法是经济学中最基本的分析方法之一，“边际”概念则是很重要的一个基本概念。在此，我们有必要强调一下，边际量的一般含义是表示一单位的自变量的变化量所引起的因变量的变化量。抽象的边际量的定义公式为

$$\text{边际量} = \frac{\text{因变量的变化量}}{\text{自变量的变化量}} \tag{3.4}$$

接下来，我们可以利用表 3-1，来说明边际效用递减规律和进一步理解总效用与边际效用之间的关系。由表 3-1 可见，当商品的消费量由 0 增加为 1 时，总效用由 0 增加为 10 效用单位，总效用的增量即边际效用为 10 效用单位（因为 10－0＝10）。当商品的消费量由 1 增加为 2 时，总效用由 10 效用单位上升为 18 效用单位，总效用的增量即边际效用下降为 8 效用单位（因为 18－10＝8）。以此类推，当商品的消费量增加为 6 时，总效用达到最大值 30 效用单位，而边际效用已递减为 0（因为 30－30＝0）。此时，消费者对该商品的消费已达到饱和点。当商品的消费量再增加为 7 时，边际效用会进一步递减为负值，即－2 效用单位（因为 28－30＝－2），总效用便下降为 28 效用单位了。

表 3-1　某商品的效用表

商品数量 (1)	总效用 (2)	边际效用 (3)
0	0	
1	10	10
2	18	8
3	24	6
4	28	4
5	30	2
6	30	0
7	28	−2

根据表 3-1 所绘制的总效用和边际效用曲线如图 3-1 所示。

图 3-1 中的横轴表示商品的数量，纵轴表示效用量，TU 曲线和 MU 曲线分别为总效用曲线和边际效用曲线。由于边际效用被定义为消费品的一单位变化量所带来的总效用的变化量，又由于图中的商品消费量是离散的，因此，MU 曲线上的每一个数值都记在相应的两个消费数量的中点上。

在图 3-1 中，MU 曲线是向右下方倾斜的，它反映了边际效用递减规律，与之相应，TU 曲线是以递减的速率先上升后下降的。当边际效用为正值时，总效用曲线呈上升趋势；当边际效用递减为零时，总效用曲线达到最高点；当边际效用继续递减为负值时，总效用曲线呈下降趋势。从数学意义上来讲，如果总效用曲线是连续的，则每一消费量上的边际效用值就是总效用曲线上相应的点的斜率。这一点，也体现在边际效用的定义公式（3. 3）中。

为什么在消费过程中会呈现出边际效用递减规律呢？根据基数效用论者的解释，边际效用递减规律成立的原因，可以是由于随着相同消费品的连续增加，从人的生理和心理的角度讲，从每一单位消费品中所感受到的满足程度和对重复刺激的反应程度是递减的。还可以是由于当一种商品具有几种用途时，消费者总是将第一单位的消费品用在最重要的用途上，第二单位的消费品用在次重要的用途上，如此等等。这样一来，消费品的边际效用便随着消费品的用途重要性的下降而递减。

边际效用递减规律的具体内容是：在一定时间内，在其他商品的消费数量保持不变的条件下，随着消费者对某种商品的消费量的增加，消费者从该商品连续增加的每一消费单位中所得到的效用增量及边际效用是递减的。举例来说，在一个人饥饿的时候，吃第一个包子给他带来的效用是很大的。以后，随着这个人所吃的包子数量的连续增加，虽然总效用是不断增加的，但每一个包子给他所带来的效用增量即边际效用却是递减的。当他完全吃饱的时候，包子的总效用达到最大值，而边际效用却下降为零。如果他还继续吃包子，就会感到不适，这意味着

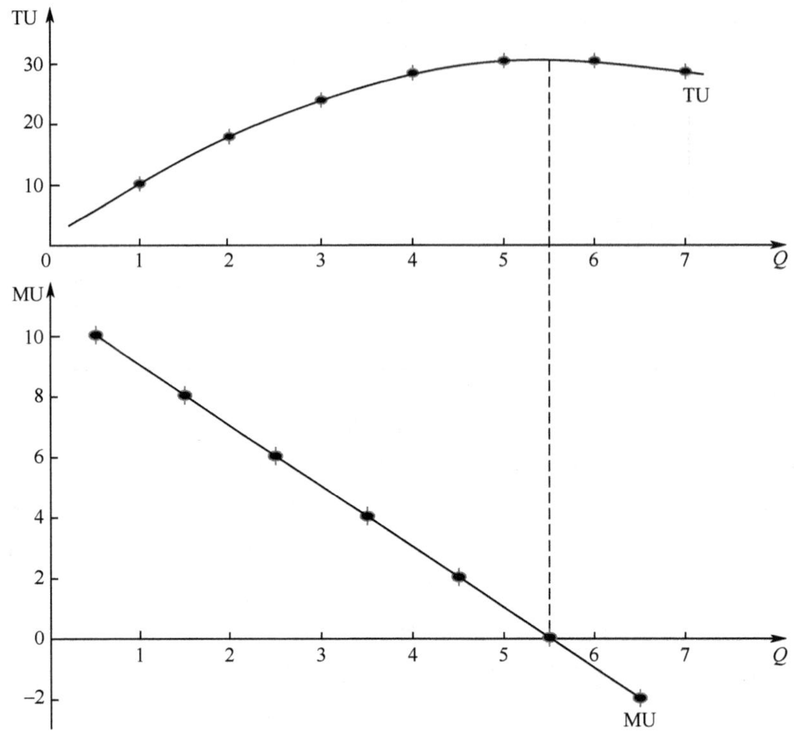

图 3-1 某商品的效用曲线

包子的边际效用进一步降为负值，总效用也开始下降。我们可以以表 3-1 中的第（1）、（2）和（3）栏来具体说明这一事例。譬如，这个人吃第一个包子时，他对第一个包子所带给自己的效用的评价为 10，即第一个包子的边际效用为 10。当他吃第二个包子时，他对第二个包子的效用的评价下降为 8，即第二个包子的边际效用为 8。但此时他吃 2 个包子的总效用＝10＋8＝18。类似地，当他吃第三个包子时，他对第三个包子的效用的评价进一步下降为 6，即第三个包子的边际效用为 6，而此时吃 3 个包子的总效用＝10＋8＋6＝24……以此类推，直至他吃第六个包子时，边际效用递减为零，总效用达到最大值 30，而吃第七个包子时，边际效用递减为－2，总效用开始下降为 30－2＝28。

3. 消费者剩余

基数效用论者认为，商品的需求价格取决于商品的边际效用。具体而言，如果某一单位的某种商品的边际效用越大，则消费者为购买这一单位的该种商品所愿意支付的最高价格就越高；反之就越低。在消费者购买商品时，一方面，消费者对每一单位商品所愿意支付的最高价格取决于这一单位商品的边际效用。由于商品的边际效用是递减的，所以，消费者对某种商品所愿意支付的最高价格是逐步下降的。但是，另一方面，需要区分的是，消费者对每一单位商品所愿意支付的最高价格并不等于该商品在市场上的实际价格。事实上，消费者在购买商品时是按实际的市场价格支付的。于是，在消费者愿意支付的最高价格和实际的市场价格之间就产生了一个差额，这个差额就构成了消费者剩余的基础。例如，某种汉堡包的市场价格为 3 元，某消费者在购买第一个汉堡包时，根据这个汉堡包的边际效用，他认为值得付 5 元去购买这个汉堡包，即他愿意支付的最高价格为 5 元。于是当这个消费者以市场价格 3 元购买这个汉堡包时，就创造了额外的 2 元的剩余。在以后的购买过程中，随着汉堡的边际效用递减，他为购买第二个、第三个、第四个汉堡包所愿意支付的最高价格分别递减为 4.50 元、4.00 元和 3.50 元。这样，他为购买 4 个汉堡包所愿意支付的最高总金额＝5.00 元＋4.50 元＋4.00 元＋3.50 元＝17 元。但他实际按市场价格支付的总金额＝3.00 元×4＝12 元。两者的差额＝17 元－12 元＝5 元，这个差额就是消费者剩余。也正是从这种感觉上，他认为购买 4 个汉堡包是值得的，是能使自己的状况得到改善的。由此可见，消费者剩余是消费者在购买一定数量的某种商品时愿意支付的最高价格和实际支付的总价格之间的差额。

消费者剩余可以用几何图形来表示。简单地说，消费者剩余可以用消费者需求曲线以下、市场价格线之上的面积来表示，如图 3-2 中的阴影部分面积所示。在图 3-2 中，需求曲线以反需求函数的形式 $P^d=f(Q)$ 给出，它表示消费者对每一单位商品所愿意支付的最高价格。假定该商品的市场价格为 P_0，消费者的购买量为 Q_0。那么，根据消费者剩余的定义，我们可以推断，在产量 $0\sim Q_0$ 区间需求曲线以下的面积表示消费者为购买 Q_0 数量的商品所愿意支付的最高总金额（即总价格），即相当于图中的面积 $OABQ_0$；而实际支付的总金额（即总价格）等于市场价格 P_0 乘以购买量 Q_0，即相当于图中的矩形面积 OP_0BQ_0。这两块面积的差额，即图中的阴影部分面积 P_0AB 就是消费者剩余。

消费者剩余也可以用数学公式来表示。令反需求函数为 $P^d=f(Q)$，价格为 P_0 时的消费者的需求量为 Q_0，则消费者剩余为

$$\mathrm{CS}=\int_0^{Q_0} f(Q)\mathrm{d}Q-P_0Q_0$$

式中，CS 为消费者剩余的英文缩写，公式右边的第一项即积分项表示消费者愿意支付的最高总金额，第二项表示消费者实际支付的总金额。

以上，我们利用单个消费者的需求曲线得到了单个消费者剩余，这一分析可以扩展到整个市场。相类似地，我们可以由市场的需求曲线得到整个市场的消费者剩余，市场的消费者剩余可以用市场需求曲线以下、市场价格线以上的面积来表示。

最后需要指出的是，消费者剩余是消费者的主观心理评价，它反映消费者通过购买和消费商品所感受到的状态的改善。因此，消费者剩余通常被用于度量和分析社会福利问题。

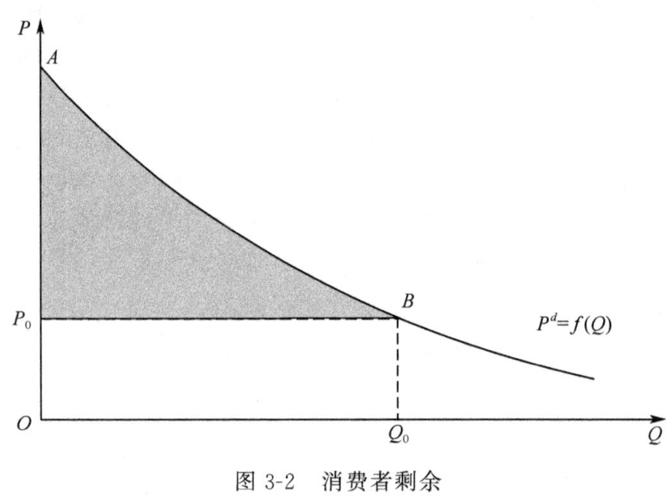

图 3-2 消费者剩余

3.1.2 偏好与无差异曲线

1. 关于偏好的假定

序数效用论者认为，商品给消费者带来的效用大小应当用顺序或等级来表示。为此，序数效用论者提出了消费者偏好的概念。所谓偏好，就是爱好或喜欢的意思。序数效用论者认为，对于各种不同的商品组合，消费者的偏好程度是有差别的，正是这种偏好程度的差别，反映了消费者对这些不同的商品组合的效用水平的评价。具体来说，给定 A、B 两个商品组合，如果某消费者对 A 商品组合的偏好程度大于 B 商品组合，也就是说，这个消费者认为 A 组合的效用水平大于 B 组合，换言之，A 组合给此消费者带来的满足程度大于 B 组合。

序数效用论者提出了关于消费者偏好的三个基本假定：

第一个假定是偏好的完全性。偏好的完全性是指消费者总是可以比较和排列所给出的不同商品组合。也就是说，对于任何两个商品组合 A 和 B，消费者总是可以做出而且也仅仅只能做出以下三种判断中的一种：对 A 的偏好大于对 B 的偏好；或者对 B 的偏好大于对 A 的偏好；或者对 A 和 B 的偏好相同（即 A 和 B 是无差异的）。偏好的完全性的假定保证消费者对于偏好的表达方式是完备的，消费者总是可以把自己的偏好评价准确地表达出来。

第二个假定是偏好的可传递性。可传递性是指对于任何三个商品组合 A、B

和 C，如果消费者对于 A 的偏好大于对于 B 的偏好，对 B 的偏好大于对于 C 的偏好，那么，在 A、C 这两个商品组合中，消费者必定有对 A 的偏好大于对 C 的偏好。偏好的可传递性假定保证了消费者偏好的一致性，因而也是理性的。

第三个假定是偏好的非饱和性。这一假定是指如果两个商品组合的区别仅在于其中一种商品的数量不相同，那么，消费者总是偏好于含有这种商品数量较多的那个商品组合。这就是说，消费者对于每一种商品的消费都没有达到饱和点，或者说，对于任何一种商品，消费者总是认为数量多比数量少好。此外，这个假定还意味着，消费者认为值得拥有的商品都是“好的东西”，而不是“坏的东西”。在这里，“坏的东西”指诸如空气污染、噪声等只能给消费者带来负效用的东西。在我们以后的分析中，不涉及“坏的东西”。

2. 无差异曲线及其特点

为了简化分析，假定消费者只消费两种商品。这样，我们就可以直接在二维平面图上讨论无差异曲线。无差异曲线是用来表示消费者偏好相同的两种商品的所有组合的。或者说，它是表示能够给消费者带来相同的效用水平或满足程度的两种商品的所有组合的。下面以表 3-2 和图 3-3 来具体说明无差异曲线的构建。

表 3-2 是某消费者关于商品 1 和商品 2 的无差异列表，表中列出了关于这两种商品各种不同的组合。该表由三个子表即表 a、表 b 和表 c 组成，每一个子表中都包含六个商品组合，且假定每一个子表中六个商品组合的效用水平是相等的。以表 a 为例，表 a 中有 A、B、C、D、E 和 F 六个商品组合。在 A 组合中，商品 1 和商品 2 的数量各为 20 和 130；在 B 组合中，商品 1 和商品 2 的数量各为 30 和 60，如此等等。并且，消费者对这六个组合的偏好程度是无差异的。同理，消费者对表 b、表 c 中的所有六个商品组合的偏好程度也都是相同的。

表 3-2　某消费者的无差异表

商品组合	表 a		表 b		表 c	
	X_1	X_2	X_1	X_2	X_1	X_2
A	20	130	30	120	50	120
B	30	60	40	80	55	90
C	40	45	50	63	60	83
D	50	35	60	50	70	70
E	60	30	70	44	80	60
F	70	27	80	40	90	54

但需要注意的是，表 a、表 b 和表 c 三者各自所代表的效用水平的大小是不一样的。只要对表中的商品组合进行仔细观察和分析，就会发现，根据偏好的非饱和性假设，或者说，根据商品数量“多比少好”的原则，可以得出结论，表 a

所代表的效用水平低于表 b，表 b 的效用水平又低于表 c。

根据表 3-2 所绘制的无差异曲线如图 3-3 所示。图中的横轴和纵轴分别表示商品 1 的数量 X_1 和商品 2 的数量 X_2，曲线 I_1、I_2 和 I_3 顺次代表与表 a、表 b 和表 c 相对应的三条无差异曲线。这三条无差异曲线是这样得到的：以无差异曲线 I_1 为例，先根据表 a 描绘出相应的六个商品组合点 A、B、C、D、E 和 F，然后用曲线把这六个点连接起来（在假定商品数量可以无限细分的情况下），便形成了光滑的无差异曲线 I_1。用相同的方法，可以根据表 b 和表 c，分别绘制出无差异曲线 I_2 和 I_3。

需要指出的是，在表 3-2 中，我们只列出了三个子表，与之对应，在图 3-3 中我们得到了三条无差异曲线。事实上，我们可以假定消费者的偏好程度可以无限多，也就是说，我们可以有无穷多个无差异子表，从而得到无数多条无差异曲线。表 3-2 和图 3-3 无非只是一种分析的简化而已。

无差异曲线还具有以下三个基本特征：

第一个特征，我们可以画出无数条无差异曲线，以至覆盖整个平面坐标图。所有这些无差异曲线之间的相互关系是，离原点越远的无差异曲线代表的效用水平越高，离原点越近的无差异曲线代表的效用水平越低。

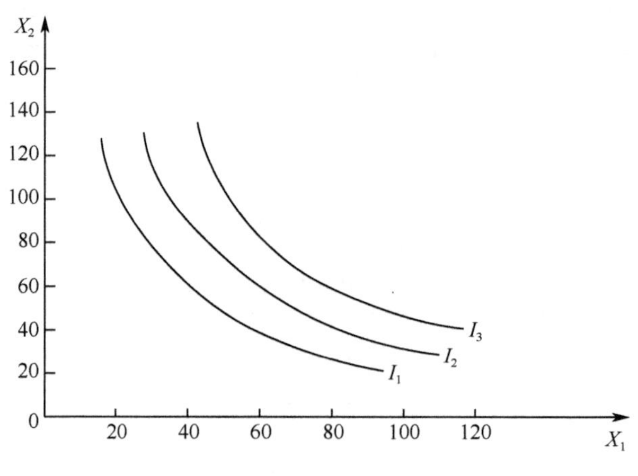

图 3-3　某消费者的无差异曲线

第二个特征，在同一坐标平面图上的任何两条无差异曲线不会相交。

第三个特征，无差异曲线是凸向原点的，这就是说，无差异曲线不仅向右下方倾斜，即无差异曲线的斜率为负值，而且，无差异曲线是以凸向原点的形状向右下方倾斜的，即无差异曲线的斜率的绝对值是递减的。

3.2　生产者决策

3.2.1　生产和成本分析

1. 基本概念

如果企业拥有一定数量的投入，能够得到多少产出呢？在实践中，其答案取决于技术状况和工程知识。在任何时点上，给定可使用的技术知识、土地和机器等，在投入劳动一定的情况下，仅仅能够得到一定数量的产出。所需要的投入量和能够得到的产出量之间的关系成为生产函数。生产函数（production function）是指，在既定的工程技术知识水平条件下，给定投入之后能够得到的最大产出。

一种投入的边际产量（marginal product，MP）是指，在其他投入保持不变的情况下，由于增加一单位的该投入而多生产出来的产量或产出。边际产量递减规律（law of diminishing returns）认为，当其他的投入保持不变时，随着某一投入量的增加，我们获得的产出增量越来越少。换句话说，其他的投入不变时，随着某一投入量的增加，每一单位该种投入的边际产量会下降。边际产量递减规律也被称为边际收益递减规律或边际报酬递减规律。

在经济学领域中，边际成本与边际收益分别是最重要的概念之一。边际成本（marginal cost，MC）表示增加一单位产出的额外的或增加的成本。譬如，一个企业生产 1000 张光盘的总成本为 10 000 元。如果生产 1001 张光盘的总成本为 10 006 元，那么，生产第 1001 张光盘的边际成本就为 6 元。边际收益（marginal revenue，MR）的定义是，当销售增加一个单位时，由此而引起的收益的变化量。MR 既可以为正，也可以为负。

2. 收益递减和 U 形成本曲线

什么决定一个企业的成本曲线？很明显，劳动和土地等投入的价格是影响成本的重要因素。每家企业的经理人员都会告诉你，更高的租金和工资意味着更高的成本。但同时，一个企业的成本曲线也紧密依赖于企业的生产函数。这一点很容易理解，当企业的技术进步使同样的产出消耗更少的投入，则企业的成本会下降，成本曲线也会下降。

实际上，如果你知道生产要素的价格和生产函数，便能计算成本曲线。假设企业要达到某一产出水平，生产函数以及要素的价格可以告诉你，什么是企业可选择的、最小成本的投入组合，从而计算出最节省投入的总成本。

成本和生产之间的关系有助于我们解释为什么成本曲线是 U 形的。考察短期，资本是固定的，而劳动是可变的。在这种情况下，可变要素（劳动）的收益是递减的，因为每一增加的劳动单位所对应的资本是下降的，因此，产出的边际成本会上升，因为每一增加的劳动单位所带来的产出增量在降低。也就是说，可变要素的收益递减意味着短期边际成本的递增。这就说明了为什么收益递减导致边际成本在某一点之后上升。

图 3-4 和图 3-5 说明了这一点。此二图表明，边际产量的递增区域对应于边际成本的递减区域，而收益的递减区域意味着边际成本的递增区域。

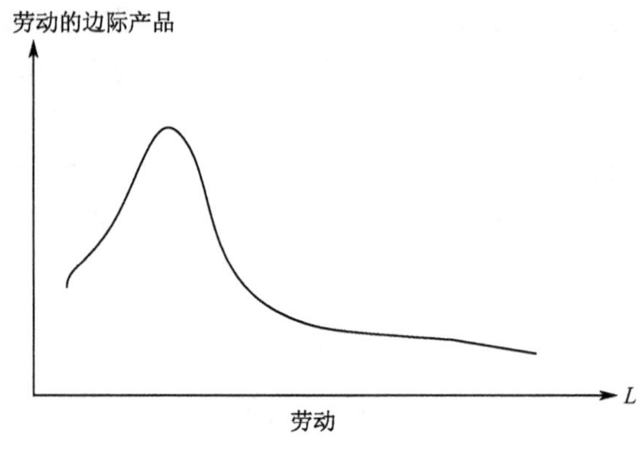

图 3-4　收益递减

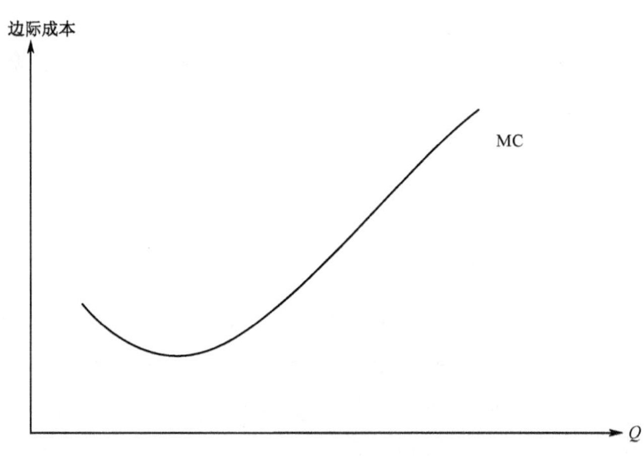

图 3-5　U 形成本曲线

我们可以将生产率规律与成本曲线之间的关系总结如下，在短期，当像资本那样的要素固定不变时，可变要素一般表现为开始阶段的收益递增和随后出现的收益递减。与之相应的成本曲线表现为开始阶段的边际成本递减和在收益递减发生之后出现的边际成本递增。

3. 最小成本法则

我们现在使用边际产量的概念来说明企业如何选择最小成本的投入组合。在我们的分析中，我们基于一条基本的假设，即企业追求生产成本的最小化。这一成本最小化假设，不仅对于完全竞争的企业适用，而且对于垄断者，甚至像大学或医院这些非营利性组织也同样适用。这一假设表明，企业应当力求在最低可能的成本上进行生产，从而使利润或其他目标达到最大。

一个简单的例子可以说明企业如何在不同的投入组合中进行选择。譬如，一个企业的工程师计算出用两种可能的选择都能够生产出9单位的合意产量。在这两种情况下，燃料（E）的成本为每单位2元，而每小时劳动（L）的成本为5元。在第一种选择下，投入组合为$E=10$和$L=2$。第二种选择的投入组合为$E=4$和$L=5$。哪一种选择更好呢？在市场价格下，第一种选择的生产总成本为：（2元×10）＋（5元×2）＝30元，而第二种选择的总成本为：（2元×4）＋（5元×5）＝33元。因此，第一种选择是较好的最小成本的投入组合。

更普遍的情况是存在着许多种可能的投入组合，而不止两个。但是我们不必计算每个不同投入组合的成本以找到最小的成本组合。有一个找最小成本组合的方法，首先计算每一种投入的边际产量，然后用边际产量除以每种要素的价格，得到每一元投入的边际产量。当每一元投入的边际产量对于各种投入都相等时，就得到了最低成本的投入组合。也就是说，每一元的劳动、土地、燃料等投入要素对于产量的边际贡献必须正好相等。

根据这一推论，当每一元投入的边际产量对于每一种生产要素都相等时，企业的生产总成本达到了最低。这一结论称为最低成本规则。所谓最低成本规则是指，为了以最小成本生产出一定数量的产品，企业应该购买各种投入要素，直到花费在每一投入上的每一元的边际产量相等时为止。我们以L、A等代表各种不同的生产要素，就有

$$\frac{L\text{ 的边际产量}}{L\text{ 的价格}}=\frac{A\text{ 的边际产量}}{A\text{ 的价格}}=A$$

最低成本规则的理论基础是什么呢？让我们假设，一亩土地的成本为800元，每小时劳动的成本为8元。那么，任何思维正常的人都不会这样指望，所组合的某个数量的土地和劳动，在它们实物边际产量相等的情况下，能够使总投入达到成本最低的目的。如果土地和劳动的边际产量都是价值100元的小麦，那么，相等的边际产量就意味着增加800元的土地可以生产100元的小麦，而增加8元的劳动也可以生产出100元的小麦。显然，这是非效率的，因而企业会减少土地的投入，而增加劳动的投入。另一种情况是，每增加800元的土地多生产1200元的小麦，而增加8元的劳动多生产12元的小麦。显然这才是有效率的投

入组合，因为每一元的土地和劳动的边际产量相等，因此企业才会达到生产成本的最小化。

最小成本规则的一个推论就是替代规则。替代规则是指，如果一种要素的价格下降，而所有其他要素的价格保持不变，则企业用现在更便宜的要素替代所有其他要素是有利可图的。让我们以劳动为例，劳动价格的下降会提高 MP_L/P_L 的比率，从而使 MP_L/P_L 高于所有其他投入的 MP/P。根据收益递减规律，增加的劳动雇佣量降低了 MP_L，从而降低了 MP_L/P_L。劳动的较低价格和较低的 MP_L，使得每元劳动的边际产量重新与其他要素的比率相等。

3.2.2　利润最大化

1. 企业使利润最大化吗

微观经济学经常要用到利润最大化假说，因为它能合理而准确地预测商业行为并可避免不必要的分析上的混乱。但企业是否真的以利润最大化为目标，一直存在争议。

对于由所有者自己管理的小企业，利润似乎决定着差不多全部的企业决策。然而在大企业里，做日常决策的经理人员通常很少与所有者（即股东）取得联系，结果导致企业的所有者不能在一个正常的基础上监控企业经理人员的行为。这样一来，经理人员在经营企业上便有了回旋的余地，并能在某种程度上偏离利润最大化的目标。

企业的经理人员可能会更多地考虑其他目标而较少考虑利润最大化，如追求收入最大化以实现增长或支付红利以满足股东的利益。经理人员也可能完全只顾企业的短期利润（或许是为了获得晋升或巨额奖金）而牺牲长期利润，即使长期利润最大化更能满足股东的利益。

即便如此，企业的经理人员追求长期利润最大化以外的其他目标的自由度还是很有限的。如果这些经理人员一味追求长期利润最大化以外的其他目标，股东或董事会就可以撤换他们，或者是由新的管理层来接管企业。无论如何，不追求利润最大化的企业不大可能幸存。企业要在竞争性行业中生存下去，就得将长远利润最大化作为它们最优先考虑的目标之一。因此，我们运用利润最大化假说是合理的。

2. 利润最大化的产量决策

让我们来分析任何一家企业的利润最大化产量决策，不管该企业是在完全竞争市场上经营还是属于那种能影响价格的企业。因为利润是（总）收入与（总）成本的差额，所以，为了确定企业利润最大化的产量水平，我们必须分析它的收入。假定企业的产量为 q，获得的收入为 R，这个收入等于产品价格 p 乘以售出数量，即 $R=pq$，生产成本 C 也取决于产量水平，则企业的利润等于收入减去成本，即有

$$\pi(q) = R(q) - C(q)$$

这里我们清楚地看到，π、R、C 均取决于产量 q。为实现利润最大化，企业选择产量以使收入与成本之间的差额最大。收入 $R(q)$是一条曲线，这条曲线的斜率表示每当产量增加一个单位时收入的增加量，即边际收益。由于成本包括固定成本和可变成本，所以 $C(q)$不是一条直线，它的斜率为衡量每增加一单位产量时成本的增加量，即边际成本。又由于在短期存在固定成本，所以当产量为零时，$C(q)$为正。

对于低水平的产量而言，利润为负，这是因为收入不足以抵消固定成本和可变成本（当 $q=0$ 时，由于存在固定成本，利润为负）。这里边际收益小于边际成本，等于告诉我们增加产量将增加利润。随着产量的增加，利润最终变为正值（当 $q>q_0$ 时），并且一直增加到产量达到 q^* 时为止。这时，边际收益与边际成本相等，q^* 为利润最大化产量。注意，此时收入与成本间的差额在该产量点达到最大，相应地，$\pi(q)$也就达到最大值。一旦产量超出 q^*，边际收益便小于边际成本，利润下降，这反映出生产总成本增长迅速。

为了从另一方面来解释为什么 q^* 的产量能使利润最大化，不妨假设产量小于 q^*。然后，如果企业稍稍增加产量，它将得到超过成本的更多的收入。换句话说，边际收益（多生产一单位产量带来的额外收入）大于边际成本。类似地，

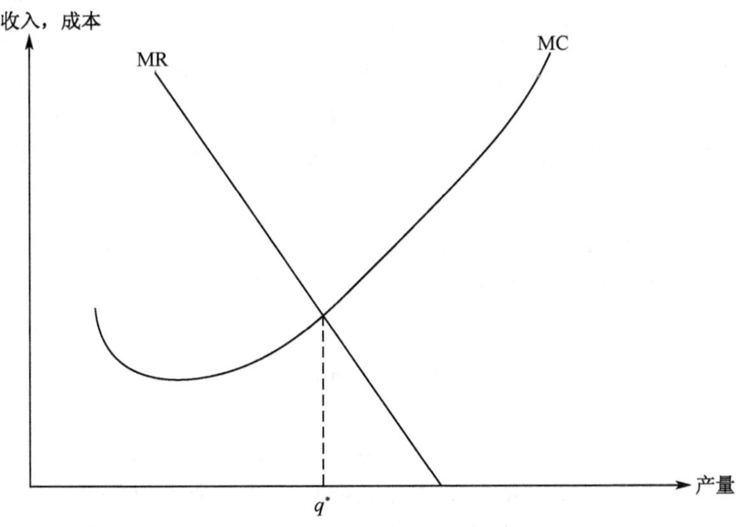

图 3-6　利润最大化的产量决策

当产量大于 q^* 时，边际收益小于边际成本，只有当边际收益与边际成本相等时，利润才最大。

当边际收益等于边际成本，即 $MR(q)=MC(q)$ 时，利润实现最大化，这一法则适用于所有的企业，不管是竞争性的还是非竞争性的。如图 3-6 所示。

3.3 竞争与垄断

3.3.1 完全竞争市场

完全竞争市场必须具备以下四个条件：

第一，市场上有大量的买者和卖者。由于市场上有无数的买者和卖者，所以，相对于整个市场的总需求量和总供给量而言，每一个买者的需求量和每一个卖者的供给量都是微不足道的，都好比是一桶水中的一滴水。任何一个买者买与不买，或买多与买少，以及任何一个卖者卖与不卖，或卖多与卖少，都不会对市场的价格水平产生任何的影响。于是，在这样的市场中，每一个消费者或每一家企业对市场价格都没有任何的控制力量，他们每一个人都只能被动地接受既定的市场价格，他们被称为价格接受者。

第二，市场上每一家企业提供的商品都是同质的。这里的商品同质指企业之间提供的商品是完全无差别的，它不仅指商品的质量、规格、商标等完全相同，还包括购物环境、售后服务等方面也完全相同。这样一来，对于消费者来说，无法区分产品是由哪一家企业生产的，或者说，购买任何一家企业的产品都是一样的。在这种情况下，如果有一家企业单独提价，那么，他的产品就会完全卖不出去。当然，单个企业也没有必要单独降价。因为在一般情况下，单个企业总是可以按照既定的市场价格实现属于自己的那一份相对来说很小的销售份额。所以，企业既不会单独提价，也不会单独降价。可见，完全竞争市场的第二个条件，进一步强化了在完全竞争市场上每一个买者和卖者都是被动的既定市场价格的接受者的说法。

第三，所有的资源具有完全的流动性。这意味着企业进入和退出一个行业是完全自由和毫无困难的。所有资源可以在各企业之间和各行业之间完全自由地流动，不存在任何障碍。这样，任何一种资源都可以及时地投向能获得最大利润的生产，并及时地从亏损的生产中退出。在这样的过程中，缺乏效率的企业将被市场淘汰，取而代之的是具有效率的企业。

第四，信息是完全的。即市场上的每一个买者和卖者都掌握与自己的经济决策有关的一切信息。这样，每一个消费者和每一个企业可以根据自己所掌握的完全的信息，做出自己的最优的经济决策，从而获得最大的经济利益。而且，由于每一个买者和卖者都知道既定的市场价格，都按照这一既定的市场价格进行交易，这也就排除了由于信息不畅通而可能导致的一个市场同时按照不同的价格进行交易的情况。

符合以上四个假定条件的市场被称为完全竞争市场。经济学家指出，完全竞争市场是一个非个性化的市场。因为，市场中的每一个买者和卖者都是市场价格的被动接受者，而且，他们中的任何一个成员都既不会也没有必要去改变市场价格；每个企业生产的产品都是完全相同的，毫无自身的特点；所有的资源都可以完全自由地流动，不存在同种资源之间的报酬差距；市场上的信息是完全的，任何一个交易者都不具备信息优势。因此，完全竞争市场中不存在交易者的个性。所有的消费者都是相同的，都是无足轻重的，相互之间也意识不到竞争。因此，我们说，完全竞争市场中不存在现实经济生活中的那种真正意义上的竞争。

由以上分析可见，理论分析中所假设的完全竞争市场的条件是非常苛刻的。在现实经济生活中，真正符合以上四个条件的市场是不存在的。通常只是将一些农产品市场，如大米市场、小麦市场等，看成是比较接近完全竞争市场的。既然在现实经济生活中并不存在完全竞争市场，为什么还要建立和研究完全竞争市场模型呢？西方经济学认为，这是因为，从对完全竞争市场模型的分析中，可以得到关于市场机制及其资源配置的一些基本原理，而且，该模型也可以为其他类型市场的经济效率分析和评价提供一个参照对比。

3.3.2　不完全竞争市场

在经济学中，不完全竞争市场是相对于完全竞争市场而言的，除完全竞争市场以外的、所有的或多或少带有一定垄断因素的市场都被称为不完全竞争市场。不完全竞争市场分为三个类型，他们是垄断市场、垄断竞争市场和寡头市场。其中，垄断市场的垄断程度最高，寡头市场居中，垄断竞争市场最低。

1. 垄断

垄断市场是指整个行业中只有唯一的一个企业的市场组织。具体地说，垄断市场的条件主要有这样三点：第一，市场上只有唯一的一家企业生产和销售商品；第二，该企业生产和销售的商品没有任何相近的替代品；第三，其他任何企业进入该行业都极为困难或不可能的。在这样的市场中，排除了任何的竞争因素，独家垄断企业控制了整个行业的生产和市场的销售，所以，垄断企业可以控制和操纵市场价格。

形成垄断的原因主要有以下几个：第一，独家企业控制了生产某种商品的全部资源或基本资源的供给。这种对生产资源的独占，排除了经济中的其他企业生产同种商品的可能性。第二，独家企业拥有生产某种商品的专利权。这就使得独家企业可以在一定的时期内垄断该商品的生产。第三，政府的特许。政府往往在某些行业实行垄断的政策，如铁路运输部门、供电供水部门等，于是，独家企业就成了这些行业的垄断者。第四，自然垄断。有些行业的生产具有这样的特点，企业生产的规模经济需要在一个很大的产量范围和相应的巨大的资本设备的生产运行水平上才能得到充分的体现，以至于整个行业的产量只有一个企业来生产时才有可能达到这样的生产规模。而且，只要发挥这一企业在这一生产规模上的生产能力，就可以满足整个市场对该种商品的需求。在这类商品的生产中，行业内总会有某个企业凭借雄厚的经济实力和其他优势，最先达到这一生产规模，从而垄断了整个行业的生产和销售。这就是自然垄断。

如同完全竞争市场一样，垄断市场的假设条件也很严格。在现实的经济生活里，垄断市场也几乎是不存在的。在西方经济学中，由于完全竞争市场的经济效率被认为是最高的，从而完全竞争市场模型通常被用来作为判断其他市场类型的经济效率高低的标准，那么，垄断市场模型就是从经济效率最低的角度来提供这一标准的。

2. 垄断竞争

完全竞争市场和垄断市场是理论分析中的两种极端的市场组织。在现实经济生活中，通常存在的是垄断竞争市场和寡头市场。其中，垄断竞争市场与完全竞争市场比较接近。

垄断竞争市场是这样一种市场组织，一个市场中有许多企业生产和销售有差别的同种产品。根据垄断竞争市场的这一基本特征，经济学家提出了生产集团的概念。因为，在完全竞争市场和垄断市场条件下，行业的含义是很明确的，它是指生产同一种无差别的产品的企业的总和。而在垄断竞争市场，产品差别这一重要特点使得上述意义上的行业不存在。为此，在垄断竞争市场理论中，把市场上大量的生产非常接近的同种产品的企业的总和称为生产集团。例如，汽车加油站集团、快餐食品集团等。

具体地说，垄断竞争市场的条件主要有以下三点：

第一，在生产集团中有大量的企业生产有差别的同种产品，这些产品彼此之间都是非常接近的替代品。例如，牛肉面与鸡肉面是有差别的同种（面食）产品，二者具有较密切的替代性。在这里，产品差别不仅指同一种产品在质量、构造、外观、销售服务条件等方面的差别，还包括商标、广告方面的差别和以消费者的想象为基础的任何虚构的差别。例如，虽然在两家不同餐馆出售的同一种菜肴（如清蒸鱼）在实质上没有差别，然而，在消费者的心理上却认为一家餐馆的清蒸鱼比另一家的鲜美。这时，即存在着虚构的差别。

一方面，由于市场上的每种产品之间存在着差别，或者说，由于每种带有自身特点的产品都是唯一的，因此，每个企业对自己的产品的价格都具有一定的垄断力量，从而使得市场中带有垄断的因素。一般说来，产品的差别越大，企业的垄断程度也就越高。另一方面，由于有差别的产品相互之间又是很相似的替代品，或者说，每一种产品都会遇到大量的其他相似产品的竞争，因此，市场中又具有竞争的因素。如此，便构成了垄断因素和竞争因素并存的垄断竞争市场的基本特征。例如，不同品牌的啤酒、饮料和方便面。

第二，一个生产集团中的企业数量非常多，以至于每个企业都认为自己的行为的影响很小，不会引起竞争对手的注意和反应，因而自己也不会受到竞争对手的任何报复措施的影响。例如，盒饭快餐、理发行业。

第三，企业的生产规模比较小，因此，进入和退出一个生产集团比较容易。

在现实经济生活中，垄断竞争的市场组织在零售业和服务业中是很普遍的。在垄断竞争生产集团中，各个企业的产品是有差别的，企业之间的成本曲线和需求曲线未必相同。但是在垄断竞争市场模型中，经济学家总是假定生产集团内的所有企业都具有相同的成本曲线和需求曲线，并以代表性企业进行分析。这一假定能使分析得以简化，而又不影响结论的本质。

3. 寡头

寡头市场又称为寡头垄断市场，它是指少数几家企业控制整个市场的产品的生产和销售这样一种市场组织。寡头市场被认为是一种较为普遍的市场组织。西方国家中不少行业都表现出寡头垄断的特点。例如，美国的汽车业、电气设备业、罐头行业等，都被几家企业控制。

形成寡头市场的主要原因可以有：某些产品的生产必须在相当大的生产规模上运行才能达到最好的经济效益；行业中几家企业对生产所需的基本生产资源供给的控制；政府的扶植和支持等。由此可见，寡头市场的成因和垄断市场是很相似的，只是在程度上有所差别而已。寡头市场是一种比较接近垄断市场的市场组织。

寡头行业可按不同方式分类。根据产品特征，可以分为纯粹寡头行业和差别寡头行业两类。在纯粹寡头行业中，企业之间生产的产品没有差别。例如，可以将钢铁、水泥等行业看成是纯粹寡头行业。在差别寡头行业中，企业之间生产的产品是有差别的。例如，可以将汽车、冰箱等行业看成是差别寡头行业。此外，寡头行业还可以按企业的行动方式，区分为有勾结行为的（即合谋的）和独立行动的（即非合谋的）两种类型。

寡头企业的价格和产量的决定是一个很复杂的问题。其主要原因在于，在寡头市场上，每个企业的产量都在全行业的总产量中占有一个较大的份额，从而每个企业的产量和价格变动都会对其他竞争对手以至整个行业的产量和价格产生举足轻重的影响。正因为如此，每个寡头企业在采取某项行动之前，必须首先要推测或掌握自己这一行动对其他企业的影响以及其他企业可能做出的反应，然后，才能在考虑到这些反应方式的前提下采取最有利的行动。所以，每个寡头企业的利润都要受到行业中所有企业的决策的相互作用的影响。不同寡头企业行为之间这种相互影响的复杂关系，使得寡头理论复杂化。一般说来，不知道竞争对手的反应方式，就无法建立寡头企业的模型。或者说，有多少关于竞争对手的反应方式的假定，就有多少寡头企业的模型，就可以得到多少不同的结果。因此，在经济学中，还没有一个寡头市场模型，可以对寡头市场的价格和产量决定做出一般的理论总结。

3.4　生产、消费与经济增长

3.4.1　经济增长十分重要

经济持续增长，社会物质丰裕不断提高，这是市场经济发展的重要目标。不过，与个人提高自身收入的努力相比，如何提高一国的收入水平，这是一个更为复杂的问题，而众多经济学家也将他们的聪明才智贡献在了这样一个问题之上。

要想了解如何推动一国的经济增长，就需要先弄清楚如何对一国收入水平进行衡量。GDP（gross domestic product），即国内生产总值，这是目前用来衡量一国收入水平的最为重要的指标。简单地说，国内生产总值就是一国居民在某一特定时期内生产的所有最终商品和服务的市场价值总和。尽管这个定义看起来相当简单，但真正在计算 GDP 时却存在着很多需要加以注意的问题。

第一，GDP 是市场价值的总和，也就是用货币衡量的总产量。这是因为，社会物质产品丰富多样，我们不可能将一本书和一个苹果简单地进行相加。不过，由于不同物品的价值都可以反映在价格上，因而计算出不同物品的总的货币支付量，这是反映整体经济活动价值的可行方法。第二，GDP 是全面的衡量，它包括了经济中生产并在市场上合法出售的所有物品的货币价值，这既包括有形的商品，如电视机、食品等的货币价值，也包括各种无形劳务，如理发服务、医疗保健等的市场价值。第三，GDP 只包括最终商品的价值。这是因为，中间物品的价值已经包括在了最终物品的价格之中，如果把中间物品与最终物品的最终价值相加，就会导致重复计算。第四，GDP 包括现期生产的物品与劳务，对过去生产的东西进行交易并不计算在内。例如，当某人把一辆二手车卖给另一个人时，二手车的市场价值并不包括在 GDP 中。第五，GDP 衡量某一既定时期内进行的生产的价值，通常这个时期为一年。

GDP 衡量了一个国家在一定时期内生产的所有最终物品和劳务的货币价值。这里就出现了一个问题，随着时间的变化，货币价值也会因为通货膨胀而发生改变，今天的货币就买不了 10 年前它所能够买到的那么多东西。为了消除物价变动的因素，经济学家根据价格水平对 GDP 数据进行调整。按照当年价格计算的 GDP 被称为名义 GDP，根据价格水平调整过的 GDP 被称为实际 GDP，后者是对各年经济实际产量的更为真实的测量。实际 GDP 由名义 GDP 值除以价格水平得到，即

实际 GDP＝名义 GDP/价格水平

如何来计算 GDP 呢？目前，计算 GDP（无论是名义的还是实际的）的方法有两种，一种称为支出法，一种称为收入法，而支出法中又包括最终产品法和增加值法两种方法。

第一种计算 GDP 的方法是最终产品法，即找出最终产品，然后对其进行加总。最终产品是出售给消费者的那些商品，如食品、书籍等。中间产品是那些用以生产其他产品的物品，如用于生产钢铁的煤炭。不过，有些物品既可以看做最终产品，也可以看做中间产品，这取决于它们如何被使用。由于最终产品中包含了中间产品的价值，因而只要计算出最终产品的总价值即得出 GDP 数值。依据使用者不同，最终产品存在着多种类型。将用于个人消费的最终产品进行加总，我们称之为总消费。将用于建造建筑物及制造机器的最终产品进行加总，我们称之为总投资。有些最终产品为政府所购买，这被称为政府支出。还有一些产品用于出口，而在出口的同时，又有一些产品从国外进口，出口与进口的差额被称为净出口。GDP 就是上述四种类型最终产品的总和：

GDP＝消费＋投资＋政府购买＋净出口

第二种方法是增加值法。大多数产品的生产是分为几个阶段进行的，将各个阶段所增加的价值进行加总，同样可以得到 GDP 数值。

第三种方法是收入法，即通过测量出售产品获得的收入从而得出 GDP 数值。支出与收入是一个硬币的两面，没有收入便没有支出，有多少支出就要有多少相应的收入。因此，支出法和收入法得到的数据理论上是一致的，但由于统计误差的存在，两者实际上可能会出现一定的误差。

有了 GDP 的概念，我们就可以定义经济增长了。经济增长是指一个国家经济活动能力的扩大，其衡量标准就是一国商品和劳务总量（即国内生产总值）的增长情况。经济增长与一国人民生活水平的提高密切相关，GDP 的高增长率有助于我们过上更好的生活。100 年前，日本并不是个富国。日本的平均收入只比当时的墨西哥略高一些，而且要远远落后于阿根廷。但是，由于惊人的增长速度，日本今天已经是一个经济超级大国，平均收入与美国相当，而墨西哥和阿根廷还仍然处于发展中国家的行列之中。那么，是什么决定着经济增长的速度呢？答案可以归结为一个词——生产率。所谓生产，就是一切能够创造价值或增加效用的人类活动，而生产率则是指一个工人工作一个小时所生产的物品与劳务的数量。一个国家或一个地区只有能够生产大量物品与劳务，它才能够享有高水平的

生活。显然，生产率水平越高，一国能够生产的物品劳务也就越多，该国人民的生活水平也就会越高。进一步地，生产率又是由什么因素决定的呢？决定生产率的因素主要有这样四个——物质资本、人力资本、自然资源与技术知识。

生产率的第一个决定因素是物质资本。用于生产物品与劳务的设备和建筑物存量被称为物质资本，或简称为资本。例如，当工人制造家具时，他们用的电锯、车床和电钻等工具就是物质资本。物质资本存量越高，工具越多，工人就越能够迅速而准确地工作。物质资本是决定生产率的一种主要的因素。它是一种生产出来的生产要素，其本身的价值必须在其试用期内，通过提取折旧的方法，逐步分摊到其生产出的每一件产品上，构成生产成本的一部分，再通过销售产品得到回收。

生产率的第二个决定因素是人力资本，人力资本是经济学家用来指工人通过教育、培训和经验而获得的知识和技能的一个术语。人力资本包括在学前教育、小学、中学、大学和在职培训中所积累的技能。和物质资本一样，人力资本也提高了一国生产物品与劳务的能力。美国经济之所以能够傲视全球，其完善的教育、培训体系造就了一代又一代掌握现代科技知识的高素质劳动大军，这是他国难以比拟的。在科学技术日新月异的今天，人力资本已经成为推动经济发展的最重要的生产要素。

生产率的第三个决定因素是自然资源。自然资源是自然界提供的生产投入，如土地、河流和矿藏等。自然资源的差别引起了世界各国生活水平的一些差异。美国历史上的成功，部分是由于拥有大量肥沃的可耕土地。现在中东的科威特和沙特阿拉伯之所以富有，也只是因为它们正好位于世界上最大的油田之上。然而，自然资源虽然很重要，但却并非高生产率的必要条件。例如，日本尽管自然资源不多，但仍是世界最富裕的国家之一。日本通过国际贸易来进口必需的自然资源，同时向自然资源丰富的国家出口制成品，从而获得了巨大的经济效益。也有研究发现，那些拥有丰富自然资源的国家和地区，其增长绩效往往较差。像中东地区的产油国，虽然目前的收入水平较高，但其经济增长率多年来一直很低，甚至还有个别国家出现过负增长。长远来看，这些经济体的发展前景并不乐观。

生产率的第四个决定因素是技术知识，即生产物品与劳务的最好方法。一百年前，大多数美国人在农场中干活，农业生产要求大量劳动力投入才能养活所有的人。现在，又由于农业技术进步，由少数人就可以生产足以养活整个国家的食物。这种技术进步使劳动可以转移，用于生产其他物品和劳务。技术知识的形式是多种多样的。一些技术是普通技术，如生产一台电视机的技术，所有厂商都可以通过购买生产线来获得相关技术。一些技术是以秘密的形式出现的，最著名的就是可口可乐公司的饮料配方。还有一些技术是以专利的形式出现的，在专利期内，只有拥有该专利的经济主体才可以使用该技术。除了这些大家熟悉的技术知识外，还有一种重要的知识形式，这就是管理技术。先进的管理技术可以通过某种组织形式和各种激励制度，实现各种要素的最佳配合，提高生产效率。在某些情况下，这种技术甚至要比那些发明、创造等技术知识更为重要。

3.4.2　消费对经济增长也起作用

以上我们是从生产，即供给的角度来考察如何推动经济增长的。那么，社会需求是否也会对经济增长产生显著影响呢？答案是肯定的。根据 GDP 的计算公式可知，社会总需求可以分为两类，一类是消费需求，另一类是投资需求。消费是指为了满足需要而花费在最终商品和劳务上的各项开支，它在一国经济中扮演着十分重要的角色。就人类社会生产目的而言，各种物质以及精神产品的创造，都是为了满足人们的需要，消费是生产的最终目标。如果生产的目的不是为了满足人们的消费需求，这样的生产是不能持续下去的。最明显的例子，苏联在发展过程中一直强调重工业、军事工业优先的思路，飞机、军舰、核武器在其产出构成中占据了相当大的比重。相比而言，对于轻工业的投入则明显不足，由此导致物质产品匮乏，人们的消费需求得不到满足。短期内，苏联还可以靠意识形态教育来保证生产效率，但长此以往的话，生产积极性最终会损耗殆尽，这就导致原苏联在 20 世纪 50 年代之后持续的生产率下降和多年经济停滞。由此可以看出，消费在经济增长中具有十分关键的作用，只有能够满足人们消费需求的生产才是有意义的。也正是消费需求的存在，产生了生产发展的动力。

不过，与个人一样，任何经济体都不可能将所有的收入用于消费，除去消费之外，剩余收入将会被储蓄起来。那么，消费多少？储蓄多少？这些又是需要考虑的问题。一些国家只消费其较少部分收入而储蓄较高，这类国家的产出、收入和工资增长率都比较高，“东亚奇迹”就是以这种模式为特征的。相反，那些将其收入的大部分都消费掉的国家，如美国或英国，其生产率和工资的增长都比较温和。也就是说，相应于收入的高消费会引致低投资和慢增长；相应于收入的低消费会引致高投资和快增长。这是因为，只有少消费，增加储蓄，才可能积累起从事投资所需的资金。

不过，低消费引致高增长也有前提条件，这就是，只有当社会总需求大于总供给，经济处于扩张阶段，低消费才能够带动经济快速增长。道理很简单，当社会总供给不足时，各种投资需求旺盛，厂商和公共部门需要大量资金进行生产建设，这就需要减少消费，增加储蓄，以满足投资需求。此时若鼓励消费，势必加剧总需求大于总供给的矛盾，进而造成通货膨胀，这对宏观经济的稳定是非常不利的。然而，如果情况发生变化，社会总需求小于总供给，此时由于供大于求，商品和劳务价格下跌，产品积压滞销，厂商亏损甚至倒闭，设备、厂房闲置，工人失业增加。这时如果消费低迷，势必会恶化供需矛盾，导致更多的企业倒闭，失业率攀升，并有可能造成全社会的萧条。美国20世纪30年代的严重经济大萧条就是消费需求不足的恶果。一方面，由于资本家对于工人的过度剥削，导致工人收入偏低，消费力下降，另一方面，美国政府当时执行的错误经济政策，如加息加税又进一步减少了居民收入，两个因素共同导致需求严重不足。正如我国的教科书中所描述的那样，大批的猪、羊被赶入密西西比河，大量的牛奶被倾入大西洋，社会经济遭受沉重打击。这时，如果能够增加全社会的消费需求，供大于求的矛盾就会得到缓解，企业利润相应增加，生产得以恢复，工人就业和收入将会随之上升，整个宏观经济就可以走出萧条。

再来看投资需求。对于个人而言，收入除了用于消费之外，剩下来的部分通常被储蓄起来，这部分收入被称为个人储蓄。类似地，一个经济社会的国民总收入减去总消费之后，剩下的总收入，就称为国民储蓄。储蓄构成了投资的基础。进一步地，这些储蓄又将被用于购买各种设备、建筑物等新资本，以提高潜在的生产能力，这就构成了投资需求。与消费需求一样，投资需求与经济增长同样有着非常密切的相互关系。当经济处于上升阶段，即社会总需求大于总供给时，增加储蓄，扩大企业投资支出，就可以增加社会总产出，增加就业和收入，推动经济增长。相反，如果此阶段减少储蓄，市场利率上升，则会抑制企业投资，对经济增长产生不利影响。而在经济处于紧缩时期，增加储蓄、减少消费，将会使产品更加滞销，最终导致整个经济的进一步紧缩、萧条。为了摆脱这种困境，政府往往会采取措施刺激消费，同时，政府还会自发地增加财政支出，加大投资支出，以扩大需求，增加就业，带动经济复苏与增长。

3.4.3 GDP并不代表一切

GDP被称为社会福利一个最好的衡量指标，不过它也并非尽善尽美，它也不能代表一切。首先，很多美好的事物并没有包括在GDP之中，其中闲暇时光就是一例。如果每个人整天都在工作，周末也不休息，这样做肯定会生产出更多的物品和劳务。尽管GDP增加了，但我们的生活并不见得就会好起来，因为减少闲暇引起的福利损失抵消了生产并消费更多物品所带来的好处。大家都知道云南大理，那里有个全国（乃至全球）闻名的洋人街。其实，那里并非只有老外喜欢，国内很多人也是慕名而去。游客们不是为了别的，就是希望体验那种悠闲、惬意的生活格调。这里，他们不用谈论业绩、产出、市值等，他们可以一天下来只是躺在那里喝茶、闲聊。这样的生活几乎可以肯定不会创造出多少GDP，但这种生活的情趣，对于游客而言，也许早已超越了可用货币计量的范畴。

另一个角度，如果一个社会只是全力追求GDP增长，这样做带来的可能并不是幸福而是灾难。环境污染就是一个几乎与增长相伴而生的问题。所有现代工业的生产过程中都不可避免地会产生各种各样的废液、废气或废物，这些污染物对环境造成了相当大的损害，但这些损害并没有、似乎也很难被计入GDP核算之中。如果我们只是为了增加GDP，对这些污染物完全可以置之不理，让企业自由排污，但这样做所带来的负面后果却往往超过了我们所得到的收益。2007年6月，太湖无锡水域爆发了严重的蓝藻，整个无锡市自来水供应受到影响，全城居民面临无水可吃的尴尬境地。在无锡市、江苏省以及其他省市的积极配合下，这场水患最终得到控制，但它对社会生产、生活所造成的负面影响却是难以估量的。那么，为什么会爆发蓝藻呢？根本原因就是沿太湖流域各地只为追求GDP高增长，而忽视了对企业污染的管制，大量企业几乎是毫无顾忌地将污染物排入太湖，造成水质恶化。GDP增长了，但人们的生存质量却下降了，这样的增长难道不可悲吗？

当然，就大多数情况而言，GDP是衡量福利的一个好指标，但重要的是要记住GDP包括了什么，而又遗漏了什么。

【重要词汇】

◇ 效用

是指商品满足人的欲望的能力，换言之，效用是指消费者在消费商品时所感受到的满足程度。

◇ 边际效用

是指消费者在一定时间内增加一单位商品的消费所得到的效用量的增量。

◇ 消费者剩余

是消费者在购买一定数量的某种商品时愿意支付的最高价格和实际支付的总价格之间的差额。

◇ 无差异曲线

是用来表示消费者偏好相同的两种商品的所有组合的。或者说，它是表示能够给消费者带来相同的效用水平或满足程度的两种商品的所有组合的。

◇ 生产函数

是指在既定的工程技术知识水平条件下，给定投入之后能够得到的最大产出。

◇ 边际成本

表示增加一单位产出的额外的或增加的成本。

◇ 边际收益

是指当销售增加一个单位时，由此而引起的收益的变化量。

◇ 边际产量递减规律

当其他的投入保持不变时，随着某一投入量的增加，我们获得的产出增量越来越少。换句话说，其他的投入不变时，随着某一投入量的增加，每一单位该种投入的边际产量会下降。

◇ 国内生产总值（GDP）

就是指一国居民在某一特定时期内生产的所有最终商品和服务的市场价值总和。

◇ 经济增长

是指一个国家经济活动能力的扩大，其衡量标准就是一国商品和劳务总量（即国内生产总值）的增长情况。

【知识练习】

1. 解释效用的含义。总效用和边际效用之间有何差异？解释边际效用递减规律，并给出一个数字例子。

2. 序数效用论者关于消费者偏好的假定是什么？无差异曲线有何特点？

3. 为什么成本曲线是U形的？企业如何做出利润最大化的产量决策？

4. 在经济学中通常将市场划分为几种类型？其各自的基本特征是什么？

5. GDP应当如何来计算？生产率的决定因素有哪些？

【能力训练】

1. 举例说明个人追求其最为偏好的消费品组合的过程。

2. 举例说明利润最大化的产量决策。

3. 案例分析：

打破电信市场的垄断

中国在实行市场经济的过程中，则是要把计划性的垄断打破，尤其是要打破由政府经营的垄断，让市场中的自由竞争充分发挥作用。

中国电信是一种比较典型的由政府经营的垄断。中国电信公司（China Telecom）是完全由原邮电部投资的官办公司，而且多年来独此一家经营。这种垄断地位和缺乏市场竞争造成了许多不应出现的后果：第一，中国电信借助其垄断地位，单方面设定种种花样翻新的收费项目，使得中国人在电信费用的支出比例方面大大高于国际水平，人为抬高了消费者进入信息领域的门槛；第二，中国电信的垄断造成了一种和信息化社会极不相称的、非平等的结构，使得信息的封闭问题得不到有效的解决；第三，垄断的高昂收费造成整个社会分配结构的不公平，中国电信的高收费是以其他部门成本和个人支出的大幅增加为代价的，许多其他部门的利润和个人的正常收入便以这种形式流入了电信部门这个利益团体之中。

在社会舆论的广泛呼吁之下，包括中国经济学家力陈中国电信垄断经营造成的种种弊端，以及在中国政府正有计划在一些原垄断经营部门引入市场机制的情况下，中国信息产业部终于在1999年对“中国电信”进行了重组，其办法是将

“中国电信”切成四块：无线寻呼公司、移动通信公司、电话公司（该公司继承原“中国电信”的名称）和卫星通信公司，原邮电部所属的通信企业被拆分成四个独立的公司。同时，积极扶持“中国联通”（China Unicom）的发展，培育原“中国电信”的竞争对手，引入市场竞争的机制。很快，中国的消费者已经享受到因通信企业竞争而带来的利益。

针对以上案例，请用竞争与垄断的相关理论，说明中国政府此举的意义与价值，并对其价格与产量进行理论分析。

第 4 章　全球化背景下的经济与市场

哥伦布向他的国王和王后报告，世界是圆的，他是历史上第一个做出这项发现的人。我（从印度）回到家后，向我的妻子轻声低语：亲爱的，我看世界是平的。

——托马斯·弗里德曼①

【本章学习目的】

1. 了解经济全球化的含义及其影响。
2. 领会自由贸易对经济发展的意义。
3. 了解跨国公司在当代经济中的作用。
4. 理解经济开放与经济全球化的关系。
5. 熟悉外商直接投资这一经济全球化的重要内容。

在哥伦布出发远航的整 500 年后的 1992 年，在纪念美洲新大陆发现 500 周年大会上，联合国秘书长加利宣告："第一次真正的全球化时代已经到来了"。这一"真正的全球化时代"主要表现为：一是经济全球化已初见雏形，二是区域经济集团化深入发展；前者是全球化在面上的扩展，后者是全球化在点上的突破，二者共同将全球化进程推进到一个新的层面。全球化已经成为国家、地区、企业乃至个人发展的现实背景，或者说是初始条件，我们只有深刻理解全球化的内涵和本质，抓住机遇，规避风险，才能顺应全球化发展的趋势，分享全球化带来的成果。

4.1　经济全球化及其影响

全球化是什么，它又是怎样产生、发展的？学者们一般认为，全球化是指超越现有世界体系的民族国家界限的经济、文化、政治、宗教等的互相联系与结合，在这其中表现得最为明显的是经济全球化。正如国际货币基金组织在 1997 年《世界经济展望》中所说：全球化是"通过贸易、资金流动、技术涌现、信息

---

① 托马斯·弗里德曼：美国著名作家，三度普利策奖得主，专门为《纽约时报》等报刊撰写国际事务专栏文章。其著作《世界是平的》2005 年出版后，迅速成为具有国际影响的经济畅销书，不断被翻译成其他文字和再版印刷。

网络和文化交流，世界范围的经济高速融合。亦即世界范围内各国成长中的经济通过正在增长中的大量与多样的商品劳务的广泛输送，国际资金的流动、技术被更快捷广泛地传播，而形成的相互依赖现象。其表现为贸易、直接资本流动和转让”。因此，我们可以认为，全球化主要是指经济全球化，或者更准确地说是以经济全球化为基础的全球政治、文化、宗教等的一体化运动。

4.1.1　经济全球化的产生、发展

1. 地理空间的拓展是经济全球化产生、发展的前提

不管地理大发现时代那些航海先驱们扬帆出航是出于冒险的本性还是巨大的经济利益的诱惑，但不可否认，正是他们的伟大壮举为世界统一市场进行了最早的奠基，为全球化进程吹响了第一声誓师的号角。没有他们的工作，全球化的巨轮也无法起航。因为正是地理大发现开辟的世界市场，才为经济全球化提供了广阔的空间。马克思在《资本论》中是这样描述这一过程的：“美洲的发现，绕过非洲的航行，给新兴的资产阶级开辟了新的活动场所。东印度和中国的市场、美洲的殖民化、对殖民地的贸易、交换手段和一般商品的增加，使商业、航海业和工业空前高涨，因而使正在崩溃的封建社会内部的革命因素迅速发展。”[①] 地理大发现开辟了新的运输路线，印度、中国和美洲这些原来相对封闭和独立的国家和地区正在一个个被“发现”并与欧洲联系起来，它们的市场越来越成为世界市场不可分割的一部分，世界市场的不断扩大使对外贸易越来越从一种偶然的经济现象变成一种经常性的商业现象，贸易的规模日益扩大，全球范围的经济交往愈加频繁。地理大发现为各国的经济活动提供了更为广阔的空间，并使世界市场初步形成，由此启动了经济全球化进程。

2. 科学技术的发展是经济全球化产生、发展的物质条件

第一，交通运输技术的发展为经济全球化提供了物质基础。要实现人员、货物、生产资料在全球范围的流动与配置，必须要有先进的交通运输技术和手段作为保障，因此，不断发展的现代海运、空运、铁路、公路等运输技术的发展，使运输速度、安全性大大提高，运输种类扩展，运输成本下降，形成了遍布全球的现代物流体系，支持着商品、资本、技术、劳动力、原材料等生产要素的国际流动，促进了经济全球化。尤其是现代航空技术的发展，极大地缩短了各国、各地区之间的距离，提高了经济运行速度。

第二，现代信息技术的发展成为经济全球化进程的一座里程碑。以国际互联

① 《马克思恩格斯全集》，第 1 卷，北京，人民出版社，1979，252。

网为主要依托的信息技术，实现了商品、资金、技术、人才等供求信息的广泛、迅速、动态传播与交流，把世界各地的区域市场、金融机构、企业等联为一体。同时，商品贸易、结算、资本转移方式的电子化、信息化发展，使商品跨国流动与资本国际转移更加便捷。网络技术凭借较强的渗透性，大大地突破了民族、国家、地区的地理、心理和制度障碍，使整个世界经济通过网络连接成为一体，极大地促进了生产国际化、国际贸易特别是国际金融的发展。这样，由于网络技术的发展，整个世界更加紧密地联系在一起，偌大的世界几乎消除了时间和地理上的距离，成为一个“地球村”了。

第三，由科技革命引起的全球范围内的国际分工极大地推动了全球化的进程。科技革命促进了国际分工的不断发展和深化，从生产方面使世界经济越来越紧密地结合在一起，形成一个有机的整体。18 世纪中期，出现以蒸汽机的发明为主要标志的第一次科技革命，在 19 世纪末 20 世纪初产生了以电力的发展为主要标志的第二次科技革命，两次科技革命形成了发达国家与落后国家之间在工业与农业、加工工业与原材料产业、先进制造业与一般加工制造业的国际分工体系。20 世纪 50、60 年代出现了第三次科技革命，主要以原子能技术、计算机技术、信息技术等为标志。第三次科技革命使国际分工有了新的发展，生产国际化、国际贸易、国际金融迅速发展，各国的科技、经济、文化交流与合作日益密切。经济全球化呈现出许多新的特点，如国际分工更加深化、细化，并由垂直型向水平型转变；由于科技革命导致各国在不同产业、部门、产品甚至工艺工序方面具有不同的技术和生产优势，使过去的产业、部门之间的分工深入到部门内部，发展为不同产品、同一产品的不同零部件，甚至不同工艺工序过程的生产专业化。因此，由科技革命引发的生产全球化过程更深刻地推动了经济全球化进程，使之成为一个不可逆转的发展方向。

3. 全球市场的形成是经济全球化发展的制度条件

我们经常使用计算机，因此都知道，不同计算机的系统之间存在兼容问题。计算机操作系统、应用软件之间如果不能相互兼容，就无法实现计算机之间的互通共用。对经济全球化而言，也是如此。经济在全球范围内运行必须要有一个统一的平台、规范和机制，这一平台和机制就是本书第 2 章所说的市场机制。

市场机制是所有参与全球化国家的起点，也是经济全球化的客观要求。经济全球化要求世界各国企业必须是真正的自由体，它可以不受政府的限制，根据自身经营和发展的需要，按最有利的市场条件，在最有利的地方销售。显然，这必然要求世界各国实行市场经济体制，尽量避免国家对经济活动的行政干预。20 世纪 80 年代末至 90 年代初，苏联解体、东欧剧变，这些国家都无一例外地向市场经济转化；另外，以中国为代表的社会主义国家，也在坚持社会主义基本制度不变的前提下，向市场经济转变。所以，20 世纪 90 年代以来，传统计划经济逐渐消失，市场经济一统天下，两个平行市场统一成为以市场经济为基础的整体。

市场经济在全球范围内的普及和应用是经济全球化深入发展的制度基础。市场经济是人类历史上发明的最有效率的资源配置方式，它是一种以价格机制来决定资源配置的经济体制，其本质在于生产要素的自由流动，因此，全球市场体系的形成使生产要素能跨越国界，在国际范围内流动，从而使整个全球经济联为一体。因此，我们可以认为，经济全球化的历史是市场机制在全球范围拓展发展的历史。

4. 跨国公司是经济全球化发展的主要动力

从 20 世纪 50 年代起，跨国公司就开始活跃在世界经济舞台上，时至今日，在世界经济生活中跨国公司的身影无处不在。跨国公司无论从数量上还是规模上都已是今非昔比。从数量上看，全球跨国公司超过 5 万多家，子公司达 30 多万家；从规模上看，发展初期的跨国公司资产超过 1 亿美元已属不易，而现在资产超 1000 亿美元的比比皆是。同时，跨国公司的发展战略和模式也发生了深刻变化，由两个或两个以上的跨国公司结成的相互合作、共担风险的战略联盟，作为一种现代企业组织制度创新，已在全球经营中普遍运用，已成为跨国公司开展更高层次的竞争与合作，加强其国际竞争力的主要方式。这种形式的出现，使跨国公司在技术上可以取长补短，同时在更广的地域中进行生产布局，使整体竞争力得以提高。由此，跨国公司将资本、技术和管理合成一体，突破国界的限制，推广到世界各地，形成全球性的生产、交换、分配和消费，活跃在社会再生产的各个环节，从而有力地推动了经济全球化的进程。

4.1.2　经济全球化的影响

经济全球化是世界经济发展的客观趋势，谁也回避不了，都得参与进去。问题的关键是要辩证地看待这种全球化趋势，既要看到它的有利的一面，又要看到它的不利的一面。

1. 对世界的影响

就积极方面来说，首先，经济全球化促使全球市场加速形成，使各国在全球经济交往中实现资源优势互补，调剂资源余缺，有利于资源在全球范围内的流动和有效配置，提高资源利用效率，促进世界经济结构和产业结构的合理调整和协调发展，增强各国经济之间的关联度以及对世界经济发展的依存度。其次，经济全球化推动了国际经济规则与制度的形成和完善。经济全球化的发展使各国的经济发展对世界经济的依赖程度增强，从而使国际经济组织制定的规则与制度，成为各国普遍遵守的规则与制度，减少了纠纷和矛盾，无疑为世界经济发展提供了有利条件。最后，经济全球化为科学技术的创新与发展、应用提供了广阔的前景，加速了科技向生产力的转化；经济全球化条件下，各国为了增强经济力量和综合国力，无不以更大量的资源投入科技研究与开发，加速发展以信息技术为中心的高科技；同时，又都致力于科技产业化，把先进科技成果尽快应用于生产，以促进生产率的提高、新产品的开发、新产业部门的发展。

就其消极方面而言，主要表现为：首先，经济全球化使世界经济发展的不稳定性增强。经济全球化使各国经济的相互联系与依存度不断增强，世界经济发展中的任何局部波动都会给各国经济发展带来不同程度的影响。同时，国际金融市场的急剧扩大，金融创新工具的增多以及投资的自由化，成为全球经济不稳定的重要根源。其次，经济全球化使国家经济主权受到一定程度的冲击。经济全球化冲破了国家界限，摆脱了国家自然疆域的束缚，原来完全为一国所独立拥有的权利却日益成为国际社会共同拥有的权利，各国的经济活动越来越多地按国际规则制度安排来运作。这样一来，国家主权、特别是经济主权必然会受到一定程度的制约和冲击。再次，经济全球化使贫富差别全球化。经济全球化在促进世界经济发展的同时，也使财富越来越多地向发达国家和少数利益集团集中，导致各国之间贫富差距不断拉大。最后，经济全球化使全球环境、生态和能源问题日益尖锐，给全球的可持续发展造成了重大挑战。根据绿色和平组织的报告，发达国家以每年 5000 万 t 的规模向发展中国家转移有毒或有害垃圾，一些发展中国家已经成为发达国家的垃圾场；与此同时，发达国家，特别是发展中国家市场化中的资源过度消耗与扩张，城市化的不协调发展，全球化进程中财富的不合理分配，以及富国的过度消费，也是生态环境恶化的主要原因之一。

2. 对中国的影响

经济全球化对世界发展的影响同样会对中国的经济、社会发展产生重要影响。经济全球化对我国诸多领域都会产生长期和深刻的影响，有正面的也有负面的，有机遇也有挑战，正确认识经济全球化对我国的影响，我们也必须采取一分为二的态度。

就积极方面来讲，首先，经济全球化有利于我国大量引进外资和先进技术。我国在工业化进程中最缺少、最需要的就是资金和技术，而经济全球化正好推动了经济资源的全球流动，为我国弥补国内资金和技术资源的不足提供了契机。其次，经济全球化有利于我国产业水平的升级和产业结构的优化。通过经济全球化带来的产业转移，我们可以通过各种形式，引进国际高新技术产业，或者利用国际先进技术改造和提升传统产业，以此推动我国产业结构的优化及整个产业的协调发展。最后，经济全球化有利于完善我国的经济制度和运行体制。经济全球化不仅可以带来资本、技术和产业的转移和提升，而且能带来新的经济管理制度和理念，这必将促进我国经济体制的改革和社会主义市场经济的完善，对我国向现代经济转型有强大的提升作用。

有利必然有弊，经济全球化也会对中国经济发展产生很大的挑战。首先，我国的民族工业会受到很大的冲击。与发达国家相比，我国民族工业基础薄弱，发展缓慢，经济上难以与发达国家相抗衡；而发达国家由于在技术、资金、管理等方面的比较优势，使它们在经济全球化中必然处于主导地位，因此，由于发展起点的巨大差距，在同等竞争条件下，我国的民族工业必将面临巨大的发展压力。其次，经济全球化也会使我国的经济安全受到一定的威胁。经济全球化在促进生产要素合理流动，使我国与发达国家相互依赖、共同发展的同时，对我国的经济安全也会带来一定的负面影响，使我国的经济主权、金融市场和经济制度等方面均受到一定威胁。最后，经济全球化使国际资本特别是国际游资对我国经济的平稳发展产生冲击。跨国资本的大量进入增大了我国金融市场的风险度，容易引起金融市场的不稳定，容易给短期投机资本冲击我国的国内市场以可乘之机。

4.2　贸易改变世界

贸易是指商品、服务、资本等的相互交换和重新配置，当这种交换和重新配置过程突破民族国家的界限在国际延伸，就形成了国际贸易。国际贸易是经济全球化最初的推动力量，也是经济全球化最重要的表现形式。国际贸易活动历史悠久，在原始社会的晚期，随着社会生产力的发展，出现了三次社会大分工，私有制经济开始出现，产品生产出现剩余，因此出现了最早的商品交换和贸易活动。经过数千年历史的发展，到 21 世纪的今天，国际贸易已经成为现代经济生活中必不可少的一部分；国际贸易活动遍布世界各国和地区，国际贸易已经从社会生活的各个方面深刻地影响和改变了现有世界。

4.2.1　国际贸易使各国之间必须相互合作

1. 斯密的绝对优势理论

首先，我们必须要考虑国家之间为什么要进行国际贸易，或者说国际贸易对各国发展有好处吗，好处又是什么呢。伟大的经济学家亚当·斯密对此进行了开创性的研究，提出了著名的绝对优势理论。斯密认为国家之间的贸易建立在成本差异的基础上，假如一国的人力和资本专门用来生产在气候、土壤和矿产等具有自然优势的产品，或专门生产在工艺技术方面具有后天获得性优势的产品，用于交换别的国家在自然条件或工艺条件方面具有优势的产品，通过自由贸易，双方都能从中获取利益。斯密认为参与这种贸易的国家都有自己的绝对优势，或是自然的，或是获得性的，因此他的贸易理论被称为绝对优势理论。他在《国富论》中生动地阐述了这一理论：

如果一件东西在购买时所费的代价比在家内生产时所费的小，就永远不会想要在家内生产，这是每一个精明的家长都知道的格言。裁缝不想制作他自己的鞋子，而向鞋匠购买。鞋匠不想制作他的衣服，而雇裁缝制作。农民不想缝衣，也不想制鞋，而宁愿雇佣那些不同的工匠去做。他们都感到，为了他们自身的利益，应当把他们的全部精力使用到比邻人处于某种有利地位的方面，而以劳动生产物的一部分或同样的东西，即其一部分的价格，购买他们所需要的其他任何物品。

斯密第一次从生产领域，从利益角度揭示国际贸易的动力和原因；他第一次揭示了国际贸易的根本原因在于各国有利的自然条件和后天有利的技术生产条件，因此每个国家只要根据本国的优势参与国际分工和国际贸易就可以从中获利。斯密告诉我们，国家之间开展国际贸易，比一个国家单独生产，对大家都有利，不管是穷国还是富国，是先进国家还是落后国家。

2. 李嘉图的比较优势理论

当然，也有人对斯密提出诘难：假使一国在所有产品生产上都没有绝对有利的生产条件（自然的或获得性的），那么这个国家还能不能参与国际分工和国际贸易并从中获利呢？为此，另一位杰出的英国经济学家李嘉图指出，处于有利地位的国家可以专门生产优势更大的那些产品，处于不利地位的国家可以专门生产劣势较小的那些产品，他以英国和葡萄牙为例，说明尽管葡萄牙无论生产布还是生产酒，其成本都比英国低，但葡萄牙生产酒的成本大大低于英国，而生产布的成本只略低于英国，因此，葡萄牙应集中优势生产酒，而英国应该集中力量生产布，这样通过国际贸易，双方都可以得到比自己生产更高的效率。所以，李嘉图的结论是：一个国家尽管在两种商品的生产方面都占优势或处于劣势，但是，比较而言，在优势中可以选择最优，在劣势中避其最劣，也即“两利相权取其重，两弊相权取其轻”。因此，即使一国处于绝对优势地位，而另一国处于绝对劣势地位，两国通过这种分工和自由贸易，它们仍然都可以从中获利，这就是著名的比较优势理论。

现代经济学家曼昆教授用一个经典的案例说明了一切：即“泰格尔·伍兹应该自己修剪草坪吗”？他说，伍兹是当代最伟大的高尔夫球手之一，除了打高尔夫球，他很可能在其他活动中也表现得出类拔萃。例如，我们可以设想，他可能比其他任何一个人都能更快地修剪好自己的草坪。但是仅仅因为他能迅速地修剪草坪，就意味着他应该这么做吗？曼昆教授给我们分析如下。例如，伍兹能用2

个小时修剪完草坪；而在这同样的 2 个小时内，他能为耐克鞋拍一部电视商业广告，并赚到 1 万美元。与他相比，住他隔壁的吉姆普能用 4 个小时修剪完伍兹家的草坪；而他在同样的 4 个小时内，可以在麦当劳店工作赚 20 美元。最后，曼昆教授告诉我们，贸易的好处是巨大的。通过贸易，伍兹不应该修剪草坪，而应该去拍广告，然后雇佣吉姆普给他修剪草坪；只要他支付给吉姆普的钱大于 20 美元而低于 1 万美元，那么双方的状况都会更好。

当然，随着经济和贸易的发展，国际贸易理论也产生了很多新的发展，产生了新古典贸易理论和制成品贸易理论等新的贸易学说，但比较优势理论一直被视为西方国际贸易最基础的理论之一，它的核心内容是：应该提倡自由贸易，因为贸易对各国都有利。

以上理论似乎的确是很有道理，但关键是，作为落后国家虽然所有产业都不如先进国家，但是它也不能因此而完全放弃某些产业，而使之完全从属于先进国家。正如吉姆普一样，他可能也想成为一名高尔夫选手，因此可能并不愿意为了赚更多的钱而放弃自己的理想，从而来完成这一项似乎对双方都有利的贸易活动。这就引出了自由贸易与保护贸易的争论。

4.2.2　自由贸易与保护贸易的争论

1. 自由贸易的好处

自由贸易的确对各国都有利，从其内在机理来看，主要原因是：第一，自由贸易优化了资源配置。一个国家在封闭的经济条件下，由于资源的既定性和空间的有限性，使其资源难以得到最优的配置。通过自由贸易，则大大拓宽了资源配置的空间，从而使各国能充分发挥本国的资源优势，通过专业化生产和出口密集使用本国相对充裕要素的商品而进口密集使用本国相对稀缺资源的商品。通过自由贸易和资源的重新配置，使同样的资源能生产更多的产品。第二，自由贸易能促进经济增长。在现代经济条件下，资金和技术是经济增长的关键因素。通过自由贸易，可以引进自己相对稀缺的资源，而输出自己相对富裕的资源；特别对发展中国家而言，资金和技术资源的缺乏，一方面当然要通过本国的积累和创造，但不可否认，通过贸易手段可能是一个最为直接、快捷的方式。因此，从总体上而言，自由贸易对一国的经济增长具有较强的推动作用。第三，通过自由贸易，还可以实现产业结构的升级。一国的经济比较优势并不是一成不变的，随着一国某种生产要素的积累和增加，其要素密集将发生变化，这必然导致其比较利益的变化，从而有利于该国经济结构和产业结构的升级和完善。

2. 保护贸易的依据

即便如此，也有很多人反对自由贸易，主张对贸易进行保护。他们的主要依据大体有如下几点：第一，自由贸易可能在短期内造成大量人员失业。因为，一旦按自由贸易的比较优势，如果一国放弃某一产业，那么在短期内，必然会有大量人员失业。第二，自由贸易可能造成国家安全的威胁。显然，一旦一国放弃某种关键产业，如钢铁产业等，那么这个国家的命运很可能会掌握在其他国家手中。第三，自由贸易不利于保护幼稚产业。正如中国加入世界贸易组织（WTO）后，随着市场的逐渐开放，一些幼稚产业如汽车产业等必然受到国外竞争的强大压力。第四，自由贸易也会造成不公平的竞争。因为不同国家和地区的企业服从于不同的法律与管制，不同的国家对本国企业有不同的支持、补贴、优惠等措施，这也会造成企业间竞争的不公平。

3. 贸易政策服务于国家利益

自由贸易和保护贸易从表面上看是两种完全对立的政策体系，但确有更深层次的统一，即它们都服从于国家利益。因此，无论一个国家声称主张自由贸易还是保护贸易，其实质都是实现国际贸易利益分配中本国利益最大化的根据。我们必须记住，国际贸易是取决于一国在国际分工中所处地位的。因此，一般而言，经济较发达的国家，由于处于国际分工的主导地位，因此较倾向于自由贸易政策，而相对落后的国家，由于在国际分工格局中处于从属地位，一般会采用较多的贸易保护政策。但我们也常常发现，即使是世界上经济最发达的国家如美国，也会采用贸易保护主义的做法。贸易政策说到底还是为国家利益服务的。

应该指出的是，在现实世界中，既没有实行完全自由贸易的国家，也没有实行完全保护贸易的国家，大多数国家都在自由贸易的基础上采取了某些贸易保护措施，这些措施主要有关税和非关税壁垒（如配额、自愿出口限制、倾销和反倾销、出口补贴、技术标准和卫生检疫标准等）。可以肯定的是，从经济理论分析，贸易保护措施，不论是关税还是非关税壁垒都会造成各国消费者福利的损失。因此，贸易自由化是历史的潮流和进步的方向，世界贸易组织、各类地区性贸易组织和世界各国都在致力于减少贸易壁垒，推动世界自由贸易的发展。

4.2.3 国际贸易促进了经济全球化的进程

虽然，关于自由贸易和保护贸易的争论一直没有停止，但这始终没有影响国际贸易的飞速发展，可以说，国际贸易活动是当今全球经济活动中最活跃的因素，正是国际贸易的发展不断推动着各国之间的紧密结合，成为经济全球化过程的主要推动力。

1. 国际贸易总量持续上升，使各国参与贸易的广度不断扩大

第二次世界大战以后，国际贸易飞速发展，国际贸易总量迅速增加。20 世

纪初，世界商品贸易额仅为 100 多亿美元，而到了 2005 年，根据世界贸易组织公布的数据显示，当年全球货物贸易总量超过 10 万亿美元，全球服务贸易总量达 2.4 万亿美元。全球贸易额与总产值之比从 1990 年的 19%、1999 年的 23%，提高到 2005 年的 28%，这表明，各国对国际贸易和全球市场的依赖度日益扩大。可以说，现在世界上，没有一个国家可以脱离国际贸易而孤立存在。

2. 国际贸易结构不断升级，各国对国际分工的依存度日益加深

贸易商品中高技术含量、高附加值的产品日益成为世界产品市场的主体，传统的劳动力密集型产品、资本密集型产品以及一般技术密集型产品将让位于高技术产品；现代服务贸易迅猛发展，表现为信息产品与服务、科技成果、金融服务等领域的贸易比例日益上升；尤为引人注目的是，除了传统的产业间贸易，产业内贸易、产品内贸易迅速发展。这些贸易结构变化的背后，蕴涵的内涵是国际分工愈加紧密和细致，特别是分工不断由产业间转向产业链的不同环节，这就意味着，从生产纵向链条看，很可能一件产品的生产从流程上要经过很多国家，这就使得国家之间的关系日益密切，各国对国际分工的依存度日益加深。

3. 区域贸易自由化为经济全球化创造了条件

随着贸易自由化发展的要求，世界经济的区域性趋势不断加强，20 世纪 90 年代以来的国际贸易正向区域格局发展，其中尤以刚刚度过 50 岁生日的欧洲联盟为代表，欧盟的经济区域一体化起步最早，一体化程度最高。1999 年 1 月 1 日，全新交易货币欧元正式启用，欧盟各国之间的关税已取消，其他贸易障碍也正在逐步取消。另外，北美贸易自由区也在不断向美洲自由贸易区延伸；东亚地区也在不断向一体化迈进，“茂物宣言”正式宣布发达成员不迟于 2010 年，一般成员不迟于 2020 年在亚太地区实现自由、开放的贸易投资。区域经济集团化使具有相似经济发展水平和社会文化背景的民族国家联合起来，在区域范围内互补合作，互通有无，通过减让关税和减少贸易壁垒，使各国在更低的经济成本基础上推动区域内资源的有效配置，完善区域经济结构，推动区域经济协同发展。经济区域化是经济全球化的另一种表现，经济区域化的不断发展为经济全球化创造了条件，经济区域化是实现经济全球化的一个阶段，经济区域化的高度发展必然实现经济全球化。

4.3　跨国公司与生产国际化

4.3.1　跨国公司是推动经济全球化的主体

对于跨国公司并没有统一的定义，一般认为，只要是跨国界进行直接投资并

且获得控制权的企业就称为跨国公司。跨国公司最早出现在19世纪中后期，也即资本主义进入垄断阶段后。现代跨国公司的大发展，是在第二次世界大战以后，通用、福特、丰田等一大批跨国公司开始活跃在世界经济舞台上，跨国公司日益成为全球经济发展的主角。

1. 跨国公司的成长动力

企业为什么要进行跨国界的投资，通过跨国投资能带来怎样的好处，或者说跨国公司成长的动力是什么呢?

经济学家的一般解释为：第一，跨国公司能带来规模经济效应。因为，在某些工业领域，企业越大、生产规模越大，企业的效益就越好。第二，企业纵向一体化的需要。也就是说，由于企业的发展与其上游的供货商和其下游的销售商密切相关，因此，通过在国际上将这些相关企业买下来，成立跨国公司能将这种生产经营的上下游关系固定下来，有助于企业稳定地发展。第三，企业发展战略的需要。有时企业要进入一国的市场不容易，有些公司可以通过兼并一些已经进入该市场的企业，达到最终进入市场的目的。

2. 跨国公司是推动经济全球化的主体

跨国公司在经济全球化过程中充当着重要的角色和主导力量，跨国公司以其强大的经济实力主导着全球经济的发展。很多大的跨国公司富可敌国，它们拥有超国家的经济实力，在世界经济中的地位显赫，成为世界经济发展的主宰者。跨国公司推动了生产要素的全球流动，使资本、劳动、技术等生产要素在全球范围重新配置，推动了全球生产的国际化和资本的国际化。不仅如此，今天的跨国公司，特别是大型跨国公司不仅从事以获取控制权为目的的资本的国际扩张，而且同时从事国际贸易以及一定范围的国际金融活动。它们是集生产、贸易、金融和科学研究为一体的经济体。目前，跨国公司的投资占对外直接投资（foreign direct investment，FDI）的90%左右，跨国公司生产和销售的产品和服务占世界GDP总量的1/3左右；跨国公司之间和它们内部进行的贸易约占世界贸易总额的60%，世界科技研究与开发及科技成果的转化也大都是由跨国公司完成的。因此，我们完全可以说，跨国公司已经成为推动经济全球化的主体。

4.3.2 FDI在中国

1. FDI的产生、发展

跨国公司的跨国经营活动必然伴随巨额的国际资本流动，加之由于跨国公司拥有技术和资本的比较优势，随着企业规模的不断扩大和生产能力的扩张，由于国内市场需求的约束和生产要素的约束，使它们必须寻找对外扩张，通过对外贸易为剩余产品寻找出路，通过对外投资为剩余生产能力寻找发展空间，由此，产生了一种新的投资方式，即对外直接投资。

FDI 是指一国的投资者跨越国境投入资本或其他生产要素，以获取或控制企业经营管理权为核心，以获取利润或稀缺生产要素为目的的对外投资活动。FDI 是国际经济联系的较高级形式，也是经济全球化发展到一定水平下发展起来的。根据企业的自身情况和国际投资环境，FDI 可以采取不同的形式，其主要的形式有独资企业、合资企业、合作企业和合作开发等。

2. FDI 发展的新趋势

进入 21 世纪，FDI 的发展呈现出很多新的特点和趋势：首先，FDI 的投资规模不断扩大，且 FDI 的增速明显高于全球国内生产总值和国际贸易增长的速度。其次，FDI 的区位配置明显地倾向发达国家，但发展中国家对外直接投资流入量呈增长趋势；发达国家之所以能较好地吸引外资，是因为他们有较稳定的政局、较完善的市场和法律体系、较好的投资环境等；而发展中国家和地区对外资的吸引力，如亚太地区和中国，主要是市场巨大，经济发展充满活力，劳动力价格便宜，基础设施不断完善等。再次，FDI 部门发生了变化，FDI 的领域经历了一个由最初投资农业、铁路和公用事业到矿业和石油开采，在 20 世纪 70 年代投资制造业，在新的技术革命推动下，无论是发达国家，还是发展中国家投资重点都集中在新技术产业及银行业、保险业、房地产、旅游等第三产业领域。最后，跨国并购已成为对外直接投资的主要形式；20 世纪 90 年代以来，全球性的企业兼并出现了高潮，这预示着世界生产和世界市场的一次大规模的结构性调整；近几年全球对外直接投资持续增长，跨国并购已成为 FDI 的主要形式，跨国公司在国际上谋求发展和繁荣成为跨国并购的战略动力。

3. FDI 对中国经济的影响

中国是 FDI 流入最活跃的国家，2004 年，中国吸引 FDI 610 亿美元，2005 年达到 724 亿美元，其后几年始终保持发展中国家吸收 FDI 最多国家的地位。FDI 是流入中国的外资中最主要的部分，成为中国经济腾飞的重要推动力之一，近年来中国 FDI 年流入量占国内固定资产投资总额均在 10%以上。那么 FDI 到底对中国经济发展产生了怎样的影响呢。

第一，FDI 对中国经济增长的影响。根据经济增长理论，资本、劳动力以及技术是决定一个国家或地区产出增长的基本因素，从理论上来看，一方面通过直接形成资本对经济增长作出贡献，另一方面还可通过提升东道国的人力资本积累、技术进步和产业升级等渠道间接促进经济增长。事实也表明，在经济日益全球化的情况下，FDI 已经成为推动我国经济持续增长的主要力量之一。

第二，FDI 对中国经济转型的影响。FDI 进入中国，会打破经济原有的竞争格局或垄断体系，各种跨国公司之间、与国内企业之间的新的竞争或合作体系的构建，会使中国的市场结构、产业结构更加完善、更加符合国际竞争的要求。同时，利用外资参与国有经济战略性重组是实现国有企业改革的有效形式之一；外商投资企业的设立和现有国有企业利用外资进行重组能有效促进传统所有制结构的改变，对形成以公有制经济为主体、多种私有制经济共同发展的格局起到积极的推动作用。通过外资的参与及示范作用，可以迅速转变国有经济的投融资机制及实现国有企业股权结构多样化，推动国有企业转变经营机制，促进国有企业建立现代企业制度，加快社会主义市场经济体制建设。

第三，FDI 对中国国际贸易的影响。通过大量的实证研究证明：FDI 增加与进口增长呈正相关关系，即 FDI 增长会在一定程度上使进口数量增加。其原因在于 FDI 可能导致产业内贸易量增加或直接投资伴随进口贸易增加。而当 FDI 流入大于流出时，如果 FDI 不是流向生产性产业，而是更多地流向非生产性产业如房地产和证券等，则有可能促进国内泡沫经济的产生和形成，从而削弱本国出口产品的竞争力，对出口增长产生负面效应。因此，FDI 对贸易收支平衡的影响是正负效应并存，关键取决于对外直接投资的产业结构是否合理。

事实上，以上我们分析的仅是中国 FDI 流入的情况，近年来，一个值得关注的新的趋势是在吸引 FDI 资金量大幅增长的同时，中国对外直接投资迅速发展，这使得中国更加紧密地融入世界生产体系，这必将对中国和世界经济的发展产生深远的影响。

4.3.3 生产国际化

跨国公司的发展和 FDI 的扩张是经济全球化的重要体现，也是一个问题的两个方面。一方面，跨国公司就是 FDI 的主要载体，世界上几乎所有的 FDI 都是由跨国公司完成的，特别是大型跨国公司已成为 FDI 的绝对主导力量；由数据表明，全球最大的 500 家跨国公司的 FDI 占全球 FDI 总额的 80%以上。另一方面，FDI 也是跨国公司组织其全球经济活动的主要形式，跨国公司在全球范围内从事的国际金融投资、国际贸易、国际技术转移等都是直接由 FDI 决定的；可以说，FDI 就是跨国公司全球经济活动的最重要的表现形式。

生产国际化是指一些重要的产品的生产按照国际分工和国际贸易的比较优势，由多国公司共同完成。跨国公司的大发展使得国际分工的形式从以垂直分工为主向以水平分工为主发展，即侧重产品型号的分工、产品零部件的分工和工艺流程的分工。这种世界范围的国际分工，使世界性的生产网络形成，各国成为世界性生产的一部分，成为商品价值链中的一个环节。跨国公司和 FDI 的相互推进加快了生产的国际化进程，使经济一体化向纵深发展。那么跨国公司是通过什么手段，采取何种作用机制推动生产国际化进程的呢？

1. 资本输出

在跨国公司的全球扩张过程中，其日益扩大的资本输出遍布世界各国，跨国公司的资本势力扩展到世界的各个国家和地区，无论是发达国家，还是落后国家都有跨国公司的足迹。跨国公司的资本输出不但带动了资本品和货币资本的全球流动，也带动了先进的技术、信息、制度等资源的全球流动。通过跨国公司的资本输出，发达国家将缺乏竞争力的产业转移到其他国家和地区，发展中国家在发达国家产业结构调整和升级的背景下，也从本国的实际出发，积极实施与自己经济和技术水平相适应的产业结构战略。从全球范围讲，跨国公司的资本输出使不同国家间在产业结构调整和转移中保持了有机的联系，使各国的产业结构调整成为经济全球化链条上的一个环节，使全球经济日益服从和服务于生产的国际化进程。

2. 技术转移

跨国公司拥有强大的技术研发和创新能力，它掌握世界科技发明和技术创新约 80%的份额。它通过对外投资、转让设备和技术有偿转让等方式实现对外技术转移。近年来，跨国公司的研发国际化策略使其对外技术转让的范围逐渐扩大，限制越来越少，在世界范围内形成了技术扩散加快的趋势。根据曼斯菲尔德和罗密欧德的调查结果，由于跨国公司在世界技术转让中的积极参与，使技术转让的平均周期从 13 年缩短到 5 年。跨国公司通过技术转移将全球经济更加紧密地结合在一起，在全球形成了以技术为基础的生产国际化体系。

3. 企业组织制度的创新

首先是跨国公司的内部化手段。跨国公司通过内部技术转让、内部贸易、转移价格、连锁经营等手段在全球扩张实力；内部贸易把外部市场内部化，它所涉及的跨国公司内部子公司间的商品和要素的流动，同样是世界范围内商品和要素流动的一部分。随着跨国公司内部贸易的扩大，跨国公司对商品和要素全球流动的促进作用也越来越大。连锁经营是一种较特殊的内部化经营方式，是跨国公司配置全球资源、扩张势力的另一种形式。其次是组建企业战略联盟。跨国公司不断加强与银行、科研机构、企业间的合作，创新合作的手段和方式。近些年来，跨国公司间的合作和联盟活动此起彼伏，昔日的竞争对手变成了合作伙伴，这既是跨国公司适应经济全球化发展的新举措，又同时促进了全球化的发展。在世界经济发挥作用的不仅仅是单一势力的跨国公司个体，而是涉及国际生产、分配、交换、消费各方面的庞大跨国公司群体，它们重新构建世界经济新格局，成为生产国际化发展的主体力量。

通过上述手段和方式，跨国公司不断发展自己，从小到大、从弱到强、从国内市场和区域市场走向全球范围，带动各国、领域要素也都卷入到全球经济活动中，成了一个相互依存、相互促进、不可分割的经济整体。在世界经济发展过程中，跨国公司作为一种机制，以 FDI 为手段，促进了世界经济各种要素的融合，使他们之间形成了一种相互依存、互动发展关系。它将世界经济中原本孤立分割的种要素和各种经济单位组合成一体化整体。所以，我们说，跨国公司是推动经济全球化和生产国际化发展的主体力量。

4.4　新的消费与新的市场

上面几节分别从贸易、资本和生产的全球化发展过程对全球化时代的经济和市场进行了分析，而这其中，生产全球化是全球化的基础，作为生产全球化的主要载体，跨国公司通过海外投资和对外贸易，将低成本、标准化的产品推向世界，逐步形成了全球统一的生产、销售网络，将大量标准化的消费品和消费的方式传播到全球各地，加之通信技术和现代传媒的推波助澜，各种流行和时髦的消费品和消费方式在无形又强烈地影响着世界各地消费者的偏好和选择，促进了消费方式的全球渗透和融合。因此，我们可以随意在世界各地看到同样的景象：人们喝着可口可乐；吃着麦当劳、肯德基；穿着耐克鞋、阿迪达斯；开着丰田或通用汽车；手持诺基亚或摩托罗拉；观看美国大片和 NBA 比赛……我们把这种由生产全球化引发的世界范围内消费理念和消费方式的趋同性，称之为消费全球化。在这种消费全球化的背后，是一个崭新的不同于以往的全球市场；全球市场在价格机制、资源配置和宏观调控等方面均与现有的国别市场产生了深刻的变化，这正在改变着现有的全球经济运行，还将继续对未来世界政治、经济、文化等各个方面产生深远的影响。

4.4.1　消费全球化

这种新的全球化的消费方式与传统消费方式相比有很多新的变化。

1. 消费主体理性化

从消费主体，即消费者来看，在消费全球化过程中，消费者逐步走向消费理性。随着经济全球化的进程的不断深入，不同国家和民族的文化之间的交流也日益增多并出现相互融合的趋势。一些具有民族化的消费文化被逐步同化和全球化，代之而起的是国际化的消费方式；消费文化的这种变迁带来的是消费心理的成熟和理性化。如改革开放初期，由于我国在消费品特别是耐用消费品的生产领域与国外有着巨大的差距，国人对进口产品有着一种盲目崇拜的心理，一时间消费进口产品成为时尚，甚至成为显示身份和地位的一种标志。随着我国综合国力的增强，近几年消费者的消费观念逐渐回归理性，消费心理更趋成熟，人们不再盲目崇拜进口商品，对于外来消费观念也有了自己的看法。消费者开始形成成熟的消费理念和消费方式，这种群体消费方式的理性化正反映了消费全球化的本质表现之一——消费观念和消费方式在全球范围内的高度融合。

2. 消费客体标准化和个性化共存

从消费客体，即消费品（商品和服务）来看，呈现出标准化和个性化共存的现象。消费全球化的基础就是标准化生产，标准化产品在世界风行一定程度上是消费者共同选择的结果，这种选择进而影响着商品生产者，促使其不断降低生产成本，提高产品质量，加快产品更新的步伐。同时，消费品生产的标准化并不排除消费的个性化，消费标准化与个性化均可视为消费全球化的内容或表现。小批量订单式生产的消费品，甚至单件设计的时装、汽车、计算机、居室作为一种时尚，逐渐在世界范围内流行，而且这种消费个性化潮流也将促使大跨国公司的经营目标从大规模、高产量逐步转向追求高价值和满足消费者的特种需要。

3. 电子商务和网络消费方兴未艾

从消费方式，即消费手段来看，电子商务和网络消费方兴未艾。随着网络技术和电子商务的不断成熟发展，世界各地的消费者将通过互联网了解更多的商品服务信息，获得更多的选择余地和购买机会，通过计算机网络，使消费过程能以很低的成本在全球范围内非常快捷地完成；同时，电子货币也日益成为消费支付的主要方式。人们能足不出户、通过鼠标就能完成消费过程。

4.4.2　新的全球市场

全球市场是由各国国别市场组成的一个有机整体，任何一个国家经济和市场的发展和变化，都会引起其他国家经济和市场的相应变化，这种各国经济和市场之间的相互依存、相互影响、相互制约、相互促进就是全球市场机制的作用过程。

不同于一国国内市场，全球市场的运行更加广泛和复杂，它是由国家、跨国公司、国际组织等主体参与、各种机制和环节相互衔接形成的经济运行体制。

1. 全球市场价格机制

市场的核心机制就是价格机制，与原有的国内市场价格机制不同，全球市场商品和服务的价格决定于全球范围产品的供需状况，同时还要受到各国关税、汇率和物价水平等因素的综合影响。但随着贸易自由化进程的加速、关税的减让和各种贸易壁垒的逐步取消，价格机制使产品价格在全球范围内趋于一致。

2. 全球市场要素配置机制

通过全球价格机制，各种生产要素如资本、劳动和技术等其稀缺程度完全通过市场信号——价格来反映，市场上价格机制调节着各种生产要素在全球各部门、各地区、各企业间自由流动，使之流向利润率高的国家、产业和产品的生产上去，从而形成合理的国际产业规模和产业结构、产品结构等。当然，这种生产要素的全球配置，与国内市场资源配置有很大的差别。例如，国际资本的流动会受到各国通货膨胀率、汇率、股市变动等影响；劳动力的流动则会受到各地劳动力价格、劳动力市场供求、各国社会生活环境和发展前景甚至是政治、文化、宗教等因素的影响。

3. 全球市场宏观调控机制

市场机制被称为“看不见的手”，我们知道，市场机制的运行可能产生市场的失灵，这时候就需要国家用“看得见的手”对经济活动进行调节，即政府的宏观调控。在全球市场机制下的宏观调控与国内市场的宏观调控有很大的变化，其主要调控机制有：第一，主权国家对国内市场的调控机制；第二，联合国及所属机构的调控机制，特别是世界贸易组织、国际货币基金组织和世界银行三大国际经济组织的调节机制；第三，区域经济合作组织的调控机制，主要包括欧洲联盟、北美自由贸易区和亚洲经济合作组织等区域经济组织的协调与合作机制；第四，国际会议与论坛的调控机制，主要包括联合国大会、“G7”或“G8”① 首脑会议、达沃斯国际经济论坛、中非合作论坛等组织与会议的协调机制；第五，一些原料生产和出口国合作机制，这其中，以石油输出国组织为主要代表。

马克思墓碑上有两条语录，一条是“全世界无产者联合起来”，另一条是“哲学家们只是用不同方式解释世界，而问题在于改变世界”，这两条至理名言震古烁今。他从另一个角度预测和诠释了全球化作为一种不可逆转的发展趋势，不仅是无产者，而且是全体世界共同形成了一个不可分割的整体；同时也深刻地启迪我们，作为参与其中的国家、企业乃至个人应该有所作为，不仅成为全球化的参与者，更应成为全球化的组织者和推动者。

① G7 指的是西方七大工业国：美、英、法、德、意、加、日；G8 即上述 7 国加上俄罗斯。严格地讲，G7 和 G8 并非是一个严密的国际组织，俗称为“富国俱乐部”。

【重要词汇】

◇ 全球化

是 20 世纪 80 年代以来在世界范围内日益凸显的新现象，是当今时代的基本特征。全球化是一个以经济全球化为核心、包含各国各民族各地区在政治、文化、科技、军事、安全、意识形态、生活方式、价值观念等多层次、多领域的相互联系、影响、制约的过程。

◇ 地理大发现

是指 15～17 世纪，欧洲航海者开辟新航路和“发现”新大陆的通称，它是地理学发展史上的重大事件。地理大发现不仅拓展了地理区域，而且促进了欧洲的资本原始积累和世界市场的出现，从而推动了西欧各国经济的发展。

◇ 跨国公司

指由两个或两个以上国家的经济实体所组成，并从事生产、销售和其他经营活动的国际性大型企业，又称国际公司或多国公司。跨国公司的雏形最早出现在 16 世纪，成长于 19 世纪 70 年代之后，已经成为世界经济全球化发展的重要内容、表现和主要推动力。

◇ 国际贸易

对外贸易是指一个国家或地区同别的国家或地区进行商品和劳务交换的活动。从国际上看，这种商品和劳务交换活动，即由各国的对外贸易构成世界范围的交易，就称为国际贸易或世界贸易。

◇ 自由贸易

保护贸易的对称。指国家对进出口贸易不进行干涉，不加以限制，允许商品自由地输入和输出的政策。19 世纪，英国凭借它的工业优势，实行此项政策有 60 年之久。以后，实行这种政策的国家极少。第二次世界大战后，《联合国宪章》规定了自由贸易原则，但保护贸易盛行。自由贸易理论产生的基本依据是比较优势理论：各地区应致力于生产成本低而效率高的商品，来交换那些无法低成本生产的商品。

◇ 保护贸易

自由贸易的对称。利用国家权力，制定高额关税以及各种限制进口的措施，防止外国商品竞争，以保护本国市场和产业的政策。第二次世界大战后，发达国家一直推行这种政策；发展中国家为了保护它幼弱的民族工业，也实行必要的保护贸易措施。

◇ 绝对优势理论

又称绝对成本说、地域分工说。该理论将一国内部不同职业之间、不同工种之间的分工原则推演到各国之间的分工，从而形成其国际分工理论。绝对优势理论是英国经济学家、资产阶级经济学古典学派的主要奠基人之一、国际分工和国际贸易理论的创始者亚当·斯密提出的。该理论分析了分工的利益，认为分工可以提高劳动生产率。原因是：分工能提高劳动的熟练程度；分工使每个人专门从事某项作业，节省与生产没有直接关系的时间；分工有利于发明创造和改进生产工具。

◇ 比较优势理论

大卫·李嘉图在其代表作《政治经济学及赋税原理》中提出了比较成本贸易理论（后人称为“比较优势贸易理论”）。该理论认为，国际贸易的基础是生产技术的相对差别（而非绝对差别），以及由此产生的相对成本的差别。每个国家都应根据“两利相权取其重，两弊相权取其轻”的原则，集中生产并出口其具有“比较优势”的产品，进口其具有“比较劣势”的产品。比较优势贸易理论在更普遍的基础上解释了贸易产生的基础和贸易利得，大大发展了绝对优势贸易理论。

◇ FDI

即对外直接投资。是现代资本国际化的主要形式之一，按照国际货币基金组织的定义，FDI是指：在投资人以外的国家所经营的企业拥有持续利益的一种投资，其目的在于对该企业的经营管理具有发言权。跨国公司是FDI的主要形式。

◇ 世界贸易组织

简称WTO。是一个独立于联合国的永久性国际组织。1995年1月1日正式开始运作，负责管理世界经济和贸易秩序，总部设在瑞士日内瓦莱蒙湖畔。世界贸易组织是具有法人地位的国际组织，在调解成员争端方面具有很高的权威性。

【知识练习】

1. “世界上最穷的国家没有什么可出口的，因为它们没有什么资源——它们的资本和土地都不丰裕，甚至劳动力也不丰裕”。你认为这一论断对不对，为什么？

2. 美国和日本同样属于发达国家，而且同样是汽车制造业的强国，那为什么飞机制造业在美国发达而在日本却没有发展起来，试以国际贸易理论进行分析。

3. 在第二次世界大战后很长一段时间内，大多数发展中国家由于担心跨国公司进入会影响和伤害本国企业，对外国直接投资采取限制或管制的政策，但从20世纪70年代后，这种政策发生了很大的转变，很多国家对外国直接投资采取积极鼓励的政策，试分析这种政策转变的原因。

【能力训练】

1. 进入21世纪，经济全球化的浪潮席卷世界，但同时区域经济一体化的程度也不断提高，对于这两种相悖的过程并行发展，你是如何认识的？

2. 试述全球化对个人职业发展的影响。

3. 继续阅读相关文献后，试评析华人经济学家杨小凯教授对国际贸易理论的发展与贡献。

4. 案例分析：

经济全球化中的“蝴蝶效应”

一种被称做“蝴蝶效应”（1972 年 12 月，美国麻省理工学院教授、混沌学开创人之一的 E. N. 洛伦兹在美国科学发展学会第 139 次会议上作了这样一个演讲：“一只蝴蝶在巴西扇动翅膀，会在得克萨斯州引起龙卷风吗?”“蝴蝶效应”这一著名的科学比喻，也就由此而产生。“蝴蝶效应”也被称为“对初始条件的敏感依赖性”，往往初始条件中一些不为人注意的细微变化。）的理论认为，在南半球巴西某地一只蝴蝶的翅膀偶然拍动所引起的微小气流，几星期后可能变成席卷北半球美国得克萨斯州的一场龙卷风，以此来比喻自然的神奇和威力。而这种自然现象似乎在今天的现实世界得到了某种验证，我们常说，美国经济一打喷嚏，亚洲和拉丁美洲就要感冒；美联储主席的例行发言会即刻引起全球股市的波动；我们也会发现，欧佩克组织的首脑会议的声明也必然会引起世界能源价格的变化，等等。从一般意义上，我们可以认为，这只拍动翅膀的神秘小蝴蝶最初就是 1492 年从西班牙出航并最终发现新大陆的哥伦布。正是由于 15 世纪末，由葡萄牙和西班牙等国开拓的地理大发现，极大地促进了全球贸易的发展和生产、资本的国际化和经济的全球化。

最能体现“蝴蝶效应”在经济全球化中的表现，莫过于 2008 年在美国爆发的金融危机及其产生的世界连锁反应。由于随房地产市场繁荣而埋下的“次贷危机”最终爆发，美国的房地产市场开始破灭，提供房地产抵押贷款的金融机构面临破产倒闭，随之产生骨牌效应，投资银行、商业银行纷纷倒下，其中包括大名鼎鼎的雷曼兄弟公司。危机很快在欧洲、亚洲及世界其他地方蔓延，全球股市出现暴跌行情，欧洲小国——冰岛几乎上演国家破产的故事。美国国内的房地产市场的繁荣与萧条，最后却演变为一场有史以来最为激烈的全球金融海啸。

针对上述案例，根据相关理论说明当代国际经济之间的密切联系，为什么？在经济全球化的背景下，如何规避来自国外的风险？

第5章　现代社会与管理

……我们创造了文明，又破坏了文明。我们进一步研究了广泛而复杂的技术问题。我们巧妙地利用了自然资源，而在此过程中却又破坏了生态系统。我们甚至挣断了维系我们与地球母体的脐带；我们曾到达月球并重返归来。……我们对现代科技的巨大成就无不大为惊异（或许未能完全理解），但仔细想来，我们会认识到：获得这些成就的主要因素却是我们为达到各种目的而发展建立各种社会组织的能力。这些组织及其有效的管理工作的发展才真正是我们这个社会的巨大成就之一。

——弗里蒙特·E. 卡斯特《组织与管理》

【本章学习目的】

1. 理解现代社会的根本标志。
2. 理解机构化的含义与变迁趋势。
3. 了解管理活动的起源与意义。
4. 了解现代社会中机构化趋势。
5. 熟练掌握管理行为的本质含义。

据我国媒体报道：中国正在研制的大飞机将拥有完全自主知识产权，但这并不表示大飞机所有的部件都由中国自己研制。他们表示，中国的大飞机将在全球范围内配置部件。全国人大代表、沈阳飞机工业（集团）有限公司董事长、总经理李方勇说，实行跨国采购、全球配置是大型飞机研制的通行模式。美国的波音和欧洲的空中客车，都是不完全由自己制造，而是发包给国际上的多个制造商。

自主创新有多种，包括这种全球配置形式的集成创新。集成创新的产品也具有完全自主知识产权。李方勇说，在经济全球化的今天，跨国采购、全球配置已成惯例，是企业迅速发展的捷径。如果过分强调原始创新，往往会丧失发展机遇。

另据新华网消息：

中国铝业公司旗下西南铝业公司（以下简称西南铝）将于近期全面开工建设铝合金厚板生产线，计划于两年内竣工投产，届时其生产的铝合金厚板将用于制造国产“大飞机”。这是西南铝总经理赵世庆在此间开幕的重庆投资洽谈会上透露的。

铝合金预拉伸厚板是航空等领域的重要材料，是一个国家铝加工发展状况、科技水平及总体经济实力的重要标志，目前只有美国、日本、德国和俄罗斯等少数国家能够实现规模化生产，国内使用的铝合金预拉伸厚板基本依赖进口。

据赵世庆介绍，“西南铝”即将开工的铝合金厚板生产线，将在熔铸、轧机、热处理等环节取得关键性突破，并形成 5 万～10 万 t 生产能力，其产品也将达到国际先进水平，并与波音、空中客车等飞机上的铝合金材料相媲美。“西南铝”是中国铝业公司的核心企业，是我国生产规模最大、技术装备最先进、品种规格最齐全的综合性特大型铝加工企业。

对此，财经界人士纷纷作出相关预测：

“大飞机”项目初步测算投资研制经费约 500 亿～600 亿元人民币，专业人士认为，“大飞机”研制将采用与新的投融资体系结合，引进多元化资本和公司化运营机制，因此对于相关上市公司来说都有较大的机会。

中国制造“大飞机”，牵动了社会各界，特别是引起了经济界和企业界人士的极大关注。在人们热烈讨论“大飞机”的制造对中国经济的影响、中国“大飞机”制造所驱动的新一轮涉及全球的产业链重组、中国“大飞机”制造事业的实现所反映的科技成就与工业水平等问题的时候，更不应该忘记和忽略这样一个基本事实：这件事从头到尾、一时一刻都离不开管理行为的支持。如果说中国制造“大飞机”是多种科技、产业成就的结晶的话，我们可以毫不夸张地说，是管理知识与管理成就推动、保障了这些成就的取得，特别重要的是：管理行为保障了这些成就能够组合成为一项更壮观和伟大的事业——中国的“大飞机”制造。

5.1　管理的立足点：现代社会中的机构化趋势

5.1.1　管理行为：复杂性之外的困惑

一提到管理，人们总是会想起活跃在世界各国的各种各样的企业，可以不夸张地说，企业组织的特征以及附着于其中的管理的成熟性已成为衡量社会特征的一个重要方面，企业家也成为勾画我们这个社会必不可少的要素之一。形形色色的企业家在创造着形形色色的企业，而各式各样的有着各种职务的管理者们则在维持、推动和变革着各式各样的企业。

由此导致的一个富有时代特征的现象就是：关注企业兴衰的人群以及他们所在的社会阶层要大大超过系统地研究企业和企业家的人群数量，我们所处的这个社会总是（也许下一个社会还将是）充斥着关于企业的性质、企业的发展历程的种种神话和种种冷静、理智的言论，这是不足为怪的，它只不过反映了这样一个社会现实：我们这个社会是由众多实实在在的企业在支撑着的。

现实中的企业之所以引人关注，不仅因为它们决定着一个社会在一个时期的可供消费的物质的数量和质量，还因为现实中各个企业的业绩差异极大。也正因为这种命运的强烈反差使得那些著名企业（比如世界500强的企业）更加炫耀夺目，而成功企业的经营决策者也成了他们所在的那个社会的时代英雄。遗憾的是现实世界的企业图景并不这么单纯，在一些企业成功的同时，更多企业的进展则并不顺利。这些企业为各种各样严重程度不等的问题所困扰。对于这些问题，一些企业只是偶尔感觉到症状的存在，而另一些企业则明显地感受到了由于某个或某些问题而导致的种种消极后果。对此，不同的企业又有意或无意地采取了某些策略和具体措施。这些策略和措施有的见效了，有的则反而加重了问题，使企业运行更加恶化。

我们先看几个企业的例子。

1. D. S公司的转折

D. S科技智能有限公司是一家科技开发型企业，其主要业务是为国内卷烟厂的设备改造、技术更新提供相关产品和相应的服务支持。该企业的员工总数为100名左右（必要时在用户企业所在地聘用临时辅助人员），但掌握着五大类近70多个烟机设备的零部件（包括某些关键零部件）的组装、调试和改进技术。为保持对烟机成套设备中关键部件技术改革的全面支持能力，该公司建立并不断完善其技术开发的专家体系。这些专家分布在江苏、安徽、浙江等地的大专院校和科研机构当中。D. S公司凭着其对烟厂技术改革需求的透彻认识而有效地运用和发挥着其专家资源系统。这个系统为D. S公司赢得了国内其他相关企业所得不到的用户评价，该公司因此获得了远远高出同类企业的经营业绩。凭借这样的高回报而获得的经济实力，该公司试图在更广泛的范围以更合理（从公司角度看）的方式来组建其专家资源。显然，公司决策人意识到这一资源对公司持续发展所具有的特殊意义，公司完全有理由期望一个更辉煌的未来。

然而，D. S公司在相当长一段时间中并没有这样的从容。虽然公司早已掌握了一些重要的机电一体化技术和相应的产品如电子防盗系统，但要么是市场尚不成熟，要么是用户信用有问题，公司鲜获理想的经营业绩。转机出现在公司为矿山提供一种井下电子安全保护产品，该类产品原为进口，D. S公司成功地实现了进口替代，相应的回报不仅使他们获得转机，也使该公司总结了他们认为是重要的经验：如必须为成熟的、有价值的市场服务；产品（含服务）必须要有特点；如果产品的特点被证明是迎合了用户的需要（最好是重要的需要，而且是别的企业不大可能或根本就无法满足的需要），那么公司就应据此建立起特定的能力等。

D. S公司由一种被动型的挣扎转变为今天的良性发展，显然不能由单纯的产品或技术方面的原因来解释。这种转变涉及对其产品、技术的合理利用、重组（加强某些方面而放弃另一些方面）以及特定的企业能力建设问题。有些人会很快地把这些措施与企业战略联想起来。

2. R.T 公司的上下起伏

R.T 食品总公司是一家国有商业企业，其前身是政府商业管理的一个职能部门。改革以前主要承担生猪的收购、批发业务。改革以后，政府根据机构改革的有关安排组建了该公司。20 世纪 80 年代中期到 90 年代初期，一方面由于我国城乡居民对猪肉食品的需求增加，另一方面，由于那个时期生猪从饲养到销售、屠宰、加工、零售的渠道比较单一，该公司的生猪批发业务业绩不俗。但 90 年代中期以后，随着我国市场经济的进一步发展，流通渠道的丰富化以及农村产业升级步伐的加快，R.T 公司的主营业务受到空前影响，公司的大部分业务专长或者说是优势仿佛在突然之间已不再是有效、可靠的业绩保障因素，如大规模调度能力、基于人际关系的市场影响力、大量采购而对卖方拥有的交易特权等。

进入 20 世纪 90 年代以后，R.T 公司决策层发动了一次变革。他们首先想到的是进入猪肉零售领域——一个严格意义上的前向整合。而且他们进入的是一个特定的猪肉零售市场——精加工、精包装的市场。这个市场在城市中对于那些既对猪肉品质有较高需求，又对节约时间的便利性程度感兴趣但对价格却不十分敏感的消费者来说极具吸引力。R.T 公司在这样的市场上几乎没有遇到什么竞争性抵抗，原因是（在当时）几乎没有竞争者。第一，R.T 公司随后采取措施巩固和扩大其市场空间，这通过扩张零售点来实现。第二，注意培育其市场形象从而赢得顾客忠诚度，这通过巩固服务的特色性来实现。第三，该公司调整了内部机构以服务于新的业务构成。他们甚至成立了一个生化制药公司以发挥他们在家禽、生猪、牛、羊等动物原料供应网络方面的优势。他们取得的业绩是当初启动一系列变革时所未曾预料到的。实际上，如果他们能够保持其工作质量则还会有更好的回报在等待他们，原因是：不论是碰巧还是刻意追求，他们是在按照一个合理的战略来支配整个公司的行动。

3. KC 股份公司的不良循环

KC 公司是一家大型股份制企业，其主产品为家用普通灯泡，包括普通白炽灯、内白灯以及日光灯等。作为该公司主要股东之一的泰华灯泡厂原是一家国有企业，在计划经济时代就是一家国家定点灯泡生产厂。KC 公司的主营业务主要是建立在泰华的生产能力和生产模式基础上的。改革开放以后，和其他市场一样，我国的普通灯泡市场也经历了一次巨大变化，但这一转变给 KC 公司带来的问题多于机会。该公司在其市场上遇到了来自若干外资企业、民营企业强有力的挑战。KC 公司的应对策略是以低价来谋求巩固和扩张其市场，为此需要扩大生产和销售规模。KC 把其泰华生产模式进行了加倍扩张——在可能的地方购置灯泡生产线（一种标准化的专用生产装置系统）。KC 决策者的观点是，目前的商用照明技术本身已不存在技术改进、创新的可能性，这个产业只能靠规模式的挤压才能在市场站稳脚跟。因此在不到 5 年时间里，该公司的标准生产线数量翻了一番，同时该公司还尽力提高其单位生产线的效率并降低人力成本以期挤压出更多的经营业绩，但结果并不那么令人满意。尽管该公司的年产量已达到惊人的亿只以上，但价格也降到了惊人的低水平。由于该公司过于关注规模，其产品的质量形象受到严重损害，公司陷入一种挣扎式经营。

以上几个企业的经营情况各不相同，从各企业的介绍资料来看，这些企业的发展前景也各不相同。导致这些企业经营业绩差异的原因，有些是外部因素，如宏观经济的繁荣水平、产业发展阶段、相关领域的科技发展状况以及影响企业综合运营成本的教育、市场制度建设等。还有一些是企业内部因素，除了我们已经提出的战略因素外，还包括企业领导人的领导风格、管理团队的职能水平、员工的技能以及企业文化的建设、组织结构的合理性等。

不论出于理智思考还是直觉判断，人们都不会把企业的兴旺与衰落仅仅归纳为运气。企业的兴旺与衰落当然是与企业的经营管理手法有关的。管理必须经常应对复杂的局面，处理大量的问题，这一点是不会有多少人否认的。然而，管理作为一种专业的活动，产生于何种背景？这种普遍存在的活动，对现代社会的意义究竟应该如何衡量？这对于打算系统学习管理理论与方法的人来讲是必须认清的问题。

5.1.2　现代社会中的机构化

如果有人问：什么东西最能体现我们所处的这个现代社会？或者换个提法：什么东西是现代文明的最基本的体现？还不清楚问题？那么，最直接的问题是：什么样的人可以有资格称得上是时代英雄？清楚了？那么，你也许可以列出你的清单了。以下说法可能包含在你的回答之中：

（1）眼花缭乱的现代科技以及创新这些科技的科学家们。

（2）令人惊叹的现代经济发展以及推动这些发展的财经风云人物们。

（3）使一度被认为是“无穷无尽”的地球变成了一个“村落”的全球一体化和导致这种全球一体化的政治家们。

（4）令上述现象得以实现的规模巨大的知识创造和造就、推动这一知识创造的教育工作者们（这是我或者我的同行想得比较多的一点）。

……

当你的思想扫过以上的答案时，你会发现自己陷入了一个困境：这些答案都对？都不对？一部分对另一部分不对？哪些对哪些不对？为什么？是否还有另外更合理的答案？……

冷静地想一下，上述问题的关键是我们需要在一系列可能的关于现代社会或现代文明的解释性因素中找到“最基本”的因素。上面列出的清单可能都是可以说明我们所处的现代社会的特征性因素的，但不一定是“最基本”的。关于这一点，著名的组织分析专家弗里蒙特·E. 卡斯特作过颇有说服力的阐述。他指出，创造出现代社会各种奇迹或成就的基本条件是人类创造出各种组织。

显然，卡斯特从一系列表征现代社会人类的特征性能力中，分离出了一种“基础性能力”，这就是发展建立各种社会组织的能力。卡斯特的逻辑是十分简洁而有力的：在人们所能列举出的推动或奠定现代文明的各种典型壮举中，没有一样是以组织以外的方式完成的，显然，构建这些组织并且对其进行有效管理的能力才是一种最基本的能力，凭借这种能力，现代社会的建成与发展才具有最根本的可能。

在卡斯特等得出上述结论后的 20 年，又有一位精擅文献整理和观点提炼的学者提出了很类似的观点，琼·玛格丽塔在其名著《什么是管理》一书中这样说：

20 世纪最重要的技术创新是什么？是采用抗生学和免疫技术，将人类寿命延长两倍甚至三倍？是汽车、飞机的出现对传统距离概念的重新定义吗？是推动我们进入新经济时代的沟通工具，如电话、电视、集成电路、计算机以及网络技术的出现吗？

所有这些技术创新都大大改变了我们的生活，不过，如果没有另外一个学科的介入，那么，上述技术创新就不可能如此迅速、广泛地为人们所掌握并普及到人们生活中。这个新学科就是管理学。……人们在评估推动社会繁荣的生产力成就时，几乎让技术占去了所有功能。但实际上，管理（学）应该有很大的分量。

很明显，玛格丽塔在这里关注的是推动现代社会发展前进的知识体系特征问题。在她看来，所有知识、技术方面的创新，如果不是一种特定的知识的帮助，是不可能得到普及和实际应用的，这种带有基础性质的知识就是管理知识（什么是管理）。管理学这种基础性知识“隐藏在所有的理论和工具之下，隐藏在所有的专业知识之下”。因为，管理担负着建立可以完成各种专业职能的组织这一基础性职能。

所以，现代社会的种种奇迹、伟业都是在形形色色的机构中产生出来的，而建立、完善这些机构的管理行动以及指导这些行动的管理理论才是我们在本节开头所提到的问题的正确答案：最能体现现代社会特征的，或者说，现代文明的最基本体现，存在于我们这个社会中的各种各样的机构。如果没有这些机构的正常运转，任何我们能够想象到的科技、经济、文化等方面的壮举都是不可能产生的。现代社会与传统社会的最根本区别，也正是在于其机构化的发达程度，这种发达程度主要体现在两个方面。

第一，机构的普及程度。

现代社会与传统社会的基本区别，就在于机构的普及程度。在现代社会，人们已很难看到真正意义上的“个人”行为。人们在各种组织中完成学习与教育、开展工作或开创工作、进行各种消费。现代人与形形色色的机构打交道的程度是传统社会的人难以想象的。

第二，机构的复杂程度。

不仅在普及程度上，在机构复杂水平上，现代社会也显著区别于传统社会。这里所指的“复杂程度”与机构的人员规模并没有直接的关系，而是指机构运作过程中的资源规模、资源种类以及信息、活动等方面的交换、协调状况。当今的企业，在全球化以及数字技术的应用等因素促进下，其运营过程中所驱动的资源、所完成的内部协调行动是小艾尔佛雷德·钱德勒在其企业发展史考察巨著《看得见的手》中分析描述的美国企业所难以企及甚至难以想象的。

5.1.3　机构的变迁

除了机构化这一趋势之外，机构的变迁也是我们这个时代的基本特征之一。从总体上讲，这种变迁可以归纳为三个方面的趋势。

1. 机构的种类变迁

随着技术、制度以及文化等方面的发展，一些机构消亡或正在消亡，另一些机构则被创新出来。

可以纳入消亡或基本消亡名单的机构包括：私塾机构；传统的零售杂货店；家庭用品的手工制作坊；作为经济运作单位的庄园。

产生于现代社会的典型新兴机构有：保险公司；信用卡经营机构；数字产品与服务经营机构；家政服务经营机构；环境保护机构；国际维和机构；联合国；……

新兴机构的出现总是伴随着新型职能的社会化供给，人类社会就是在这种新型职能的层出不穷当中不断前进的。

2. 机构的活动范围变迁

机构变迁的第二个特征是其活动范围的不断变化。以企业经营活动或市场范围为例，从窄小的地区经营活动或本地市场范围，到地区市场的形成，再到较大的国内区域经营，现在，全球化的跨国经营已经是一个十分普遍和正常的现象。同样，人类科学研究与教育机构的活动范围也在不断加大，以至于国际合作科研活动和国际合作人才培养已成为一件不足为奇的常态事件。

机构活动范围变迁的另一个重要的特征内容是：机构之间，特别是工商企业之间的合作半径、合作密切程度以及合作方式的巨大发展。与此相应的情况是企业的传统意义上的界线出现消失或模糊趋势。战略联盟、网络型组织等“中间型组织机构”的规模和影响在不断壮大。所谓“中间型”组织，是指其各类经营、技术、激励、后勤等方面活动的交换方式、协调方式，既不同于传统意义上的市场交易方式，也不同于传统意义上的基于层级制的组织内部协调方式。中间型组织既有比市场机制更高的协调效率，又有比传统企业组织的内部管制更灵活的资源协调和外部环境适应能力。

3. 机构的构成变迁

机构变迁对管理行为最具直接影响的方面，是各类机构中的要素组成的变化。这里所指的要素主要指人力资源要素。人力资源要素是所有机构中最基本也是最核心的要素。随着社会的发展，这种要素的结构也会出现各种变化。例如，人力资源的年龄结构、性别结构、学历结构等自然属性会随着技术、教育、体制等因素的发展而发生变化；此外，随着文化、经济以及政治制度的发展变化，机构成员的价值观构成、道德信仰构成、基本利益（追求）构成等社会属性也会发生巨大变化。

由于机构是人类管理行为的唯一的作用领域，因此，机构变迁既是社会发展的必然结果，也是管理挑战的主要来源之一。机构变迁会使一些曾经有效因而被认为是正确的管理理念、策略、方法陷入消极、被动的境地；但从另一方面来讲，也为管理的发展提供了机遇。

5.2　管理：机构生存与发展的基本条件

5.2.1　机构生存的基本条件

这里所指的机构，是各类具有清晰的目标、经过正式程序而建立、拥有开展运作所需资源的正式组织。这种组织通常具有若干部门，每个部门又都具有若干成员，如果把部门内以及部门间有关成员的沟通（信息与物质交换）看成是一个特定的关联，那么成员以及关联就构成了一个动态的网络（图 5-1）。

这种网络的正常运行显然需要有一种超越具体的部门和岗位业务职能的协调力量，这种力量就来自于人们称之为管理的行动。

为了理解机构生存的基本条件，我们可以将各种机构看成是一个个特定的有机体。从生物学角度看，一种有机体的存活需要有外部能量的输入。机构也一样，其运营也需要各种能量输入，以企业为例，该种机构的运营需要各种人们经常称之为“投入”的外部输入，这些投入的最普遍形式是市场采购。而企业为了从市场购入各种投入品，最基本的前提是它必须有资金资源，这种资金的最基本

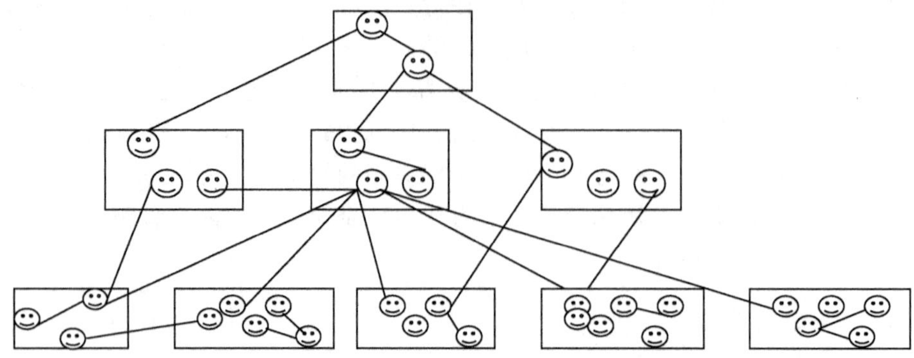

图 5-1　由部门、岗位以及关联等要素所组成的组织网络体系

来源是企业的销售收入。为了获得销售收入，企业必须完成一定的生产经营任务，也就是说，它必须正常地发挥其组织总体功能，这种整体功能是各部分子功能综合的结果。

因此，我们可以十分肯定地说：机构生存的基本条件，就是在其中存在着一种有效的协调机制，通过这种机制，机构的各个组成部分能够有效地衔接起来，使机构的总体功能能够有效地实现，由于有效地实现了这种机构功能，该机构也就获得了为维持其生存与发展所需的各种资源条件。

5.2.2　管理行为的内涵

管理，就其最核心的性质而言，是指各类机构中承担各种协调职责的人员，通过或企图通过他人来实现组织整体目标，以便创造各种组织盈余而付诸实施的全部行动。

从这个定义可以看出，管理行为必须符合三个不同性质的属性（图 5-2）。

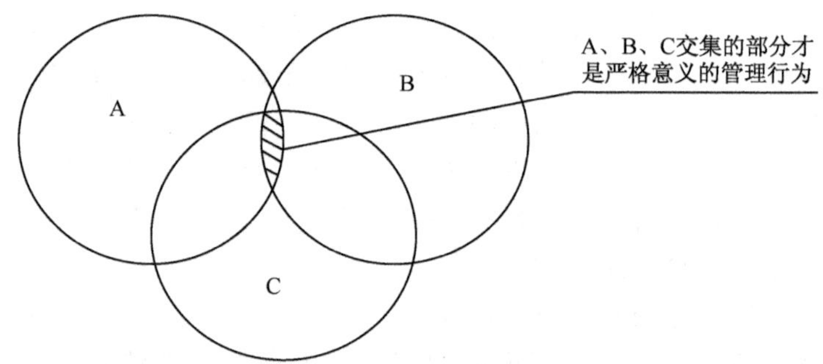

图 5-2　由三个不同性质的属性叠加所构成的管理行为内涵

第一，严格意义上的管理必须是“通过他人”的。

这是管理行为的最基本内涵。人们有可能带着各种不同的目的或出发点来定义管理行为。但只要是把管理看成是伴随机构的产生而出现的，是推动机构正常发展进化的基本力量，那么，管理就必然是与群体的协调紧密联系在一起的。而要发挥协调的功能，管理者就必须以各种方式来“通过他人”以推动和优化群体的效能。

“通过他人”对行使管理职责的组织成员提出了一系列特定的要求和挑战，这些挑战对于刚刚从业务领域转换到管理领域，初步承担管理职责的组织成员来讲，可能尤其突出。对于这样的人员来讲，一方面，他们需要建立其必要的意识，去提醒自己“在这个问题的解决上我是否已想到了应该调动别人”、“我应该调动谁”、“我应该如何调动他们”、“在通过别人的工作以便克服障碍时，我还有什么遗漏”等；另一方面，他们需要建立起能够有效地“通过他人”的权威和协调他人努力的各种技能，否则，“通过他人”就很可能演变成一厢情愿的事情。

第二，严格意义上的管理必须是指向组织的目标而不是个人的目标。

管理学所研究和传播的管理行为，是限于正式组织环境中的指挥、协调和领导行为。不难想象，拉帮结派的目的，也是“通过他人”来达到某种目的，但这不能算作管理活动，因为这种“通过他人”的行为，其目的不是指向正式组织中经过正确确认的目标。管理活动的这一内涵规定，一方面，剔除了许多似是而非的“管理活动”；另一方面，也解释了为什么管理者需要掌握计划这一管理职能的种种原理、概念与方法，这就是：确立正确的组织目标，并为之努力奋斗，是一项极大的挑战。管理工作的失败，很大一部分原因，是因为管理者不能正确确立合理的组织目标。

第三，严格意义上的管理必须具备一定的效率。

组织的正常运作或运营总是要消耗相应的资源，包括原材料、能源、办公用品、设施设备、专用知识，等等。这些消耗会通过会计科目予以记载、登账。除此以外，组织的运行，特别是在这种运行取得了较突出的业绩时，还必然消耗一些无法以会计科目方式记载的资源。例如，组织成员的激情、难以或根本就不可能以工资、奖金等形式来补偿的个人特长、专有技能或知识、时间，等等。管理者如果不能将这些可衡量和不可衡量的资源消耗转换为更大的组织业绩，那么，他（她）的活动就不能被标榜为“管理行动。”因此，管理必须具有一定的效率。追求组织效率，使管理者必须谨慎地完成一系列相关的职能。例如，通过流程改进来提高内部协调效率、通过激励改进来提高单个组织成员的工作效率。

在这里，我们强调“严格意义上的”管理，是因为在人们的思想和实践当中存在着太多的关于管理行为内涵的模糊的、错误的甚至扭曲的认识。

常见的不正确的观念如下。

1. 狭义化或绝对化

这种观念是最常见的一类不正确思维，其主要特征是，将管理行为的内涵压缩为某个局部成分，尽管这个局部成分可能是管理行动的重要内容，但不是管理活动的全部。这类观念的典型表现，是诸如："管理就是……"的一类宣称。例如，

管理就是领导，类似的说法还有：管理就是（方向性）决策、管理就是管人。

领导、决策都可以看成是管理行为的重要组成部分，但把管理行动说成"就是……"，不仅在理论上是错误的，对实践也是有害的。

狭义化观念可能来自于不系统的理论观察和分析，特别是用特定情景下的观察结果来得出一般化的管理内涵，另一种可能的产生原因是不规范、不严肃的经验交流、管理技能培训。观念持有者为强调管理的某一方面[可能是他（她）擅长的，或者是有切身体会的，等等]，提出和坚持管理的狭义化观念。

这种狭义化或绝对化观念，将削弱管理人员的视野，阻碍其完成管理职责。实际上，这种说法经常也会由于其对实践解释力的弱化而导致很多的思想混乱，因而，受到实践者的怀疑。

2. 功利化

这种观念直接或间接地表达这样一种思想：管理行为的内涵其实不重要，只要能带来好处，那么怎么做都是管理。这种观念鼓励人们关注实效，从这个意义上讲，是符合管理的基本原则的。但忽视管理活动的内涵，往往会促使一种无序行为，最终往往是得不到其想要的结果。

3. 虚无化

这种观念认为管理活动不存在，或者，管理活动没有统一的内涵，什么都可以（能）是管理。持有这种观念的人有可能是业务方面的专家，或是那些感觉在组织中受到不公待遇的人。

5.2.3 管理决策

从管理者的角度来说，决策是其管理工作的核心的、基本的要素。决策，最直接的定义，就是人们对行动目标和手段的一种选择或抉择。广义地说，决策不仅是指在某一瞬间做出明确、果断的决定，还包括在做决定之前进行的一系列的准备活动，以及在决定之后采取具体措施落实决策方案。

诺贝尔经济学奖获得者、美国卡内基-梅隆大学教授西蒙提出："管理就是决

策。”这一论点导致了管理学界对决策问题探讨的热潮。

西蒙之所以称“管理就是决策”，其目的显然是为了强调决策是管理的基本内容，决策贯穿于管理人员行使其职责的始终。确实，无论是进行计划、组织还是领导和控制，各项管理职能的开展都离不开决策，决策是管理工作的基本要素。比如，从亚微观层面的人员录用、授权、部门工作计划的制定，到组织整体层面的发展方向选择、战略联盟伙伴选择等，都需要在两个以上的可供选择的方案中决定选取哪一个，这便是决策问题的基本形式。

可见，管理实际上是由一连串的决策组成的，决策的身影始终伴随着管理工作过程的每一个环节，决策质量的好坏对于管理各项职能工作的效率和效果都有着不容忽视的作用。正是为了突出决策的地位和作用，所以人们在归纳管理人员的工作时通常会说：决策是管理的中心，管理就是决策。

5.3　管理的过程与职能

管理过程是管理人员群体为实现管理的职能而按逻辑顺序开展的全部活动。实际上，如果理解了管理活动的本质内涵，那么，理解管理过程也就很容易了。

(1) 为了使群体的努力能够指向组织的目标，首先就需要明确目标之所在，为此，管理人员应通过相关的活动，如收集信息、数据；分析这些信息数据；开展讨论、交流等多种形式沟通，来识别机会，确立目标，这些活动就是计划。可见，计划本身也是一个过程，涉及许多个人和许多专业活动，需要消耗各种资源，更重要的是需要协调、组织和整合个体的努力，这就是计划工作的基本内容。

(2) 管理活动要通过“他人”，而在现代组织中，这里的他人通常都是两人以上的群体。为了有效地通过群体来实现组织的目标，就需要合理安排好这个群体的工作，为此，首先，要开展正确的分工；其次，应建立起高效的协调，以便使这些处于分工状态的人能够取得整体业绩，分工与合作安排就是组织。

(3) 管理活动要通过“他人”，为此，管理者就必须与他（她）准备想要借助的群体发生关联，管理者需要与这些人接触，让这些人明确奋斗目标之所在，帮助这些人找到最合理的工作方法，帮助这些人克服困难，鼓励他们，使他们保持最佳的工作态度。这就是领导。

(4) 管理活动要通过“他人”来实现组织的目标，显然，这个目标的实现一般不会是瞬间完成，而是要经过一个或长或短的过程，为了确保这个过程沿着正确的方向和轨道进展，就需要不断地发现组织运行的状态，判断运行的方向、路线是否正确，及时发现偏离的情况并据此展开调整行动，这就是控制。

【重要词汇】

◇ 管理行为的本质内涵

管理，就其最核心的性质而言，是指各类机构中承担各种协调职责的人员，通过或企图通过他人来实现组织整体目标，以便创造各种组织盈余而付诸实施的全部行动。

◇ 中间型组织

是指其各类经营、技术、激励、后勤等方面活动的交换方式、协调方式，既不同于传统意义上的市场交易方式，也不同于传统意义上的基于层级制的组织内部协调方式。中间型组织具有比市场机制更高的协调效率，又有比传统企业组织的内部管制更灵活的资源协调和外部环境适应能力。

◇ 直线型管理与职能型管理

直线型管理是指直接指挥组织的全部活动并承担全部行动后果的管理职责。有时候，人们会用“主管人员”、“指挥人员”一类的称呼来指这类管理者。而职能型管理指针对直线管理活动的参谋、决策支持等辅助管理活动。

【知识练习】

1. 有人说：在现代社会发展中，所有的科技、经济等方面的知识与技术均建立在管理学知识这一“隐藏”的知识体系基础之上，试考虑：这里的“隐藏”是指什么含义？

2. 试列举三个你认为是现代社会新创立的机构，并解释其功能背景。

3. 请就本章图 5-2 列出几种非管理行为的实例并分析其可能的后果。

【能力训练】

1. 请查阅中国消费者协会的介绍资料，据此提出你关于该机构管理系统的构成与特性的分析结论。

2. 如果要完成一篇关于某个企业决策者的技能特征分析报告，试构建一个指导此报告研究的分析思路与编撰技术路线，说明你的理由和此方案的可行性。

3. 案例分析：

中国消费者协会及其在社会发展中的作用

中国消费者协会于 1984 年 12 月经国务院批准成立，是对商品和服务进行社会监督的保护消费者合法权益的全国性社会团体。目前，全国县以上消费者协会已达 3138 个，其中省、自治区、直辖市 31 个。在农村乡镇、城市街道设立的消协分会，在村委会、居委会、行业管理部门、高等院校、厂矿企业中设立的监督站、联络站等各类基层网络组织达 15.6 万个，义务监督员，维权志愿者 10 万余名。到 2000 年底，中国消费者协会和各地消协共受理消费者投诉 5 405 630 件，解决率达 96.9%，为消费者挽回经济损失约 30.6 亿元。中国消费者协会的宗旨是：对商品和服务进行社会监督，保护消费者的合法权益，引导广大消费者合理、科学地消费，促进社会主义市场经济健康发展。

根据《中华人民共和国消费者权益保护法》，中国消费者协会及其指导下的各级协会履行以下七项职能：

（1）向消费者提供消费信息和咨询服务；

（2）参与有关行政部门对商品和服务的监督、检查；

（3）就有关消费者合法权益的问题，向有关行政部门反映、查询，提出建议；

（4）受理消费者的投诉，并对投诉事项进行调查、调解；

（5）投诉事项涉及商品和服务质量问题的，可以提请鉴定部门鉴定，鉴定部门应当告知鉴定结论；

（6）就损害消费者合法权益的行为，支持受损害的消费者提起诉讼；

（7）对损害消费者合法权益的行为，通过大众传播媒介予以揭露、批评。

自1986年始，每年3月15日——国际消费者权益日，中国消费者协会与全国各地消协联合，通过街头宣传、举办展览、专题讲座、文艺晚会、知识竞赛等形式，开展维权宣传活动。

1997年以来，中国消费者协会每年推出一个年主题，全国联动，全方位、深层次地开展维权活动，深得民心。

不少地方消协针对不同年龄、不同职业消费者的特点，分别在当地幼儿园、学校工厂、商店、机关和农村开展了内容较为系统、时间相对集中的消费教育，有的还纳入了正常的教育规划中。

在咨询服务方面，中国消费者协会创办了《中国消费者》杂志和中国315网站两个权威媒体，作为消费者提供信息和咨询服务的有力途径。

《中国消费者》杂志月刊创刊于1994年，不刊登商业广告。辟有比较实验、权威检测、专项调查和消费警示等专栏，为消费者答疑解惑。

作为向消费者提供消费信息和咨询服务的途径，中国消费者协会于1994年创办了《中国消费者》杂志月刊，1998年开通了中国消费者网站，并于2002年进行了全新改版。

阅读上述资料，以小组讨论或独立思考的方式，就以下问题编写分析报告。

1. 消费者协会的产生反映了哪些机构化趋势？

2. 该机构高层管理者的抽象思维能力反映在哪些方面？还需要应用在哪些方面？

3. 消费者维权是消协的主要职能之一，为此，该机构的高、中、基层管理层分别涉及哪些主要的管理行动？

第6章　管理的环境及其影响

今天，你必须比处在同一地点的人走得更快。

——菲利普·科特勒

【本章学习目的】

1. 掌握环境的一般概念。
2. 理解管理环境的含义与主要构成内容。
3. 了解管理环境的分类依据与主要类型。
4. 掌握管理环境对管理系统的作用类型、作用方式。
5. 理解管理环境分析的任务与目标。
6. 了解趋势的概念及其与环境分析的关系。
7. 掌握商业生态平衡的概念及其影响。

很多学习经营管理的人（尤其是美国商学院里的学员）都知道老福特先生在被通用公司紧逼的情况下说的一句“名言”，他说：“先生们，不管别人搞什么颜色的汽车，我们只有一种（颜色），那就是黑色。”可以说，这句话决定了福特公司后来相当长时间里的境况，也成为无数经营者警惕自己的参照语。许多年过去了，老福特犯过的错误仍然在不断被重复，因此，仅仅记住上面这句话是不够的，为避免被市场抛弃，我们还需要掌握透视企业环境的能力。在社会快速变迁的情况下尤其如此。

任何组织总是存在于特定的环境当中，该组织从环境中获得为继续运行所需的各种资源，包括有形资源（设备、资金等）与无形资源（信息、知识等），通过自身的运作，向处于环境中的某个组织或个人输出特定的价值。就企业而言，它需要依赖各种环境对象作为其原料的供应者和产品的需求者。企业实际上是在一个环境系统里进行经营运作，在这个系统里，既存在着整个系统的运行规律在起作用，同时，构成环境的一系列机构（企业、家庭、个人和其他形形色色的组织）也都有自身的行动规律。由于在输入和产出两个方面均受到环境的作用，因此，企业的价值创造过程必然与环境系统中的其他组成部分产生联系。外部环境将会影响企业的目标和主要活动，同时企业也通过自己的活动来影响企业外部环境，管理者必须对其面临的外部环境的变化做出有效而及时的反应。

6.1　管理环境的概念

6.1.1　环境的一般概念

环境是指包围着某一中心的事物或状态，以及影响中心事物发展变化原因的总和。对环境问题的关注来自于系统科学的研究成果。系统科学发现，把人们的研究对象视为一个系统时，更有利于把握研究对象的发展变化进程规律。特别是，当研究对象与其环境之间存在密切的物质与信息交流，因而可将其看成是一个开放系统时，研究环境特征，对于研究对象发展演变规律和对各种机会、威胁等问题的分析都具有重要的意义和启示。

按照系统论观点，任何一个作为考察对象的组织，如企业、学校、医院、政府机构等，无不包含于一个特定的环境之中，环境也可以看成是一个边界更大的系统。而考察对象又会是一个或一些更小的系统的环境，或者是这个（些）小系统的环境的一个组成部分。因此，考察对象和环境的区分不是绝对的，它们都是不同层次上的系统组织，因此，人们也经常称环境为环境系统。要特别注意的是，我们所关注的环境，其自身构成状况，如它的边界、内在结构、与考察对象的交界面、作用点、作用性质与类型等，一定是与考察对象的选择密切相关的。换句话说，脱离了考察对象的“环境”是不确定的，或者说是没有理论意义的（图 6-1）。

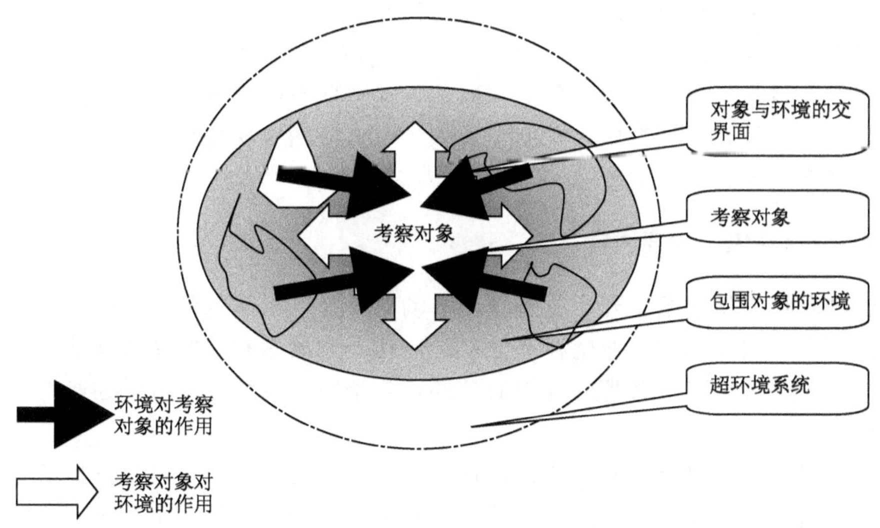

图 6-1　含于环境系统中的考察对象及其与环境（超环境）的关系模型

当考察对象明确时，我们可以根据对该对象的认识进展而不断深化对其环境的认识，这又会反过来促进人们对考察对象运行规律的认识深化。对环境认识的深化主要体现在以下几个方面。

首先，环境的组成。任何一个系统都可以分解为性质（属性）不同的子部分，有时人们称此子系统为亚环境部分。例如，当考察对象为一人造系统时，其外部环境通常可分解为社会环境（系统）、自然环境（系统）、政治环境（系统）、文化环境（系统）等。对环境系统的划分，会由于分析任务或考察角度的不同而得出不同的组成结论。例如，当我们着重考察环境对考察对象的作用性质时，那么，首先要将环境分解为输入和输出部分，这里，输入部分是对考察对象提供各种资源要素的环境系统，而输出部分则是由接受考察对象的产出的环境部分所组成。其次，对输入环境部分，再根据分析的需要而将其分解为诸如有形资源输入部分、无形资源输入部分，等等。对输出环境部分也将类似的处理，由此得到对环境的进一步分解。

其次，环境各组成部分对考察对象的作用内容、方式与机制。当人们对环境的构成形成一种明确的认识时，就可以据此考察构成环境的各个部分对考察对象的作用，包括作用的内容、性质、方式以及具体的过程机制等。这种对环境的分析是我们进行环境研究的主要目的之所在。有时，提炼出一种新的关于环境对考察对象的作用及其机制，将有助于发现不经此途径而难以发现的组织演变规律。例如，有越来越多的管理学者发现，企业的经营状况，特别是其持续获利状况，在很大程度上可以由该企业所处的特定的商业生态系统的状况来加以解释。

最后，环境的环境，即超环境系统的状况。按照系统论观点，环境，作为一个有特定结构的系统，本身又是处在一个包含该环境系统的更大的环境当中的。如果我们把目光聚焦在考察对象上，那么，这个环境的环境，可被称为超环境系统。显然，了解超环境系统，有助于人们认识环境的变化规律，因而能更好地服务于对考察对象的认识与管理。

6.1.2 管理环境的主要内容

管理环境是指对组织开展所有管理活动的结果产生影响的任何因素。对于企业组织而言，它是影响企业生存和发展的一切要素的总和。罗宾斯在他的《管理学》一书中是这样定义管理的环境的：环境是指对企业绩效起着潜在影响的外部机构或力量。

为了对管理环境有一基本认识，首先需要明确的是，我们将要分析的这个环境是针对特定的考察对象——组织的管理系统——而存在的环境系统，为此，需要明确组织的基本结构和其中的管理系统构成。

根据第 5 章分析，组织中的管理系统，是由承担管理职能的所有要素，包括人员、设备、权力、知识、信息等组成的一个有机的体系，如图 6-2 所示，中间深色矩形部分是我们在第 5 章给出的管理系统及组织的其他几个主要系统的结构说明，A 表示组织内五个系统之外的组成部分。A 和目标与价值分系统、技术分系统等处于管理系统之外，它们构成了组织的管理系统的内部环境系统。除了这个内部环境系统以外，我们通常还根据环境要素的空间位置以及可控性等属性，将管理系统的环境划分为不同层次的环境，如内部环境、外部环境。或者，更具体（更有针对性）地，划分为亚微观环境、微观环境、中观环境、宏观环境等。在图 6-2 中，B 是位于组织之外，行业以内的环境因素，这些因素共同组成了中观环境，以此类推，C 为宏观环境，D 为超环境系统。

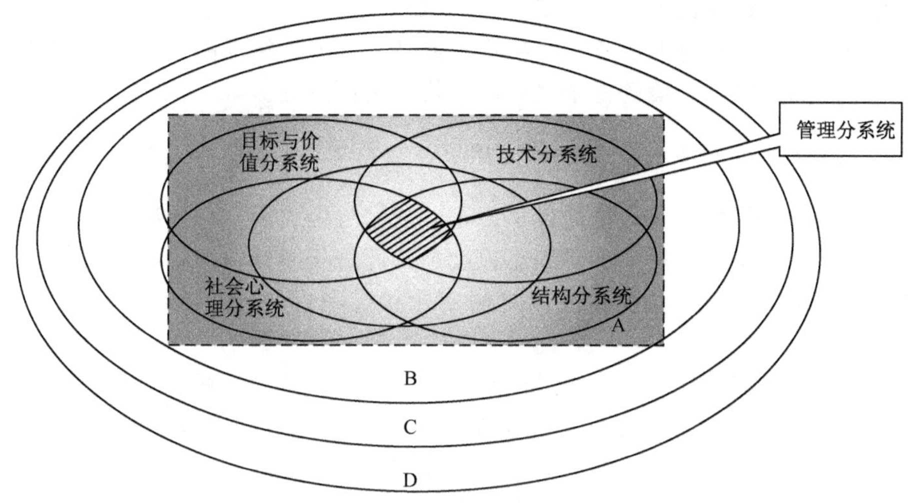

图 6-2　组织中管理系统的环境构成

对于管理环境而言，最常见的分类，是根据环境因素所分布的空间领域来区分出不同的环境。存在于企业之外的环境是管理的外部环境，它对企业的建立、存在和发展产生影响，是外界客观情况。管理的内部环境则是存在于企业之内的、作为企业存在和发展的客观条件的总和。企业的目标需要依靠管理来实现，而影响管理的主要因素就是环境变化，环境变化可以为管理提供机会，也可以给管理带来威胁。为此管理者必须时刻明智地对环境变化做出及时而准确的反应。

6.1.3　管理环境的分类

对管理环境进行正确的分类，是深入理解管理环境的重要步骤。对管理环境的划分，可以有不同的分类标准。以下我们探讨几个基本的划分标准。

1. 按构成要素的数量：简单环境与复杂环境

由于环境可以分解为组成该环境的因素，因此，可以根据这种组成因素的多少，来区分出简单环境和复杂环境。显然，在其他条件一定的情况下，构成一个环境的因素较少时，这就是一个简单环境，反之，则是一个复杂环境。关于这一分类，要注意两点：第一，所谓“其他条件不变”，是指构成环境的因素，其本身的属性、变化情况等既定。这时，较少数量的环境因素将使对这种环境的分析与判断较为简单，因此，这是一个“简单环境”。第二，所谓简单或复杂，是就环境的组成因素数量特征和基于这个数量特征的环境分析复杂性而言的，不能或无法得出诸如简单环境优于复杂环境等此类的结论。简单环境如果是高度动态的，那么，组织管理也将面临很大的不确定性，由此会增加管理的负担和挑战。

对于企业组织或其他社会组织而言，其环境的复杂性程度不是一成不变的。同一个企业，伴随着企业成长、战略调整或技术改变等情况的发生，其环境构成有可能随之而改变，环境的复杂性程度也将随之而改变。

2. 按构成要素的变化状况：静态环境与动态环境

同样，可以根据组成环境的各个因素，或主要因素的变化情况，来区分出静态环境和动态环境。显然，绝对静态或动态的环境是不存在的。一般情况下，人们可以根据组织环境中主要构成因素的变化状况来近似地判断该环境的动态性状况。

如果一个组织的环境具有明显的动态性，那么，其管理系统应积极培育与应变有关的组织能力，以便最大限度地利用动态环境所提供的各种机会，最大限度地避免环境所造成的不利影响。而当环境具有较显著的静态特征时，组织则应积极培育其核心资源以及应用这种资源的能力。

3. 按构成要素的可控性：可控环境与不可控环境

从组织管理系统的角度看，环境因素还可以按照可控性进行划分。一些环境因素，如顾客的购买习惯偏好，可能是可以加以影响、改变的，而另一些因素，如政府政策、法律制度以及长时期积累、沉淀下来的社会文化、伦理等，企业的管理体系是难以或者说不可能加以改变的。总体来讲，大多数环境因素的可控性是较弱的。

当一个组织管理系统面临的环境具有复杂、动态和不可控特征时，这个环境是一个高度不确定的环境。更一般的情况是，组织的管理环境可能在上述三个方面的某一个或某两个方面体现出不确定特征。

为简要衡量组织管理环境的不确定状况，通常可依据企业所面临的复杂性（指环境构成要素的类别与数量）和动态性（指环境的变化速度及这种变化的可了解和可预见程度）这两项标准，可以将企业环境划分为四种不确定性情形（图6-3）。

(1) 低度不确定性：即简单和稳定的环境。

(2) 较低不确定性：即复杂和稳定环境。随着企业所面临的环境要素的增加，环境的不确定程度相应升高。

(3) 较高不确定性：即简单和动态的环境。有些企业所面临的环境复杂性并不高，但因为环境中某些要素发生动荡变化，使环境的不确定性明显升高。

(4) 高度不确定性：即复杂和动态的环境。当企业面临许多环境因素，而且经常有某些因素发生重大变化，且这种变化很难加以预见时，这种环境的不确定性程度最高，对企业管理者的挑战最大。环境的高度不确定性，限制了管理者行动选择的自由，也极大地影响了企业兴衰存亡的命运。所以每个管理者都力图通过自己主动的影响将环境不确定性减至尽可能低的程度。

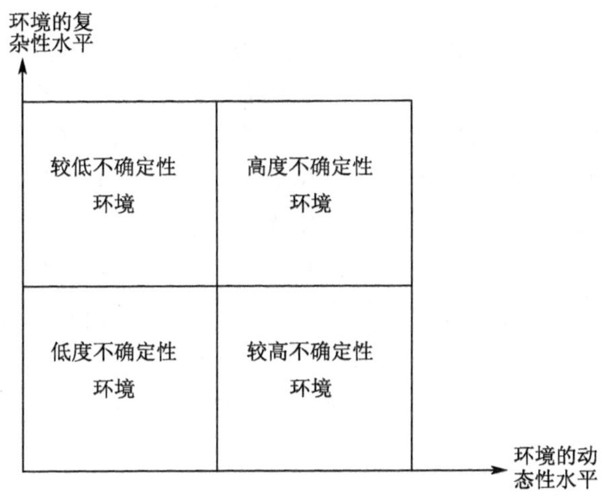

图 6-3 环境的不确定性程度与类型

6.2 管理环境的层次与主要要素

管理环境按照不同的标准可以有很多种分类方法。按照企业的环境因素所在的空间范围大小可以将其分为宏观环境、中观环境和微观环境。

6.2.1 宏观环境

宏观环境也被称为一般环境或者社会大环境。指对某一特定社会中所有企业都发生影响的环境因素，包括政治-法律环境、经济环境、社会-人文环境、自然环境和科学技术环境等各方面。宏观环境的影响通常是广泛的，一般会影响到社会中的所有企业，而不一定仅仅影响某个特定的企业。在大多数情况下，一般企业都不能控制或者主宰宏观环境，只有极少数的企业能够在一定程度上影响宏观环境，绝大部分企业只能去接受并适应宏观环境。

1. 政治-法律环境

管理在很大程度上受政治和法律环境变化的影响。政治与法律环境是由法律、政府机构和社会上对各种企业及个人施加影响和制约的压力集团构成的，其中许多因素制约和限制企业的活动，但有时也可以为管理创造机会。管理者必须对本国及国际上的政治法律环境有相当的了解，知道哪些政策是机会，哪些政策是威胁，并在此基础上做出对企业有利的决策。

2. 经济环境

经济环境包括社会经济体制和社会经济状况。对于企业，尤其是经济企业，社会经济体制是非常重要的经济环境。不同社会经济体制下企业的经营机制是不同的。我国社会经济体制的转变导致企业经营机制的转变有力地证明了这一点。而不同的经营机制是由不同管理体制产生的。因此，企业的管理体制与社会的经济体制保持一致，使它们相适应，以利于企业目标的实现。社会经济状况是指企业运行所处的经济系统的情况，如国内外经济形势，政府的财政、税收、货币和产业政策，市场供求、物价波动、投资和消费状况与趋势等。社会经济状况不仅对于经济企业是非常重要的环境，而且对于非赢利性企业也有非常重要的意义。因此，各类企业的管理者均应关注和掌握社会经济状况及其在未来的变化趋势，并据此调整企业的目标。

3. 社会-人文环境

人文社会环境包括企业所在国家或区域居民的宗教信仰、价值观、受教育程度、文化水平、社会伦理、行为方式、风俗习惯、环保意识和审美意识等。由于人文社会环境因素存在于人们的思想意识之中，不像政治法律环境因素有规范化的制度形式存在，因而人文社会环境对管理的影响一般是无形的、潜在的。只能通过人们的行为表现出来。但这绝不是说这些因素对企业的影响可以忽略。实际上，价值观、社会伦理、环保意识能影响居民对企业目标、企业活动以及企业存在的态度；受教育程度、文化水平能影响居民的需求层次和消费方式；宗教信仰和风俗习惯会禁止或抑制企业进行某些特定的活动；行为方式和审美意识会影响居民对企业活动内容、活动方式和活动成果的态度。跨地区、特别是跨国经营企业的管理者必须摒弃偏见，更不能依据个人的喜恶进行决策，而是应当认真了解、掌握当地的人文社会环境因素，尊重当地的文化、市场差异，并据此开展企业的经营管理活动。

4. 自然环境

自然环境包括地理位置、资源状况、环境状况等自然条件。地理位置是企业所在的国家或者地区的地理方位。地理位置不同，不仅自然条件差异很大，而且社会经济条件差异也很大。一般来说沿海地区，交通运输便利，易于与其他地区的国家交流，往往经济比较发达。因此地理位置是制约企业活动的主要因素。资源短缺，环境恶化也是全球所面临的主要问题，在许多世界性城市，空气与水的污染已经达到了危险程度，这对企业的运作，尤其是企业的经营有着相当大的影响。

5. 科学技术环境

改变人类命运的最戏剧化的因素之一是科学技术。科学技术创造了很多的奇迹，同时对于老行业来说，每种新的科学技术都是一种“创造性破坏”。在如今的很多产品中，很多是 50 年前不敢想象的，这为企业的发展壮大提供了前所未有的机遇。科学技术的发展对企业及其管理工作也产生了重大的影响，正是由于科学技术的发展，管理思想、管理工具和手段也在不断地进步，甚至管理中的计划、组织、领导和控制等工作在一定程度上也因为科学技术的进步有了很大的改变。因此，管理者应当不断掌握先进的科学技术知识，使企业管理和科学技术同步发展。

6.2.2　中观环境

企业除了面对包括政治-法律环境等宏观环境之外，它还与它的生产要素供应商、产品的消费者、竞争对手、相关的行业和企业、企业所处的社区和地方政府等打交道。这一系列环境因素构成了企业的中观环境。

1. 顾客

顾客通常就是用户，就是消费者，就是企业所说的目标市场。企业与顾客的关系实质上是一种生产与消费的关系。企业生产的目的是为了满足顾客的需要。因此，顾客及其需求是企业生产经营活动的出发点，是企业生产经营决策的根本依据，也是市场营销活动的基点。没有顾客，企业创造的成果就不能称之为价值，只有当成果真正地实现了与顾客的商品交换后，企业的整个价值创造过程才算完全结束。因此，顾客是企业服务的对象，企业的一切活动都必须紧紧围绕顾客这一中心展开。

2. 供应商

供应商是企业从外部输入各种资源，如人力资本、原材料、信息、能源等的提供者，包括组织和个人。由于企业产品和服务的质量及成本的高低直接受供应商提供的原材料的质量、价格的影响，因此企业管理者应对供应商的情况进行调研，认真选择符合本企业要求的供应商，同时通过长期合作、互相支持，保持一些相对稳定的重要资源供应商，以利于企业在竞争的市场环境中获得稳定的资源供应，从而保证企业目标的实现。

3. 竞争者

市场经济是竞争的经济，企业总要面对许许多多的竞争对手，竞争对手既体现在争夺相对优质低价的资源供应商上，更体现在争夺需求同类产品或服务的用户上，因此企业管理者必须注重对竞争者的调研和分析，找出主要竞争对手，并采取一系列可行措施战胜它。竞争对手主要分为现有竞争对手、潜在竞争对手、替代品竞争对手。

4. 合作伙伴

合作伙伴是指因具有某些相同的利益，企业之间结成的战略联盟以及生产、研究结成的战略合作关系。对于企业来说，自己参加战略合作，与其他参与的企业形成的战略合作伙伴关系，可以增大自己的实力，从而提高竞争力。

5. 管理机构

管理机构是指具体环境中能够直接影响和控制企业的行政机构，如工商税收部门、技术监督部门、质量安全部门等，以及间接影响和制约企业行为的社会公众团体，如媒体，消费者协会等。这些机构与宏观环境中的政治-法律环境有一定的区别，但是对企业的影响是十分巨大的，企业管理对其绝不可忽视。

英国生态学家 A. G. Tansley 于 1935 年提出生态系统的概念，指的是在一定的空间和时间范围内，在各种生物之间以及生物群落与其无机环境之间，通过能量流动和物质循环而相互作用的一个统一整体。而企业及其所面临的中观环境中的各项因素，就像生态系统中的各种生物和生物群落与其无机环境一样，通过各种活动彼此相互作用而形成一个整体。这就是 James F. Moore 于 1993 年提出的商业生态系统理论，即以相互作用的企业和个体（商界中的有机体）为基础的经济群落。随着时间的推移，他们共同发展自身的能力和作用，并倾向于按一个或多个中心企业指引的方向来发展自己。

商业生态系统包括企业自身及其顾客、市场媒介（代理商、提供商业渠道以及销售互补产品和服务的人)、供应商，这些可以看成是商业生态系统的初级物种。另外，一个商业生态系统还包括这些初级物种的所有者和控制者以及在特定情况下相关的物种，包括政府机构和管理机构以及代表消费者和供应商的协会和标准。这个概念中所指的中心企业在这个商业生态系统中是不可缺少的关键企业，在生态系统中占据着中枢位置，为系统成员提供共享资产，并能够找到行之有效的方法去创造价值，还是与系统中其他成员共享价值的企业，中心企业创造的价值对整个系统都是至关重要的。商业生态系统中的成员与整个系统网络同呼吸共命运，系统中成员的命运是连在一起的，一荣俱荣，一损俱损。

像生物生态系统一样，商业生态系统具有如下特征：

(1) 分工协作。如同在一个社会性生物群体中，各成员分工协作，为着共同的目标有机地联合形成一个整体，才能在大自然中生存发展。一个商业生态系统中各成员的贡献也要相互补充，在原材料供应、配套产品、功能完善、销售渠道及售后服务等方面构成商品的完整的一条龙服务。

(2) 共同进化。商业生态系统中的各成员之间的关系是共同进化，每个成员在自我改善与改造的同时，都必须对系统中的其他成员加以注意并积极配合以协调一致，同时其他成员也应该相应地对自己进行改进并努力实现共同的目标。

(3) 迭代更替。生态系统由于各种原因会随时间而衰败，这会影响生态系统中其他成员的利益，因此，生态系统需要成员与整个系统网络同呼吸共命运，系统中成员的命运是连在一起的。

(4) 群体竞争。提供或多或少可替代品和服务的不同商业生态系统之间的竞争是很激烈的，要意识到这不仅仅是两个企业的竞争，而且是不同商业生态系统之间的竞争，且往往会形成行业标准之争。

根据以上特征，企业在面对变化的中观环境时，要以一个清醒的头脑去认识企业所处于的外部环境，不要把企业和中观环境中的各个因素分割开来，而应力求企业之间的共同进化，和商业生态系统中的其他企业和谐发展。另外，商业生态系统也不是简单模仿就可以成功的，需要企业根据自己的经验和实际情况来培育适合自己的商业生态系统，扎根于自己特定的生长土壤中，使之能快速适应周边环境的变化。

6.2.3　微观环境

所谓企业微观环境，也被称做企业内部环境或内部状态。任何一个企业的生产活动都不是企业某个部门的孤立行为，而是企业整体实力与能力的体现，是企业内部各部门科学分工与密切协作的组织行为。仅仅靠企业分管具体生产业务的一个部门的努力是不可能将产品生产出来的。因为企业生产活动实质上是企业科研能力、制造能力、营销能力、资金能力和适应能力等企业综合实力的具体体现，它是企业各部门（如调查研究与发展部门、计划与采购供应部门、技术研发部门，产品设计部门、财务会计部门、行政管理部门、销售部门等）、各阶层（高级管理人员、一般管理人员、职工）通力合作、密切配合的结果。企业内部状态如何，是搞好企业生产活动的关键所在，因为其他中观环境因素和所有宏观环境因素的影响，都要通过微观环境起作用。

波特认为企业竞争优势来源于企业在设计、生产、营销、交货、服务等过程及辅助过程中所进行的许多相互分离的活动。从宏观角度来看，企业存在于社会大系统中，而从微观角度来看，企业是价值创造的有机系统。它包括人力资源、物力资源、财力资源以及企业内部文化等因素。管理者通过对企业微观环境因素的有效整合，为企业创造顾客价值提供了基石，形成了企业的竞争优势。

6.3　管理环境对管理的影响

任何企业都存在于一定的环境之中，环境不仅是企业建立的客观基础，而且是它生存和发展的必要条件，环境是与企业联系在一起的，并时刻制约着管理活动。同样，管理系统总是存在于特定的管理环境当中的。要注意的是，当我们把管理系统作为考察对象时，我们讨论的环境就是管理环境而不是组织环境或企业环境。图 6-4 表示的是管理系统、管理环境与组织运行的关联状况。管理系统受管理环境的影响，在环境因素作用下，产生各种管理输出，如市场定位策略、促销行动、特定的工艺技术改造和相应的设备采购，等等。这些管理策略和行动安排作用于组织运行体系，使相应的组织投入要素，转化为各种组织输出，如产品、服务、形象等。

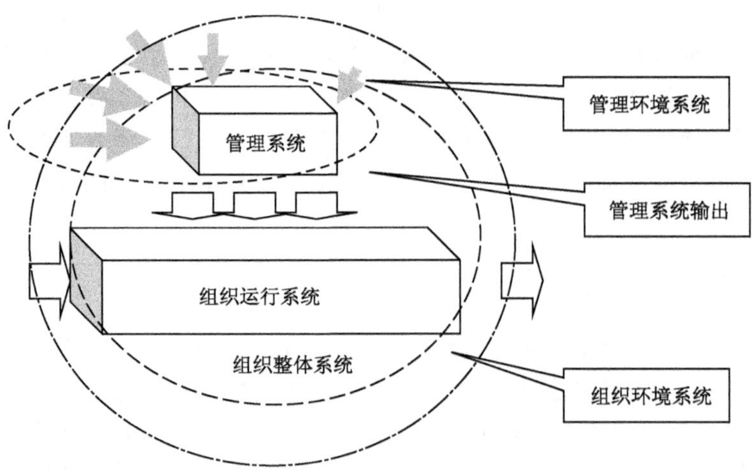

图 6-4　管理系统、管理环境与组织运行

图 6-4 中，管理环境系统与组织环境系统是两个不同的环境系统。前者是针对组织的管理系统的，而后者则针对的是组织整体。换句话说，这两个环境的不同，源自于我们所分析的对象系统不同。管理系统和组织运行系统共同构成组织整体系统。而作为管理系统的环境，则是包围管理系统，并对其产生影响的所有要素的集合。这些要素，有的存在于组织外，但也有一部分存在于组织内，管理系统同样需要对存在于组织内的环境要素保持高度的关注，以便采取正确的行动。

显然，管理环境影响着管理系统的运行和管理策略输出。大体地说，这种作用具体表现为以下两个方面（图 6-5）：第一，影响着管理者对有关问题的判断，由此影响到管理决策者关于行动调整或新行动的策略、措施选择；第二，影响着管理系统对现有已经开展的行动的实施调整。相对来讲，环境因素对前者的影响更为直接。当管理系统对管理环境的识别、判断准确时，所采取的管理行动也是积极而有意义的。反之，管理系统将输出错误或消极的管理策略，导致组织整体运行的恶化。

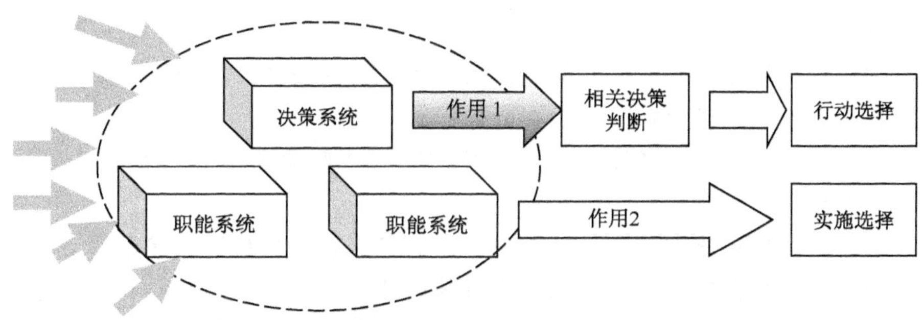

图 6-5　管理环境对组织管理产生的两类作用

6.3.1　管理环境对管理系统的第一类作用

这类作用是指管理环境的状况影响到管理系统中的决策者，使之产生了对存在于环境中的机会或威胁的判断，这种判断即环境影响或环境作用的具体体现。如果管理系统中的决策者的确形成了一种关于环境机会或威胁的判断，那么，这种判断必将或迟或早地导致一类特定的管理输出——组织运行调整或一系列新行动选择。这种调整或新行动选择的典型形式包括：组织应开展哪些新的活动，如新产品、新组织结构、新投资政策等，以便利用机会、规避风险。

对于环境的作用，管理系统可以有截然不同的反应类型。组织可以被动地接受环境的作用和影响，也可以主动应对。在现实中，凡是卓越的组织，其管理系统一定是摆脱了被动地接受管理环境的影响，而是针对这种作用，积极地主动应对。这种主动应对的基本形式，就是对环境趋势的主动判断。

链接：

> 我们需要区分出时尚、趋势和大趋势。时尚是“不可预测的、短暂的和没有社会、经济及政治意义的”。公司可以把握住诸如滚石、芭比娃娃等时尚而盈利，但这里更多的是运气和恰到好处的时机而不是其他原因。
>
> 趋势比时尚有较多的预测性和连续性。趋势反映了未来的朦胧。趋势具有长期性，趋势在几个市场领域和消费者活动中可观察到，并与同时发生或出现的某些其他重要指标相一致。约翰·奈斯比特曾撰写了《大趋势》一书，他在书中指出，大趋势是“经济、社会、政治和技术的大变化，它的形成是缓慢的——但一旦形成，将影响 7～10 年，甚至更长”。
>
> 亚洲大趋势
>
> 约翰·奈斯比特认为，亚洲会有 8 种巨大的变化趋势——
>
> (1) 由国家发展为网络，它从日本通过海路连接到中国；
>
> (2) 由出口导向型经济发展为消费驱使经济，因为到 2000 年，中产阶级将达到 5 亿人之多；
>
> (3) 从单纯受西方影响发展为亚洲模式，亚洲将成为一个现代化的大洲，不再受西方政策的影响；
>
> (4) 从政府控制型经济发展为市场控制，政府管理将让位于市场，中国就是一个典型的例子；
>
> (5) 从村庄发展为特大城市，同时，从农业社会发展进入信息社会；
>
> (6) 从劳动密集型工业发展为高科技行业；
>
> (7) 从男性在社会中占主导地位发展为有更多女性参与；
>
> (8) 经济重心将由西方转移到东方。因为亚洲将成为世界中心。
>
> 然而，于 20 世纪 90 年代末期爆发的亚洲金融危机却使得上述一些趋势的进展变得迟缓。
>
> 摘自菲利普·科特勒等《市场营销管理（亚洲版·第二版）》

6.3.2　管理环境对管理系统的第二类作用

这种作用是指管理环境的改变，对企业等各种类型的组织的运行条件、前提等发生了变化，因而，管理系统做出各种有关的针对原有行动的调整。

上述环境改变，主要内容和形式包括：新的法律法规、新的政策、新的市场管制、新的标准、新的利益相关者群体、新的供应方标准等。由于这些环境因素发生变化，组织需要重新布置原有的行动，以便顺应环境的变化。

事实上，对企业组织而言，其全部经营管理策略和行动，总是在既定的环境作用下形成的，组织与组织之间的不同之处在于，有的组织了解这一环境，而另一些组织则有可能不完全了解甚至完全不了解这一环境因素体系。

美国管理咨询专家亚德里安等，在其代表著作《发现利润区》一书中指出，任何一个企业的经营，都存在一个确定的利润支撑系统，这个系统的典型要素包括政策性保护、税收优惠、上游厂商的优惠供给、鼓励或支持某种消费的法律规定，等等。问题是，当一切都运转良好时，企业是难以看到或愿意承认这个利润支撑系统的。而只有当这个利润支撑系统出现问题时，企业才能发现，原来自己是存活在这样一个特定的生态系统当中。

6.4　管理环境分析

6.4.1　管理环境分析的任务与目标

由于社会经济的发展，21 世纪已经具有全球化、网络化、虚拟化、知识化的基本特征，这些特征彻底改变了企业自身的活动和管理方式，也改变了企业的基本生存环境。如全球化要求企业打破地域的分割，在全球范围内竞争与合作；网络化使得企业不仅要考虑一般环境的影响，而且要将自己放到一个组织网络中考虑自身的发展；虚拟化则要求企业改变传统的观念、思维和工作方式，以一种全新的模式开始竞争和合作；知识化带来的影响更为深远。总的来讲，未来的社会，无论是个人、企业、事业单位还是政府，其面临的最严厉的管理挑战就是要适应不稳定的管理环境，要有遇变不惊、应变自如的管理机制。

面对非常不稳定的发展环境，企业的管理系统必须探讨新的应对机制，寻找新的理论指导其发展，理论界也在探索和发展支持企业发展的相关理论和方法。识别环境机会，正确地认识环境所产生的威胁；明确企业的竞争优势，认清企业的弱点，从而在正确提出问题的基础上，寻找出影响企业经营的关键因素，使企业战略的制定能够方向明确，针对性强，行之有效。

综上所述，管理环境分析的任务是：识别潜伏于环境之中的各种机会与威胁，根据相应的分析结果，制定和输出最合理的管理策略。

管理环境分析的目标，是确保组织整体运行处于与组织环境的高度协调之中。最大限度地利用机会，推动组织前进，同时，最大限度地回避风险，使组织运行保持在稳定、可靠的状态之下。

6.4.2　管理环境分析的基本逻辑与程序

1. 宏观环境分析

宏观环境一般对企业活动没有直接的作用而又能够对企业经营决策产生潜在

的影响，这类环境比较容易把握，因此，管理环境分析的第一步就应该是对企业的宏观环境进行分析。

2. 中观环境分析

每个企业都存在于一定的社会环境之中，同时它还从属于一定的行业，这就是企业生存发展的中观环境，也是影响企业活动的关键氛围。一个企业是否有长期发展前景，除了与企业自身经营有关，更为重要的是与企业所处行业本身的性质有关。各行业的发展都有其具体的特点和特别的约束条件，因此对于企业来说，行业的分析和选择至关重要。对行业分析的首要任务是探索行业长期赢利的潜力，发现影响行业吸引力的因素，其内容包括行业性质，竞争者状况、消费者、供应商、合作者以及管理机构的政策措施等。

首先，要了解企业所处行业的性质。同产品生命周期理论类似，行业的生命周期也可以分为四个阶段，通过确定企业是处在引入期、成长期、成熟期还是衰退期可以确定企业所处行业的性质。

引入期：在引入期，销售增长缓慢，产品设计尚未定型，竞争者较少，风险较大，利润很低甚至亏损。

成长期：在成长期，顾客对产品的认知能力迅速提高，购买踊跃，销量大增，产品形成差别化趋势以满足顾客有差异的需求，生产能力呈现不足，市场竞争逐渐形成。但企业应付风险的能力增强，利润加速增长。

成熟期：重复购买成为顾客行为的重要特征，销售趋向饱和，产品设计缺乏变化，生产能力开始过剩，竞争激烈，利润不再增长甚至回落。

衰退期：在衰退期，销售明显下降，企业生产能力过剩，竞争的激烈程度由于某些企业的退出而变得缓和，利润大幅度下降。

只有了解了企业目前所处行业的性质，管理者才能做出正确的决策。

其次，必须对竞争者进行分析。行业竞争者分析是在行业结构分析的基础上，进一步回答行业中竞争压力的来源和强度，进而做好对竞争对手的防范。对行业中的竞争对手进行分析通常采用波特的竞争模型。

五种力量模型（图 6-6）确定了竞争的五种主要来源，即供应商和购买者的讨价还价能力，潜在进入者的威胁，替代品的威胁，以及最后一点，来自目前在同一行业的公司间的竞争。一种可行战略的提出首先应该包括确认并评价这五种力量，不同力量的特性和重要性因行业和公司的不同而变化。

3. 微观环境分析

企业微观环境是相对于宏观环境、中观环境而言的，是由存在于组织内部，通常短期内不为企业所控制的变量构成，具体包括企业的组织结构、企业文化、

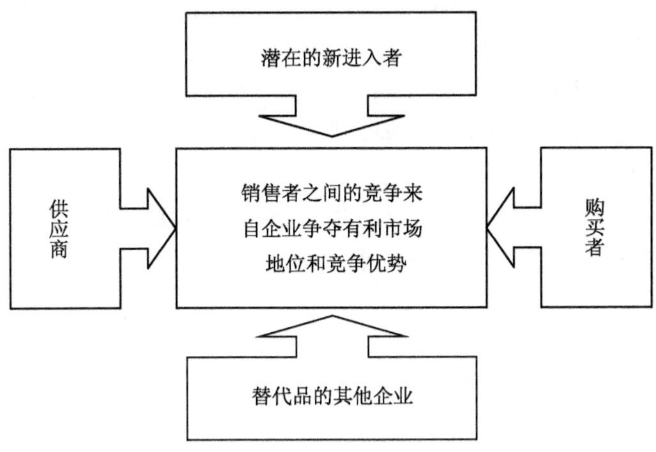

图 6-6　波特的五力竞争模型

资源与能力等。其中，组织结构是指企业内部的信息沟通、权力关系、产品或服务流的配置连接方式；企业文化是指企业成员分享的信念、期望、价值观的类型，这影响和决定了能为企业全体人员所接受的行为规范；企业资源与能力泛指企业从事生产活动或提供服务所需的人、财、物等能力和条件、企业微观环境分析的主要任务和内容就是对这些要素进行分析，从中总结出影响企业未来发展的关键战略要素，即企业自身的优势与劣势。通过以上的微观环境要素的有效整合，企业可以形成自身的核心能力，使企业在市场竞争中形成竞争优势。

6.4.3　管理环境分析的成果及其应用

在对企业的管理环境进行有效的分析之后，企业可以对其外部环境中存在的

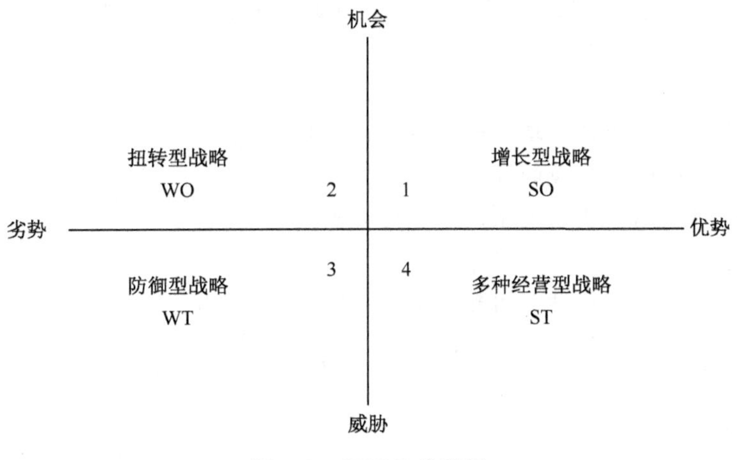

图 6-7　SWOT 分析图

机会、威胁和内部环境中的优势、劣势进行综合分析，并最终选择出最佳的竞争战略。SWOT 分析（图 6-7）就是一种常用的分析方法，它根据企业的总体目标和总战略的要求，列出对企业发展有重大影响的内部及外部环境因素，确定标准、进行评价，判断是优势还是劣势，是机会还是威胁。根据以上的分析就可以确定所应采取的战略。

在使用 SWOT 分析方法过程中，要将企业所面临的所有环境因素有机地结合起来，需要企业管理者具有敏锐的洞察力、崇高的理想、远大的抱负和高超的决策艺术。

【重要词汇】

◇ 环境

是指包围着某一中心的事物或状态，以及影响中心事物发展变化原因的总和。

◇ 宏观环境

也被称为一般环境或者社会大环境。指对某一特定社会中所有企业都发生影响的环境因素，包括政治-法律环境、经济环境、社会-人文环境、自然环境和科学技术环境等各方面。

◇ 商业生态系统

即以相互作用的企业和个体（商界中的有机体）为基础的经济群落。随着时间的推移，他们共同发展自身的能力和作用，并倾向于按一个或多个中心企业指引的方向来发展自己。商业生态系统包括企业自身及其顾客、市场媒介（代理商、提供商业渠道以及销售互补产品和服务的人）、供应商，这些可以看成是商业生态系统的初级物种。另外，一个商业生态系统还包括这些初级物种的所有者和控制者以及在特定情况下相关的物种，包括政府机构和管理机构以及代表消费者和供应商的协会和标准。

【知识练习】

1. 试分析说明管理环境对管理系统的作用。
2. 归纳说明管理环境的分类方法。
3. 试分析说明商业生态系统的理论要点。

【能力训练】

1. 面对由美国“次贷”问题引发的国际金融危机，试评价政府的救市政策。
2. 结合你所熟悉行业的发展过程，说明环境对行业中企业成长的影响。
3. 案例分析：

互联网商务的产业趋势

现在，对网络业者来说，难熬的寒冬似乎终成过去，几大门户网站相继宣布赢利，新浪的一条普通横幅广告的价格维持在 3 万～5 万元，而网易创始人丁磊成为当年公布的《福布斯》“中国富豪榜”首富，这是网络传奇造就的年轻富豪，在泡沫之后依然维系着传奇。

中国互联网络信息中心（CNNIC）的调查显示，截至 2003 年 12 月 31 日，我国的上网用户半年增长了 1150 万，中国约有 7950 万网民，人数仅次于美国，已跃居全球第二。而 2002 年的中国网络广告总额为 10.8 亿元人民币，比 2001 年增长了 120％。

“目前，新浪由网站派生出来的业务主要有广告、短信、企业服务、热线服务等，短信收入最高，大概占 50％，而网络广告在 40％左右。”新浪媒体销售副总裁邓海麟表示。网络广告全部市场收入大约有六成来自三大门户网站，其中，2002 年广告收入为 3.1 亿的新浪又占了这六成的 55％～60％。和新浪一样，国内其他网站最主要的收入来源仍然不是广告，而来自短信、游戏等服务。

传统厂商开始重新青睐网络广告是个好兆头，在过去互联网寒冬的日子里，它们曾经大幅削减了在泡沫时期盲目制定的投入计划。在美国，通用电气将自己的一个横幅广告变得更时尚、更动态，雅虎公司的广告总监温达·哈里斯·米勒德则说：“如果你浏览一下雅虎公司排名前 200 位的广告商名录，你一定会以为自己看的是《名利场》或者《福布斯》杂志的广告商名录。”

在中国，“汽车广告在 2003 年突然放量，房地产业在 2003 年 5、6 月也开始大规模尝试在新浪网上登广告。”以交通类广告为例，2002 年全年的投放总额为 3560 万元，2003 年全年则升至 9984 万元，而 2004 年仅上半年就已达到 9587 万元。至于房地产类广告，2003 年之前甚至还挤不进前十名。

这两大类型广告的快速增长与 2002 年汽车和房地产行业本身的发展步调一致，另一方面，“现在买房、买车的人，很多都是互联网的消费者，尤其是那些刚刚开始工作、渴望从家里独立的年轻人，买房、买车都是能够给他们带来自由空间的消费决定。”奥美顾客关系行销资深顾问王宏鹏这样分析。“下一波应该是日用化妆品、食品、饮料等广告的膨胀。”王宏鹏表示，“与国外相比，目前国内的 FMCG 广告一是在互联网广告总预算中的份额非常小，二是在单独客户本身的广告总预算中的份额也非常小，国内基本上都在 1％左右，而国外有的品牌已经超过 10％。”也许好比麦当劳，2003 年麦当劳公司宣布，计划减少电视广告的开支，增加网上广告开支。

——根据《经济观察报》相关报道整理

如果你是一个网络广告业者，或者是对此领域感兴趣的经理人员，你如何利用上述信息来分析相关行业的变迁动态呢？写一份分析报告，就我国网络广告业的机会与威胁谈谈你的看法。

第 7 章　管理职能与管理系统

对于一个管理者，我们会评价其工作开展得如何；而对于管理系统，我们则需考察其职能状况。

——本书主编

【本章学习目的】

1. 理解管理职能的概念。
2. 了解管理的职责与职能分类。
3. 了解管理系统的构成。
4. 掌握管理者的工作与管理系统的功能。
5. 掌握各类机构中管理者的划分方法。
6. 掌握管理者的技能分类与含义。
7. 了解经理角色理论。

2008 年 5 月 12 日 14 时 28 分，在四川汶川发生强烈地震。14 时 46 分，新华网发布消息：四川汶川发生 7.8 级（最后确定为 8.0 级）强烈地震，北京通州发生 3.9 级地震。15 时 12 分，新华网推出专题《地震应急措施》。15 时 40 分，国家减灾委、民政部紧急启动国家应急救灾二级响应（12 日 22 时 15 分将响应等级提升为一级响应）。15 时 50 分，总参谋部的应急预案立即启动，成都军区已派出人员前往震中了解情况。总参谋部迅速指示成都军区所属部队，协助地方政府查明震情，按照应急预案做好抢险救灾准备，随时准备投入抢险救灾。15 时 55 分，新华网发出快讯：四川汶川发生地震后，胡锦涛总书记立即作出重要指示，要求尽快抢救伤员，保证灾区人民生命安全。温家宝总理正赶赴灾区指导救灾工作。5 月 12 日晚，胡锦涛总书记主持中共中央政治局常务委员会会议，全面部署当前抗震救灾工作。成立抗震救灾总指挥部，由温家宝同志任总指挥，李克强、回良玉同志任副总指挥，全面负责当前的抗震救灾工作。23 时 40 分，中共中央政治局常委、国务院总理温家宝在地震灾区都江堰临时搭起的帐篷内召开国务院抗震救灾指挥部会议，分析当前抗震救灾形势，部署下一步抗震救灾工作。从此，中国人民在党中央、国务院的领导下，紧急动员起来，倾全国之力，开展抗震救灾工作。各地成立了抗震救灾指挥部和领导小组，加强组织与领导，紧张、快速、有计划地进行抗震救灾，并最终取得了抗震救灾工作的全面胜利。从震后的快速响应，到组织救人和防止地质灾害的发生，再到灾后重建工作，充分反映了国家应急管理系统的科学、合理与有效。在抗震救灾工作中，管理作为一个过程，党和国家领导人、各级党委政府的负责人及相关组织所开展的一系列抗震救灾活动，都是管理职能的具体体现。那么，管理职能究竟是什么？

7.1 管理职能与管理系统

在 5.3 节中所提到的管理职能是从管理活动的总体意义上来讲的，换句话说，这些职能有赖于一个机构当中全部管理资源的效能发挥，即机构中管理系统的效能发挥。

而“职能”这个概念需要我们认真对待，这对中国大学在校的学生和在职学习管理学的人都具有很现实的意义。长期以来，“职能”一词一直流行于管理学原理的各种教科书和专著当中，但并没有太多的人去仔细思考或掂量一下“职能”这个词的准确含义，似是而非的讲解和似是而非的接受对正确掌握管理学原理及在此基础上应用管理知识去思考解决各种问题都是十分不利的。为此，关键的一点是需要澄清管理职能与管理职责的区别与联系。

在本书中，我们对职能的内涵界定是，“职能”是管理工作职责的外部表现，既然是从其外部来观察其“功能”时所使用的概念，那么，职能一词通常是指管理系统整体的。因为，功能的状况是有赖于整体系统的状况的。而职责更带有指向具体的管理人员或者管理者应尽的任务的色彩。职责强调的是管理者的工作行为本身的性质要求，而职能则更带有“后果”、“功能”的含义，即，一旦管理人员正确履行了其职责，那么，他们能够完成某项管理职能。职责则是职能的内涵所在。管理职能、管理系统、管理者以及管理职责的关系如图 7-1 所示。

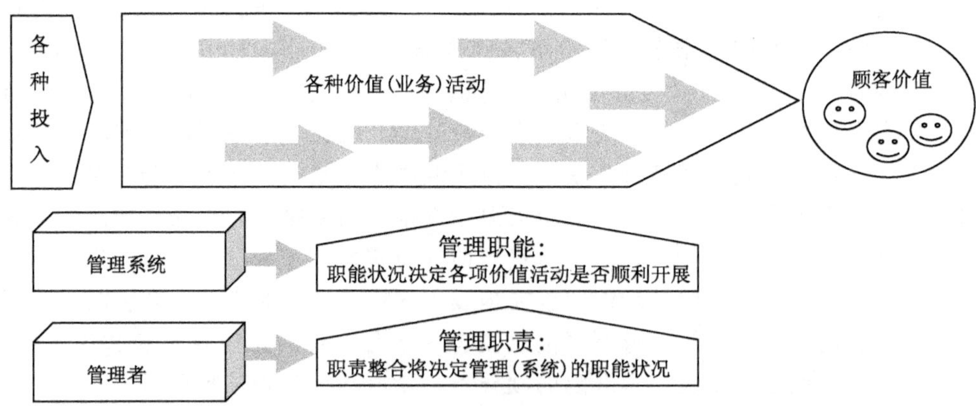

图 7-1　组织运行与管理系统-管理职能-管理者-管理职责的关系

7.2　管理职责与管理者

就某个具体的管理人员而言，他（她）承担的是具体的管理任务或者说管理职责。正是因为注意到了作为整体的管理系统（发挥管理职能）和作为个人的管理者（承担管理职责）的区别，为了观察、澄清具体的管理者的工作，众多的管理学家开展了一系列构思巧妙的探究，形成了一些具有广泛影响的关于管理者工作的理论。

7.2.1　明茨伯格的角色理论

20 世纪 60 年代末期，加拿大学者亨利·明茨伯格（Henry Mintzberg）对 5 位总经理的工作进行了一项有意义的研究，他希望澄清关于管理者的工作究竟是什么的问题。这个研究起始于他长期以来对管理学关于管理者工作阐述的怀疑。例如，当时流行的观点认为管理者是深思熟虑的思考者，在做决策之前，他们总是仔细和系统地处理信息。而明茨伯格发现，他所观察的经理们陷入大量变化的、无一定模式的和短期的活动中，他们几乎没有时间静下心来思考，因为他们的工作经常被打断。有半数的管理者的活动持续时间少于 9 分钟。在大量观察的基础上，明茨伯格提出了一个管理者究竟在做什么的分类纲要。

明茨伯格的结论是，管理者扮演着十种不同的，但却是高度相关的角色。管理者角色这个术语指的是特定的管理行为范畴，这十种角色可以进一步组合成三个方面：人际关系、信息传递和决策制定（图 7-2）。

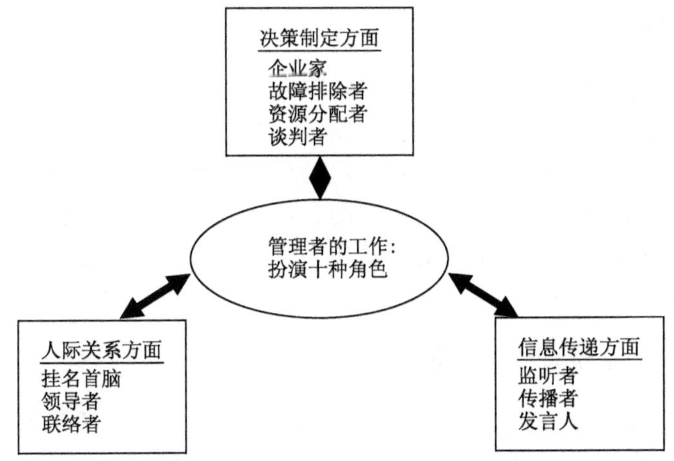

图 7-2　管理人员的角色

根据亨利·明茨伯格《经理工作的性质》整理

1. 人际关系方面的角色

人际角色直接产生自管理者的正式权力的基础，包括挂名首脑、领导者和联络者三种角色。挂名首脑指所有的管理者都要履行礼仪性和象征性的义务。当学院的院长在毕业典礼上颁发毕业文凭时，或者工厂领班带领一群高中生参观工厂时，他们都在扮演挂名首脑的角色。领导者角色指管理者有负责激励和动员下属、人员配备、培训和交往的职责。这个角色包括雇佣、培训、激励、惩戒雇员等。联络者角色需与组织内外提供信息的来源者接触，与外部利益相关者建立良好的关系。销售人员从人事经理那里获得的信息属于内部联络关系；当这位销售经理通过市场营销协会与其他公司的销售执行经理接触时，他就有了外部联络关系。

2. 信息传递方面的角色

整个组织的人依赖于管理结构和管理者，获取或传递必要的信息，以完成工作。这类角色包括监听者、传播者和发言人三种具体角色。监听者角色要求管理者持续关注内外环境的变化以获取对组织有用的信息，接触下属或从个人关系网获取信息，依据信息识别工作小组和组织潜在的机会和威胁，作为监听者的管理者是获取组织内部和外部信息的“神经中枢”。传播者的角色将从外部人员和下级那里获得的信息传递给组织的其他成员——有些是关于事实的信息，有些是解释和综合对组织有影响的各种价值观点。发言人角色代表组织向外界发布有关组织的计划、政策、行动、结果等信息。

3. 决策制定方面的角色

包括四种具体角色：企业家、故障排除者、资源分配者和谈判者。作为企业家的管理者寻求组织和环境中的机会，制定“改进方案”以发起变革，监督某些方案的策划。当组织面临重大的、意外的动乱时，管理者作为混乱驾驭者负责采取补救行动。资源分配者负责分配组织的各种资源，事实上是批准所有重要的组织决策。当管理者为了自己组织的利益作为组织的代表参与各种谈判时，他在扮演谈判者的角色。

7.2.2 卡斯特的系统与权变观点

社会技术系统观点认为，任何一个组织都是由许多分系统所组成，组织不仅仅是个单纯的技术系统或社会系统，更确切地说，它是应用各种技术来开展各种业务活动的要素的有机组合。

1. 目标与价值分系统

任何组织都有其目标和与此相应的价值取向。组织的目标和价值分系统就是影响这些目标和价值的要素集合。目标与价值分系统的功能就是确保组织与它所处的社会环境和谐相处。这个分系统与外部环境之间具有很密切的信息交流，社会技术系统较早提出这样的观点：作为社会宏观系统的内在组成部分的组织，必须达到某些由更为广泛的系统所决定的目标。如果它要顺利获得为生存和发展所需的资源投入，它就必须符合社会的要求。

2. 技术分系统

技术分系统是指完成工作任务所需的知识以及应用这些所涉及的有形与无形的要素。显然，技术分系统的结构、功能等取决于组织任务的状况。医院的任务要求和技术与大学的任务要求和技术有所不同，相应地，这两类组织中的技术分系统也不同。技术分系统的形式是由所需的专业化知识和技能、使用的机械设备的类型以及设施的布局等所规定的。

3. 社会心理分系统

每个组织都有社会心理分系统。它由组织中个人和群体的情绪、价值观、态度、愿望等心理因素所组成。这个分系统不仅受外部环境力量的影响，而且也受组织内部的任务、技术和结构的影响。社会心理分系统构成了组织成员执行任务和进行活动的“组织气氛”。在各种组织中，社会心理系统是大不相同的。

4. 结构关系分系统

结构关系分系统由组成各种联系的因素所构成，如组织图、职位与工作说明、规划与程序等，此外还包括权威、信息沟通和工作流程的形态模式等无形因素。结构关系分系统影响组织工作任务分工（差异化）和协作（整体化）的方式方法。

5. 管理分系统

管理分系统由管理者和管理行动赖以开展的管理资源所组成。该分系统制定目标、制定整体战略和经营计划、组织构建并建立控制程序。它动态地构筑良好的组织环境并推动组织运作的正常开展。

图 7-3 提供了理解组织的一种方法。显然，任何组织都可以分解为若干分系统，当然，不同组织中的各分系统的结构特征都有其自身特点。这个系统观点有助于理解组织理论的演变。传统组织理论强调结构分系统和管理分系统，从而重

视制定原则。人际关系学家和行为科学家则强调社会心理系统，把注意力集中在激励、群体动力学和其他有关因素上。管理科学学派则强调技术分系统并给决策过程和控制过程以定量化的方法。这样，组织与管理的每个学派都各侧重特定的分系统，而忽视其他分系统的重要性。现代管理学派则把组织看做一个开放的社会技术系统，因而要研究所有主要的分系统及其相互关系。

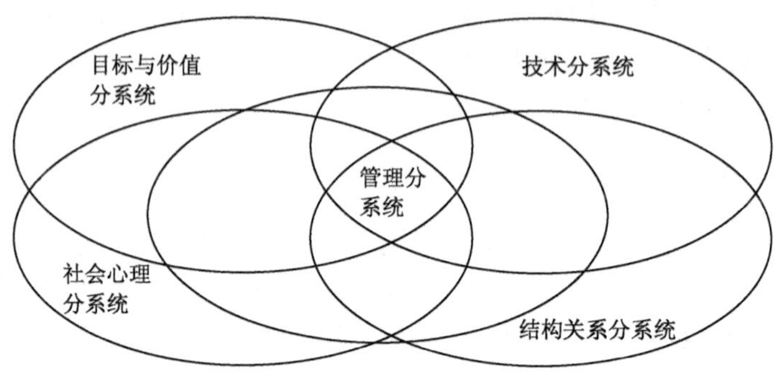

图 7-3　从系统角度看待的组织结构

摘自弗里蒙特·E. 卡斯特《组织与管理》

6. 问题：如何达成一个协调的学说

上面列出的理论各有其不同的观点和结论，我们怎样才能得出一个协调一致的、可适用于各种场合的关于管理者的职责与工作的学说呢？仔细观察可以发现，将机构中的管理者按有关属性加以分类，是解决这个问题的有效方法。

7.3　管理者：类型划分与技能结构

7.3.1　管理者的类型

在任何一个机构当中，管理人员实际上都可以按不同的划分标准进行划分。在进行这种划分之前，我们要再次强调：对组织中的管理者进行划分，其目的在于：使我们更加清晰地理解各种关于管理者职责与工作性质、工作内容的理论，进一步地，帮助我们建立起识别各种各样的关于“管理者技能”的知识的有效性、有效范围的方法和思路。

7.3.2　按层级划分的管理者

这是一种最常见、也最容易理解的管理系统的划分方法。通常人们将各种组织中的管理者按其职位级别而大致划分为：高层管理者、中层管理者、基层管理者（图 7-4）。

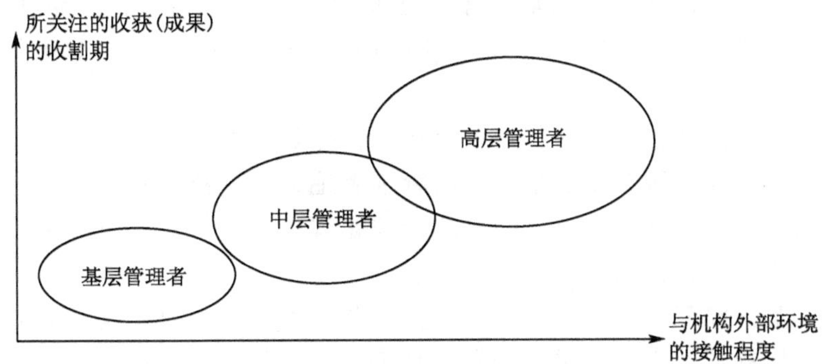

图 7-4　不同层级管理的行为差异

高层管理者，通常也是少数参与组织重大决策的、拥有高级头衔的组织成员。如企业中的董事长、总经理［在我国，媒体和对时髦较敏感的人经常选择用CEO（首席执行官）来代替较“陈旧”的总经理称呼］，大学的校长（副校长）、医院的院长（副院长）等。

高层管理者担负着组织整体发展的方向、目标选择以及与此有关的资源收集、开发和在组织内的配置。这也就是通常所说的战略决策与实施管理问题。为此，这种类型的管理者需要对组织的外部环境保持高度敏感；同时，高层管理者也承担着为组织较远的将来寻求发展机会与发展条件的职责。从这些管理人员的角度看，他们将比其他管理层的人员花更多的时间在诸如“3 年后我们应该取得什么样的市场地位”、“5 年后我们主要依靠什么产品或业务和技术立足于市场”、“10 年后我们将成为一个什么样的企业”等问题上。相比之下，这个层级的管理花在具体问题的解决方案设计、实施上的精力相对较少，当然，当这些人中的某个人亲自领导某个专门问题团队（小组、委员会等）时情况可能不是这样，但这种情况毕竟不是工作的主流。

中层管理者一般指组织内各业务部门的主要领导。这个层级的管理者职务系列是最广泛的，企业中的职能部门负责人如部长、（部门）经理、分厂厂长（子公司、事业部经理）、大学的院系院长（主任）、地方政府中的处长、主任等。

中层管理者担负着计划、协调、控制各业务部门常规工作的顺利进行这一职责。中层管理者的工作关系到组织整体运行状况的质量、效率的高低，因此，他们的注意力更需要放在组织内部。这些管理人员往往更具有专业管理人员的色彩。这个层级的管理者最主要关心的是他们所领导的那个局部，他们精通局部内部运作的各个环节，他们既可能是解决问题的高手，但也有可能由于“本位主义”作祟而（在某个时间、某种情况下）成为制造麻烦的专家。

基层管理者一般指组织中业务执行过程中的现场领导。这个层级的管理者更多地带有业务人员的味道。其职务系列包括企业里的班组长、产品开发小组组长、医院里的护士长、大学里的教研组组长（教研室主任）、军队的班（排）长等。

基层管理者主要担负着执行好各个运作指令的任务。是各个具体的问题解决过程的直接领导者。因此，这个层级的管理者绝大部分精力是放在当前的具体事务上的。很多时候，他们会自己亲自执行问题解决任务，在这种情况下，这些人的管理者身份是较模糊的。

由于职责内涵和关注点（期）不同，因此，不同层级的管理者所应具备的技能是有所不同的。从整体上讲，所有的管理者均需要具备三种技能，这就是：抽象思维技能、人际技能和专业技能。

1. 抽象思维技能

这是指透过现象正确判断各种事物的内在实质（或者说本质）、预测事物的发展趋势的能力。这种能力可以帮助管理人员发现并利用潜伏于各种表象之下的各种因果关系，由此提炼出各种机会、威胁，帮助管理人员寻求发展方向和各种关键策略。抽象思维能力在“非结构性”问题的解决中尤为重要。所谓非结构性问题，是指这类问题的解决目标、解决过程、解决方法、原则限制等均为未知或部分未知。显然，非结构调整问题往往是新出现的问题，或者该问题虽然不是新出现的，但产生这个问题的环境是新的，或者解决这个问题的条件是新的。因此，抽象思维能力与创造能力有密切联系。

抽象思维能力是一种基于大量训练、学习与实践的后天能力。这一点，和人际技能有所不同。

2. 人际技能

人际技能的含义较为明确：在和他人打交道的过程中，快速获得认可、接受和尊敬的能力。人际技能涉及对他人（也就是交往对象）的心理活动的识别、理解、判断，以及正确、合理地表达自己的观点、意见、看法等更基本的能力。从管理活动的本质含义出发，我们不难认识人际技能对管理者正确履行其职责所具有的意义。

3. 专业技能

专业技能的含义最为明确：指从事某项专业活动（教学、科研、工程设计、医疗作业等）的职业技能。在现代组织中，任何一名管理者，都具有某种专业背景。例如，许多制造业企业的管理者都具有工程专业背景，许多司法部门管理者都具有法律专业背景，等等。显然，专业技能对于解决具体的业务问题可能是非常重要的，如攻克某个技术难题、完成某个艰苦的谈判等，这在基层管理者的工作中经常出现。另外，专业技能对管理者的权威也会产生重要影响。这一点容易被忽视。

上述三种技能是每一个管理人员都需要具备的。然而，不同层级的管理人员对这三种技能的依赖状况是截然不同的。高层管理者由于需要对充满较多的未知因素（存在于组织以外，或者在较远的将来才可能出现）的问题进行思考、分析，并据此做出各种判断、决策，显然，抽象思维能力是履行职责最重要的技能。同时，由于高层管理者担负着对组织中长期目标的选择以及与此有关的资源收集、开发方面的工作，而这里的“资源”，很重要的内容就是关系资源。为了开发这些存在于组织之外的关系资源，高层管理者经常需要花时间、精力去进行各种“公共关系活动”，这时，人际关系技能也是高层管理者所依赖的关键能力。与下向方向的人际交往不同，高层管理者在其公关交流中，更多地需要开展水平方向（如和各类专家、战略合作伙伴组织的高层管理者等）、上向方向（如和拥有稀缺权力的政府官员）的人际交往。这就提出了特定内容的人际交往技能。专业技能对现代管理者的作用是一个比人们想象当中更为复杂和有趣的问题。一般认为，专业技能对高层管理者的作用较小而对基层管理者的作用较大。

4. 不同层级管理的职责构成

一个管理者不论他在组织的哪一层次上，其管理工作的性质和任务构成基本上都是一样的，都包括计划、组织、领导和控制几个方面。不同层次的管理者工作上的差别，不是职能的不同，而是履行各项管理职能即管理工作的任务构成或重点不同。一般来讲，高层管理人员花在计划、组织和控制职能上的时间要比基层管理人员多些，而基层管理人员花在领导职能上的时间可能要比高层管理人员多些。即便是就同一管理职能来说，不同层次管理者所从事的具体管理工作的内涵也并不完全相同。例如，就计划工作而言，高层管理人员关心的是组织整体的长期的战略规划，中层管理人员偏重的是中期、内部的管理性计划，基层管理人员则更侧重于短期的业务和作业计划。

不仅是任务的构成或工作重点存在差异，在领导风格和时间分配方面，高层管理者也应该与中低层管理者有所区别。日本松下电器公司的创始人松下幸之助说过一段名言：当你的企业仅有 100 人时，你只能站在第一线，即使你叫喊甚至打他们，他们也听你的。但如果发展到 1000 人，你就不可能留在第一线，而是身居大部队之中。而当企业增至 10 000 人时，你就必须退居到后面，并对职工们表示敬意和谢意。如果我们把组织的人员规模等价于组织层级的话，那么松下幸之助的意思是非常明确的：在基层（管理 100 人），管理者要冲在前面，在中层（管理 1000 人），管理者要居于中央，最后，在高层，则出于统驭全局的需要，管理者应位于“后方”，这样才能在各自的层级上最佳地履行好管理者的职责。

链接：

帕森斯等提出，任何组织可分解为战略、协调和作业等三个层面。作业分系统主要侧重于经济–技术的合理性，在这个层面上，也许相对封闭系统的观点是适用的。而在组织的战略层中，由于涉及无力控制的来自环境的影响，所以，这一层次的管理者应该具有相对开放系统的观点，并集中精力于适应性的和（或）革新的战略。协调层管理者可以在作业层和战略层之间开展活动，并连接和协调这两个分系统。协调层将环境的不确定性转化为作业分系统的投入所需的经济–技术的合理性。

图 7-Ⅰ更详细地说明了组织的各级管理任务的不同。组织规模越小，管理工作的各种不同方面就越可能由一个人来承担。很明显，在个人所有制的企业中，企业主——同时也是管理者将囊括了图 7-Ⅰ中所列出的一切活动。他（或她）必须规定与环境有关的任务，计划长期和短期的活动，然后执行和完成这些工作任务，以达到各种目标。

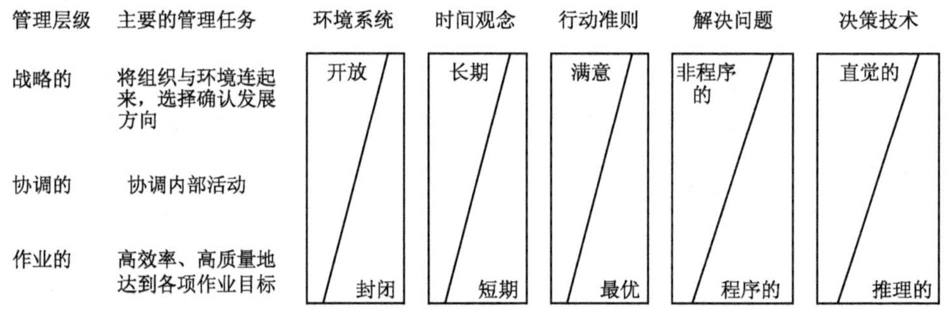

图 7-Ⅰ 管理任务：战略、协调和作用分系统

在更大型、更复杂的组织中，更有可能的是，这些分系统是分设的，界限是分明的。高层管理者则参与为组织与外界环境联系的工作。为使组织能够生存和发展，他们必须设法让组织适应外界环境。战略的形成也与设计全面系统和制定全面计划有关。在为达到预想目标而制定组织长期计划和收集适当的资源的过程中，系统理论是很有用的。环境系统是相对地开放的，一般的过程常常是非程序化的，其观点本质上是寻找满意地解决复杂的、不良结构的新问题的可行办法。决策，大部分都是可以判断和可以合理评价解决问题的投入。

在作业分系统中，主要任务是有效地和高效率地完成既定目标。正是在作业分系统中组织才“做它的事”。例如，生产自行车或牙膏，提供卫生保健或防火服务等。其环境系统则是相对封闭的，其总过程可以加以程序化，如标准作业程序或计算机设计程序。系统分析通过运用定量分析方法可为制定短期的最优化前景与计算机决策奠定基础。

在协调分系统（处于战略活动和作业活动之间）中，主要任务是协调内部各项活动。这些活动都已经由于职能和（或）层次而专门化了。中层管理者负责将综合计划转化为具体的作业计划和程序。协调分系统负责说明作业分系统所取得的效果，并按照正确的方针集中使用现有的资源。系统管理可促进整个组织内部的几种职能项目或程序的协调。在考虑长、短期相结合的工作中，重实效的观点是必要的。在这一级制定决策的过程中，管理者常常需要妥协折中，以便通过对各种问题的分析和综合，达到切合实际的或有用的效果。

图 7-Ⅰ所示各方面使用的术语说明是一种总的倾向，即最有可能的活动和方法。但这并不是说，在作业系统中判断并不重要，或者，在制定总计划中从来不用计算技术。然而，这些术语确实表明了三个较有差异的组织分系统（战略分系统、协调分系统和作业分系统）的管理任务的特色。这并不意味着各个管理分系统可以独立地进行活动。正相反，各管理分系统是相辅相成的。例如，如果组织要为作业分系统接受所需的投入的话，战略分系统就必须有效地生产产出，以确保组织得到外界环境的支持。

（帕森斯 T，《现代社会的结构与过程》，纽约，自由出版社，1960，60～90）

7.3.3　按任务类型（直线与职能）

除了按层级划分管理者之外，按任务类型或性质划分管理者群体也具有重要的意义。从组织、协调以及决策制定等特定的活动过程来细分管理职责时，就可以看到管理活动的另一些性质区别。最常见的区别，是直线型管理和职能型管理。

直线型管理是指直接指挥组织的全部活动并承担全部行动后果的管理职责。有时候，人们会用“主管人员”、“指挥人员”一类的称呼来指这类管理者。而职能型管理指针对直线管理活动的参谋、决策支持等辅助管理活动。

7.3.4 按业务领域（所参与的价值活动）

管理者还可以按其所在的业务领域而分为不同类型。这种划分的结果形成了像财务总监、总工程师、市场总监等不同类型的管理者。这种划分对于理解职能管理理论的价值、发展趋势和应用优化是必须的。

7.3.5 按正式权力有效期［常规管理者与临时（团队）管理］

管理者还可以按其所握有的正式权力的有效期长短而进行划分。这样划分的结果至少可以分离出两类不同的管理者：常规管理者和临时管理者。后者在某个临时组成的团队中承担管理职责。与常规管理者不同，临时管理者不一定拥有正式头衔。当然，更一般的情况下，他们是管理团队中的一员，但这种职位很可能与临时管理职责并没有直接的联系。随着临时团队在现代企业等机构中越来越多地产生和发挥作用，对这种类型的管理者的职责界定、授权、领导方式、激励下属方式等问题的研究与知识传播就具有越来越重要的意义。

【重点词汇】

◇ 管理职能

指管理工作者所应承担的责任或任务，根据管理工作的目标规定，可以将这种职能划分为四类（任务）：计划、组织、领导和控制。

◇ 管理系统

指为完成管理的职责而形成的特定体系，通常由管理者、信息、管理手段等有形和无形资源所构成。管理系统具有特殊的、与其使命相对应的正确结构，如果一个实际的管理系统其结构偏离了正确结构，则该管理系统就不能有效地完成其各种任务。

◇ 经理角色

组织的经理（主管人员）在维系和推动其所在组织的过程中所发挥的各种特殊作用。

◇ 抽象思维技能

发现和确认潜伏在事物表象之下的因-果关系的能力。

◇ 人际技能

处理和协调人际关系的能力。

◇ 专业技能

各种有关的技术技能。

【知识练习】

1. 什么是管理系统？

2. 管理者的分类有哪些划分依据？

3. 明茨伯格归纳出了哪些经理角色？

4. 管理者的抽象思维技能的根本含义与作用分别是什么？

【能力训练】

1. 举例说明不同组织层次在管理职能重点上的差别。

2. 举例说明管理四大职能——计划、组织、领导和控制之间的关系。

3. 案例分析：

雨润公司的经营环境

江苏雨润集团总部设立在南京市建邺区，是一家集食品、房地产、旅游、高科技、投融资等五大产业于一体的集团性企业，下属 36 家子（分）公司，分别设立在江苏、安徽、北京、上海、河北、甘肃、四川、辽宁、广西、广东、湖南、江西、新疆、黑龙江等 21 个省、自治区、直辖市。2003 年，随着国有企业改革改制步伐的加快，雨润凭借以往在这方面的经验，又成功重组 10 家大中型国有企业。目前已形成年屠宰生猪 800 万头，年加工熟肉制品 25 万 t 的生产能力，初步形成了以华东为根据地，辐射全国的区域战略格局。

［背景报道］

本报讯（通讯员徐维建，王灵枝；记者：徐郁华）继 2003 年底成功重组“中华老字号”企业——哈尔滨大众肉联集团（哈肉联）以来，江苏雨润集团正式吹响了进军东北腹地的号角。记者昨日获悉，雨润集团在哈尔滨再施重手，将产业触角延伸至商贸物流业——投资 12 亿元在哈尔滨道外区兴建“南极国际商贸城”及哈东配套商贸物流园区项目。该项目建成后，预计年资金流量将超过 150 亿元，年纳税 1 亿元以上，同时可安置就业人员 3 万余人。

据了解，“南极国际商贸城”项目就在哈尔滨大众肉联集团原址开发。以前，哈肉联就已腾出部分厂房，通过吸纳原南极街的马路市场经营户，形成相对规范的南极食品批发市场。经过十多年的发展壮大，该专业市场目前占地面积 6 万 m^2，拥有业户 1300 余家，年营业收入 3000 万元左右，年资金流量超过 30 亿元，在东北地区已经形成“南极”商品批发市场的品牌优势。此次，雨润集团的重金介入是对原有的专业市场进行“提档升级”。

据介绍，此次签约的南极国际商贸城项目分为两部分，其中道外区南极国际商贸城主体项目投资 10 亿元；为国际商贸城作配套的哈东商贸物流园区投资额为 2 亿元。项目初定于 2008 年 4 月开工建设，整个项目计划于 2010 年年底全部完工。项目总建筑面积为 40 余万 m^2，其中商业建筑面积近 17 万 m^2，地下停车场建筑面积约 8 万 m^2。而作为该项目配套的商贸物流园区占地 20 万 m^2。雨润方面相关负责人表示，南极国际商贸城将引进国内外知名品牌食品生产商、代理商，着重发展零售商业、展会经济、电子商务等现代商业业态，最终将南极国际商贸城建设成为集产品品牌化、经营规模化、管理规范化、商务电子化为一体的现代化食品、农副产品展示交易中心，搭建黑龙江省农业产业化发展流通平台；同时向其他商品品类延伸，打造集休闲、娱乐、美食、购物于一体的国际一流商贸城。

同时记者还注意到，同一天与江苏雨润集团签约的项目中，还包括一项一期总投资额高达20亿元的框架性协议，即雨润集团以南极国际商贸城项目为开端，将在未来介入并承接哈尔滨“三马地区”旧城改造工程，对该地区进行统一提档升级，新增业态将包括五金、建材、装饰材料等其他行业，同时还包括现代住宅等诸多项目。

[公司宣称]

雨润食品积极通过本身的竞争优势发展业务，主要的竞争优势包括：

管理团队经验丰富，实现增长与利润业绩彪炳。

较高的品牌知名度和美誉度，稳居市场领先地位。

较强的产品研发能力，以市场为导向，不断推出符合消费者需求的新产品。

较高的品质保证，严格的产品安全健康标准。

广阔而丰富的生产及分销网络。

占据猪肉制品的市场领导地位，坐享生猪加工行业整合带来的机遇。

企业文化——我们认为：食品工业是道德工业

诚信—做人　勤敏—做事　谦学—立身　艰毅—立业

集团具有清晰、可行的发展策略：

◇ 实现产品多元化，掌握全新市场商机。

◇ 维持高质量产品。

◇ 与养猪农户建立长期合作关系，确保优质而稳定的生猪供应源。

◇ 改进管理技巧和组织制度，提升企业管治水平。

◇ 巩固与合作伙伴的关系，实现更有效的市场推广与分销。

◇ 通过选择性收购，改善现有生产设施基地及兴建全新生产基地，借此扩充冷鲜肉及冷冻肉业务，进一步投资扩充本集团深加工业务的生产能力，以迎合市场需求。

根据上述资料讨论分析：

为适应发展的外部环境变化和企业内部能力，雨润公司应如何考虑其管理系统的完善？

第8章　企业战略

昔之善战者，先为不可胜，以待敌之可胜。不可胜在己，可胜在敌。故善战者，能为不可胜，不能使敌之必可胜。……是故胜兵先胜而后求战，败兵先战而后求胜。

——《孙子兵法·形篇》

【本章学习目的】

1. 理解企业战略在现代社会中的特殊作用。
2. 理解企业价值转移与企业战略改进的关系。
3. 理解企业战略的多种含义。
4. 熟练掌握竞争战略的概念、作用与结构。
5. 掌握企业价值战略的概念、作用与结构。

苏宁电器（002024）日前公布的2006年第三季度报告显示，截至9月底，苏宁电器已实现主营业务收入175.45亿元，较2005年同期增长了55%；净利润4.33亿元，较2005年同期增长了103%；在实施2006年中期每10股转增10股的资本公积金转增股本方案后，实现每股收益0.60元。同时，苏宁还对2006年度整体的经营业绩作出预估，预计2006年度累计净利润比2005年同期增长50%～100%。各项数据都表明，苏宁在2006年保持了持续稳健的增长势头，以高成长性继续领跑家电连锁行业。

2006年7～9月，苏宁电器新增连锁店30家，全年累计新增店面92家，店面总数达316家，连锁店经营面积达到127.22万m^2，较2005年同期增长了59.44%，连锁店面积与销售收入增长比例基本保持同步，单位面积销售水平较2005年同期基本持平。

从季度报告可以看出，公司进一步加强了对消费习惯的研究，产品结构更加贴近市场消费需求，苏宁产品整体毛利水平呈现了良好的增长势头。2006年1～9月，苏宁电器主营业务毛利率达到10.22%，较2005年同期上升0.7个百分点，苏宁盈利能力进一步增强。

由于消费类电子产品技术的不断创新、产品类型的更新换代以及苏宁对此类产品市场状况的把握、产品的了解，2006年1～9月，苏宁的彩电、数码IT、通信三类产品的主营业务收入呈现良好的增长，整体占比超过一半，达到52.83%，主营业务毛利水平也有一定的提升。尤其是彩电、音像、碟机在内的黑电产品的销售较2005年同期都有增长。

——资料来源：上海证券报

《每日经济新闻》从苏宁电器获悉，其与中国移动刚刚签署了战略合作协议，结成市场运作同盟，双方将展开包括联合定制手机、数据共享等一系列排他性的合作。以此合作为契机，苏宁将冲击岁末手机市场，为此备货500万台手机，而联合定制手机将占总量的25%左右。对于双方合作是否涉及话费分成的话题，苏宁方面并未给予正面回应。

中国移动与苏宁电器此前就合作事宜展开多次接触，最终签署了厚达10页的协议合同，涉及终端建设、产品联合定制、市场共同推广、数据共享分析、服务项目开发等内容。苏宁电器手机事业部总经理顾伟说，今后中国移动与苏宁将联合向工厂下单，各自利用渠道来捆绑移动业务包进行销售，“联合采购可令采购量达到动辄百万台的规模，而多渠道销售则加快了产品的流通速度，这种模式普及后，有望使双方获得比同类机型低10%～30%的价格优势”。

根据协议，中国移动还将大肆挺进苏宁门店，计划未来在苏宁建设100家营业厅以及40家移动新业务体验店。作为商业桥头堡，上海在此计划中扮演着重要角色。

——资料来源：每日经济新闻

作为一家运作于传统行业中的企业，苏宁电器无疑是中国家电销售行业的领导性企业之一，在这样一个竞争激烈的行业中，该企业保持了持续的增长势头，很难否认：这个企业的战略对其发展产生了重要影响，这对所有想在常规产业中挤入世界先进行列的中国企业来说是至关重要的一课。

8.1 实践中的问题及背景

8.1.1 对实践问题的思考

美国著名的管理咨询专家亚德里安·J. 斯莱沃斯基在其探讨现代企业竞争的专著《价值转移——竞争前的战略思考》一书中这样描述：

……价值转移现象早已有之，早在20世纪20年代汽车业就有此类先例，在持续数十年的过程中，经营策略和顾客需求一直在不断地进入和退出某个阶段，并同时创造也毁灭着财富。

……到了20世纪60年代以后，在许多行业里价值转移的频率加快，经营的“游戏”规则也发生了变化。在整个60～70年代，经营“游戏”犹如足球比赛，是一种爆发的剧烈活动。如果你发挥得出色，自然可以得分获胜。但是，你必须为此付出长时间的等待和观望，才可能获得制胜良机。规模和市场份额是其中最重要的两种竞争因素。在大多数情况下，它们是决定企业能否赢利的关键。例如，IBM、DEC和全美钢铁公司这样大规模、拥有巨大市场份额的企业都曾辉煌一时。

从20世纪80年代的某个时候起，经营“游戏”的规则又发生了变化，竞赛节奏大大加快。此时，经营“游戏”已不再像是足球比赛，而成了篮球比赛。这时，规模和市场份额固然重要，但它们的作用却已显然大不如前。新的竞争形势要求企业既要注重规模，更要反应灵敏、行动迅速，而且还要随时注视对手，否则对手将不断地得分。速度、速度、还是速度，这已成为这一时期竞争制胜的关键。许多企业纷纷将经营重心转到了将新产品尽可能快地推到市场上。家电行业、计算机软件公司的情况不断地证明了这一点。在这种竞争格局中，只有速度最快者才能成为赛场赢家。

然而，在不少行业还在学习和磨炼“篮球赛”式的经营技能时，竞赛“游戏”再度发生了变化。在1987～1993年，游戏规则已经彻底改写。微软、TLC等新的竞争者，在各自的行业中靠识别和占领策略控制点这种非速度型竞争技能获得了成功。这一时期，企业规模和市场份额不再如以往那样能提供获利能力与价值保护。实际上，新兴的竞争者会把对方的庞大规模当作进攻的突破口，让顾客相信对手过去的业务能力及专长越来越与顾客未来的口味无关。在许多行业里，原来的领先者纷纷落马。从钢铁业到计算机业，再从航空旅游业到零售业，众多新兴的小企业依靠经营策略的创新抢占了行业价值成长的先机。

归结起来讲，一些老牌大公司衰退（也就是价值流出）的原因主要有：

(1) 市场要求规则变化。经验丰富的消费者更容易获取信息，由此降低了在选购其他产品时需支付的转换成本。

(2) 竞争范围已经扩大。越来越多的国际化与创业型的竞争者都在竞相创新经营策略，以期为顾客提供更多物超所值的产品或服务。

(3) 技术的飞速发展使生产低成本的替代品变得更为容易。它们取代了许多制成品与零部件，从而引发了更多的跨行业、跨部门之间的竞争（如钢铁、塑料及铝材等行业之间的竞争）。

(4) 行业竞争结构的改变。许多经营业务不再依靠其规模优势。低成本的信息获取、外部资源的广泛运用以及制造密集程度的淡化等因素都减少了进入一个新行业的难度。

(5) 资本市场的高度发育使新的竞争者更容易得到资金，比如创投基金等金融产品。

实际上，上述情况绝不仅仅局限在美国，由于竞争、技术、制度等因素的共同影响，以价值水平表示的企业经营状况发生着剧烈、频繁的变化。企业如何才能在剧烈的价值波动中持续提升自己的价值，而不是使价值流出到竞争者那里去？如何在不断变化的市场和经营环境中，迅速、正确地发现属于自己的机会？如何利用机会进行正确地定位，以便使自己形成稳定而显著的独特性？如何在定位指导下快速、全面和有效地完成战略实施？为解决这些问题，越来越多的企业组织管理者认识到，战略问题应被置于管理行动中最重要的地位。然而，真正理解并掌握了企业战略的原理、方法，并将之成功应用于管理实践的情况非常少见，这使得对战略理论与方法的学习和理解显得更加迫切。

8.1.2 实践问题的复杂性和战略“万花筒”

面对复杂严峻的竞争现实，企业以及其他类型的组织决策者产生出对战略的渴求，寄希望于从根本上摆脱被动局面。然而，在管理实践中，寻求战略优势的具体行动总是受到“什么是战略”这一观念的影响和支配。由于管理实践者关注的重点不同、解决问题选择的角度不同以及对解决问题的目标定位不同，在目前的实践中，存在许多种关于战略的认识。

1. 现实中对“企业战略”的常见认识

1）作为目标陈述的战略

在我国的许多企业实践中，企业战略陈述几乎成为一种目标陈述。这时企业战略基本上成为企业对其未来状态（如经营业绩状态、市场地位状态、资源状态等）的描述文本。当这种目标设想（也许带有某种程度的论证）是由企业内各具体业务单位、职能部门的理想目标的简单叠加时，战略就成了外表精美的“目标筐”。这种“战略”最富积极意义的一面是其鼓舞、激励作用，但如果作为单纯的“目标筐”，则其负面影响更大。

首先，使战略活动陷于教条和形式主义。作为目标陈述的战略更注重的是作为结果的状态，而不是导致这种结果的经营活动安排。

其次，作为目标所具有的积极意义很可能是暂时的，如果企业未能实现其目标，则战略的严肃性和对企业发展（价值状态与价值状态循环特征）所具有的意义就会受到员工的怀疑，并由此导致具有破坏性的文化取向——机会主义和投机取巧行为。

2）作为原则陈述的战略

有时，企业开展其经营活动的原则被当成是战略来加以看待，这与著名的波特理论在中国的粗糙传播有很大关系。波特所提出的三种战略类型，即成本领先战略、差异经营战略和目标集聚战略，严格地说只是一种战略原则或战略方针，与可执行并对成果负责的企业战略本身虽然存在联系却完全不是一回事。一种企业经营的原则即使是正确的也不能代替战略来发挥作用。

3）作为职能活动或业务活动策略的战略

开展某项专门的职能活动如R&D（研究与开发）或市场拓展等专门策略有时也会被当做企业战略来看待。这表明人们又把战略这个筐压得过小了。企业中某个局部的活动纲领只有被纳入企业整体范围的活动规划时才有意义，这就是人们通常所说的系统性观念。另外，把具体活动的策略当做企业战略时会牺牲或者扼杀一项重要的企业管理活动：即对各局部活动的一致性论证和维护。当企业的各项活动缺乏一致性时，就意味着企业未成为一种战略聚焦型组织。显然，把战略“窄化”为具体活动的策略是导致这种情况的重要原因。

2. 企业战略：不同“视角”下的主观印象

不论人们的认识理解是窄化战略还是泛化战略，在现实中我们都可以频繁看到形形色色的战略身影。如上所述，这些“身影”往往只是战略的一个侧面。考虑到围绕着企业战略存在一个战略关联者群体，就不难理解企业战略的“多面性”。

任何一个企业战略都有一个关于该战略的关联者群体，这个群体中每一类人都有自己的“视角”来审视什么是他们所面临的企业战略。正因为“视角”不同，各类人所看到或想看到的企业战略的属性也不同，这就是为什么企业战略对许多人来讲仍然有着种种神秘色彩的原因。下面我们选择几个典型的“视角”来分析几种不同的企业战略观，准确地说，这些战略观都是企业战略的某种侧影。

视角1　企业战略是一组行动

这是关于企业（竞争）战略的最经典的一种说法。什么人最关注企业战略的这一说法？首先，是企业相关者群体中的战略研究者；其次，是协助者群中的咨询机构、技术支持机构，在某些时候，企业的出资人（股东）也会通过此窗口来审视企业战略；最后，一部分竞争者（聪明而又迫切想追赶该企业的竞争者）也会从此角度考察企业的战略（图8-1）。但并不是所有人都习惯或愿意使用这样的“视角”来看待企业战略，比如企业战略当事人群体中的许多实施者。此外，关联者群体中的顾客也不大愿意使用这一视角。

这一视角的缺陷是，尽管通过它可以看到什么是企业战略的真实内容，但不大看得清楚在真实生活中企业战略的具体形式，用这一说法与企业的大部分实施者就战略问题进行沟通会有一定的困难。

视角2　企业战略是特定的价值主题＋行动要点

这是一种把上面提到的战略“结构化”而形成的战略概念。为什么要结构化？因为要把企业战略所真实包含的东西表现出来。同时，把企业战略看成是有关的战略主题＋行动要点也可以反映出一个结构化的战略制定过程。对于负责企

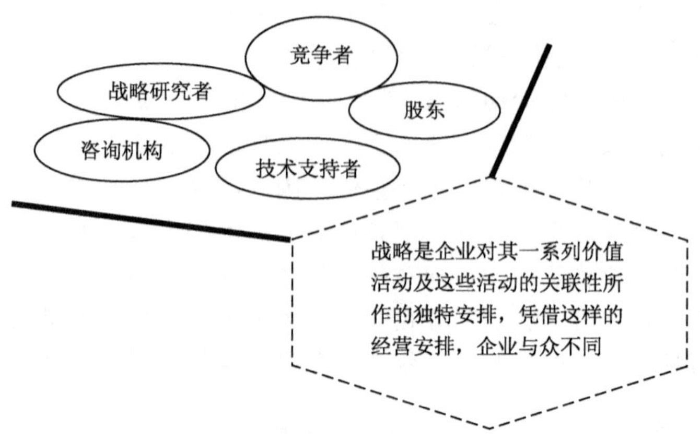

图 8-1 战略视角 1

业战略制定的人员来说，这个视角是一个很好（甚至是唯一）的看待战略的角度。当人们说某企业的成功“得益于该企业在新的游戏规则下打了几张好牌”的时候，最适当的解释就是该企业形成了几个正确的战略主题，如果该企业有条不紊、高效率地（从而以一个合理的成本）打好了这几张牌，那么有理由推断他们的行动要点设计合理并贯彻得当（图 8-2）。

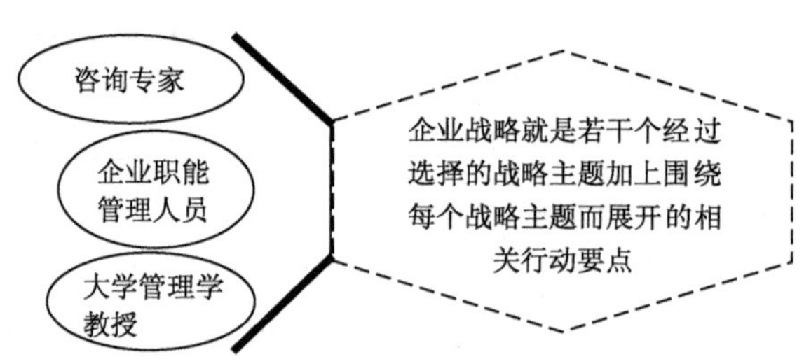

图 8-2 战略视角 2

谁会通过这个角度看待企业战略？

首先，是专业的战略制定者。其次，是参与企业战略分析与制定的咨询专家，其他如相关领域中的研究者，大学的管理学教授等。

视角 3 战略是一组正规化的目标

以承担企业战略实施的人员来讲，他们所看到的战略就是一组目标以及由此而来的关于各自领域、岗位的工作与业务的行为要求。这组目标与行为要求有时用规范化的语言数字、图表显示、软件系统界面反映出来。在各类不同的组织中，表达这种目标的规范化程度各不相同，企业战略作为一组目标，其表达程度的规范化如何与企业对战略的意义、结构的理解程度，企业的规模、文化、环境复杂程度，特别是竞争对手的战略管理模式有关。

谁需要这扇窗口？当然是企业员工。对于企业员工而言，有意义的就是告诉他们关于其工作与业务的目标、策略的行为标准。

第二类会从此角度看待战略的是企业的决策者。如果组织理解了战略的意义与实质，那么他们会从此角度审视企业战略是否已得到了有效的表达和分解。否则，企业战略将难以顺利实施（图 8-3）。

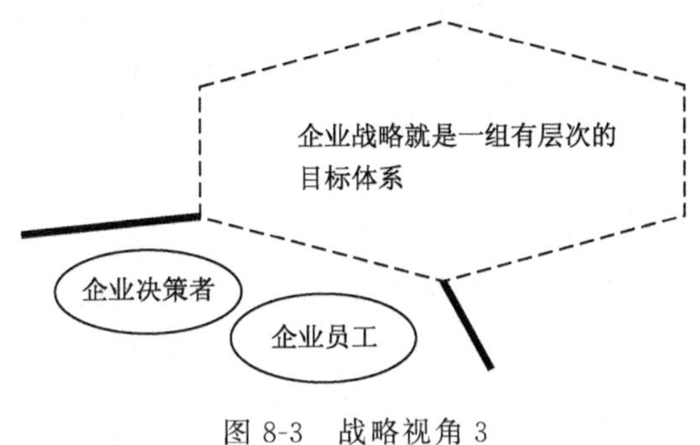

图 8-3 战略视角 3

视角 4 战略是一组特定的业绩测评指标

美国战略管理专家卡普兰等坚持认为，企业战略必须最终分解转化成测评指标（图 8-4）。因此通过第 4 个视角审视企业战略，特别是该战略的可操作性时，就得到如上所述的战略印象。显然，最需要这种视角的是企业的职能管理者，尤其是负责战略实施的管理者。此外，战略管理专家也需要从此角度分析企业战略的种种特征。比如，英国管理学家加里·阿基沃思、美国学者卡普兰等。前者提出了整合绩效管理的观念，把战略定位与企业现实联系起来，开发出整合的战略测评管理体系，后者则发明了著名的平衡记分卡原理（BSC），而对于另一些学者如波特，由于他们更关注企业战略的本质，这样的战略审视角度对他们来说意义就不大，企业股东，企业决策者等也是如此。

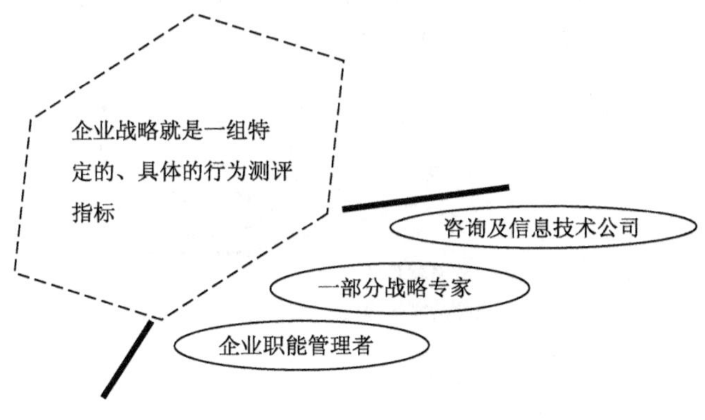

图 8-4 战略视角 4

视角 5　战略是企业与其顾客之间的特定的关联关系集合，它反应了企业提供给其顾客的一组特定的关怀

企业通过建立起定制化的与顾客的联系（渠道）向顾客传递独特的价值。视角 5 提供了另一种企业战略的观察角度。对比其他视角如视角 1、视角 4 等，这一视角所看到的则是企业战略的外部效果。在许多战略管理专家看来，企业战略必然体现到它们建立的与顾客的特定关系上。如果每一种关联都提供了一种为顾客所需而其他供应商又未能提供的价值关怀，同时，企业所建立的各种联系又都存在内部运作的多种机制来合理支持，那么企业就建立了一种可持续的竞争优势。

作为企业所提供的价值或关怀的“享受者”——顾客，是一定会从此角度来理解企业战略的。即使某个（些）顾客不知道战略这个词，他们也很自然地从他们由企业所得到的利益来推测企业的经营思路、理念和策略。不仅顾客，一些研究者也是这么看待企业战略的。因为从此角度可以看到企业战略所包含的一些本质的东西（图 8-5）。

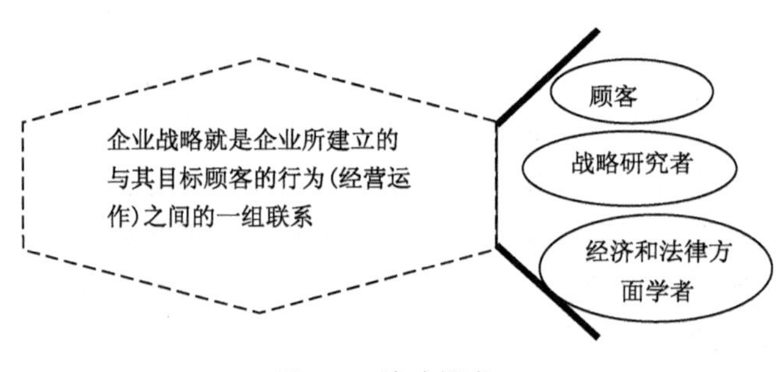

图 8-5　战略视角 5

视角 6　战略是一种关于企业发展的愿景规划

对企业的领导者，如 CEO、董事会成员来讲，战略应是对企业未来发展方向、目标的总体定位，在这些人看来，战略的其他属性都源自于此（图 8-6）。

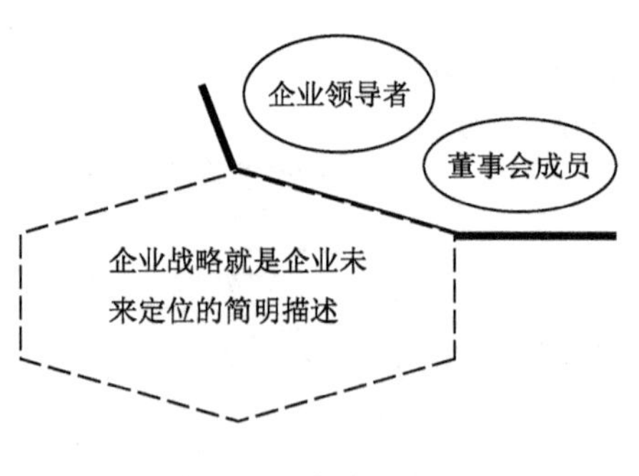

图 8-6　战略视角 6

从不同的视角得到不同的“战略印象”，这是企业战略这一事物的特有性质。了解这一性质对我们全面地理解企业战略是十分重要的。由于战略所涉及的人（和机构）的性质、目的以及他们与企业的关系不同，因此战略的多样性是不可避免的。问题的关键在于，源自于“视角”不同而得到不同的“战略印象”并不意味着企业战略具有内在的可“分裂”的属性，不论从哪一种视角看待企业战略，它都是位于六边形的框内的，只不过是同一事物的不同侧面而已（图 8-7）。

图 8-7　不同的战略视角和统一的战略内涵

8.2　企业战略的概念

“战略”一词用于企业管理场合，具有许多种含义。如果不加上特定的职能限定如市场战略、产品战略或生产战略等，那么人们对企业战略一词最容易产生的理解，就是战略是关于企业发展的总体目标、原则以及步骤安排。这种笼而统之的看法最接近于“战略”的地方，就是它包含了“整体性或全局性”和“行动指导”这样的战略元素。但是，任何一种对战略的理解，如果只停留在一些“非错”的抽象层面认识上的话，是不会产生多大的实践指导意义的。

有实践指导意义的企业战略认识是：战略是对企业有关行动的特定安排，通过这样的安排，企业可以实现其预先制定的某种特色目标。

美国著名的竞争战略专家迈克尔·波特是这样规定竞争的特殊性质的：

竞争性战略就是要做到与众不同。它意味着要仔细地选择一组不同的经营活动（注：下标点为本书作者所加）来表达一种独特的价值理念。例如，西南航空公司提供中等规模城市间的短途、低价位的区间服务，以及大城市的转机服务。该公司力求避免从事大型机场业务，并且不飞远距离的航线。它的顾客主要包括商业旅行者、举家外出者以及学生。西南航空公司每日发出的众多航班以及低廉的费用吸引了那些比较在意航班价位、原本将乘公共汽车或自己驾车外出的旅行者，以及那些力求方便、原准备乘其他航线提供的全程服务航班的旅行者。

大多数管理者选择用他们的顾客群来描述其战略定位，如“西南航空公司愿意为花较少的钱、力求方便的顾客提供服务”就是一个例子。但是战略的本质在于行动——选择与众不同的方式、实施行动或者实施与竞争对手不同的经营活动。否则，战略就只能停留在市场口号的层面上，根本经不起竞争的考验。

由于波特所关注的竞争优势是企业内某一项业务的市场竞争优势，而对于一个公司的最高决策者来说，他要关注的就不仅是该公司的一项业务，而是整个公司的发展水平。这样，就提出了公司优势和公司战略的问题。同样，那些关注其理论的实践意义的公司战略管理专家们也是从“行动安排”角度来规定公司战略的内涵的，科利斯对公司战略的定义就是：

所谓公司战略，就是公司通过协调和配置或构造其在多个市场上的活动来创造价值的方式。

我们必须注意，科利斯等对企业战略的划分，包含一个重要的战略原理：战略具有目标从属性。这主要表现在两个方面：

第一，目标规定了战略所要安排的行动的特定范围和各项行动设计的基本依据。例如，竞争战略的目标就是确立和维持企业在某类业务上的竞争优势，为此，企业对包括九种价值活动的价值链体系的方方面面进行针对性安排。营销战略，目标是创造与满足顾客欲望，相应的行动安排便被归纳为广为人知的4P组合。

第二，目标规定了战略所安排的各个行动彼此之间的衔接要求和衔接规则。任何一种企业目标，如竞争战略所追求的竞争优势，其实现情况都会受到多种因素的影响。这些因素，有的是企业可以自我进行控制和优化的，战略安排就是这种“控制与优化”的集中表现，另一些是企业难以控制的外部因素，对此，企业要做的是“趋利避害”。就影响目标实现的内部因素而言，它们构成了战略行动相关性的基础。这也就是说，所有的战略行动都必须服务于统一的原则：改善或优化那些影响战略目标的因素。因此，体现战略的行动安排，并不仅仅是对相关行动的罗列和对每项行动的策划。“行动安排”的另一个重要内容，是对这些行动彼此之间的关联性识别、定位以及对行动衔接的具体设计。换句话说，战略所规定的行动体系，是一个有机的行动整体。这就是为什么人们把体现营销战略的四个方面的行动安排成为营销“组合”策略的原因：这个组合策略中的每一个策略都必须与其他策略衔接起来，彼此支持而不是互不相关，更不能相互抵触。

我们可以用“战略框架”来对一种特殊战略进行较为清晰而全面的描述。战略框架可以把战略所追求的特定目标、涉及要进行专门安排的行动体系以及各类行动之间的关联性等统一、直观地表现出来，从而有助于人们从总体上了解一个战略例如公司战略的全貌。下面的专题资料就是一个关于公司战略框架的说明。

链接：

一项有效的公司战略则是五个基本要素组合而成的协调一致的系统，正是这个系统创造了公司优势，并产生了经济价值。

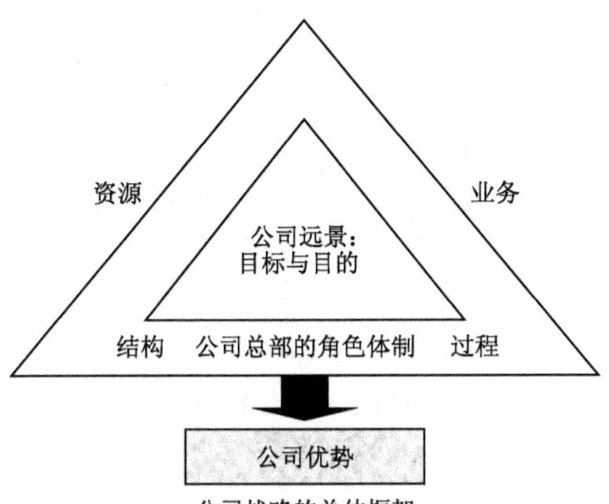

公司战略的总体框架

这个三角形的三条边分别是资源、业务以及结构、体制与过程，他们构成了公司战略的基础。当整个系统运作起来并致力于实现公司远景的时候，在合理目标的激励下，系统就能够创造出竞争优势，从而证实了公司具有作为一个多业务实体而存在的合理性。

资料来源：［美］大卫·科利斯等，《公司战略》，大连：东北财经大学出版社，2000

8.3 管理行动：从竞争战略到价值战略

在本节中，我们将把讨论的焦点转向管理行动，具体讲，这里将探讨两个层面的企业战略（业务层面的竞争战略和整体层面的价值战略）的策划与实施的管理问题。

8.3.1 竞争战略的策划与实施

按照我们在本书第1章中所归纳指出的，竞争战略是指一组经过选择的行动组合。我们强调竞争战略的“行动属性”是因为“特定的行动才会有特定的结果”这样一个简单朴素的事实。当然，构成竞争战略的行动系列来自于某种定位，但定位本身并不是战略，而只是战略设计的依据。实际上，定位只是目标，而竞争战略则是实现这一目标的手段。

构成竞争战略的一组特定的行动安排，是围绕着战略主题展开的。竞争战略的制定实际上就是从顾客价值分析、界定开始，到战略行动的协调性安排、资源开发与配置的连贯过程。如图 8-8 所示。

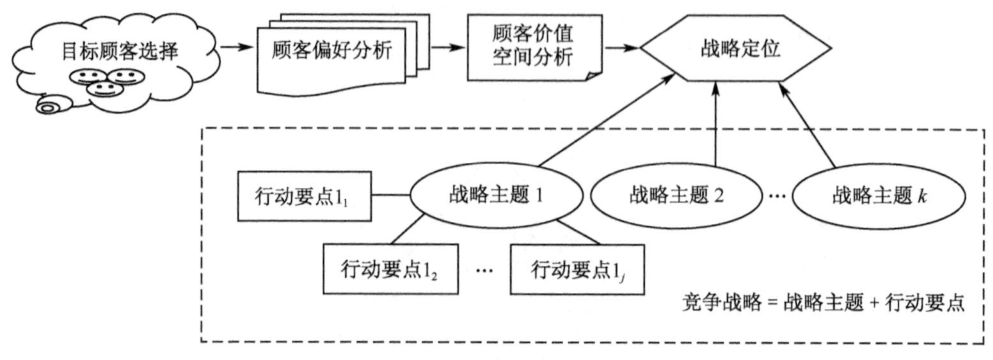

图 8-8　竞争战略的结构与分析流程

1. 顾客价值与顾客价值空间

根据企业竞争战略管理的研究与实践，企业为谋求竞争优势就必须进行有意识的定位，在这里，定位是指企业根据顾客偏好以及竞争者的行为而在相应的顾客空间所选择的位置。

企业在进行竞争战略定位时，需要对顾客价值的构成、影响因素、变化规律等问题形成正确的认识，在此基础上，才能勾画出合理清晰的顾客价值空间，据此完成积极的定位。

对顾客价值的说明可以通过一系列特定的概念展开——从需要到欲望、从欲望到需求、从需求到利益、从利益到顾客价值。顾客价值是顾客通过消费产品或服务所感知的利益总和。在现实中，价值主体与购买者、决策者、参与者等主体概念是有区别的。另外，不同类型的价值主体具有不同的利益评价准则，因此，即使需要是相同的，也有可能出现不同的欲望和消费感受。图 8-9 是对价值主体的一个基本的划分。常见的价值主体包括：家庭、企业、消费者（顾客）、政府、机构等。

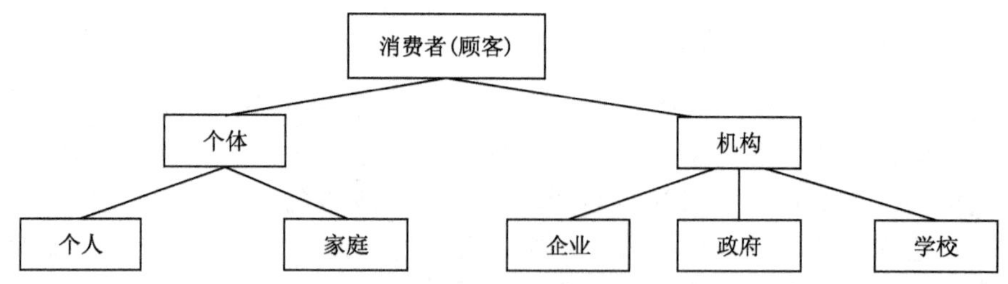

图 8-9　顾客价值主体的分类

顾客的价值空间的边界是由其“根本性价值”的性质决定的，根本性价值反映了顾客的主要目标和由此产生的核心需要。例如，某啤酒生产企业在某一时期的根本性价值可以是这样：在我国华东区市场上，在三年内由市场追随者成为领导者，并在长期保持这一竞争优势的同时，进入国际市场，确保企业平均30%的销售增长率和26%的利润增长率。

如果我们把考察的对象选择为向该啤酒制造商提供原材料的供应企业（如小麦供应商），那么，从供应商的角度看，上述的顾客的根本价值可以分解成如图8-10所示的价值空间。

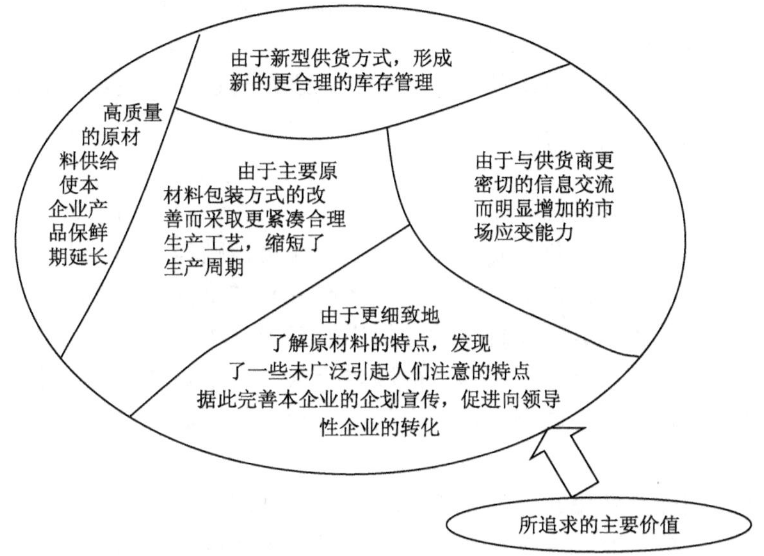

图8-10　从供货商（小麦）角度分析的顾客（啤酒制造企业）的价值空间构成

2. 顾客价值空间与企业战略定位

当企业完成了对顾客的“价值空间”分析以后，企业可进行专项分析总结，明确关于顾客价值创造的具体解决方案。这个方案的核心，是企业拟迎合的目标顾客所感兴趣和需要的价值体系以及创造、传递这些价值所涉及的各种行动。

目标顾客的价值空间包含多种利益，任何一个企业都不大可能，也没有必要满足这个价值体系的全部内容。企业应该选择这个价值空间的某个局部，作为自己力求要满足的目标需求，关于这个目标价值的规划，就是企业的“价值主张”，或价值定位。这个定位，从较根本的层面上区别了企业与其竞争对手的经营策略。

如果面向顾客价值空间的一组行动代表的是一个正确的竞争战略，那么它将具有以下特征：

第一，凭借这样的行动安排，企业在一系列供应厂商中能够持续最好地创造并传递给相应的顾客以特定的价值或者说满足。每一项包括在战略内的行动都直接或间接地创造或传递某种顾客价值。例如，特定的促销行动使顾客更深入方便地理解企业的产品与服务；特定的订单处理程序使顾客请求得以更快地实现，由此而降低顾客的流动资金占用；特定的产品结构和与之相应的工艺制造过程使顾客的生产制造更加方便，从而缩短顾客的生产周期；等等。

第二，供方企业开展这组行动的方式，包括所用的技术、资产、人力资源以及组织结构、所形成的文化等都与这些行动的要求高度协调，在下面我们将把这种行动的要求以战略主题表现出来。

第三，企业开展这组行动的总成本低于通过经营运作而获得的营业收入。

3. 战略定位与战略主题

我们把在某项业务上的战略主题定义为：企业在该业务的经营中，针对目标顾客的价值空间特征，在价值定位的基础上，就目标顾客的核心价值所提出的专项对策。这种对策是设想性的，其合理性和有效性有待竞争实践的检验。另一方面，这种设想是一种综合性安排，它将提出一系列具体的企业经营管理和业务活动要求。换句话说，战略主题所迎合的顾客价值，将影响和决定企业的战略行动安排。因此，战略主题反映企业在确定的业务领域内，如何定位于市场的根本性安排。

战略主题应能够清晰地被列举出来，并且应成为企业相关人员所熟知的东西。战略主题反应了企业在某项业务的经营过程中所确立的基本思路。它是企业为在该类业务上寻求、建立并维持竞争优势所开展的所有工作或活动的基本出发点。如果一个企业的经营管理工作是杂乱无章和低效率的，那么一个非常大的原因可能就是未能确立起明确统一的战略主题。

显然，战略主题必须以战略定位的明确为前提，而战略定位与企业的战略决策者们对其目标顾客的偏好认识有密切关系，为此，应对目标顾客的偏好特征有基本的认识：

首先，这种顾客偏好具有隐蔽性。这种隐蔽性一方面来自于顾客与企业的分离，另一方面来自于这里所指的“偏好”通常是一个群体的偏好体系而不是单独的个人价值诉求。

其次，这种顾客偏好具有动态性。任何一个顾客，不论其作为普通的消费者还是作为一个组织，其对某一类产品的需求偏好都是随一定的内外部因素变化而变化的。

由于顾客的偏好认识具有上述特点，因而企业对其某项业务的战略主题的确认就是一个充满挑战和风险的工作。

4. 战略主题与行动要点

战略行动要点是指，为落实组成该战略的某个战略主题而有意设计并拟付诸实施的一组特定的行动。作为战略行动要点，该组行动具有以下特征：

（1）该组行动具有一个统一的支持对象：某项战略主题。

（2）该组行动应有事先确定的计划，并据此建立其相应的测评与考核体系。

（3）该组行动很可能是跨部门、跨职能行动，因而需要形成统一协调的机制。

下面的链接资料显示的是全球著名的家居用品销售公司——宜家家居的竞争战略示意图。中间椭圆形表示的是该企业的战略主题，一共有4个这样的战略主题，每个战略主题又都由若干个由方框所表示的行动要点所支持。

链接：

宜家公司的竞争战略结构

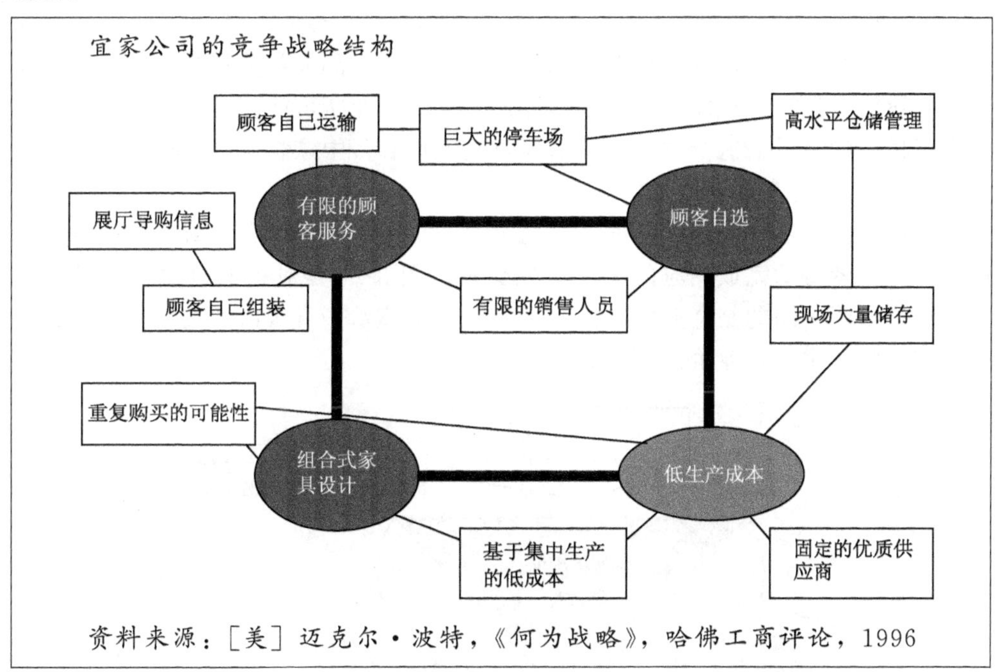

资料来源：[美] 迈克尔·波特，《何为战略》，哈佛工商评论，1996

这样的竞争战略来自于系统的分析流程：

首先，该公司进行了细致的目标顾客界定。这个界定的结果是：宜家主要服务于这样的顾客群：较年轻的、受过一定的教育或有一定的工作阅历，有一定的品位或自认为有品位因而思想较独立、有自己的生活方式追求。

其次，目标顾客的价值分析。在上述顾客群中，存在一系列关于生活环境、家居用品消费的价值追求，这构成了顾客价值空间。宜家在其中所做出的战略定位是：迎合目标顾客追求生活自主性、个性化形象、低价格这样的价值体系，这也是宜家所提出的关于目标顾客的价值主张。

最后，战略主题选择。针对上述价值主张，宜家提出了4个方面的综合对策：①顾客自选（针对自主性利益）；②组合式家具设计（针对个性化追求）；③有限的顾客服务（针对自主性利益）；④低成本生产（针对低价格）。

8.3.2 价值战略的策划与实施

1. 企业价值的概念

在本书中，我们对企业价值概念的定义是：一个企业的价值就是现实和潜在的投资人对拥有该企业所能获得的利益的主观评价。它反映了企业以其全部资源通过一定方式结合起来进行市场运作时，作为一个整体而在出资人心目中的稀缺性程度。

如果用交易术语来讲，企业的市值可以理解为其价值的货币表现。如果你愿意按某种价格付出一定量货币以便拥有一个企业的全部或部分资产，是因为你认为该企业值得拥有，具体地讲，你估计拥有这个企业所可能获得的利益至少不低于你所付出的货币。这个“利益”估计将决定你心目中该企业的价值。

1）企业价值主体

价值主体就是介入企业价值评判的个人或机构。他们或者有着明确的企业投资意图，或者协助完成相应的企业产权交易。图8-11是对企业价值概念的形象说明，位于图中间的是企业的价值水平，这个价值水平直接由两类主体的三种评价决定，具体讲，企业价值主体有如下两大类。

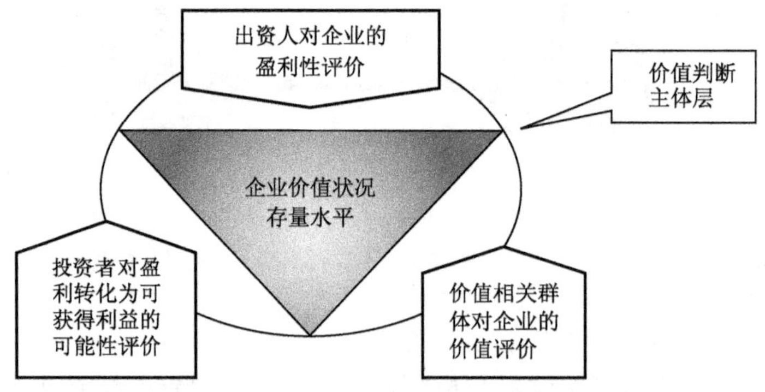

图8-11 企业价值决定的主体层构成和价值判断的直接依据

(1) 投资者。

投资者是企业价值的直接判断者。投资人是企业价值主体，具有两层含义：首先，作为企业实际所有者，他们有权利拥有销售企业价值所带来的利益；其次，作为潜在的企业所有者，他们的态度或判断是企业价值水平的直接影响因素。在现代社会，没有企业的产出而只有顾客的需要就不会有任何“市场”；没有投资人就不可能有形形色色的企业而只有形形色色的“商业计划”或原始、静态的“经济资源”。要特别说明的是，作为企业价值水平直接判定主体的投资者，不仅指企业的当前出资人，也包括准备投资该企业的潜在投资人。潜在投资人是指目前尚未拥有企业股份，但有意愿投资企业的机构或个人。在企业价值评判上，二者的利益准则并不完全相同。具体讲，潜在投资人对企业“盈利性”的关注重点与实际出资人的评判就略有不同，他们更看重企业在未来的盈利水平以及该企业的利润模式在未来竞争中的竞争能力等。

(2) 价值相关群体。

价值相关群体是指在各类企业资本交易（IPO或其他形式的并购、资产出让、战略性融资等）过程中参与影响企业资产定价、帮助或直接参与资本交易的机构或个人，主要有基金公司、券商、中介分析机构、政府经济职能部门、央行及各商业银行、行业协会等。

2) 影响企业价值水平的三类评价

价值主体对拥有一个企业所能获得的利益的主观评价，或者说关于一个企业是否值得拥有的评价，是由三类对具体问题的评价组成的。

(1) 盈利性评价。在企业价值问题中，“盈利性”指的是企业的盈利模式的性质以及由此决定的盈利能力状况。如果从利益角度看，实际的盈利水平是利益的最直接体现，因而是决定投资人利益的直接因素。我们知道，所有权的利益有两种主要类型：第一，参与利润分配。第二，通过出让股份获得溢价利益。这两种利益彼此之间关系存在多种可能。获得了第一种利益并不代表同时也能获得第二种利益，反之亦然。但不管是什么关系，这两种利益均与企业的盈利状况有关。问题的关键是，实际的盈利只是企业在特定环境中经营运行的结果。决定实际盈利水平的，是一个由内外部因素共同组成的业绩影响因素体系。这当中，盈利模式的性质将决定一个企业盈利能力的特征，这又将对企业的实际盈利水平产生重要影响。因此，盈利状况与盈利能力之间是存在一定区别的，盈利能力是驱动性因素或起因性因素，盈利状况则是结果。价值判断必然要针对盈利的起因而不是针对单纯的结果。盈利性是企业价值的首要影响因素，因为它决定了拥有一个企业所可能获得的利益的基础。

(2) 获利性评价。盈利性状况本身还不能完全决定企业出资人实际获得的利益情况。在现实当中，企业的出资人是通过会计信息了解企业的利润情况的，我们称此为“会计利润”。从企业的会计利润到出资人能够获得的实际利益，这二者之间还存在一系列“过滤性”因素，主要的“过滤性”因素包括：

第一，会计利润数据的真实性问题。

虽然世界各国的会计准则不尽相同，但不论依据哪种会计准则所得出的会计信息总存在一定的技术误差，如滞后性误差、调整性误差以及计算性误差等。

会计利润的真实性问题有时会较为突出，由此影响出资人对实际投资回报的看法，如果这种看法是持续性的，那么将恶化出资人关于企业的“获利性”评价，进而影响其对企业价值的评价。

第二，利润真实基础上的合理分配问题。

即使会计利润的真实性问题并不突出，以至于不会影响出资人关于企业的获利性评价，出资人的实际利益仍然要受到真实的利润如何进行分配的影响。在利润分配过程中，以下问题的解决方式都将影响和决定利润分配的最终格局：①分配的原则；②分配方案的具体算法；③分配决策权的配置；④分配问题的决策过程等。

利润分配的格局一旦模式化将影响出资人对获利性的评价态度。

第三，不违反制度和法律的管理伦理问题。

作为企业利润分配的前提，会计利润在其形成过程中即使其分配问题不显著以至于出资人关于获利性评价未受此类因素的影响，获利性评价还会由于一定的“伦理风险”而受到影响。影响获利性评价的伦理风险是指这样的情况：在企业的经营成果被记录为会计利润的过程中，它往往已经经过了各种方式的“管理核减”而不断地在“递减”。“管理核减”来自于各种管理经营费用的增列，这些费用增列并不违反各种企业制度与法律，但完全可以部分甚至全部减免而不致影响企业经营目标的实现。由于企业经营管理技能的专业化，在各种管理经营费用必要性问题上，在企业委托者与经营者之间，信息非对称性日益强化。换句话说，我们假定对于任何一项企业战略的实施或其他阶段性目标的实施，都存在着一个对应的合理费用预算，这里，所谓“合理”是指：第一，如果相应的行动是在本行业中有先例的重复性行动（如收购目标企业后的购后整合工作、在新地区推广现有产品的行动等），则行业关于这类工作或行动的正常预算或平均预算就是这种情况下的合理预算。第二，如果相应的工作或行动是一项没有先例的行动，则根据该企业目前的资源能力，包括有形资源和无形资源能力，为实现行动目标而需花费的费用就是这种情况下的合理预算。不论是上述哪种情况，由于现代企业经营管理的专业化，关于合理预算的全部细节或主要细节信息，出资人与经营层之间必然存在非对称分布，具体分布情况是：经营层人员更了解合理预算的真实信息。从出资人角度看，最符合他们利益的当然是企业的经营管理行动是在合理的管理预算约束下进行的，但对经营管理层来说，按合理预算来实施战略或其他阶段目标对自己来说就不是最经济、最符合自身利益的做法。例如，这样行动可能会因为缺乏余地而给自己带来不便、增加了承担风险的压力、无法实现一些符合“行规”的在职消费、无法利用职务获得符合“行规”的体面、无法利用企业平台实现个人成就，等等。因而经营管理层有偏离合理预算而高估各种费用的内在动因，但经营管理人员也会自我控制，使高出的幅度不会超出制度与法律的范围。对这种行为，除了伦理约束以外，人们较难找到其他有效的途径来消除对出资人的利益侵蚀。

第四，不违反伦理的管理能力、风险意识缺陷等。

即使企业的经营管理人员不存在上面提到的伦理问题，但仍有可能因其能力方面的差异而“习惯性”地高估各种经营管理风险，这促使他们无法按合理的总成本水平开展经营，由此使出资人的实际可获得利益受损。这种情况与由伦理问题而导致的出资人获利水平下降的区别是明显的：在伦理问题场合，经营管理层是意识到改进出资人利益的机会存在，并有能力实现这种利益的。而在能力限制场合，企业的经营管理层并非由于主观原因而导致对出资人利益的忽略，只是由于其能力方面的限制而不能察觉各种机会，并利用这些机会来实现本来可实现的出资人利益。

(3) 价值形象评价。上述两类企业价值判断的依据都是由企业出资人群体做出的。在企业价值状况衡量中，还有第二类判断者——企业价值相关者群体。这类判断主体的直接判断依据是企业的价值形象。

在企业价值问题背景下，企业价值形象的主要意义是指，在当前的企业经营模式（准确说应该是企业的价值战略）下企业价值水平变化的可能趋势。一个“好”的价值形象表明该企业的价值将提升（尽管实际情况不一定如此）或者说该企业将获得持续的“价值流入”。不好的价值形象则反映了这样的评价，即该企业的价值水平不理想并且难以摆脱这种情况，或者尽管该企业目前的价值状况尚可接受，但即将进入价值消失阶段或“价值流出”（尽管实际情况不一定如此）。

通过上述三方面的评价，企业的价值主体会综合评价结论并得到一个总的关于企业价值的看法。这个看法可以集中地用“企业的稀缺性状况”来体现。在这里，“稀缺性”表明的是相对于期望拥有该企业资产的人（机构）而言，该企业是稀缺的。由此不难提炼出关于企业价值的本质描述：企业价值的本质反应的是该企业在投资人（潜在投资人）心目中值得（希望）拥有的程度。显然，企业价值越高，表明在投资人心目中，拥有该企业（一部分或全部）所带来的利益就越大。

2. 价值战略的问题背景与总体框架

如上所述，企业价值系统是一个结构复杂且高度开放的系统。企业价值的提升涉及众多的经营管理问题，对这些问题的分析解决需要专门的原则、方法、工具，集中起来讲，需要专门的战略来统领各个方面的行动，这个战略就是企业价值战略。

企业价值战略的目标非常明确：通过系统而又彼此衔接的行动安排与实施来不断提升企业的价值水平。企业价值战略的基本逻辑也是十分简明的，这就是：通过影响核心判断主体的判断依据而实现企业价值改善和价值阶跃。

企业价值战略，不论是其所包含的行动内容，还是其特别设计的行动衔接，都建立在“企业价值”的特定内涵和由此而决定的价值影响因素上。

从影响企业价值的三类评价出发，我们可以得到企业价值的分层次的影响因素体系。根据决定企业价值的态度类型，可以分离出三类企业价值影响因素，所有与改善或优化这些因素有关的行动，就构成了企业价值战略所要设计处理的

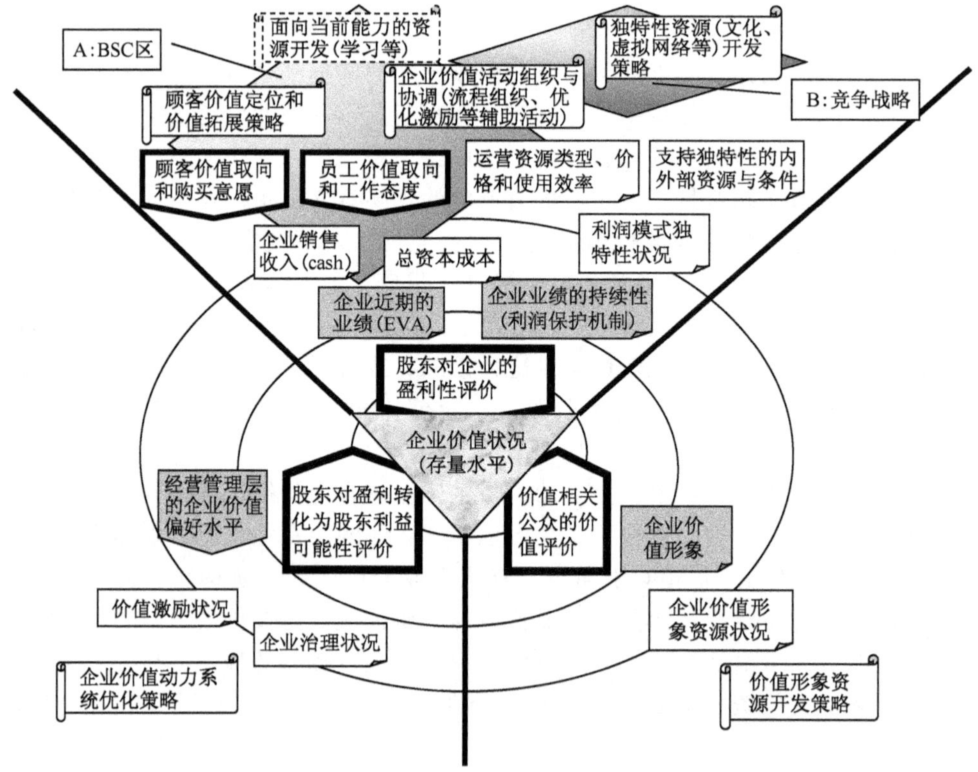

图 8-12　企业价值的三类评价和与此对应的企业价值分类层次影响因素

“行动体系”，如图 8-12 所示。

实际上，许多人们熟悉的企业战略思想和方法是与企业价值战略逻辑密切相关的。例如，在图 8-12 的顶部区域，以“企业近期的业绩”（EVA）为起点的一系列支撑因素，构成了一个菱形的因素关联体系。卡普兰等针对各类企业的共同点，用“平衡记分”模式（BSC）开发了一种企业战略的规范化表达方法。我们在图 8-12 顶部用深色菱形 A 反映了包含在价值战略中的 BSC 元素。同样，以“企业业绩持续性”为起点，在图 8-12 的顶部区域又有一部分要素，如“独特性资源（文化、虚拟网络等）开发策略”和“企业价值活动组织与协调（流程组织、优化激励等辅助活动）”，则是 M. 波特的竞争战略核心元素在价值战略中的具体体现。如图 8-12 顶部菱形 B 所触及的要素。

根据这些战略行动的性质和功能，我们可以将企业价值战略结构化为三大策略体系，即企业价值战略的三个维度：价值源策略、价值动力策略和价值形象策略（图 8-13）。

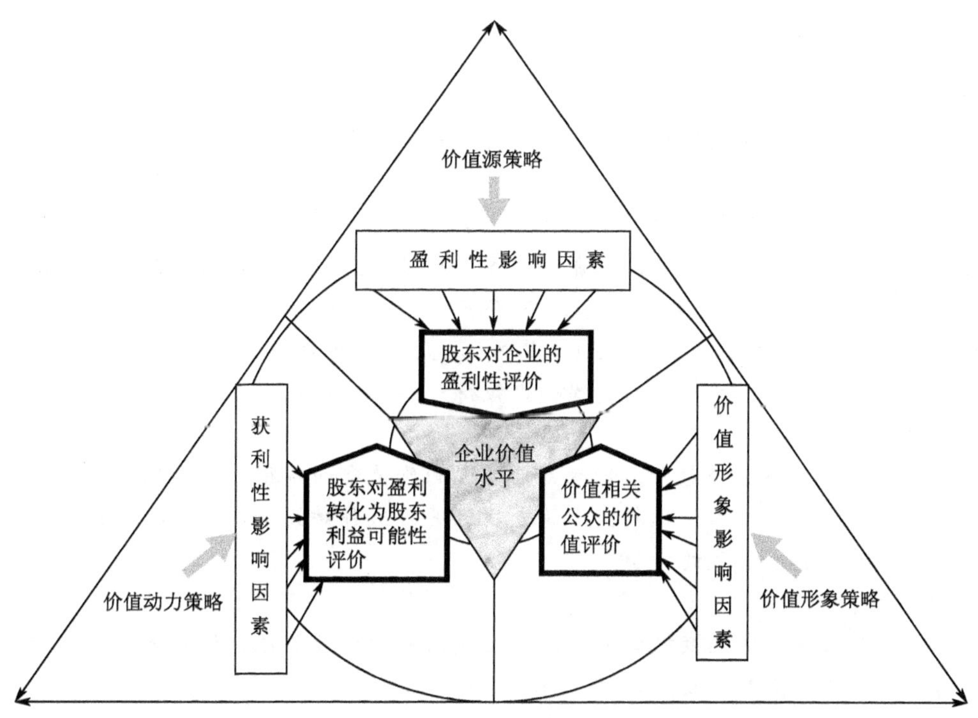

图 8-13　企业价值战略的总体框架：行动体系与关联状况

3. 企业价值战略的分项策略功能

就最一般意义而言，企业的存在是以需求的存在为前提的。这就是以 P. 德鲁克为代表的经验主义管理学家关于企业本质的经典描述。企业之间如果存在可以被称为是“本质差异”的东西的话，那么这种本质差异源自于它们所对应的需求差异。企业的本质差异可以显现为各种结果方面的差异，如总回报差异、相应的资源报酬率差异以及竞争优势差异等。当企业期望从一种不理想的状态转向较好的状态时（这种较好的状态的根本表现是该企业价值得到显著提升），那么首要的环节是从源头上进行改善。也就是说，应该进行“本质”方面的改变或调整。从狭义或实用主义角度讲，这种改变或调整就是寻求新的利润区。如果说一种“利润区”比另一种利润区更值得关注，那首先是因为该利润区对应着更为迫切或更具时代意义的顾客需求。

随着技术、经济、文化等宏观因素的改变，总会不断出现新的带有主导意义的顾客需求。这为企业寻求本质上的更新，并占领更为丰厚的利润区提供了几乎是无穷无尽的机会。而企业经营能力的差异就集中地反映为把握与运用这种机会的能力上的差异。

【重要词汇】

◇ 企业战略

是指关于企业发展的总体目标、原则以及步骤安排。

◇ 竞争性资源

可带来企业竞争优势的资源。企业竞争优势是建立在企业拥有的特质资源和企业如何配置（开发利用）这些资源的方式基础之上的。竞争性资源具有对客户有价值（valuable）、稀缺（rare）、不可模仿（inimitable）和不能替代（non-substitutable）等属性（简称 VRIN 属性），凭借这些资源企业就能通过实施竞争对手难以轻易复制的价值创造战略，赢得可持续竞争优势。

◇ 战略主题

企业在该业务的经营中，针对目标顾客的价值空间特征，在价值定位的基础上，就目标顾客的核心价值所提出的专项对策。这种对策是设想性的，其合理性和有效性有待竞争实践的检验。

◇ 战略行动要点

是指为落实组成该战略的某个战略主题而有意设计并拟付诸实施的一组特定的行动。作为战略行动要点，该组行动具有以下特征：

（1）该组行动具有一个统一的支持对象：某项战略主题。

（2）该组行动应有事先确定的计划，并据此建立其相应的测评与考核体系。

（3）该组行动很可能是跨部门、跨职能行动，因而需要形成统一协调的机制。

◇ 企业价值

一个企业的价值就是全部现实和潜在的投资人对拥有该企业所能获得的利益的主观评价。它反映了企业以其全部资源通过一定方式结合起来进行市场运作时，作为一个整体而在出资人心目中的稀缺性程度。

【知识练习】

1. 试举出 3 个价值转移的例子，并说明转移的原因。

2. 不同“视角”中关于企业战略的主观印象是一种什么性质的现象？有何可能的后果？

3. 企业价值战略的主要构成因素是哪些？各有什么性质？

【能力训练】

1. 试论述竞争战略与企业价值战略的关系。

2. 试论述商业模式与企业价值战略的关系。

3. 案例分析：

宝洁经典的竞争战略

宝洁象牙皂 1879 年诞生上市，加入到全美当时 300 多家竞争群体中。那时，大多数公司都在生产一般的粗制肥皂，只有少数企业生产昂贵的精制皂。

采取差异化战略挤入市场

首先就是产品差异化。宝洁最初决定生产市场上没有的纯净温和的条形皂，以洁白如玉的色调为客户增加洁净的感觉，从而取代了长久以来棕色的肥皂形象。但研发过程中产生了另一个意外的差异化成果——象牙皂可以漂浮在水面上。这个独一无二的特点很受客户喜爱。

其次便是营销差异化。象牙皂是第一个投巨资用广告推广的肥皂，也是美国迄今为止广告力度最大的品牌之一。当时主管品牌推广的亨利·鲍克特针对消费者对纯度没有什么概念的现状，制定了纯度的标准，这就是著名的“纯度 99.44%”口号。鲍克特建立了纯度标准之后，便开始大力运用对比性广告攻击竞争对手，比如，在杂志上用表格将象牙皂与其他肥皂进行纯度对比；使用认证方式，让化学家和医师来认证象牙皂的纯度，以强化其个性化特征。

象牙皂的差异化战略取得了惊人的效果，在美国它成了与众不同的肥皂并获得了市场领先的份额。

由差异化战略转向成本战略

20 世纪 50～60 年代的行业革命，使更多的差异化产品出现并瓜分市场。如除了基本的清洁功能外，还具有除臭功能的 Dial，特别强调对皮肤护理的美容皂

Dove 等。

面对严峻的市场态势，宝洁没有选择将竞争产品特点中的一个或多个添加到象牙皂中，相反却战略性地为象牙皂重新定位：象牙皂继续保持白色、可漂浮、99.44％的纯度特点，但从具有与众不同特点的肥皂变成了具有较高性价比的普通型肥皂。使象牙皂从差异化肥皂成为成本领先型肥皂。

象牙皂的新战略是拥有一个有基本功能而不加装饰的简单肥皂。没有不必要的成分，没有香味，不加香料，连包装也力求简单，没有昂贵的纸张，没有发光的装饰，没有艳丽的色彩。

在销售上，象牙皂首先使用了捆绑式包装。每6块皂一起卖，这就容易使象牙皂能被全家使用，所以被大量购买。作为一个被广泛认同的品牌，它没有一个明显的使用人群，无论男女老幼，从洗脸、洗手到淋浴，人们都在使用它。通过低成本战略，象牙皂依然保持着领先的市场份额。尽管过了100多年的时间，象牙皂这个品牌仍然是大众消费者的首选。

阅读上述资料，以小组讨论或独立思考的方式，就以下问题编写分析报告。

1. 宝洁的竞争战略取决于什么？

2. 象牙皂的战略意义何在？

第9章　组　　织

现代社会的成就——如果不是指个人的生存——愈来愈依靠于这些机构（组织）的成就。

组织不是机械的，不是“装配件”，不能“预制”。组织是有机的，并且对于每一个企业或机构都是独一无二的。因为，现在我们已经知道，为了效率和健全，必须由战略决定结构。……战略就是对“我们的企业是什么，应该是什么，将来是什么?”这些问题的答案。它决定组织结构的宗旨，因而决定着某一企业或服务机构中哪些是最关键的活动。有效的组织结构就是使这些关键活动能够进行工作并取得成就的那种组织设计。

——彼得·F. 德鲁克[①]

【本章学习目的】

1. 了解什么是组织，组织在管理中的作用。
2. 了解什么是组织结构。
3. 影响组织结构设计的几个关键因素。
4. 有几种重要的组织结构形式。
5. 掌握组织设计的权变方法。
6. 理解组织与组织文化的关系。

人们在一起协同劳动，为实现共同的目标而一起工作，就需要组织和管理。组织之所以能够存在，是因为相信群体活动具有一定的协作效率。企业组织的发生和发展，是社会化大生产和专业化分工原则的产物，企业中所产生的协作效率，正是通过良好的组织职能来实现的。正如美国著名经济学家和管理学家A. D. 钱德勒在他的管理学名著《看得见的手——美国企业的管理革命》中所说“现代工商企业是当经济活动量达到这样一个水平，即管理上的协调比市场的协调更有效率和更有利可图时，才首次在历史上出现的”。因而，说到管理，不能不说组织。

---

① 彼得·F. 德鲁克（Peter F. Drucker）美国著名管理学家，经验学派的代表人物。著有《管理的前沿》等大量著作，有着广泛的国际影响。

9.1 组织的基本概念

长期以来，管理学家们一直试图寻找到一种“理想”的组织模式，这种理想的组织应能确保合作的效率又不窒息人们的创造性，既达到组织的目标，又满足人们的需要，并能在一个急剧变化的环境中维持生命力，这是判断组织合理性的最终标准。管理学之所以如此重视组织问题，是因为，在任何时候组织机构都是为实现企业战略和目标服务的，在任何时候组织形式都要适应生产力发展水平和技术进步的要求，组织管理的任何创新努力都是为了提高生产率。尽管组织结构的变化较之企业其他方面的变化要缓慢得多，可与20世纪初相比，无论是组织形式还是管理思想都有了惊人的发展并不断完善。推动这种发展变化的最主要力量来源于对效率的不懈追求和技术的进步，其基本框架仍然是建立在企业经营战略和组织行为的基础上。对于每一个具体的企业或组织来说，选择合适的结构对组织的发展是至关重要的，为保证战略目标的实现，就必须从提高管理效率入手，完善组织设计，实现组织创新。

9.1.1 组织的定义

那么，组织又是什么？在这里，有必要先对组织的概念作简要阐述。

“组织”一词有两种不同的含义，一是作为名词形式，组织（organization）“是两个或多于两个人的力量和活动加以有意识的协调的系统”（巴纳德），有一定的社会目标追求，具有明确的结构关系。如从原始社会的氏族部落到现代社会的公司、政党、军队、学校、医院等，都可以纳入组织的范畴。

另一是作为动词的组织（organizing），是指有意识地协作或活动来实现共同目标，即通过分派任务和责任，协调人员与资源，设计组织结构及信息沟通系统，使组织成员能为实现组织目标而有效协作工作的过程。组织工作是管理的基本职能之一，在许多时候组织常常被看做是管理的同义词，因为，组织工作的实质就是研究如何合理有效地分工与合作，如何使人力资源与物力资源合理匹配，从而提高组织的效率和效益，而这也是管理追求的目标。

从管理学的角度，可以把组织看做是“有意识形成的职务和职位的结构”（孔茨），管理者为保证组织能持续与有效运作，必须按一定规则和程序，规定每个组织成员的角色和任务；必须有目的有计划地分工、合作及协调。设计和保持这样一种面向工作的职务系统，其目的是实现某些既定的目标，执行某些特定的功能。

可以从两个层面来看待作为系统的组织。一个是把组织视为一个理性的封闭的系统。这里的理性是指技术性的理性和功能性的理性，即假设每一个组织成员，无论是管理者还是普通员工都是理性的。例如，他们都有相同或相近的目的，愿意通过分工协作提高效率以实现既定的目标；能够运用大家可以理解的概念和方式（每个组织都有自己的技术术语和管理方式）进行沟通并影响别人；有共同的知识和文化约束和影响组织成员的行为等，因此，他们的行为是可以预测的，是在组织内在特定限制下的行动。另外假定组织的环境是相对稳定的，经理人可以将工作聚焦于组织的掌控，希望消除各种不确定因素，以最高的效率进行组织的决策。传统的科层组织理论、科学管理理论及激励理论等，大多是建立在这样的假设基础上的。另一种观点认为组织是一个自然的、开放的系统，是与环境互动的，时时与外部更大的系统进行信息、资源的交换，因此，组织不是一个完全自主的封闭系统，组织的运行和组织成员的行为都受到变化着的环境的影响。组织理性只是相对的和程度上的，重要的是如何适应外部环境变化，采取合理的行动更好地实现组织目标。

综上所述，我们可以概括出组织的一些基本特征。

（1）组织是由两个或两个以上的人为实现某一目标而组成的协作系统。

（2）组织有自己的目标。任何组织都是为满足某种社会需要而存在的，组织从社会（外部环境）汲取资源，同时为社会提供产品和服务，组织的成果总是有益于组织外部。当组织目标清晰时，人们就清楚要承担哪些任务，就可以合理配置各种资源，就能够引导组织结构设计，也便于经理人有效评估选择行动计划，做出正确决策。

（3）组织有正式的结构和模式。组织为保证其有效性而需要有一套相对稳定的协作和运行方式，需要界定组织里面的角色和各个角色之间的关系，这就是组织结构和运行模式。正式化是组织的一大特征，不是考虑个别成员的特质，而是通过标准化和常规化的努力，使组织及组织成员的行为可以加以期望和预测，使组织的功能得以发挥，从而保证组织目标的实现。

理想的组织结构应该起到这样的作用：①使每一个组织成员和各级管理者都清楚自己承担的责任并及时获得信息，以减少他们行动和进行决策时的不确定因素。② 让每一个组织成员拥有足够的职权，能够顺利而有效地推动他们的工作。③能够规范成员们之间的关系，以确保所有重要的任务能按照规定的程序和要求得以分派、控制和完成。

9.1.2 组织结构

组织结构（organization structure）描述的是组织框架体系，通常指组织中相对稳定的部门、职权设置以及相互关系。企业的组织结构，就是企业内部各个有机构成要素相互作用的联系方式或形式，它涉及决策的集中程度、管理幅度的确定、组织层次的划分、组织机构的设置、管理职能权限划分和责任认定，以及联系沟通方式等问题，因而又可以说，组织结构是对组织的复杂性、正规化和集权化程度的一种度量。组织结构是根据组织的功能和目标建立起来的，其实质是人们在组织中进行劳动分工与协调方式的总和。这里所说的分工，是指为实现组织的任务，以提高组织运行效率为目标，理顺组织内部关系，合理划分权责；这里所说的协调，包括纵向的控制和横向的信息沟通。组织是由结构来决定其形态的。

明茨伯格认为，任何企业的组织结构，无论其具体形态如何，都由下列五个基本部分组成：

（1）工作核心层，由直接从事生产和服务的基层部门组成；

（2）战略高层，即组织的最高领导决策层；

（3）直线中层，介于前两者之间起着连接和沟通协调作用；

（4）技术专家结构，由组织的职能人员组成，他们的作用不是直接参加生产或服务，而是运用专门知识和技术，帮助前三者提高工作效率或效益；

（5）辅助支持人员。

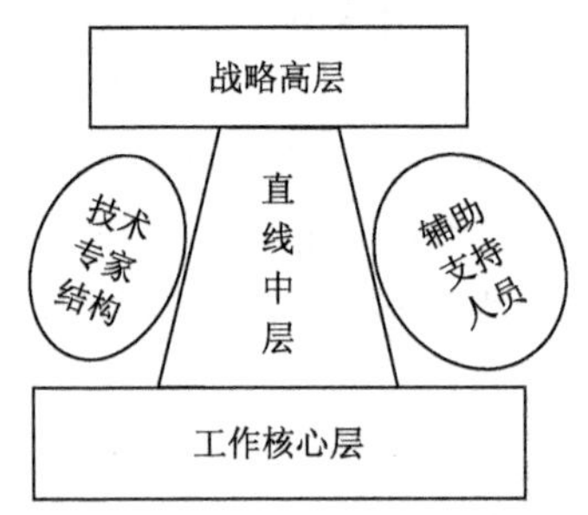

图 9-1　明茨伯格的组织结构树图

这五个部分构成组织的结构（图 9-1），而每一部分在组织中所起的作用，所处的层次地位，承担的职责都是不同的，这就是我们通常所说的职能。不过需要指出的是，虽然构成组织的基本部分和职能是相同的，但由于每一个组织所处的发展阶段不同，规模大小不一，工作的复杂性和环境条件等因素的影响不同，其具体的组织机构设置，权限的划分，联系和控制方式会表现出相当大的差异性。

基于分工的考虑，组织进行内部职能划分时，可以有下列三种区分。

（1）水平分化（horizontal differentiation）：系按照组织成员的工作性质和负责范围所做的分工。组织的业务越多元，需要的专业技能人员种类越多，同层级的部门就越多，协调沟通的问题便比较突出。

（2）垂直分化（vertical differentiation）：指组织层级体制由上而下的分化，依层级的高低分配组织内的权力。一般组织的层级越多结构越复杂，信息传递和决策速度会降低，沟通也容易产生误会。

（3）空间分化（spatial differentiation）：指人员配置在空间上的分散程度。如分公司、分校、跨国公司、企业集团等，一般组织的地理分布越广，空间距离和分散程度越高，其间的沟通协调就越困难，甚至管理控制都会发生问题。

由于上述各种分化方式使得企业的组织结构十分复杂，一般分析组织结构时，要考虑组织各部分之间的横向分工、纵向分权、空间分布、联系方式以及各要素之间的相互关系。

影响组织结构的因素主要有以下三种：复杂性、正规化和集权化。

(1) 复杂性（complexity）是指组织分化的程度。一个组织越是进行细致的劳动分工，具有越多的纵向等级层次，组织单位的地理分布越是广泛，则协调人员及其活动就越困难。所以，我们使用复杂性这一词汇。

(2) 组织依靠规则和程序引导员工行为的程度就是正规化（formalization）。有些组织仅有很少的正式制度和规范，员工有较大的自我控制范围和行动空间，这样的组织就是低正规化的，如大学和科研机构、咨询公司、一些非政府组织等。而另一些组织，却具有各种各样的制度规定指示员工应该这样做不应该那样做，员工自我管理自我控制范围很小，这样的组织就是高正规化的。如军队、政府机构，大规模制造企业等。一个组织使用的规章条例越多，其组织结构就越正规化。

(3) 集权化（centralization）考虑决策制定权力的分布。在一些组织中，决策是高度集中、自上而下的，问题自下而上传递给高层管理人员，由他们选择合适的行动方案，下属参与程度低，这样的组织就是集权化的。与决策权力高度集中不同，一些组织将权力授予下层人员，下属制定决策的影响力和参与度比较高，这被称为分权化（decentralization）。

根据一个组织复杂性、正规化和集权化特点以及其工作任务、协调机制、关键构成部分，其组织结构又可以分为：机械式组织、有机式组织。

(1) 机械式组织（machine organization）具有高度复杂性、高度正规化及高度集中化的特质。在机械式组织中，任务被分割为各种高度专业化的子任务，因而呈现高复杂性。员工一切按照规章制度办事，因而呈现高正规化。大部分重要决策的制定，都由组织高层做出，因而呈现高集权化。

在机械式组织中工作被高度细化，大多数员工所执行的工作范围非常狭窄。例如，在大型组装工厂，大型联合企业中，一个工人的工作活动可能只包括几个简单的动作，有限的活动空间。这种组织形式的优点是，工作被细化后，便于标准化，以提高效率；利于培训员工，降低成本。标准化工作也便于企业建立明确的规章制度，设计规范的工作流程，以确保员工的行为、产品的质量符合组织的设定。

机械式组织的不足是，组织结构复杂，管理繁文缛节，缺少弹性和应变能力。每个人都有自己固定的狭窄的工作范围，很可能适应不同任务和应对突发事件的能力不足。此外长期从事单调重复的工作，也容易产生厌倦疲惫感，降低工作积极性和满意度。

(2) 有机式组织（organic organization）相比较于机械式组织，具有结构简单、非正式、低度集权的特征。其与机械式组织的比较见表9-1。

表 9-1 机械式组织与有机式组织的比较

机械式组织	有机式组织
工作细分成较窄的任务	工作是以一般性任务呈现
个人任务是固定的	个人任务经常因与其他人互动而调整
控制、职权、沟通结构是层级式的	控制、职权、沟通结构是网络式的
决策由特定的组织层级完成	决策由具有相关知识技能的人制定
垂直沟通	垂直水平沟通
沟通内容主要是上下级之间的指示	沟通内容主要是信息及建议
强调忠诚及对上级的服从	强调对组织目标的承诺及拥有专业技能

有机式组织的基本特点是希望赋予组织更多的弹性及应变能力，并促成跨部门之间的合作，让组织内各单位的行政边界不至于成为完成特定任务的障碍。因此，在有机式组织中，一般以任务分配每个人的工作，不同技能的人组织在一起，以团队或任务小组形式开展工作，内部的沟通协调比较顺畅，决策重心下移，组织的创新应变能力较强。一般研究性机构、创新型高科技企业、咨询服务组织多采用这种组织形式。

9.1.3 组织的整合

高度分工和专业化的组织，其结构要比简单分工的组织复杂得多，而在高度分工和专业化的组织里，管理人员面对的沟通、协调和控制等问题也困难得多，因而必须对组织功能进行整合。这里我们分别从组织的纵向与横向关系探讨组织是如何达成整合功效的。

1. 纵向的整合

纵向整合关注的是在组织中如何划分权力和责任。一旦工作被分解成有意义、彼此有联系又有区别的任务后，每个人就只需要为其承担的任务努力，对自己的工作负责。对管理者来说，要考虑的重点是确保每个人清楚自己的责任，有效协调这些人之间的关系，避免冲突，帮助他们顺利完成任务。

1）命令链

命令链反映出一个组织的权力结构，表明一个组织的信息传递和决策方式，即组织内由上而下的职权关系，使每个组织成员都知道，“我有问题，向谁报告”，以及“我向谁下达指令，我对谁负责”。命令链表明一个组织的管理层次和纵向分工方式。

早期的管理学家十分重视命令链的研究。如法约尔著名的 14 条管理原则，就明确提出统一指挥、统一领导以及等级链等概念。韦伯在他的“理想官僚行政组织”模式中，也将权威、职权等级、正式的规则和制度等视为保证组织正常运转和高效率必不可少的条件。在他们看来，命令链的概念是组织设计的基石。

命令链的基础是建立在层级制上的权威和命令统一原则。韦伯认为，任何一种组织都是以某种形式的权威为基础，如果没有某种形式的权威指导，组织就不能统一行动和实现目标。权威能消除混乱、带来秩序，命令统一原则有助于保持权威链条的连续性。它意味着，一个人应对一个主管，并且只对一个主管负责。如果命令链的统一性遭到破坏，一个下属可能就不得不穷于应付多个主管的不同命令，或因这些命令彼此冲突而无所适从。

随着时代的发展、技术的进步以及组织环境的变化，这些组织设计的经典原则也受到冲击。特别是信息技术的发展和网络的出现，使组织中任何位置上的员工都能与任何人交流，而不需要通过原先的正式渠道。如现在一个总经理可以通过企业内的计算机管理信息系统即时了解企业各个部门的生产经营情况。一个普通员工可以轻而易举地通过电子邮件直接向高层领导表达意见，而无需通过秘书排队约见。过去军队打仗，情况是层层上报，命令是逐级下达，越级指挥、多头指挥是作战之大忌，但现代战争，凭借现代通信手段，司令部的最高统帅们可以随时了解战场的每一点情况，直接指挥到每一艘军舰、每一架飞机，甚至每一个士兵。此外，随着矩阵式组织、自我管理团队、质量小组等新型组织的出现，放权和鼓励员工参与决策等管理思想深入人心，都使权威的概念和命令链的维持变得越来越无关紧要。当然，对于任何组织设计命令链仍旧是必不可少的，但其作用却弱化了。

2）管理跨度

管理跨度是组织设计中需要考虑的重要问题。一个主管可以有效指导多少个下属？一个组织设置多少层级为宜？这不仅关系到组织效率，还直接影响到管理成本。这就涉及组织理论的两个重要概念：管理幅度与管理层次。

我们知道，任何主管能够直接有效指挥和监督的下属数量总是有限的。这个有限的直接领导的下属数量被称做管理幅度。基于同样的理由，最高主管的委托人也需将受托担任的部分管理工作再委托给另一些人来协助进行，以此类推，直至受托人能直接安排和协调组织成员的具体业务活动，由此形成组织中最高主管到具体工作人员之间的不同管理层次。

一个组织的管理层次多少，受到组织规模和管理幅度的影响。在管理幅度给定的条件下，管理层次与组织规模的大小成正比，组织规模越大，包括的成员数越多，其所需的管理层次就越多。在组织规模给定的条件下，管理层次与管理幅度成反比，每个主管部门直接控制的下属人数越多，所需的管理层次就越少。

任何组织在进行结构设计时，都必须考虑这样的问题，即每个主管人员直接指挥与监督的下属人数以多少为宜。传统的管理跨度理论非常强调控制的幅度，经典原则是一个主管直接控制下属的理想人数为4～6人。现在这一原则受到极大冲击，越来越多的组织正努力扩大管理跨度，宽跨度、少层次的扁平式组织结构已成为组织设计的新趋势。推动这种变化的动力来自迅速变化的市场环境和日益激烈的竞争，要求企业加速决策过程、增加灵活性、缩短与顾客的距离；而技术的进步亦使这种大跨度、扁平式管理成为可能，因此，减少管理层次，更多地授权给下属，就成为必要的选择。此外，加宽控制跨度，有利于降低成本、削减管理费用，从而提高管理效率（图 9-2）。

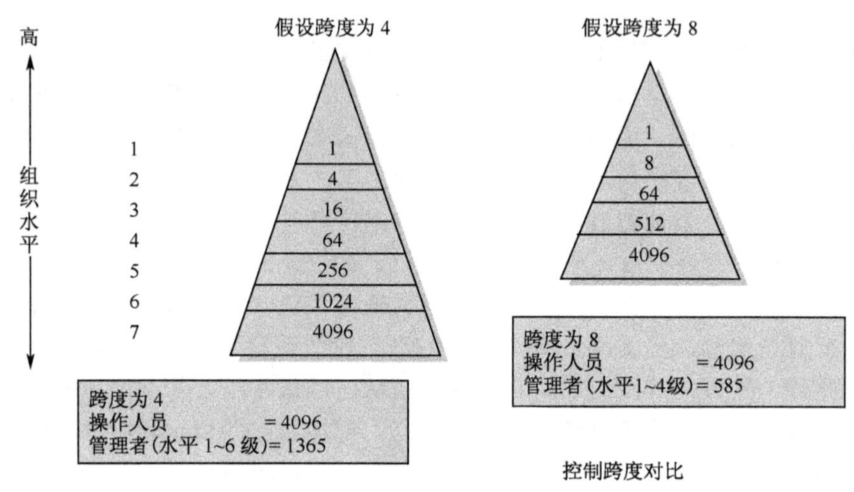

图 9-2 管理跨度对比

一般来说，即使在同样获得成功的组织中，每位主管直接管辖的下属数量也不一定相同。有效管理幅度的大小受到管理者本身的素质与被管理者的工作内容、能力、工作环境及工作条件等诸多因素的影响。但是，为了避免因控制跨度加大而使员工绩效降低，还应加强员工培训的力度和投入，提高下属的素质和能力。每个组织都必须根据自身的特点，来确定适当的管理幅度、相应的管理层次。

3）直线与参谋

在组织中，直线与参谋是两类不同的职权关系。二者最主要的区别在于，前者能依据命令链发布指令；后者通常只能提出建议或提供协助。区分的另一个标准，是分析不同管理部门和管理人员在组织目标实现中的作用，那些对组织目标的实现负有直接责任的部门称为直线机构，而把那些协助直线人员有效工作的部门称为参谋机构。根据这个标准，人们通常把企业中致力于生产或销售产品的部门称为直线机构，而把采购、人事、会计等列为参谋部门。直线关系是一种指挥和命令的关系，授予直线人员的是决策和行动的权力；而参谋关系则是一种服务和协助的关系，授予参谋人员思考、筹划和建议的权力。正确处理直线与参谋的关系，充分发挥参谋人员的合理作用，是发挥组织中各方面力量的协同作用的一项重要内容。

然而在实践中，直线与参谋的角色并非截然分开的。例如，由于种种原因，如缺乏专业知识、缺乏监督办事过程的能力以及对方针政策缺少了解等，使直线部门有时不能有效行使职权，或因他们的直接主管无暇顾及，而向参谋机构授权，允许他们按规定的制度和程序，在一定的职能范围内做出决定，向下一级直线部门发布指示，提出要求。另一个重要原因是，许多职能部门事实上拥有掌握信息、制定政策、分配资源和监督的权力，这就使得一些参谋部门常常不是协助直线部门工作，为直线部门服务，而是形成一种指挥和干预关系，出现管理上的“错位”。在现代社会，随着组织规模的扩大，管理层次的增多，以及管理复杂性和专业化程度的加大，参谋部门的作用日益提高和权力膨胀成为一种普遍现象。职能部门权力过大，导致直线与参谋的矛盾冲突，往往是造成组织缺乏效率的重要原因之一。考察这些低效率的组织活动，通常可以发现这样两种不同的倾向：要么保持了命令的统一，但参谋作用不能充分发挥；要么参谋作用发挥失当，破坏了统一指挥的原则。这使得在实际工作中，两者常常相互产生不满情绪。

要解决这个矛盾，正确发挥参谋作用，首先，要明确直线与参谋的关系，分清双方的职权关系与存在价值，从而形成相互尊重、相互配合的关系；其次，授予参谋机构必要的职能权力，以提高参谋人员的积极性；最后，直线经理为参谋人员提供必要的信息条件，以便从参谋人员处获得有价值的支持。总之，处理好直线与参谋之间的矛盾关系，一方面要求参谋人员经常提醒自己“不要越权”、“不要篡权”；另一方面，也要求直线经理尊重参谋人员所拥有的专业知识，利用他们的专长，取长补短。

4）授权

“权力”通常被描述为职权范围内的支配力量。一个处在某个管理岗位上的人，运用组织赋予的权力，可以对整个组织及下属产生具有强制性的影响力。授权就是上级将自己的部分职权通过命令链分派下去，让下属执行任务时不必事事请示，以便能迅速完成任务。授权的同时也必须赋予相应责任，否则可能造成滥用权力的后果。不过授权与分权（根据工作职责分工）不同，主管授权下属处理事务后，他只能要求下属承担工作责任，自己却必须承担终极责任，即要对下属行为的结果负责。

授权实质上反映出组织成员间的一种正式关系，即上级可以运用组织赋予的法理权力向下属分派任务，让渡部分权力；下属根据组织制度和社会约定，有接受命令、履行职责的义务。授权程度也反映一个组织的决策方式以及组织成员的参与度。如果一个组织高层管理者很少向下授权，在制定决策过程中不考虑或很少考虑下属的意见，则这个组织的集权化程度就比较高。相反，如果较多向下授权，基层人员参与程度很高，这个组织的分权化程度就较高。

集权式组织与分权式组织在本质上是不同的。集权式组织具有政令畅通、决策迅速、协调成本低等优点，但过分集权则可能带来降低决策质量，削弱组织适应能力以及影响组织成员的工作热情等弊端。在分权式组织中，日常决策更多地下放到基层，采取行动、解决问题的速度较快，更多的人为决策提供意见，但相应会增加管理控制的难度，加大协调成本。近年来，更广泛授权的趋势比较明显，这与市场变化加快，竞争愈发激烈，需要组织更加灵活和主动做出反应的要求是一致的。此外，一些企业规模日益巨大化，经营领域趋于多元化，也使得经营管理活动变得异常复杂，迫使企业的高层管理者不得不把主要精力放在战略层面，而将日常管理决策权更多下放。

笼统地说应该怎样授权，集权好还是分权好很难得出统一的结论。在进行组织设计时，关键是看采用何种决策方式更有利于组织战略和目标的实现，能更有效地提高管理效率和降低管理成本。

2. 横向的整合

1）工作专门化

工作专门化是用来描述组织中把工作任务划分为若干步骤来完成的细化程度，进行组织设计时要对劳动进行合理分工，现代管理就是建立在合理分工的基础上的。

亚当·斯密最早注意到分工问题，他认为通过劳动分工可以有效提高劳动生产率。20 世纪初，老福特发明了第一条汽车生产线，他通过把工作分解为较小的、标准化的任务，使工人能够简单反复地进行同一种操作，福特利用技能相对有限的员工，每 10 分钟就能生产出一辆汽车，并使生产成本大大降低。

劳动分工使不同工人持有的多样技能得到有限利用。在大多数组织中，有些任务需要高度熟练的技能，而另一些则可由未经过训练的人来完成。如果所有的工人都要从事制造过程的每一步骤的活动，他们就必须同时具备开展最容易的工作和最困难的工作所必需的技能。其结果只能是，除了在开展需要最高技能、最为复杂的任务外，员工大多在低于其技能水平的状态下工作。因为熟练工人比非熟练工人要付更高的工资，这样雇佣高技能的工人做低技能的事，就意味着资源的浪费。

工作专门化除了可以有效提高劳动生产率外，还有一个好处就是劳动力的培训、置换成本比较低。但物极必反，分工过细、工作过于简单重复容易导致员工厌倦、疲劳和反感，引起工作满意度的下降和高流动率，这种非经济因素的影响有时会抵消劳动分工的优势。为解决这些问题，现在许多公司通过丰富员工的工作内容、工作轮换、允许员工做完整的工作、让他们加入到需要相互交换工作技能的团队中等方法，减少工作专门化产生的副作用，增加员工的工作满意度。

在组织中强调分工的重要性还意味着要合理划分事权，做到把企业中所有的工作，分配给企业的每一个成员，没有人没有工作做（任务明确），没有工作没有人做（无空白），也没有两个部门负责相同的工作（无重叠）。

2）部门化

一旦通过工作专门化完成任务的细分后，就需要按照某种逻辑进行整合，对工作进行分类，以便实施有效管理与协调，工作分类的结果就是部门化。

部门化也可以理解为对一个组织的工作活动进行横向的归类和划分。通过部门化明确各自的职责，确定各部门（岗位）之间的关系，达到相互服务、相互控制的目的，保证组织目标的实现。一般说来，工作任务越复杂，分工越细，形成的部门就越多。

对工作活动进行分类的根据主要是工作职能，因为只有职能的变化可以反映组织的目标和活动。比如一个企业可以按研发、生产、销售、财务、人事、采购等不同性质的工作将有关人员划分成相应的部门来组织整个生产经营活动。一个大学围绕人才培养、科学研究、社会服务等职能可能会设立教务处、科研处、研究生院、继续教育学院、国际合作处、人事处等部门。这种按职能划分部门的优点主要在于，把同类专家集中在一起，能够提高工作效率。通过把专业技术、研究方向接近的人分配在同一部门中，实现规模经济。

组织的部门也可以根据产品的类型、服务对象甚至地域进行部门划分。一些实现多元化经营的大型企业，如一个大型家电集团，就可以按产品类型分为电冰箱事业部、洗衣机事业部、彩电事业部、小家电事业部等；一个保险公司会根据顾客的需要分为财产保险、人寿保险、医疗保险和咨询服务等部门；而外贸公司或销售公司则大多是按地域来划分部门的。

还有一种部门化方法，根据生产工序或工艺流程来进行部门划分。如一个钢铁厂可以从炼焦、炼铁、炼钢、轧钢等工序进行部门设计。一个服装厂可能根据服装的生产流程设立服装设计、布料采购、缝纫、质检、包装、销售、托运等部门。由于不同的环节需要不同的技术，因此这种部门化方法对于在生产过程中进行同类活动的归并提供了基础。

无论工作分工还是部门划分，在整合时都应清楚地阐明各部门间的协作关系，协作是组织管理中的核心问题。越是联系紧密，相互依赖的工作，越是要处理好协调工作。

9.2 组织设计

组织设计（organization design）的本质在于汇集组织成员的活动，以实现组织的目标，完成组织的任务。但如何有效达成这一目的，便需要进行组织设计。组织设计的结果就是形成稳定的组织结构及相关的规章制度，并以此约束和影响组织成员的行为。各类组织形式没有好坏优劣之分，在进行组织设计时，应从企业实际情况出发，根据企业战略和目标的需要，选择最适宜的组织形式。

9.2.1 组织结构的形式

尽管从理论上说，企业组织结构的形式可以有无数种，但在现代组织中实际采用并占主导地位的则仅仅是其中的几种，从形式上可以分为直线制、直线职能制、事业部制、矩阵制组织等组织结构。

1. 直线制

直线制组织（图 9-3）是工业生产发展早期的一种企业组织形式。其特点是企业的一切管理工作，均由企业的厂长（或经理）直接指挥和管理，不设专门的职能机构，至多有几名助手协助工作，企业日常生产任务的分配与运作，都是在厂长（或经理）的直接指挥下完成的。现在一些产品服务比较单一、规模较小的企业仍然采取这种形式。

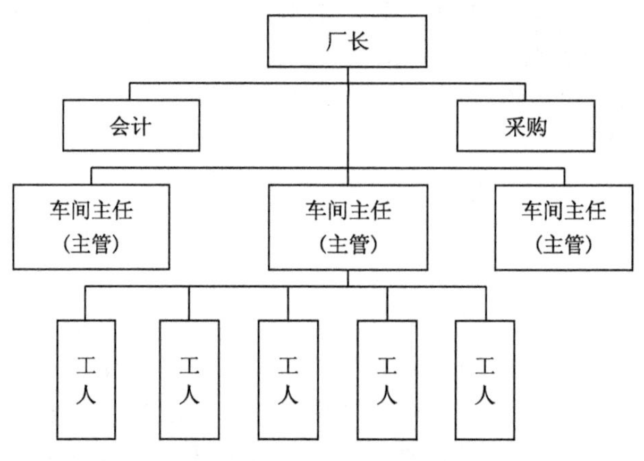

图 9-3 直线制组织结构

直线制组织的优点是机构简单、管理费用低，指挥命令系统单纯、决策迅速、责任明确、指挥灵活，直接上级和下级关系十分清楚，维护纪律和秩序比较容易，效率较高。这种组织形式，要求管理者精明能干，具有多种管理专业知识和生产技能知识。但是，这种管理方式也有明显的不足。主要是一个人的精力和能力有限，当组织规模扩大、管理任务繁重时，组织的领导者很容易陷入日常事务的泥潭中，无暇顾及对企业影响较大的重要问题的研究，也无力集中关心组织的重大决策，因此，管理工作容易流于简单和粗放。同时，组织中的成员只注意上情下达和下情上达，成员之间和组织之间横向联系较差。另外，管理者一旦退休或离开，他的经验、能力无法立即传给继任者，再找到一个全能型又熟悉企业情况的管理者立即上手工作，也是困难的。

2. 直线职能制

直线职能制组织形式（图 9-4）是对职能制的一种改进，是以直线制为基础，在各级行政领导之下，设置相应的职能部门。即在保持直线制组织统一指挥的原则下，增加了参谋机构。它的特点是只有各级行政负责人才具有对下级进行指挥和下达命令的权力，而各级职能机构只是作为行政负责人的参谋发挥作用，对下级只能起到业务指导作用。有些职能机构（如人事、财务等部门），只有当行政负责人授予他们直接向下级发布指示的权力时，才拥有一定程度的指挥职权。同时，在一个组织中相关的专业人员集中在一起，通过让具有共同技能的人在一起工作，取得专业化和规模经济的优势。

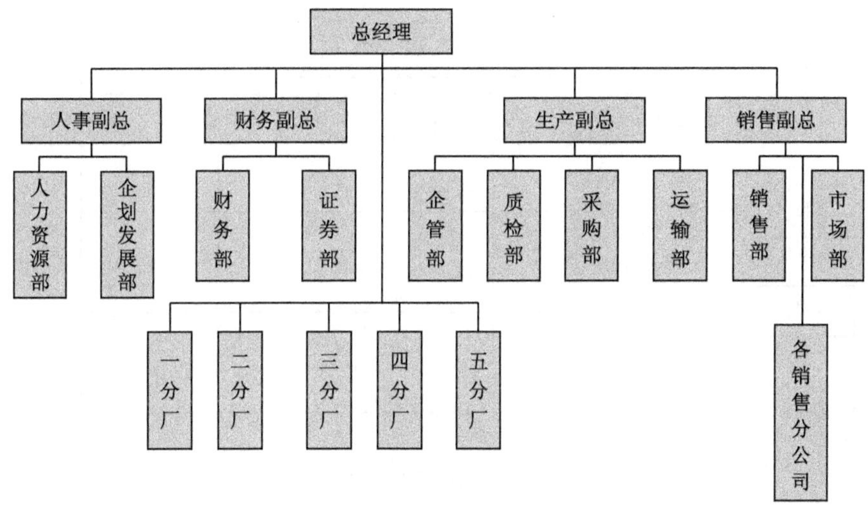

图 9-4 直线职能制组织结构

直线职能制综合了直线制和职能制的优点，既保证了集中统一指挥，又能发挥各种专家业务管理的作用，职责清楚、秩序井然、工作效率较高，组织比较稳定。它的缺点是各职能单位自成体系，不重视信息的横向沟通，工作容易重复，职能单位之间可能由于本位利益出现矛盾和不协调，对企业生产经营的运作产生不利影响；如果授权职能部门权力过大，容易干扰直线指挥命令系统；当职能部门与直线部门之间目标不一致时，容易产生矛盾，致使上级主管的协调工作量增大。另外，职能部门缺乏弹性，对环境变化的反应迟钝，特别是当组织环境变动较快时，它的不适应性就会充分显现出来。这种组织结构形式对中小型组织或产品比较单一、各生产部门和生产环节关联度较高、地理位置集中的企业比较适用，但对于规模较大、产品（或服务）关联度较低，决策时需要考虑因素较多的组织则不大适用。

3．矩阵制组织

矩阵制组织又称规划-目标结构组织（图 9-5），是在直线职能制垂直形态组织系统的基础上，再增加一种横向的领导系统。“矩阵”是借用数学上的概念，即这种组织在形式上十分类似数学中的矩阵形式。它把按职能划分的部门和按产品（或工程项目、服务项目）划分的小组结合起来组成一个矩阵，使同一名组织成员，既同原组织保持组织上和业务上的联系，又参加产品或项目小组的工作。为了保证完成组织目标，每个项目小组都设有负责人，在企业最高领导人的直接领导下进行工作。项目小组成员都受到双重领导，既受到项目小组领导，又受所属职能部门的领导。

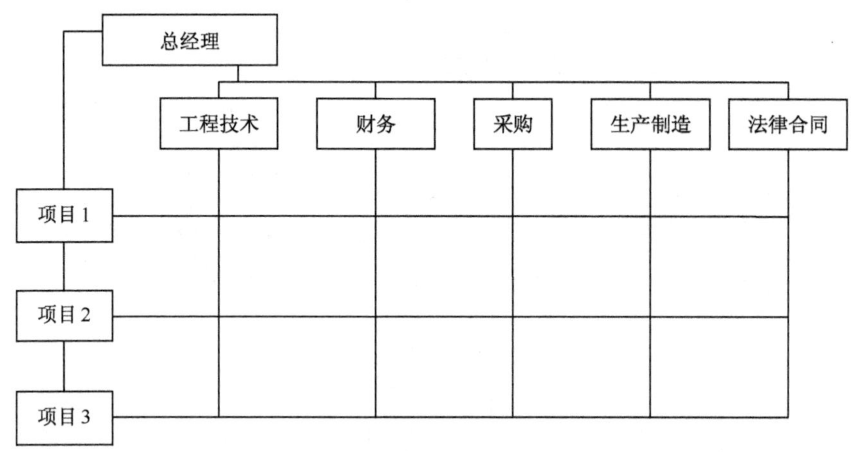

图 9-5　矩阵制组织结构

矩阵制组织的优点和缺点都与其结构特点有关，即与打破了传统的一个下级只受一个上级指挥的组织原则相关。它的优点是，加强了横向联系，克服了职能部门相互脱节、各自为政的现象，专业人员和专业设备得到了充分利用，使企业组织中纵向联系和横向联系较好地结合起来；具有较大的机动性，任务完成，组织即解体，人力、物力有较高的利用率，而原有的行政组织又不破坏；各种专业人员同在一个组织共同工作一段时间，完成同一任务，为了一个目标互相帮助，相互激发，具有专业化和高责任感两方面的优点。因此现在企业的新品研发，一些工程项目生产管理，高校科研院所的项目组、课题组大多采用这样的组织形式。

矩阵制组织的缺点在于，由于突破了一个下级只对一个上级负责的原则，致使这种组织构成了领导关系双重性。此外，矩阵制组织在管理上，常常工作任务由项目组安排，考核分配却仍归原来的行政单位，成员往往有临时观念，一旦出了问题，有时难以分清责任。

目前，已经有人根据矩阵制的特点，又发展了一种多维组织结构，主要是三维组织结构，由专业职能部门、产品事业部及地区管理机构三个方面结合，共同研究某种产品的开发、生产和销售等重大问题，协调各方面生产的矛盾，加强信息沟通。这种组织结构适用于大规模生产和跨地区经营的大型工业企业。

4. 事业部制

事业部制又称为分部式结构。它是在企业统一领导下，根据产品、地区或部门划分的，统一进行产品设计、采购、生产和销售活动的相对独立的经营单位（图 9-6）。事业部制是一种分权的企业组织形式，它实行相对独立经营，单独核算，拥有一定的经营自主权，设有相应的职能部门。事业部是企业控制下的利润中心，具有利润生产、利润核算和利润管理的职能，又是产品的责任单位和市场的责任单位，有自己的产品和独立的市场。按照"集中政策、分散经营"的管理原则，企业的最高管理机构握有人事决策、财务控制、规定价格幅度、监督等权力，并可利用利润等指标对事业部进行控制。这种组织形式适用于规模巨大、产品种类较多、市场分布面较广的企业。

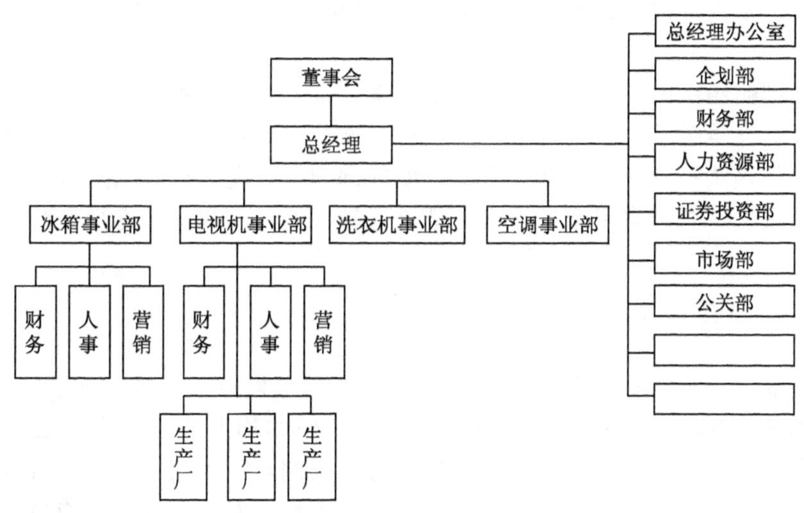

图 9-6　事业部制组织结构

事业部制组织形式最早产生于 20 世纪 20 年代的美国通用汽车公司和杜邦化学公司，是著名管理学家斯隆研究和创立的，故又称为"斯隆模型"。斯隆设计事业部制的出发点是“把政策制定与行政管理分开”，把公司任务分为决策任务和执行任务。领导部门担负决策任务，直线执行部门指挥各级的业务经营活动。直线指挥部门分为公司总部、各事业部和工厂三级。各事业部是公司内部独立的经营单位，也是利润中心，根据公司战略、方针政策和统一制度，全权指挥其所辖各单位的生产经营活动，并对完成公司赋予的任务负全部责任。

事业部制之所以被广泛采用，是由于大型企业和集团型企业的出现以及日趋激烈的市场竞争。新的外部环境要求企业既具有与强大对手抗衡的雄厚实力，又要有对市场变化迅速做出反应的经营灵活性。事业部可按产品、市场和地区划分。按产品划分的事业部，是在产品品种较多，各种产品都能形成独立市场的情况下采取的一种组织形式。按市场（顾客）划分的事业部，是在顾客类型和市场不同的情况下采取的一种组织形式。按地区划分的事业部是在销售地区广泛、工厂分散的情况下采取的一种组织形式。事业部内部的组织构成因公司的行业、规模、工厂分布、生产技术和历史情况不同而不同。

事业部组织的优点是，把统一管理、多种经营和专业分工更好地结合起来，事业部由于经营单一的产品系列，对产品生产和销售实行统一领导，独立经营，便于灵活地根据市场动向做出相应决策，取得竞争主动权；责、权、利划分比较明确，事业部制以利润责任为核心，能够保证公司获得稳定的利润，企业最高领导者得以摆脱日常生产经营业务工作，转向致力于公司战略决策和长远规划；有助于调动基层经营管理人员的积极性、主动性和创造性，充分利用企业各种资源；通过各个事业部门独立进行生产经营活动，能为公司不断培养出高级管理人才。

事业部制组织的不足之处在于：由于事业部具有相对独立的经济利益，事业部之间存在竞争关系，就不可避免地会产生本位主义，影响企业的统一经营，彼此协调比较困难；各事业部都有自己的职能部门，难免造成机构重叠，管理人员所占比重较大，管理费用增加；事业部具有较大的自主权和独立性，管理监控难度较大。

5. 多维立体组织结构

多维立体组织结构是在二维矩阵组织的基础上发展起来的，实质上是 M 形结构中引入矩阵结构而构成（图 9-7）。这种组织结构形式为了克服二维矩阵结构未能考虑组织活动所受到的时间和区域性的限制，而采用了一种三维的组织结构形式。这三维分别是：事业部、职能部门、地区或时间。这种组织形式一方面可以使事业部和职能部门的工作有机地协调起来，另一方面又考虑了时间或地区的因素，能使公司在不同时间、不同地点及时而准确地开展各种业务活动。美国的道一科宁化学工业公司于 1967 年在改组组织结构时，把原来的事业部改造成多维组织结构。该公司事业部作为利润中心，把职能部门作为成本中心，把各个地区作为利润中心和成本中心，并制定长远的计划，随着时间的推移而不断对组织进行调整，以适应变化的环境。这种多维立体组织结构是建立在目标管理的基础上，实行双重领导。这种组织结构适应了跨国公司、多角化经营的需要，并且在多变、复杂的环境中具有较强的生存能力。但其机构庞大，运行费用和管理费用很高，协调困难。

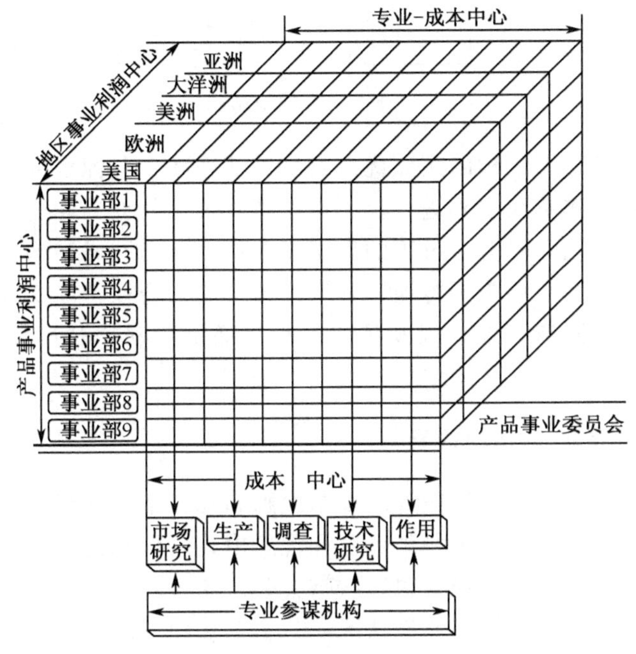

图 9-7 多维立体组织结构

6. 动态网络结构

动态网络结构是以市场模式组合代替传统纵向层级组织，公司自身只有很小的中心组织，保留关键活动，以合同为纽带依靠其他组织进行制造、分销、会计等业务经营活动的组织结构。企业可根据自身需要和市场变化，不断调整外部合作伙伴（图 9-8）。公司总部是一小群经营管理人员，通过箭头所表示的契约关系与外部组织发生业务协同关系，它实际上是一种规模较小，但可以发挥主要商业职能的核心组织，又称之为虚拟组织。

这种组织结构的特点是组织决策集中化程度很高，但部门化程度很低。公司从外部寻找各种资源来执行一些业务职能，自己则把精力集中在最擅长的业务上。公司总部经营管理人员大部分时间依靠计算机网络联系方式来协调和控制外

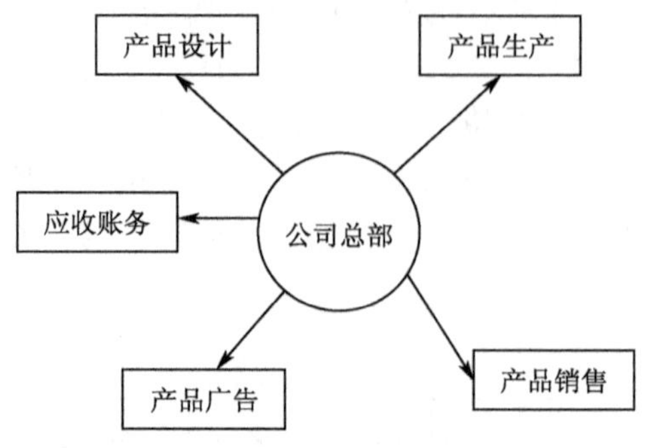

图 9-8　动态网络结构

部关系，动态网络组织结构的主要优点是其灵活性和十分惊人的精练。主要缺点在于，由于经营运作不在一起进行，公司总部对公司的许多职能活动缺乏强有力的控制，组织的识别性降低，员工的忠诚度较低。动态网络结构比较适合需要很大灵活反应能力和远距离跨国跨地区开展经营活动的企业，在实践中它较多地被应用于玩具和服装制造企业，以及需要远距离廉价劳动力从事制造活动的公司企业。

9.2.2　影响组织设计的情境因素

以上我们简要介绍了组织设计的基本原则和几种常见的组织结构形式，这些都曾被认为是组织设计的“金科玉律”和理想模式。但我们可以看到这些原则现在都受到剧烈的冲击，旧有模式也纷纷被突破。今天，人们已认识到，不存在一种唯一“理想”的模式适用于所有情况，一切都要根据组织的外部环境和内部条件的发展变化随机而定。正如我们在管理学学习中遇到的其他问题一样，理想的组织设计取决于各种权变因素。还是德鲁克说得对，“组织不是机械的，不是‘装配件’，不能‘预制’。组织是有机的，并且对于每一个企业或机构都是独一无二的”。

那么，影响组织结构变化的外部环境和内部条件是什么？或者说决定组织设计的权变因素有哪些？归结起来主要有：组织战略、组织规模、技术发展、外部环境、企业文化以及组织的自适应性等。

1. 战略与组织结构

组织的创立和设计是为了达到一定的目标，组织结构和设计是这个目标的结果。企业高层管理者的主要职责就是决定组织的目标、战略和设计。组织结构是实现企业目标的手段，是为战略服务的。如果企业的战略发生了重大变化，那么组织结构必须相应做出调整，以适应和支持这种调整和变化。

战略是指组织在未来一段时间里的行动方向，是与竞争性环境相互作用以实现组织目标的计划。目标是组织想要达到的，战略是如何达到，而组织结构则是目标和战略实现的保证。

一般企业发展都会经历从单一产品（服务）生产到多元经营，从简单发展思路到系统发展战略的过程，相应组织结构也会从简单、松散变得复杂和正规，其决策方式也会从集中化向分权化转变。从联想的例子（见本章案例）我们可以看出，当公司进一步成长，进入产品多样化经营阶段，这时组织结构需要再次调整，以便取得高效率。产品多样化战略要求这样一种结构，它能够有效地配置资源，控制工作绩效并保持各单位间发展的协调，而组建多个独立的事业部，让每个部门对一特定的产品或服务负责，则能够更好地达到上述要求。就战略与结构的关系而言，我们仍可以引用德鲁克的名言：战略就是“我们的企业是什么，应该是什么，将来是什么?”这些问题的答案。它决定组织结构的宗旨，因而决定着某一企业或服务机构中哪些是最关键的活动。

2. 规模与结构

规模是影响组织结构的重要因素。我们在前面讲到管理控制时就指出，在管理幅度不变的情况下，组织规模越大，管理层次就越多，其管理的复杂性和正规化特征就越明显。这是因为，大型组织通常倾向于比小型组织具有更高程度的专业化和横向及纵向的分化，规则和条例也越多。从管理成本和效率考虑，这类大规模、高复杂性、正规化特征明显的企业，通常都会选择机械式组织形式。但规模与结构的关系并不完全是一种线性关系，还与企业的类型和产品（服务）的特点有关。如一个几千员工的纺织厂与一个几百人的贸易公司相比，其组织结构就不见得更复杂；而一个几万人的制造型企业与一个几千人的制造企业，在组织结构上却可能是非常相似的。规模对组织结构的影响强度随着组织规模的扩大而逐渐减弱。规模对组织结构影响的另一个方面，是信息沟通和管理控制的方式会随着规模的扩大而发生变化。出于对效率和成本的考虑，小型和产品服务单一的企业，一般采用直接沟通和集中管理的方法，主要领导人做出所有决策并控制一切，管理方式比较精干灵活。而在大型和多元经营的企业中，则更多地依赖文件、报表、会议以及规章制度等正式的沟通渠道和间接管理控制方式，其复杂程度比规模小的组织要大得多，对市场的反应和决策方面要相对缓慢得多。为克服这一弱点，现在许多大型企业，如通用电气、微软、沃尔马、春兰、联想等公司在进行组织结构调整和管理变革中，都设法将大规模和灵活性协调起来。通常的做法是，努力减少管理层次，拓宽管理跨度，将组织划分为若干较小的、更灵活的单位，以团队结构代替层级结构，使大规模生产低成本的优势同管理的灵活性结合起来，在决策方面也趋于分权化。

3. 技术与结构

任何组织都需要采取某种技术，将投入转换为产出。技术的进步和应用方式会对组织结构产生影响。

20 世纪 60 年代，英国的管理学家琼·伍德沃德（Joan Woodward）就提出，组织结构因技术而变化。她在调查了英国的 100 多家制造型企业后发现，在这些技术类型和相应的公司结构之间存在着明显的相关性；组织的绩效与技术结构之间的“适应性”密切相关。比如，从事单件生产（从服装定制到大型发电涡轮机）的企业，其组织结构通常呈低度的纵向分化、低度的横向分化和低度的正规化特征，这时最有效的结构是有机式的组织结构。在大批量生产的企业，如汽车、冰箱、彩电等行业，其组织结构呈中度的纵向分化、高度的横向分化和高度的正规化，其有效的组织结构是机械式。而对于连续生产的企业，如炼油厂、化工厂，其组织结构表现为高度的纵向分化、低度的横向分化和低度的正规化，这时有效的组织结构又是有机式了。为此，可得出结论，制造型企业并不存在一种“最好”的方式，成功的企业是那些能根据技术的要求而采取合适结构安排的企业。

查尔斯·佩罗（Charles Perrow）进一步丰富了伍德沃德的观点。他将注意力放在知识技术而不是生产技术上，提议从以下两个方面对技术进行考察：①成员在工作中遇到例外的数目；②为寻找妥当解决例外问题的有效方法所采用探索过程的类型。他将第一个因素称为任务多变性（task variability）；第二个因素称为问题可分析性（problem analyzability）。

当任务多变性中的例外情况比较少时，工作就是高度常规化的。如生产装配线上的工人以及五星级酒店的服务员等。另一个极端是，当工作具有许多变化时，它就会有大量的例外情况，如高层管理职位、咨询工作以及软件编程工作等。

问题的可分析性是指，在探索解决问题的过程中，有一类问题发生时，你可以遵循惯例，按照程序，使用逻辑和推理的方法找到解决的途径，如生产和工程中常常遇到的问题。而另一种问题则不同，你可能根本就没有任何正规和现成的方法可供使用，只能根据经验、直觉和判断找到答案。如商务谈判、广告设计、救灾行动和软件编程等，常常是通过猜测、假设和不断的试错，才能找到一个可以接受的方案。

为此，佩罗主张，控制和协调方法必须因技术类型而异。越是常规技术，越需要高度结构化的组织；反之，非常规的技术，要求更大的结构灵活性。因为，常规的技术可以通过标准化的协调和控制来实现，同时这种技术应该配之高度正规化和集权化的结构。另一极端，非常规的技术要求具有灵活性，一般组织应是分权化的，所有成员间有频繁的相互作用，并以保持很低程度的正规化作为特征。

从上述介绍我们就容易理解，为什么大规模制造性企业、宾馆、麦当劳连锁店这样的企业组织都采用高度结构化的组织结构，而高校、科研院所、一些新型的高技术企业则常常采用低结构化的组织形式。

当今技术进步对组织结构的影响，还突出地表现在现代信息技术的发展，特别是计算机和网络技术的发展，极大地改变了组织中信息传递和沟通的方式。信息沟通在管理中占有特别重要的地位，著名管理学家西蒙曾经指出，“没有信息沟通，显然就没有组织”。信息沟通方式的变化必然带来组织结构和管理方式的变化。光纤通信、因特网、全球卫星定位系统等的通信业革命性的发展，使企业管理沟通的方式，甚至整个经济运行的方式都发生了巨大的变化。反映到组织结构上，就是新的信息沟通方式，使管理的跨度不断拓宽，时空距离大大缩短，传统的管理层级逐步弱化，组织间的界限更加模糊，组织形式更加扁平化低结构化。最为典型的就是“虚拟组织”的出现。虚拟组织或虚拟企业是一种网络结构的组织，该网络是由一系列有关的公司组织（甚至个人）所组成。这里“虚拟”的意思是，“虚假的按力量和可能性来说是存在的”。该定义的广泛性使得它几乎可以与“扩张”相联系应用。我们说一个企业是虚拟企业，一方面是说虚拟企业的寿命相对于其网络成员企业来说要短得多，当建立虚拟企业的商业目的达到后，该虚拟企业即行解散。因此，在虚拟企业中没有存在于许多企业中的职能部门，也不需要这些职能。但由于虚拟企业提供了一种“临时”的网络组织构架，这一构架保证了虚拟企业可以完成其成员企业单独或简单相加所不能完成的任务。另一方面，虚拟企业还有“扩张性”企业的意思，这里说的扩张是说虚拟企业在总体上扩张了原来企业的功能，就像计算机科学中的虚拟存储器管理可以使得存储器的逻辑容量远远大于其物理容量一样。

4. 环境与结构

环境的不确定性也是影响组织结构的一个主要力量。我们考察组织的演变过程就会发现，组织结构的变化与环境的变化有着密切关系，常常是市场环境的变化，推动了组织结构的变化，结构必须适应环境的要求。

经济全球化和竞争的日趋激烈，使得企业的外部环境变得越来越不确定，这种环境不确定性主要是由两种因素所构成，一种是环境的复杂度，一种是环境的变动度。环境复杂度是指影响企业运作的环境因素的数量，影响因素越多，复杂性越高。环境变动度则是各种因素改变的程度和速度。例如，手机是当前发展迅速、竞争非常激烈的行业，一个手机企业必须同时面对技术的不断创新、消费者偏好改变迅速、劳动力成本上升很快、电信运营商的苛求以及国内外竞争对手众多等多个环境变量，其复杂度和变动度都极高，环境的不确定性也很高。而对啤酒商和装备制造企业，环境的复杂性或变动性相对就小一些。

环境的变化，要求企业的组织形式也要随之变化。例如，我们现在谈到企业组织结构时，经常用这样一个比喻，传统的企业是“橄榄型”，现在的企业是“哑铃型”，指的是在计划经济体制下，企业普遍不重视研发和营销，只重视生产，因此在人员配置、机构设置上，研发和营销显得薄弱，企业组织结构两头小，中间大，像一个橄榄。而现在，企业完全面对市场，激烈的竞争迫使企业必须加快新产品的研制开发，积极开拓市场，研发和市场营销对企业的生存、发展和利润获得越来越重要，而生产的重要性相对降低，反映在结构上，就是研发和销售机构大大加强，故又称为哑铃型。

这种现象不仅在我国，西方工业化国家也都先后经历了这样一个变化过程。在相当长的一个时期里，各国曾经历了一个短缺经济阶段，产品供不应求，市场空间很大，制约生产发展的主要因素不是市场，而是资金和生产能力（这种现象在实行计划经济的国家更突出，时间也更长）。这时，企业的环境相对稳定，竞争也不激烈，只要生产出产品就能卖得出去，顾客对产品的质量、外观、性能要求也不高。在这种情况下，企业最关心的必然是生产，不会也不可能重视产品的创新和营销。而现在，企业的外部环境发生了极大变化，全球生产能力大大过剩，中国也走出了短缺经济，进入了买方市场。世界经济的一体化，使得中国企业不仅要与国内同行竞争，更要面对国外厂商特别是跨国公司的竞争，为了应对迅速变化的市场、顾客越来越高的要求、日益激烈残酷的竞争，企业的经营者必须将他的组织改组得更加精干、快速和灵活，必须加速产品创新、提高产品质量，必须采取更加灵活多样的营销手段，以适应环境，在激烈的市场竞争中立于不败之地。正是这种环境的力量推动和加快了组织机构的变化。

9.3 组织文化

9.3.1 什么是组织文化

什么是组织文化？这似乎是个看不见、摸不着，但人们时时又可以感觉和体会到的东西。大约在20多年前，大多数组织还被简单地看做是协调和控制一群人的理性工具，它们具有自己的层次结构，有各种各样的部门，有明确的权力关系等。但组织不仅仅是这样，它们还有自己的个性，自己的特征和管理风格，组织文化对组织成员的影响以及在管理中的作用越来越受到重视，企业文化建设成为一种时尚。那么企业文化究竟有什么作用？我们先看一个例子。

青岛海尔集团这些年发展迅猛，如日中天，兼并了十几个企业，兼并一个成功一个，这在国内是不多见的。有人问集团总裁张瑞敏，成功的秘诀是什么？张瑞敏回答道："靠的是海尔文化。"那么海尔文化又是什么？

海尔是以严格管理著称的。每一个到此参观的人都会有这样的感受：海尔的管理几乎令人"窒息"。你很难想象这里的每一块玻璃都会责任到人—— 一位清洁工，一位监督人。在海尔，车间里没有加班这一说，加班不仅不表扬还会受到批评，因为你没有在规定的时间里完成规定的任务。海尔对产品质量要求很严格，近乎到苛刻的地步，每道工序、每个环节都有记录，下道工序发现上道工序有质量问题，那么他的工资就有了来源——由上道工序的人出。海尔承诺，购买海尔产品 12 小时内送货上门，有一次送货的车半路上坏了，送货员背起洗衣机走了五里（2.5km）路，将洗衣机按时送到顾客家……每个海尔人都牢牢记住这样两句话，"日清日高、日事日毕""敬业报国、追求卓越"。

从 1984 年张瑞敏到海尔，规定"职工不得在厂区里随地大小便"开始，从"小"处着手，能做到什么程度就说到什么程度，说到就必须做到，几乎成为张瑞敏一贯的管理思想，这种思想发展到后来就有了"砸冰箱"事件和"真诚到永远"的企业理念。海尔的"星级"服务获得过国际企业管理大奖，可说起来容易，做起来难，张瑞敏为此几乎不惜成本。今天，张瑞敏的这些经营理念已经成为每一个海尔员工的行为准则，每一个人都清楚地明白"在这儿事情应该怎么办"。于是，才有今天的海尔及今天的海尔（组织）文化。

一般认为，组织文化（organization culture）是指组织成员所认同的价值观体系和共同遵守的行为规范，它使组织独具特色，区别于其他组织。这种共同的价值观体系和行为规范实际上突出地表现为组织所重视的一系列关键特征。组织文化一旦形成，就有了自己的生命力，独立于组织建立者和任何组织成员之外，并强烈地影响着组织和组织成员的行为。从前面介绍的海尔文化，我们可以清楚地看到这一点。

文化在组织中具有多种功能：①它起着分界线的作用。即，它使不同的组织相互区别开来。如北京大学（简称北大）、清华大学（简称清华）同为中国著名大学，两校一墙之隔，但到过这两所学校的人，都会发现，它们办学风格、管理方式乃至思维方式都迥然不同，以致人们可以仅仅从教师学生的言行举止上，就可以轻易将它们区分开来，何以有如此大的差距？历史传统及学校文化使然。福特和微软都是当今世界最著名的企业，但福特森严的等级制度、家长式的管理作风与微软轻松平等的氛围、灵活随意的管理风格，恰恰代表了两种截然不同的企业文化。②它表达了组织成员对组织的一种认同感。文化既有一种凝聚力，也有排斥力，它将认同其价值体系的人吸引到组织中来，而将不符合其价值观和行为规范的人排斥出去。③它使组织成员不仅仅注重自我利益，更考虑组织利益。④它有助于增强社会系统的稳定性。文化是一种社会黏合剂，它通过为组织成员提供言行举止的标准，而把整个组织聚合起来。具有强文化特征的组织，往往员工归属意识较强，而流动性较小。⑤文化作为一种意义形成和控制机制，能够引导和塑造员工的态度和行为。我们最感兴趣的正是最后的这种功能。正如下面这段引言所指出的，文化决定了组织的游戏规则。

> 定义中的文化是一种无形的、隐含的、不可捉摸的而又理所当然（习以为常）的东西。但每个组织都有一套核心的假设、理念和隐含的规则来规范工作中员工的日常行为……除非组织的新成员学会按这些规则做事，否则他不会真正成为组织的一员。不管是高级管理阶层，还是一线员工，只要有人违反这些规则，他就会受到大家的指责和严厉的惩罚。遵守这些规则是得到奖酬和向上流动的基本前提。
>
> ——T. 蒂尔，A. 肯尼迪

进入 20 世纪 90 年代以来，企业文化建设越来越受到重视，文化对于员工行为的影响作用似乎越来越重要。现代组织渐渐拓宽了控制跨度，使组织结构趋于扁平，引入工作团队，降低了正规化程度，授予员工更大权力，这些都要求一种强文化提供共同的价值观体系，从而保证组织中的每一个人都朝同一个方向努力。

同时，企业文化对企业长期经营业绩有重大作用。哈佛大学的约翰·科特教授与其研究小组，用了 11 年时间，对企业文化对于企业经营业绩的影响力进行研究，结果证明：凡是重视企业文化因素特征（消费者、股东、员工）的公司，其经营业绩远胜于那些不重视企业文化建设的公司。他认为，“企业文化在下一个 10 年内很可能成为决定企业兴衰的关键因素”。过去有一种流行的观点，认为企业所有制对绩效的影响很大，引申出来的结论是国企一定搞不好。所以国企改革的核心是产权制度改革。但是最近中欧管理学院的忻榕教授等用实证研究的方法得出结论，与组织文化类型这一因素相比，所有制对企业绩效的影响要小得多（忻榕，2006）。在不同类型的企业中，所有强势企业文化的企业都比弱势企业文化的企业绩效好得多，而在外商投资企业和私人企业中，强势文化企业的比例也比国企要高得多。因此，她认为，企业要想取得出色的经营业绩，并且希望员工对企业的各方面发展表现出非常积极的态度，营造强势的组织文化是一种有力的手段。

9.3.2　组织文化是如何形成的

组织文化的形成和发展与组织的领导者关系重大。从传统上看，组织的创始人对组织的早期文化影响巨大，他们勾画了组织的发展蓝图，不受以前的习惯做法和思想意识的束缚。新建组织的特点是一般规模比较小，这就有助于创始人用自己的远见影响组织的全体成员。例如，我们都知道“北大精神”是“科学、民主、爱国、进步”，这八个字是北大文化的精髓。它的形成与北大早期校长蔡元培先生倡导的“学术自由、兼容并包”思想有直接和重大关系。同样海尔文化的形成，与张瑞敏也是分不开的。我们再看看世界上一些著名的大企业，如惠普、松下、西门子等，这些企业的发展和组织文化的形成都是与其创始人帕卡德、松下幸之助、西门子的名字连在一起的。

组织文化一旦建立，组织管理措施就通过给员工提供一系列相似的经历而起到维系文化的作用，并且在发展中不断得到强化。组织文化清晰地表明它对员工的期待和要求，通过组织的甄选过程、绩效评估标准、奖酬措施、培训和职业开发活动以及晋升过程来保证员工与组织文化相适应，奖励那些支持和拥护组织文化的员工，而使那些敢于挑衅组织文化的员工受到惩罚。在组织文化维系过程中，有三个因素起着特别重要的作用：甄选过程、高层管理人员的举措和社会化方法。

（1）组织甄选过程的明确目标是，识别并雇佣那些能够满足组织需要和完成工作任务的人。但一般来说能够满足工作需要的人肯定不止一位，组织就会对这些人进行甄别。在这时候，甄别的标准往往是看候选人的思想意识是否与组织文化相吻合。这种努力确保了员工与组织恰当的匹配，不管是有意还是无意，都会保证员工的价值观与组织价值观基本一致，至少与组织价值观大部分相一致。另外，甄选过程也给求职者提供了一些组织信息，候选人对组织有所了解后，发现自己的价值观与组织价值观冲突，就会自动退出候选人之列。因此，甄选过程成了一种双向选择，它允许雇主与求职者相互不匹配时中止他们之间的联姻。这样，甄选过程通过筛选掉那些可能对组织核心价值观构成威胁的人，起到维系组织文化的作用。

（2）组织高层管理者的行为对组织文化也有重要影响。高层管理者通过自己的所作所为，把行为准则渗透到组织中去，向员工明晰地抑或间接地传达组织的要求和员工应该怎么做。我们说，文化有助于提高组织的承诺，增强员工行为的一贯性，这对于实现组织的目标是有益的。但也应看到文化对组织效应潜在的负面作用。

组织文化一旦形成就具有一种强制力量，独立于组织建立者和组织成员之外。组织文化作为一种价值体系和行为规范，会对组织成员的行为产生影响，其文化越强，对员工行为的影响就越大。这对于增强组织凝聚力、减少流动是有利的。但如果组织共同的价值观与进一步提高组织效率的要求不符合时，它就成了组织发展的束缚。这是在组织环境发生变化时，最容易出现的问题。当组织环境经历迅速变革时，根深蒂固的组织文化可能就不合时宜了。当组织文化成为组织发展的束缚时，往往需要一个强有力的人物去打破它，并重建新的组织文化，而能够承担这一重任的只能是组织的高层管理者。杰克·韦尔奇（Jack Welch）重建通用电气公司（GE）的组织文化，推进公司发展的故事，就充分说明了组织高层领导对组织文化的影响。

(3) 社会化 (socialization) 是指，不管组织的人员甄选和录用工作做得多好，新员工都难以完全适应组织文化的要求。他们对组织文化不熟悉，其原有的观念和习惯与组织已有的观念和习惯常常不相适应。因此，组织要帮助新员工尽快适应组织文化，这种适应过程，就是社会化。

社会化主要通过教育和培训实现，这一过程可以概括为三个阶段组成的过程：原有状态阶段、碰撞阶段、调整阶段。第一阶段包括新成员进入组织之前的所有学习活动。第二阶段中，新成员看到了组织的真面目，并可能面对着个人期望与现实相脱离的问题。在第三阶段中，相对长期的变化发生了，新成员掌握了工作所需技能，成功地扮演了自己的新角色，并且调整了自己适应了工作群体的价值观和规范。这个三阶段过程会影响新员工的生产效率，对组织目标的承诺，最终会影响员工是否会留在组织内的决定。

从图 9-9 中我们可以看出组织文化的建立和维系的过程。最初的组织文化源于组织创建者的经营理念，这反过来对员工的甄选标准产生强烈的影响。组织现任的高层管理人员的行为，为员工行为标准设定了一个范围，什么是可接受的行为，什么是不可接受的行为，而社会化的过程，则是通过教育和培训，保证新员工的价值观和行为与组织的目标和需要相一致。

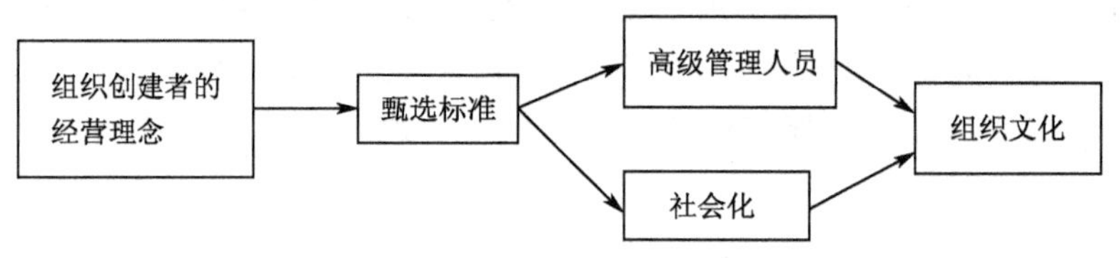

图 9-9 组织文化是如何形成的

9.3.3 组织文化的内涵

1984 年，美国麻省理工学院教授爱德加·沙因 (Edgar H. Schein) 发表了“对企业文化的新认识”一文，对组织文化的概念进行了系统的阐述，他认为企业文化是在企业成员相互作用的过程中形成的，为大多数成员所认同的，并用来教育新成员的一套价值体系。沙因教授还提出了关于企业文化的发展、功能和变化以及构建企业文化的基本理论，他把组织文化划分成三种水平：①表面层，指组织的明显品质和物理特征（如建筑、文件、标语等可见特征）；②应然层，位于表层下面，主要指价值观；③突然层，位于最内部，是组织用以对付环境的实际方式。沙因提出的关于企业文化的概念和理论为大多数研究者所接受。

组织文化可以从以下三个方面来观察：

(1) 方向性。方向是指组织文化的实质是否支持或妨碍组织目标的达成。例如，一个企业的目标是希望通过严格管理、推行标准化和信息化来控制成本，而组织文化却是各自为政，宽松自由和标新立异，那么这样的组织文化是不能支持组织目标的。再比如同仁堂药店，其企业宗旨是诚信、药剂货真价实、童叟无欺，而它的企业文化如它的店训所说，“品位虽贵并不敢减物力、炮制虽繁必不敢省人工”。显然同仁堂的企业文化与企业目标宗旨具有一致性。

（2）普遍性。是指组织中有多少成员、多少部门接受并遵循了组织特定的文化。如果组织的大部分成员和部门都认同组织文化，那么这种文化就具有较高的普遍性，员工行为也具有共性。例如，我们可以看到海尔的职工，北大的师生其价值取向、行为观念都有较高的一致性，则可以判断这些单位有高度普遍性的组织文化。

（3）强度。是指成员接受组织文化的程度。组织文化对成员影响越大，对其行为的约束力就越大，组织的内聚力就越强。反之，如果组织文化不被其成员认同，对员工行为缺少影响力和约束力，那么这个组织的文化就是弱文化。

9.3.4　组织文化与管理

现在的企业经营者比以往任何时候都更加重视企业文化的建设。随着知识经济时代的到来，技术的进步，企业生产率的提高，越来越依赖员工创造性的劳动。信息技术的发展，新的沟通方式改变了传统的组织，使组织结构更加趋于扁平化。学习型组织的出现，以团队为基础的工作设计，使建立在严格的工作分工和严密规章制度基础上的管理控制，让位于更加宽松灵活，给员工更多自主权和选择权的新型管理方式。管理者越来越认识到，只有使员工感觉到工作的意义，他们才会更加努力地工作；只有正确地对待员工，不断改善其工作环境、增强其工作满意度，才能实现高产出。而这更多需要的是借助组织文化的力量。

组织文化表明的是组织全体成员所认同的价值体系和共同遵循的行为规范。一旦形成就具有了自己的生命力，组织文化通过甄选过程、高层管理者的行为和社会化不断得到加强和维系，并深刻地影响着组织的发展，约束着组织成员的行为。像张瑞敏在海尔做的那样，经营者的理念，逐渐化作全体员工的自觉行为，从而获得一种强大的、永不衰竭的成长发展力量。

有人在谈到20世纪美国最伟大的企业家福特、斯隆和韦尔奇时评价说，韦尔奇之所以比前者更伟大，不仅仅在于他使通用电气公司成为世界上最大和最成功的企业，更因为他所倡导的不断革命和创新的精神，以及掌握命运的勇气，创造了最优秀的企业文化。这是他对通用电气公司乃至我们这个世纪最伟大的贡献。

【重要词汇】

◇ 组织

从管理学的角度，可以把组织看做是两个或两个以上的人“有意识形成的职务和职位的结构”（孔茨），管理者为保证组织能持续与有效地运作，必须按一定规则和程序，规定每个组织成员的角色和任务；必须有目的有计划地分工、合作及协调。设计和保持这样一种面向工作的职务系统，其目的是实现某些既定的目标，执行某些特定的功能。

◇ 组织结构

是描述组织的框架体系，通常指组织中相对稳定的部门、职权设置以及相互关系。组织结构是根据组织的功能和目标建立起来的，其实质是人们在组织中进行劳动分工与协调方式的总和，如企业的组织结构，就涉及决策的集中程度、管理幅度的确定、组织层次的划分、组织机构的设置、管理职能权限划分和责任认定，以及联系沟通方式等问题。组织是由结构来决定其形态的。

◇ 组织文化

是指组织成员的共同价值体系和共同遵守的行为规范，它使组织独具特色，区别于其他组织。这种共同的价值观体系和行为规范实际上突出地表现为组织所重视的一系列关键特征。组织文化一旦形成，就有了自己的生命力，独立于组织建立者和任何组织成员之外，并强烈地影响着组织和组织成员的行为。

◇ 命令链

反映出一个组织的权力结构，表明一个组织的信息传递和决策方式，即组织内由上而下的职权关系，使每个组织成员都知道，“我有问题，向谁报告”，以及“我向谁下达指令，我对谁负责”。命令链则表明一个组织的管理层次和纵向分工方式。

◇ 管理跨度

是组织设计中需要考虑的重要问题。一个主管可以有效指导多少个下属？一个组织设置多少层级为宜？这不仅关系到组织效率，还直接影响到管理成本。一个组织的管理层次多少，受到组织规模和管理幅度的影响。在管理幅度给定的条件下，管理层次与组织规模的大小成正比，组织规模越大，包括的成员数越多，其所需的管理层次就越多。在组织规模给定的条件下，管理层次与管理幅度成反比，每个主管部门直接控制的下属人数越多，所需的管理层次就越少。

◇ 直线与参谋

在组织中，直线与参谋是两类不同的职权关系。二者最主要的区别在于，前者能依据命令链发布指令；后者通常只能提出建议或提供协助。区分的另一个标准，是分析不同管理部门和管理人员在组织目标实现中的作用，那些对组织目标的实现负有直接责任的部门称为直线机构，而把那些协助直线人员有效工作的部门称为参谋机构。根据这个标准，人们通常把企业中致力于生产或销售产品的部门称为直线机构，而把采购、人事、会计等列为参谋部门。直线关系是一种指挥和命令的关系，授予直线人员的是决策和行动的权力；而参谋关系则是一种服务和协助的关系，授予参谋人员思考、筹划和建议的权力。正确处理直线与参谋的关系，充分发挥参谋人员的合理作用，是发挥组织中各方面力量的协同作用的一项重要内容。

◇ 授权

“权力”通常被描述为职权范围内的支配力量。一个处在某个管理岗位上的人，运用组织赋予的权力，可以对整个组织及下属产生具有强制性的影响力。授权就是上级将自己的部分职权通过命令链分派下去，让下属执行任务时不必事事请示，以便能迅速完成任务。授权的同时也必须赋予相应责任，否则可能造成滥用权力的后果。不过授权与分权（根据工作职责分工）不同，主管授权下属处理事务后，他只能要求下属承担工作责任，自己却必须承担终极责任，即要对下属行为的结果负责。

◇ 工作专门化

工作专门化是把组织中的工作任务划分为若干步骤来完成的细化程度，进行组织设计时要对劳动进行合理分工，工作专门化除了可以有效提高劳动生产率外，还有一个好处就是劳动力的培训、置换成本比较低。现代管理就是建立在合理分工的基础上。

◇ 部门化

一旦通过工作专门化完成任务的细分后，就需要按照某种逻辑进行整合，对工作进行分类，以便实施有效管理与协调，工作分类的结果就是部门化。部门化也可以理解为对一个组织的工作活动进行横向的归类和划分。通过部门化明确各自的职责，确定各部门（岗位）之间的关系，达到相互服务、相互控制的目的，保证组织目标的实现。

【知识练习】

1. 管理学为什么要重视组织问题？在新经济时代，组织的作用是增强了还是减弱了？

2. 德鲁克说，组织不是“机械”的，是“有机”的，其含义是什么？我们在进行组织设计时应注意哪些因素？

【能力训练】

1. 如何理解组织与战略的关系，在组织设计中是否存在一个“最佳模式”，你如何看待这个问题？

2. 为什么“企业文化”现在越来越受到重视，其中深层次的原因是什么？

3. 案例分析：

联想给自己"动手术"

联想20世纪80年代成立之初，在发展战略上，走的是"技、工、贸"之路。他们集中了一个人数相当多的研究中心，研制出了几十项可以转换为产品的阶段性成果，其中投资了500多万元的联想汉卡，在国内很有影响。但从80年代到90年代初，尽管发展很快，但联想计算机（又称微机）在市场上的占有率很低，根本无法与国际著名品牌微机抗衡。以柳传志为代表的联想领导层经过深入分析，认为联想发展成效不大，关键是缺乏市场开拓能力。微机是通用性、竞争性很强的行业，在信息行业中，真正能以"技"引导行业的也只有英特尔、微软、IBM等少数几家。其他都是靠行销、靠贸易。联想虽然在技术和资金实力上与大的跨国公司有很大差距，但经过多年的努力，联想已建立了自己遍布全国的销售网络，拥有"联想"这一响亮的民族品牌，有较强的生产能力和价格上的优势，因此，联想要在竞争中取胜，必须把力量集中到微机市场占有率扩张上，把企业发展战略由"技、工、贸"转变为"贸、工、技"。用柳传志的话讲，就是"先做贸易，然后再把大规模工业做清楚，最后通过技术引导市场"。

这一战略的转变导致了联想内部组织结构的重大调整。1994年，联想集团成立了微机事业部，将公司内与微机相关的十几个部门合并在一起，形成了供应、生产、销售、技术服务一体化的新的微机产业体系。微机事业部在公司总体战略部署和统一经营计划指导下，对产供销各个环节实行统一管理，享有经营决策权、财务支配权和人事管理权。为保证战略目标的实现，作为企业组织结构调整的重要步骤，联想集团实行了严格的销售渠道策略，各地的分公司不再是"利润中心"，必须坚决地、完全地成为公司销售产品的渠道。微机事业部以微机销售为"龙头"，统一指挥系统，消除"内耗"，全方位降低成本，目标一致，利益一致，在保持原有市场份额的基础上，继续开拓新市场，抢占新的市场份额。

一系列正确的战略决策和有效的组织保证，促使联想的微机事业取得空前发展，到1997年联想微机的国内市场占有率已上升到第一位，1998年，联想集团更成为中国最大的电子企业，并连续几年保持了这一"龙头老大"地位。

面对互联网经济挑战，联想在2000年4月，又主动给自己动了一个大手术，根据从网络信息产品技术和网络信息服务两个方面全面进军互联网这一新的发展战略，对集团组织结构进行重大调整，并让两位年轻的"少帅"负起全面指挥的责任。这次大规模调整，联想集团从业务上分成两大子公司。一个以原"联想电脑公司"为主体，主要负责网络接入端产品和信息产品，以及ISP和ICP服务，由杨元庆任总裁。另一个以原"联想科技发展公司"为主组建"联想神州数码有限公司"，主要负责以电子商务为中心的网络产品，以及为客户提供全面的系统集成方案，由郭为任总裁。

虽然联想集团过去就有联想电脑、联想科技、联想集成等子公司，但实际上实行的是以事业部为主的管理体系，战略策划、财务、人事等都掌握在集团总部，而这次调整把战略策划、财务、投资等业务决策权都下放到子公司，真正实行以子公司为主的体系。集团领导将站在更高的层面上进行决策，如公司长远战略规划、企业文化的整合、整体资源的平衡、新的领军人物的发现与培养以及新的业务投资导向等。柳传志指出，这次调整的根本目的是主动迎接以互联网经济为代表的时代挑战。

2004年12月，联想收购了包括所有与IBM笔记本电脑和台式电脑有关的研发、制造、销售渠道、客户、品牌和专利，还包括位于美国和日本的两个研究发展中心，成为世界第三大计算机厂商。杨元庆接替柳传志的位置，成为“新联想”董事长。IBM公司资深副总裁史蒂芬·沃德出任“新联想”首席执行官。杨元庆宣布“新联想”公司总部将迁往美国纽约，“我们将把英语作为新联想的官方语言”。至此，联想成为一个真正意义上的跨国公司。

不过联想的故事到这里还没有完。

2005年6月，联想控股旗下“弘毅投资”所投资的中国玻璃正式挂牌交易。身为联想控股总裁的柳传志与“联想系”的六位“少帅”同时亮相，这些在内部被称为“联想大家庭”，是控股旗下五大子公司的总和，其代表人物分别是：联想集团董事局主席杨元庆、神州数码总裁郭为、联想投资总裁朱立南、融科智地总裁陈国栋与弘毅投资总裁赵令欢。柳传志则完全放弃了中国企业传统的中央集权架构，控股的主要职能被局限在定方向、选人才、配资源、监督和考核，不介入子公司具体业务。

柳传志回忆说：“我从联想集团一线退下来开始做联想控股，这个职业和IT不一样，还允许年龄稍微大一些的人也来做，而且投资还确实需要一些经验的东西在里面，所以我来做投资这个事情。”“对于联想控股来说，未来一定还会有第六块、第七块业务出来，年轻的新接班人出来是必然的事情。我确实在考虑这个事情，但是什么时候揭晓，现在还不是时候。”在柳传志的心中有一幅联想控股未来五年的蓝图：联想集团和神州数码继续保持自己在IT领域的领先地位；联想投资和弘毅投资成为行业内的领先企业；融科智地成为联想控股的支柱产业，无论在自有资产还是投资回报上。

对于联想控股而言，“前路并没有任何参照系”，柳传志说。

阅读这个案例后，请就以下问题谈谈你的看法：

1. 在联想发展的历程中，联想为什么要不断地调整其组织架构？
2. 在这种调整中，联想可能获得什么样的好处？
3. 这些不同的组织结构的特点和区别在哪里？

第 10 章　人力资源管理

人力资源是国民财富的最终基础。资本和资源是被动的生产要素，人是积累资本、开发自然资源，建立社会、经济和政治并推动国家向前发展的主动力量。

——英国经济学家哈里森

【本章学习目的】

1. 理解人力资源、人力资本的定义。
2. 了解人力资源和人力资本在推动经济增长和企业发展中的作用。
3. 理解人力资源管理的内涵。
4. 熟悉企业人力资源管理的职能。
5. 了解如何通过人力资源管理提升企业竞争力。
6. 了解人力资源管理面临的挑战和变革。

本章分析人力资源（human resource）管理，先从三段文字材料开始谈起。第一段材料是著名企业海尔的领导人张瑞敏对人力资源管理的认识，第二段材料是一篇财经报道，第三段材料是引自世界著名记者弗里德曼在他的畅销书《世界是平的》中的一段耐人寻味的话。

张瑞敏：搞好企业首先要从建立起员工信心和纪律开始

我是 1984 年 12 月到青岛电冰箱厂上任的，那也是企业生死存亡的时候。我是当时这个企业一年当中的第四任厂长，前三任厂长有的是自己离开的，有的是被赶走的，总之就是干不下去了。工厂没办法开出工资，几乎所有的人都看不到希望。

在那种情况下，光说空话是没有用的，我做的第一件事就是到处借钱，保证每月按时给工人发工资。在刚开始的半年里，每个月我都要面对这个问题。我们不是国有企业，而且已经欠了许多钱，银行不愿意贷款给我。不过当时改革开放已经有了一段时间，城乡结合部的农村和城郊已经富裕起来，我就到邻近的生产大队借钱。员工们每个月到了发薪日就能拿到钱非常高兴，对企业也有了信心，觉得我们的厂子可能会好起来……

我做的第二件举动就是强化劳动纪律。当时企业人心涣散，纪律非常松懈。我上任之前，厂里也有一些规章制度，但从来没有认真执行过。我告诉员工，我会保证每月发工资，但是你们一定要严格遵守我制定的劳动纪律。我当时制定的规章制度，现在看起来也非常可笑，例如，“不准在车间随地大小便”，“不准偷盗企业财产”，由此你可以推断当时工厂的真实情况。当时的政策不允许开除工人，但是可以记大过，或者开除厂籍，留厂察看。曾经有一次我们清理一个仓库，结果一些工人就进去把仓库里的东西扛走了。我们抓住了一个，一小时之后在工厂的布告栏公布处罚结果，开除厂籍、留厂察看，给大家很大震动。

我整顿企业纪律，其实也给员工带来了信心和希望。半年以后，厂里职工的精神面貌就发生了很大变化。

张瑞敏访谈录，摘自《商业评论》，2007 年，第 1 期

据《瞭望》报道：2000～2005 年，中国作为加入 WTO 的受益国，其年均 25％的出口，年均 24％的进口增长幅度，不仅比世界和欧洲平均 5 年进出口贸易增长 10％高出 14％～15％，同时将北美地区（日本数据同北美）年均 6％的进口增长、4％的出口贸易增长远远甩在后头，在新兴市场里，如果扣除俄罗斯因为石油和天然气贸易增长而获得的 2000～2005 年平均 18％的出口增长，那么中国无疑是近 5 年来的“世界进出口绝对领先冠军”。假定中国在未来两年内商品出口增长率保持在 20％的话，那么 2008 年中国完全可以超越德国成为世界“出口冠军”。进口方面，世界最大的采购国美国 2006 年进口商品 19 200 亿，中国排在德国 9100 亿后以 7920 亿位列第三，但中国在进口方面高于德国 3 个百分点的增长率，也使得中国不远的将来可能超越德国得到“世界进口亚军”的头衔。

汤姆斯·弗里德曼：小时候我常听爸妈说：“儿子啊，乖乖把饭吃完，因为中国跟印度的小孩没饭吃。”现在我则说：“女儿啊，乖乖把书念完，因为中国跟印度的小孩正等着抢你的饭碗。”

摘自经济畅销书《世界是平的》

看到这几段文字，真让人有恍若隔世之感。改革开放 20 多年，中国发生了天翻地覆的变化，成为世界经济增长的“发动机”，这背后的推动力量究竟是什么？也许我们可以找到成千上万条理由，但有一条一定是确定的，那就是中国人力资源的比较优势在其中起到了关键作用。经济学家蔡昉曾对这个问题进行过长期深入的研究，他指出在中国经济增长的过程中，人力资源以及人力资本（human capital）的贡献率在 20％以上。那么，什么是人力资源？人力资本在推动经济和社会发展中起着什么作用？企业的人力资源开发管理又是如何提高企业生产效率和竞争力的？经济全球化和技术进步又使人力资源管理面临怎样的挑战和

变革？都是本章要讨论的问题。

10.1 人力资源管理概述

在当今时代，人力资源或曰人力资本已经取代自然资源和资本成为最重要的生产要素，是一个企业、一个地区、一个国家最宝贵的资源，是竞争力的核心。那么如何有效地开发利用这种资源，为企业赢得竞争优势，则是人力资源管理所需要回答的问题。最近20多年来，企业的人力资源管理发生了巨大的变化，推动这种变化的最主要力量来自于以下几个方面：一是技术的进步，特别是信息技术的发展和互联网的出现；二是经济全球化的影响；再就是人口和劳动力的变化以及组织再造等，都使企业所处环境发生了根本性的变化，人力资源管理也不断面临新的挑战和变革的压力。这里将概要介绍人力资源及人力资源管理在企业经营活动中所起的作用和承担的责任，探讨如何通过改善和提升人力资源管理水平应对挑战性的环境，以提高组织绩效，赢得竞争优势。

优秀企业的人力资源管理都是以雇员为中心的，无论是挑选雇员、设计工作、决定薪酬、信息分享，还是分工授权、建立激励机制、推动企业文化建设，都是把员工作为企业最主要的利益相关者，以员工为中心考虑和设计人力资源管理的政策。正如《从优秀到卓越》一书的作者、美国著名管理学家科林斯所说："先人后事，是一条必需遵守的原则。"这也是我们常常说的"以人为本"。

一个企业的竞争优势还表现在它最有价值的资源——员工身上。当今最成功和最有效的企业，无论它是中国企业还是外国企业，无论是生产性企业还是服务性企业，也无论是规模巨大的跨国公司还是机制灵活的创新性公司，其成功都依赖它所拥有的出色员工和知识资源。盖茨就曾经说过，除了微软那些最优秀的员工之外，我一无所有。柳传志也把他在联想最主要的工作归结为，定战略、搭班子、带队伍。现在世界上最优秀、最成功的企业恰恰也是拥有知识资产（如专利）最多、创新能力最强的企业，如IBM、微软、通用电气、索尼、日立、辉瑞制药、诺基亚、三星等。中国的企业也是如此，如近几年申请专利最多的中国企业就有华为、海尔、中兴、联想、春兰、宝钢、长虹等。

这一切都说明，21世纪将是一个以知识、智力和创新能力为基础的知识经济时代，人的知识、智力和创新能力将成为经济和社会发展的主要源泉和动力。在当代，人类经济的发展已经从主要依靠物的投入转向主要依靠智力的投入；人力资源已经成为社会的第一资源，人力资本已经高于物质资本；国家间的竞争，企业间的竞争，说到底是人才的竞争。而人力资源管理则在帮助企业在赢得竞争优势和提升工作有效性方面起着关键的作用。

那么什么是人力资源？什么是人力资本？人力资源管理在企业经营管理中又

起着什么作用？就是我们下面要讨论的问题。

10.1.1　人力资源、人力资本、人才

人力资源就是劳动力资源，它同自然资源、资本一道被看成是推动经济增长最主要的三种生产要素。在漫长的农业社会，土地和劳动力是最主要的资源，是财富的源泉。人类的一切经济活动主要围绕土地进行，国与国之间的争战，说到底是为了获得更多的土地和劳动力。进入工业社会以后，机械化大生产取代手工劳动成为主要生产方式，货币资本逐渐取代土地和劳动力成为最重要的资源。资本的拥有者可以用钱购买机器设备、物资矿藏和劳动力，甚至购买技术，并且创造了更高的生产力，但对机器和自然资源的过度依赖和消耗又使人类的可持续发展面临威胁，迫使人们寻找新的经济增长方式和生活方式。在当今时代，以知识为基础的生产正取代传统的生产方式成为主要的经济形态，人力资源或曰人力资本已经取代自然资源和资本成为最重要的生产要素，是一个企业、一个地区、一个国家最宝贵的资源，是竞争力的核心。

1. 什么是人力资源

人力资源是指在一定社会区域内能够推动经济和社会发展的具有智力劳动和体力劳动能力的人口的总和，其内涵应包括数量和质量两个方面①。这个定义中的一定社会区域可以指一个国家、一个地区，也可以指一个企业、一所学校、一家医院或其他社会组织；数量是指一定年龄范围的人口总量，包括适龄劳动人口和超龄劳动人口。人力资源的质量则包括体质（身体素质、营养状况、抗病能力等)、劳动技能（智力素质、受教育程度、劳动能力等）职业道德（劳动态度、劳动积极性、创造性、主动性等）三方面内容。

从上述定义我们可以理解，人力资源并不等同人口资源，人口资源是指一个国家或地区的人口总量，即总人口。人力资源也不完全等同于劳动力，劳动力通常是指参与社会生产活动（包括物质生产和精神文化生产）的适龄劳动人口和超龄劳动人口，对一个企业或特定的社会组织来说，就是雇员。从狭义上讲，人力资源就是劳动力资源。但从广义上讲，不仅有现实的人力资源——劳动力；还有潜在的人力资源，即具有劳动能力但由于种种原因尚未直接投入社会生产活动的适龄劳动人口，如就学人口、家务劳动人口、军人、失业人员、部分伤残人员等。因此，人力资源的绝对量应该是指考察范围内（如一个国家、一个地区或一个社会组织）可以动员投入社会生产活动的总的人力资源的数量，即包括现实的人力资源和潜在的人力资源（图 10-1)。

---

① 郑绍廉等，《人力资源开发与管理》，上海：复旦大学出版社，1996，1。

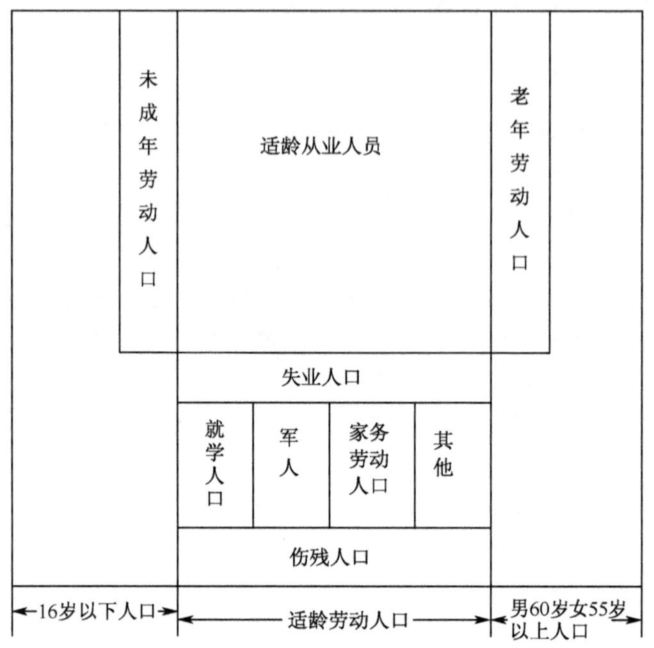

图 10-1　人力资源图

显然，一个国家或地区的人力资源的绝对数量是反映其实力的重要指标，但人力资源数量多并不代表人力资源的总量就大。作为重要的生产要素，人力资源的质量常常比数量更重要，在知识经济时代尤其如此。人力资源的质量主要表现为一定范围内人力资源所具有的体质、智力、知识技能和劳动意愿等因素，常常用健康卫生指标、受教育水平、劳动者技术等级，以及人们的劳动态度、劳动积极性、创造性等指标衡量，并最终反映在劳动生产率上。如果用公式表示：

一个国家的人力资源 ＝ 劳动力×劳动生产率

我们可以看到，在企业中一个熟练技术工人的产出可能是非熟练工人的好几倍；一项重要的科技发明或创新产品可以造就一个全新的产业，给企业带来成百上千倍的收益（如福特的汽车装配线、微软的 Windows 系统）；而一个国家对人力资本的持续投入，如教育培训、公共卫生、社会保障、劳动力流动等，更可以大大提升一个国家的综合实力，在国与国的竞争中抢占先机，后来居上（如早期的美国、日本，新近的新加坡、芬兰、爱尔兰、韩国，还有中国、印度等）。发展中国家与发达国家的差距，从本质上讲是人的差距，即劳动力素质的差距。现在中国经济发展最需要、也最缺乏的就是人的创新能力，劳动力素质偏低，劳动生产率低，是制约中国经济保持持续快速发展的主要因素之一。

2. 什么是人力资本

人力资本即我们通常所说的人的素质和能力，是指体现在人身上的具有经济价值的知识、技能、经验、资历和健康等因素的存量之和。人力资本是对人或人力资源进行开发性投资所形成的、可以带来财富增殖的资本形式，是人们以一定代价获得并能在劳动力市场上交换的具有一定价格（或价值）的素质、能力或技能。人力资本投资主要是指人们在教育、医疗、保健、迁移、劳动技能提高等方面的资源投入或费用支出。将人的素质和能力视为资本，并把它看做推动经济和社会发展最主要的力量，是20世纪出现的最重要的经济理论之一。

最早提出现代人力资本理论的是美国经济学家西奥多·舒尔茨（Theodore Schultz）和加里·贝克尔（Gare S. Becker）等。舒尔茨认为，人力资本体现在人的身上，表现为人的知识、技能、资历、经验和技术熟练程度等，总之表现为人的素质和能力。人的能力和素质是通过人力投资获得的，因此人力资本可以理解为，是对人力投资而形成的资本。从货币形态来看，它表现为提高人力的各项开支，主要有保健支出、学校教育和在职教育支出、劳动力迁移支出等。舒尔茨指出，既然人力是一种资本，那么无论个人还是社会对其投资必然会有所收益。从这个意义上讲，人力资本是劳动者的时间价值——收入提高的主要源泉。因此，人力资本的大小或高低也可以表现在人力所有者——劳动者的收入上。

理解人力资本的含义，需注意把握以下几点：

（1）人力资本是一种特殊资本，它凝结于劳动者体内，表现为人的智能（知识、智力、技能）、体能，与其所有者——人具有不可分离性，换句话说，雇主希望获得的是雇员身上的劳动能力，却不得不雇佣劳动者本人；劳动者不能转让自己人力资本的所有权，而只能部分让渡其使用权，这是人力资本与其他资本或生产要素的本质区别。

（2）人力资本是由一定的费用投资转化而来，没有一定的费用或资源（如时间、财富）投入就不可能形成人力资本。对其持续投资不仅可以增加人力资本的存量和质量，而且对提高劳动效率和经济增长起着决定性的作用。

（3）人力资本只有在使用时才能体现其价值。与物质资本不同，人力资本是一种具有收益递增性的高增值资本，其生产和消费是合二为一的，它因不断使用而升值，因处于闲置而退化。人力资本不能孤立地起作用，只有与物力资本相结合，才能实现其价值。

（4）人力资本是以潜在的形式存在于人体之中的，很难从外界观察到一个人所拥有的人力资本存量，必须通过劳动或生产活动才能显现出来。同时人的行为又受到心理、生理等因素的影响，其情感、态度、个性、价值观、身体状况、生活环境都会影响到人力资本效用的发挥。如何评价人力资本的价值，有效开发和利用人力资本，是人力资源管理中极其复杂、极其困难的工作。

正是因为人力资本具有以上特征，因此对人力资本的投资无论是促进国家经济增长、提升国民素质，还是增强企业竞争力、提高个人福祉，都具有积极的意义。如，

（1）通过人力资本投资可以提高人的技能和素质，从而带来更高的劳动生产率；

（2）人力资本的提升可以提高人的适应性，使其与物质资源实现更好的配置，允许人们在不同任务中更有效率地分配资源；

（3）人力资本的提升提高了人们适应变化的能力，增加了选择的机会；

（4）人力资本投资可以给个人带来更高的回报和收益，从而产生激励；

（5）无论通过何种方式，一个受过越来越多教育的劳动力能够产生更多的对资本的回报，从而产生更多的国民财富；

（6）资本和技能是互补的，每一个因素都能提高另一个因素的生产力。偏重物质资本投资、排除人力资本投资的投资战略不能获得一个相对平衡战略的潜在收益。通过人力资本投资能够使熟练工人更有效率地使用现代技术。人力资本理论解释了许多传统经济理论无法解释的问题，极大地推动了经济学的发展与完善，其奠基人舒尔茨和贝克尔也先后因此获得诺贝尔经济学奖，这也是对人力资本理论的充分肯定。

3. 什么是人才

人才是当前讨论最热门的话题之一。那么，什么是人才，人才应当如何评价衡量？广义上讲，凡是能够对经济和社会发展作出贡献的有用之才皆为“人才”。但不同的时代，不同的经济发展阶段，甚至不同的组织和不同的地区对人才都有不同定义。通常国内外界定人才和非人才的标准主要是受教育程度。比如，我国人事部在20世纪80年代，就将人才界定为，接受过中专以上教育，具有初级以上专业技术职称（含高级技工）的工作者。90年代初，科技部对科技型企业评定的一个重要指标为，“具有中专以上学历，专业技术人员占职工总数30%以上”。国际上评价一个国家或地区竞争力的指标之一，通常也是每万人中大学生所占的比重、拥有科学家和工程师的数量，以及企业获得合格工程师的难易程度等。

以受教育程度（学历）和专业技术技能（职称）作为界定人才的标准，由于具有可比性和便于评价，因而具有一定的合理性，但也存在很大局限。我国著名人才学者沈荣华认为，人才是一个发展的概念，随着时代发展需要不断丰富其内涵。新的人才标准，应越来越逼近实际意义上的人才概念，不仅要统计“体制内”的，也要统计“体制外”的；不仅要统计“户籍”的，也要统计“柔性流

动”的；不仅要统计“显现”的，也要统计“潜在”的；不仅要统计有学历、职称的，也要统计没有学历、职称，但有专门技能的。他曾对进驻上海的全球 500 强企业进行了调研，发现它们的人才标准有三个：知识、能力和业绩。沈荣华提出，新的人才标准要以市场对人才的认可程度为依据，以能力和业绩的大小为重点，以薪酬水平的高低为重要参照。

胡锦涛总书记在全国人才会议的讲话中，对新时代的人才做了新的定义，“只要具有一定的知识或技能，能够进行创造性劳动，为推进社会主义物质文明、政治文明、精神文明建设，在建设中国特色社会主义伟大事业中作出积极贡献，都是党和国家需要的人才。要坚持德才兼备原则，把品德、知识、能力和业绩作为衡量人才的主要标准，不唯学历、不唯职称、不唯资历、不唯身份，不拘一格选人才。鼓励人人都作贡献，人人都能成才”。这个新的人才定义突出了三点：一是有知识、有能力；二是能够进行创造性劳动；三是在政治、精神、物质三个文明建设中作出贡献。

对于企业来说，人才应该是可以给企业带来较高边际收益和体现企业核心竞争力的人。在企业中主要是两类人：技术和知识的创新者、职业经理人。因此具体到一个企业，我们可以把所有的员工都视为“人力资源”；而把能体现企业核心竞争力的那部分员工作为企业最重要的人力资本，即“人才”。一个企业中的人力资本多少不在于员工数量或有学历的人多少，而在于它的人才有多少。

10.1.2　人力资源管理的内涵

人力资源管理（human resource management，HRM）是指影响雇员的行为、态度以及绩效的各种政策、管理实践以及制度①。这个概念很宽，包括了组织中一切与员工有关的管理决策和管理实践活动。由于人力资源在经济增长中的作用越来越重要，对人力资源的有效管理也越来越受到重视。人们认识到员工的行为表现、对工作的投入和工作绩效是组织目标实现的关键，因此人力资源管理对组织的兴衰成败至关重要。哈佛大学的迈克尔·比尔教授就指出，人力资源管理是企业最主要的管理活动之一，应该成为总经理最重要的工作。

人力资源管理这门学科是从人事管理和劳动管理发展演变而来，但与传统人事管理以“事务”为中心不同，它更加强调人力资源管理要与组织的目标和战略相联系；更注重人力资本的投入产出效益；更关注人的能力的二次开发、人力资本的升值以及企业价值和员工价值的“双赢”。从工作内容上看，传统的人事管理将主要精力集中在员工考勤、档案、工作安排、晋升、工资福利等管理上。而

① ［美］雷蒙德·A. 诺伊等，《人力资源管理——赢得竞争优势》，北京：中国人民大学出版社，2001，3。

人力资源管理的重点则放在人力资源规划制定、招聘、甄选、绩效评估、薪酬设计以及激励制度建立等有利于提高企业绩效和赢得竞争优势的努力上。

在讲到人力资源管理时，我们常常还会涉及“人力资源开发”（human resource development）这个概念，二者既相互联系又有所区别，都是针对人力资源的管理活动，但侧重点不同。人力资源开发强调的是如何使潜在的人力资源向现实人力资源的合理转化，不断挖掘其潜力、提升其价值。而人力资源管理则强调如何使人力资源与物力资源实现合理配置，充分发挥其效益、提高其效率。从工作内容上划分，通常我们把教育培训、健康保健、迁徙流动、激励和企业文化建设等旨在提高员工素质、调动劳动积极性、激发创新热情这样一些管理活动称为人力资源开发。而将那些目的是使企业的人力资源和物力资源达到合理配置，企业劳动效率和经济效益得到不断提高的管理活动及其所使用的技术统称为人力资源管理。不过一般如不特指的话，我们所说的人力资源管理就包括“开发”和“管理”的内容。比如，日本管理学家关口功认为：“现代劳务管理（即人力资源管理）是以筹措、培养、运用、保全组织成员，建立、维持组织成员间以及组织体和组织成员间的良好个别性、集体性的社会关系，同时谋求组织目标和与组织成员目标的一致，而促进组织成员的自发性、努力性的态度，从而更高地实现以组织目标为目的的管理活动的总称。”复旦大学的郑绍廉教授也认为，在现代企业中，凡是与人有关的事情均与人力资源开发与管理有关。“人力资源管理部门的工作主要涉及四个方面：选人、育人、用人、留人。”

人力资源管理还可以从宏观和微观两个层面考察。宏观人力资源管理的实质是使全社会的人力资源和物力资源相适应，与社会再生产相适应。比如，促进经济增长、保障充分就业是宏观经济管理最主要的任务之一，也是政府人力资源管理的首要任务。为此，常常需要改变人力资源的数量、质量、结构等，以满足经济和社会发展的需求；通过制定相关政策、建立开放的劳动力市场，以实现人力资源在各个地区、行业和组织间的合理配置和流动；通过提供教育、培训、医疗保健、社会保障等公共服务，以维持全社会人力资源的再生产并使其质量不断提升。这就需要进行相应的人力资源投资。宏观人力资源投资的主要内容是，教育和训练费用、健康保健费用、社会保障体系的建立以及劳动力市场建设的费用等。

微观人力资源管理是用人单位的人力资源开发与管理，它以企业为主要形式。它的任务主要在两个方面，一是通过对企业人力资源的有效开发利用，使员工的劳动潜力向企业的劳动效率转化，关键是调动员工的工作积极性，提高员工素质；二是通过对企业人力资源的有效管理，使其与物力资源达到合理配置，企业的劳动效率和经济效益不断提高，这里的关键是处理好工作与人的关系，合理确定员工劳动付出与劳动收入之间的关系。我们这里讨论的主要是微观层面的人力资源管理，即企业的人力资源管理。

有效的人力资源管理实践应能够有力地提高一个企业（组织）的竞争优势，影响企业的绩效和员工的行为，并为实现组织的目标作出自己的贡献。通常可以从以下几个方面考察人力资源管理部门的贡献：劳动生产率、员工的流失率、工作中的事故率、员工的成长发展、规章制度的执行及员工满意度等。美国学者对人力资源管理目标的看法是：第一，建立员工招聘和选择系统，以便于雇佣到最符合组织需要的员工。第二，最大化每个员工的潜质，既服务于组织的目标，也确保员工的事业和个人的尊严。第三，保持那些通过自己的工作绩效帮助组织实现组织目标的员工，同时排除那些无法对组织提供帮助的员工。第四，确保组织遵守政府关于人力资源管理方面的法令和政策。可见，人力资源管理有两个主要目标：广义目标是充分利用组织中的所有资源，使组织的生产率水平达到最高；狭义目标是帮助各个部门的直线经理更加有效地管理员工，具体而言就是人力资源管理部门通过人事政策的制定和解释，通过提供咨询和服务来完成这两个目标[①]。

10.2　企业的人力资源管理活动

现在企业中有一种普遍现象，即大家都知道人力资源是最宝贵的资源，都强调人力资源管理的重要性，都纷纷成立人力资源部，却不清楚人力资源管理究竟“管”什么？人力资源部门的职责是什么，在企业中的作用是什么。企业领导对人力资源部门的工作不满意，认为该管的事情管不起来。直线经理们对人力资源工作诸多抱怨，觉得对他们工作支持不够，解决不了什么问题。人力资源部的经理主管们也觉得委屈，辛辛苦苦付出很多，却总不落好……

问题在哪儿？需要指出的是，人力资源管理部门对员工的行为和绩效有直接的影响，但各直线部门特别是公司的主要领导对这些工作结果也有着重要影响。人力资源管理部门工作有效性的标准是在多大程度上有效支撑组织整体目标的实现，但人力资源管理绝不仅仅是特定职能部门的责任，而应该成为总经理最重要的管理活动之一。毕竟，只有总经理才对制定和实施企业战略方面负有更多的责任；只有总经理才在制定企业人事政策和其他会影响到员工行为的政策上具有更大的影响力；只有总经理才能决定企业究竟准备在人力资本上作多大的投资。而人力资源管理部门的任务则是在公司战略的导引下通过制定相关的人力资源政策、选择恰当的方法途径和技术手段来保证组织战略和目标的实现，通过为总经理和直线部门提供专业化的咨询和服务，来满足他们对人力资源的需求。人力资

① 张一池，《人力资源管理教程》，北京：北京大学出版社，1999，9。

源管理不是一组人事管理活动的集合，而是要有效整合和协调组织的人力资源，并配合其他资源的利用来实现组织的目标。

10.2.1 人力资源管理的职能

企业人力资源管理的目标归结起来就是，如何在企业（组织）内部实现人力资源与物力资源的合理配置，改善员工的行为，提高员工的素质，调动员工工作的积极性和创造性，从而增加对劳动的投入，提高企业的劳动生产率和经济效益，赢得竞争优势。而这一目标又需要通过一系列人力资源管理活动实现，这就是人力资源管理的职能。

现在大多企业都设有人力资源部，小的企业也有专门的人力资源经理。这些人力资源管理的专业人员，一般应承担以下四个领域的责任。

第一，建立人力资源管理程序。如招聘、挑选、辞退、安置员工，签订劳动合同、确定薪酬和福利等，总之，在开展人力资源管理实践活动中，要保障工作的有效性、合法性和公平公正，都有赖于人力资源管理程序。

第二，开发/选择人力资源管理的方法。要贯彻一个企业的人力资源管理战略，提高管理的有效性，必须积极开发和精心选择人力资源管理的方法。如开发人力资源信息系统，建立科学的考核及激励体系，为员工进行职业生涯设计，根据工作需要组织开展员工培训等。

第三，监控/评价人力资源实践。这是人力资源管理的一项重要任务，目的是保证企业战略得到正确贯彻，人力资源效率得到充分发挥。如通过考核了解员工工作的真实信息，对他们的业绩和贡献做出评价，评估企业在人员招聘、甄选、流动、维持上的成本及有效性，以及通过奖惩等手段引导和改善员工行为等。

第四，在涉及人力资源管理的事务上为企业领导和直线经理们提供咨询和服务。这是传统的以“事务管理”为中心的人事管理与现代人力资源管理的最本质的区别之一。

人力资源管理专业人员需要哪些能力？美国人力资源管理协会、美国密歇根大学商学院、全球管理顾问联盟的最近研究表明，五方面的能力对于人力资源专业人员是必不可少的，这包括战略贡献、个人可信度、工作能力、经营知识和人力资源管理技术等。研究者称，无论是新进入这个行当的人，还是已经熟门熟路的人力资源经理，都要关注这五个方面的能力，因为，他们能够为组织创造新的价值。

人力资源管理职能是指在企业管理活动中用以提供、配置和协调人力资源的责任和任务，包括对组织各个领域及员工具有影响的各种活动。迈克尔·比尔教授将其归结为雇员影响、人力资源流动、奖励体系、工作体系四大政策领域。国内学者多将其简括为四个方面：选人、育人、用人、留人。按大多数专家的研究和共识，我们可以把人力资源管理的主要活动归纳为以下几种：①人力资源规划；②工作分析和工作设计；③招聘与甄选；④培训与开发；⑤薪酬与福利；⑥绩效考核；⑦员工和劳动关系；⑧劳动保障和工作安全。

当然，企业的人力资源管理活动远不止这些，比如，为提高人力资源管理的效率和水平，要建立人力资源信息系统，开展人力资源研究；要实现人与工作的合理匹配，保证组织战略目标的顺利实施，必须经常对组织结构进行调整；为改善员工的行为，调动他们工作的热情、积极性和创造性，就需要设计和实施员工沟通系统，建立激励机制，以及随着经济全球化的加速和外资企业的大量进入，跨国人力资源管理、劳动力多元化导致的文化冲突等也会成为企业经营中常常遇到的问题，这些都是与人有关的管理活动，也可以纳入人力资源管理的范畴。但从一般的工作职能划分来看，人力资源管理信息系统是企业管理信息系统的重要组织部分，组织结构设计通常与组织战略联系在一起，而员工的沟通、激励机制

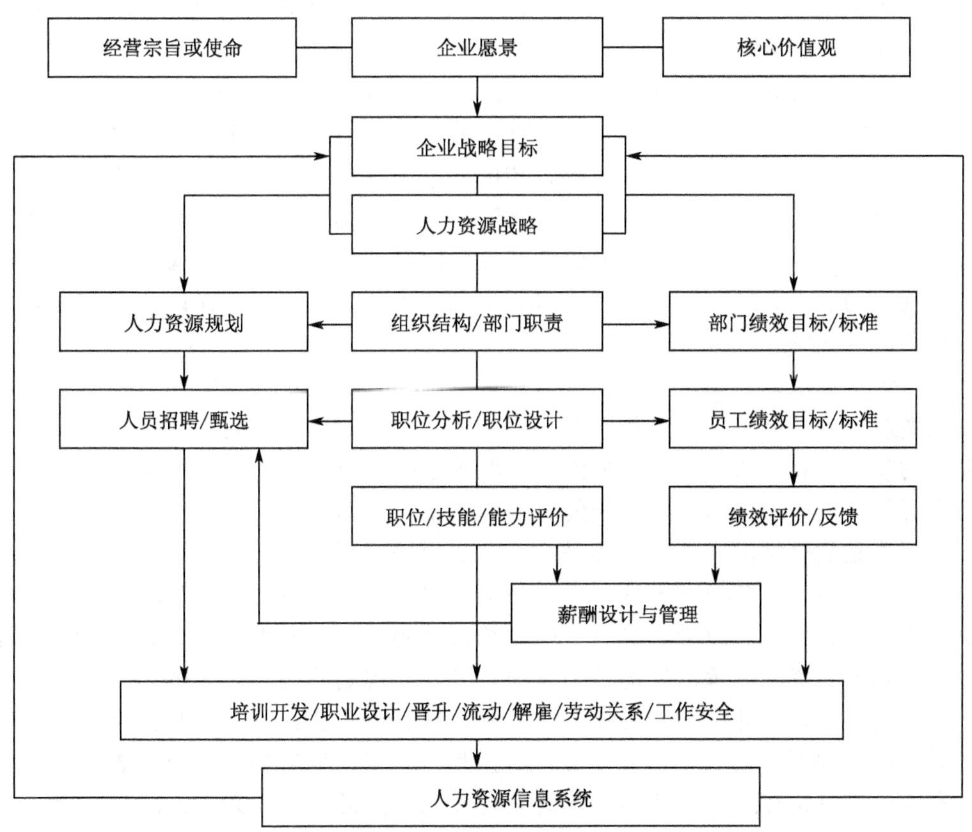

图 10-2　人力资源管理过程

及企业文化建设则几乎包含在企业管理的每一环节中。所以，在谈到人力资源管理职能时，通常还是界定在这几个主要领域，而上述的一些内容则包容在其中(图 10-2)。

10.2.2 人力资源管理过程

图 10-2 介绍了一个组织的人力资源管理过程，通过这些管理活动或环节，可以使人力资源管理满足企业战略的需要，使组织人力资源与物力资源得到合理匹配，使员工的积极性得到发挥，从而帮助企业在较长的时间内保持良好的绩效水平。

我们把人力资源管理这些主要活动简要介绍如下。

1. 人力资源规划

企业制定了总的发展战略和人力资源战略后，如何将其具体落实到人力资源管理的各项工作中呢？这就要通过人力资源规划。人力资源规划是企业战略的重要组成部分，它直接影响人力资源管理的有效性。

人力资源规划又称人力资源计划（human resource planning，HRP)，是在企业战略指引下，科学地分析、预测自己的企业或组织在变化的环境中的人力资源需求和供给状况，制定必要的政策和措施以确保自身在需要的时间和需要的岗位上获得所需的人才（包括数量、质量和结构三个方面)，并使组织和个体得到长期的利益。人力资源规划主要包括三方面内容：预测组织为实现其目标对所需人力资源的要求；制定和实施满足这些要求的计划、政策和措施；落实实施这些计划所需的投资。

人力资源规划按照涉及时间的长短，可分为偏重战略的长期规划和偏重作业的短期规划。长期规划一般是指 3 年或 3 年以上的规划；短期规划指 1 年或 1 年以内的规划。企业人力资源规划的期限取决于企业所面临环境的不确定程度。人力资源规划期限与经营环境之间的关系如图 10-3 所示。

不论是战略性的长期规划还是作业性的短期规划，人力资源规划都包括两个层次：总体规划与各项业务计划。人力资源总体规划是有关计划期内人力资源开发利用的总目标、总政策、实施步骤及总预算的安排。人力资源规划的业务计划包括企业人力资源管理活动的各个方面，是总体规划的展开和具体化。

一般来说，企业人力资源规划的程序包括五个步骤：第一，对企业人力资源的需求进行预测；第二，人力资源供给预测；第三，根据供需预测的结果进行人力资源供需分析比较，计算出目标时期企业人力资源供求失衡的方向和数量，作为制定具体的人力资源管理措施的依据；第四，制定实现人力资源供求平衡的具体措施；第五，实施人力资源规划，并对实施结果进行评估和反馈。图 10-4 表

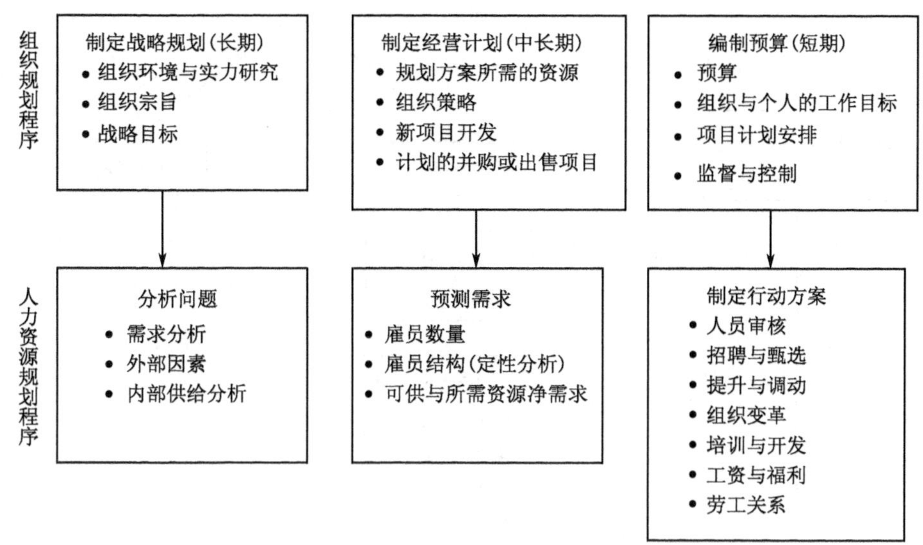

图 10-3　三个层次的宗旨规划与人力资源规划的关系①

明了企业人力资源规划的一般程序。

每个企业编制的人力资源规划各不相同，一般来说，一份完整的企业人力资源规划包括人力资源总体规划和具体的业务计划。

人力资源总体规划着重于人力资源方面的总的、概括性的策略和有关的重要的方针、政策和原则，一般包括以下几方面的内容：

(1) 阐述在战略计划期内企业对各种人力资源的需求和各种人力资源配置的总的框架。

(2) 阐明与人力资源有关的重要方针、政策和原则。如涉及人才的招聘、晋升、降职、培训和发展、奖惩和工资福利等方面的重大方针和政策。

(3) 确定人力资源投资预算总额。

(4) 确定企业人力资源净需求。人力资源净需求是企业人力资源需求预测与内部供给预测的差值，同时还应考虑到新进人员的损耗。

人力资源具体业务计划包括招聘计划、培训计划、人员使用计划、评估与激励计划、人员保留计划、关键任务风险分析等内容。人员补充、使用计划、提升与降职计划、教育培训计划、薪资与福利计划、退休计划、劳动关系计划等。

2. 工作分析与工作设计

工作分析 (job analysis) 是对组织中各个工作职位的特征、规范、要求、流

①余凯成等，《人力资源管理》，大连：大连理工大学出版社，2006，40。

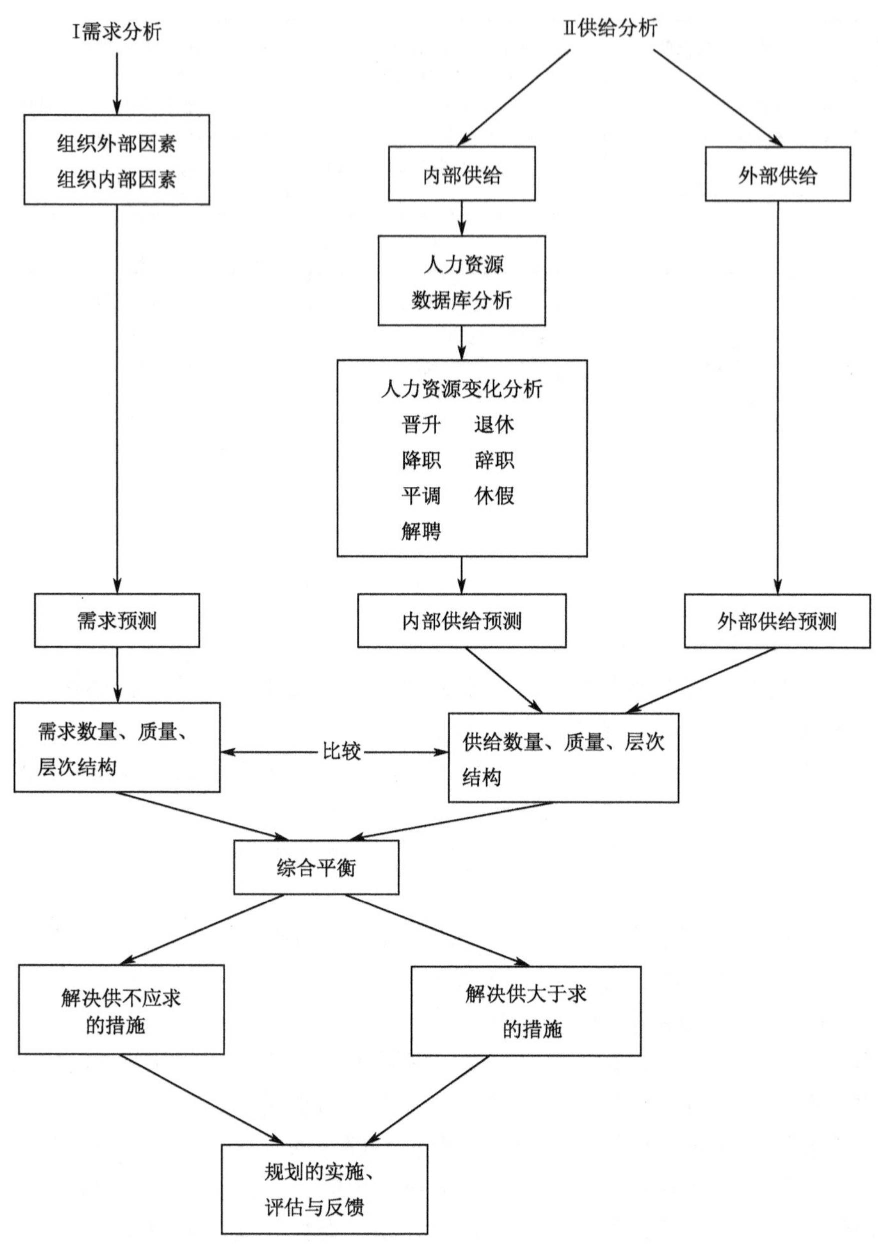

图 10-4　人力资源规划程序

程，以及能够胜任该职位工作人员的素质、知识、技能等要求进行描述，工作分析的结果是工作描述和职务说明书。工作分析是人力资源管理最基础的工作，是合理配置人力资源，开展招聘、培训、考核、报酬分配等工作的依据。

工作分析的基础是工作设计（job design），工作设计的要义是根据组织目标、任务和组织的特质，分析现有的工作并加以重新设计。例如，决定组织内如何进行专业分工和任务分解，设立哪些部门和职位，各个不同职位的权限、责任和职能范围，设计和规定工作的程序，包括运用人体工程学，设计机器布置、工位和办公家具，改善工作环境等。根据员工心理，通过工作轮换、工作扩大化、工作丰富化，来提升员工动机，提高满意度等。

工作分析有时又称为职务评估，所要分析的内容包括这个岗位/职位的主要职责、工作任务、拥有的资源（权限），在组织内报告和隶属的关系，与其他部门的互动关系等，并且根据岗位要求，明确承担该工作的人需要具备的知识（knowledge）、技能（skills）与能力（abilities），简称 KSA。从某种意义上讲，工作分析就是要定义组织中各个岗位的职责和履行职责的行为，它明确和区分了不同职位在组织中的价值和重要性。

工作分析是人力资源管理中一项非常重要和细致的工作，通常可以采用以下几种方法进行。

（1）观察法，直接对员工的工作进行观察，诸如对流水线上的操作工之类的以体力劳动为主，工作具有标准化特征、任务周期较短的工作，直接观察是一种有效的工作分析方法。

观察法在从事动作研究的时候，虽常为工业工程师所运用，但在工作分析时，如果仅运用此方法，所获得的资料往往不足以供撰写职务说明或职务规范之用。所以实际上，观察法多应用于了解工作条件、危险性或所使用的工具及设备等项目方面，且通常与访谈法结合使用，可先观察、后访谈，或同时进行。

（2）资料分析法，为了降低工作分析的成本，应当尽量利用现有的资料，以便对每个工作的任务、责任、权利、工作负荷、任职资格等有一个大致的了解，为进一步调查奠定基础。

例如，岗位责任制是国内企业特别是大中型企业十分重视的一项制度。但是，岗位责任制只规定了工作的责任和任务，没有规定该工作的其他要求，如工作的社会条件、物理环境、聘用条件、工作流程以及任职条件等，如果根据各企业的具体情况，对岗位责任制添加一些必要的内容，则可形成一份完整的工作描述和任职说明书。另外，我们还可通过作业统计，如对每个生产工人出勤、产量、质量、消耗的统计，对工人的工作内容、负荷有更深的了解，它是建立工作标准的重要依据。人事档案则可提供任职者的基本素质资料。

（3）访谈法，又称面谈法，是一种应用最为广泛的职务分析方法，指工作分析者就某一个职务或职位面对面地询问任职者、主管、专家等对工作的意见和看法。与任职者的面谈主要集中于有关工作内容和工作背景的信息；而通过对主管的访谈则可以评估和证实任职者回答的真实性，并提供有关任务重要性、所期望的绩效水平、新工人的培训需要和工作的必要条件等的进一步信息。

此种方法可对任职者的工作态度与工作动机等深层次内容进行详细的了解。面谈的程序可以是标准化的，也可以是非标准化的。一般情况下，应用访谈法时以标准访谈格式记录，以便于控制访谈内容，并可对同一职务不同任职者的回答相互比较。

（4）问卷调查法，问卷调查法是工作分析中最常用的一种方法，它是指采用调查问卷来获取工作分析的信息。由有关人员事先设计出一套职务分析问卷，然后，由工作承担者填写问卷，也可以由工作分析人员填写。最后，再将问卷加以归纳分析，并做好详细记录，据此写出职务说明书。形成职务说明书要再征求任职者的意见，并进行补充和修改。

调查问卷主要有几种类型：有通用的，适合于各种职务的问卷；也有专门为特定的工作职务设计的问卷；有职务定向的问卷和人员定向的问卷，前者比较强调工作本身的条件和结果；后者则集中于了解职工的工作行为；有结构化程度较高的问卷，也有开放式的问卷。

（5）功能性工作分析法（FJA 法），这种方法是由美国培训与职业服务中心（U. S. Training and Employment Service）研究出的一种以工作为中心的分析方法。它的核心是：通过总结员工在工作时对信息、人、事的处理方式进行工作职能的分析，并在此基础上归纳出任职说明、绩效标准、培训需求等。按照 FJA 法进行工作分析包括工作特点分析与员工特点分析两部分。工作特点主要包括员工的职责、工作的种类及材料、产品、知识范畴三大类。员工的职能是指工人在工作过程中，与人、事、信息打交道的过程。任何工作，都离不开人、事、信息这三个基本要素，而每一要素所包含的各种基本活动又可按复杂程度分为不同的等级，这样就可以区别出不同工作（职位）在组织中的重要性，以及个人能力和承担责任大小。

（6）工作日记法，是为了了解员工实际工作的内容、责任、权利、人际关系及工作负荷，而要求员工坚持记工作日记，然后经过归纳提炼，取得所需工作信息的一种职务信息获取方法。工作日记法所获得的信息可靠性很高，适用于获取有关工作职责、工作内容、工作关系、劳动强度等方面的信息，所需费用也较低。但这种方法使用范围较小，不适用于工作循环周期较长、工作状态不稳定的职位，且信息整理量大，归纳工作繁琐。有可能由于工作执行者填写时的疏忽，而在一定程度上影响工作的正常进行。

在采用以上方法获取所需资料后，就可以编写职务说明书了，职务说明书是对任职者需要做什么、怎么做和为什么做的书面说明，它通常能反映职务的内容、环境和从业条件，以及胜任该项工作所必须具备的最低限度的任职条件。职务说明书是企业招聘、甄选和考核员工时最主要的文件之一。

3. 招聘与甄选

员工招聘又称人力资源吸收，它是根据人力资源规划和工作分析要求，为组织寻找和吸引能够从中挑选出胜任工作空缺的合格的候选人群。甄选则是从合格的候选人群中选择最有可能完成工作的人。它主要由计划、招募、测评、选择、录用、评估等一系列活动构成，是人力资源管理的主要职能之一。招聘和选拔的过程都反映出一个企业以及企业经营者的经营理念、价值取向、成本意识和管理水平。由于人在组织中的重要性日益突出，人力的使用和重置成本也越来越高，因此员工的招聘与甄选现在更加受到重视，被视为人力资源管理的起点，各个企业无不予以高度重视。

招聘首先要实现员工个人与岗位的匹配，也就是我们常说的人与事的匹配。这种匹配包含两层意思：一是岗位的要求是否与员工个人素质相匹配；二是岗位是否能满足员工对职业的要求，即工作报酬与员工个人的需要是否相匹配。实现这双重的匹配，才能既保证员工胜任某一岗位，同时也使岗位对员工保持较长久的吸引力。

企业想要招聘到优秀的员工，必须使工作对员工有吸引力，使工作报酬与员工个人的需要相匹配。这里所指的是广义的工作报酬，它包含了员工希望从工作中获得的各种需要的满足。这些报酬包括：满意的工资奖金待遇与福利；适合的工作地点；良好的工作环境；较高的公司声望；和谐的人际关系和雇佣关系；开明的领导；具挑战性和趣味性的工作；快捷的晋升机会；较多的培训、进修机会以及公司规范的管理等。企业只有满足员工在这些方面的特定需要，才能够吸引、稳定和留住人才。

招聘的方式可分为内部招募和外部招募。

1）内部招募

企业现有的雇员常常是企业最大的招募来源，一些调查显示：成功企业中70％以上的管理职位都是由从企业内部提拔起来的人担任的。内部招募具有许多突出的优点：

（1）当员工看到工作能力的提高会得到补偿时，他们的士气和工作绩效将因此而提高。内部提升可以激发雇员的献身精神，使他们工作时有长期观点；

（2）从内部提升员工更安全，因为组织对这些人的素质和技能已经有了比较准确的评价，不像对外来者那样知之甚少；

（3）内部候选人已经在组织中工作了一段时间，对组织的目标更有认同感，不会轻易辞职，企业人员流失的风险相对较小；

（4）内部候选人比外部候选人的定位过程更短，需要的培训也更少；

（5）可为企业节约大量的招聘时间和费用；

（6）减少企业因职位空缺而造成的间接损失；

（7）给员工调整岗位的机会，最大限度地利用企业现有的人力资源。

许多成功企业都为员工提供内部晋升的机会。日本索尼公司每周出版一期内部小报，其中有公司各部门的“求人广告”，职员可以自由而且秘密地前来应聘，他们的上司无权阻止。另外，公司职员每隔半年就可以调换一次工作，这样也可以增加工作的丰富性。这种新颖的人事管理制度为公司广大的年轻职工提供了施展才能的广阔天地。索尼实行内部招聘制度后，取得了双重好处：凡是有能力的职员都能找到自己比较满意的岗位；人事部门还可从中发现“外流”职员的上司们存在的问题。

当然，从内部招募亦有其不足之处。例如，较难做到内部公平，在一定程度上可能造成内部矛盾。如有些职位的候选人可能会被领导“内定”，有些优秀的员工会同时被几个部门争夺等；提拔不成的员工对企业的忠诚度可能下降；容易产生近亲繁殖现象；对一些特殊需要的人才，仅在内部遴选，选择范围比较小等。因此，如果只拘泥于内部招募往往不能满足企业的需要。

2）外部招募

内部招募虽然具有许多优点，但人员的选择范围较为狭窄，常常不能满足企业发展的需要，所以企业常采用各种外部招募方法。与内部招募一样，外部招募也具有其优势和局限。

外部招募的优势主要表现在；

（1）人才来源广，挑选余地大，有可能招聘到许多优秀人才，尤其是一些较为稀缺的复合型人才，这样还可以节省内部培养和业务培训的费用。

（2）可以利用外部候选人的能力与经验为企业补充新鲜血液，并能够给企业带来多元化的局面，避免很多人都用同样的思维方式思考问题；

（3）企业还可以借助招聘中与外界交流的机会树立良好的公众形象；

（4）产生“鲇鱼效应”。外聘人才的进入无形地给原有员工带来压力，造成危机感，可激发他们的斗志和潜能；

（5）避免近亲繁殖；

（6）有时可缓解内部竞争者之间的紧张关系。由于空缺职位有限，企业内可能有几个候选人，他们之间的不良竞争可能导致钩心斗角，相互拆台等问题发生。一旦某员工被提升，其他候选人可能会出现不满情绪，消极懈怠，不服管理。外部招聘可以使内部竞争者得到某种心理平衡，避免组织内部成员间的不团结。

当然，外部招聘可能使企业面临一定风险，如由于信息不对称，往往造成筛选难度大、成本高，容易被应聘者的表面现象如学历、资历等所蒙蔽，而无法清楚了解其真实能力；外聘员工需要花费较长时间来适应企业文化，进行培训和定位，在短期内可能会影响组织的整体绩效；外聘人员有可能出现“水土不服”的现象，无法接受企业文化；从外部招聘的“空降兵”可能会影响企业内部一些员工的士气；若组织内部有胜任的人未被选用，从外部招聘会使他感到不公平，容易产生与外聘者不合作的态度等。

外部招募方式有广告招聘、通过职业介绍所与就业服务中心招募、校园招聘、内部员工推荐、委托猎头公司招募、人才招聘会、互联网招聘、接受应聘者自荐等。随着计算机和互联网的普及，网络招聘越来越成为一些企业招聘的主要形式。特别是在 IT 行业，往往 77%的新人是通过网络招聘来的。不仅节约了大笔费用，而且许多企业也认为经由网络招募而来的员工较为优秀。

甄选则是从合格的候选人群中选择最有可能完成工作的人，一般包括以下一些程序：

(1) 材料筛选。通过求职者填写的申请表掌握其初步信息，筛选出可参加测试者。申请表、推荐检测是企业筛选过程中最初级的筛选，侧重于考察申请人的背景和工作及学习经历。

(2) 初次面试。人事主管对求职者作初步面试，决定下一轮的候选者。

(3) 各种测验。例如，智力测验，专业能力测验，个性测验，职业倾向测验等。以上这些测验可采用笔试、面试、在工作现场或模拟情景中测试，甚至可以委托专业的人才测评机构测试。

(4) 深入的面试。由人事部主持，由有关各方组成招聘专家组。主要了解求职者的更多信息：求职者的激励程度；个人理想与抱负，与人合作的精神。

(5) 未来的上司面试。

(6) 核实与评价。核对有关应聘材料、证件的真实性。

(7) 建议录用。

(8) 体格检查。

(9) 录用决策。进入试用期。

现实中并非每家企业都按以上步骤操作，顺序可有先后变化，有些步骤可以跳过。

图 10-5 是一个招聘的流程图。

4. 培训与开发

员工进入企业后，如何把员工的劳动潜力转化为企业的生产效率，员工如何通过不断提升自己的能力和业绩，获得更多成长和发展机会？很大程度要通过培训和教育。通过开发员工的素质和潜能，帮助员工理解工作的意义，改善行为，增加对组织的归属感和责任感，更好地实现自身价值，提高工作满意度；通过培训教育提高员工知识技能，从而帮助组织减少事故，降低成本，增加人力资源贡

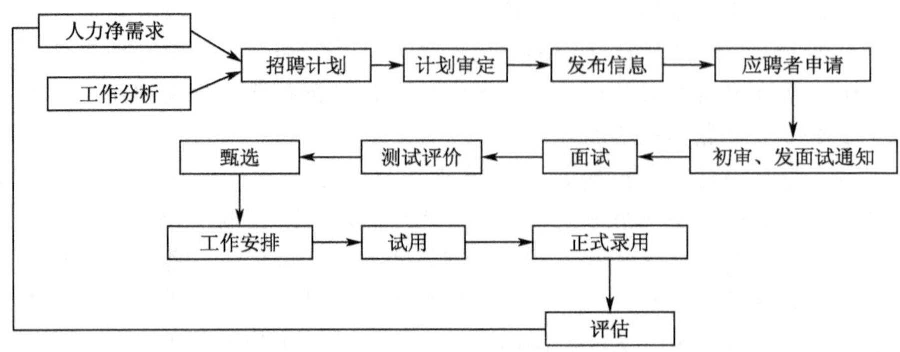

图 10-5　人员招聘流程

献率，提高生产效率和经济效益。在知识经济时代，员工培训和开发应成为企业人力资源管理最重要的职能之一。它通常包括员工上岗引导和技能培训，帮助员工制定职业生涯规划，通过有计划的学习来开发使个人和组织能够胜任当前和未来工作的关键能力（知识、技能、态度、团队合作等），设计和实施管理组织开发方案等。

企业在开展培训时，需要运用系统的方法，优化组合组织需要、工作需要和个人需要，按照组织目标要求打造培训计划、内容、方式、技术以及环境等，从而使员工培训与开发活动的各个方面、各个环节成为一个有机合成的高效系统。

员工培训与开发的系统模型如图 10-6 所示。

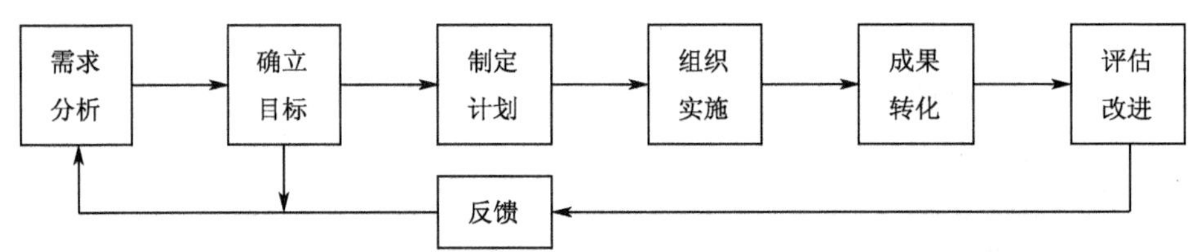

图 10-6　人员培训与开发系统模型

在制订培训计划时，要根据既定培训与开发目标，合理而具体地排列组合学制、课程、教材、教师、教法、实习、考核、设施、时间、场所等培训要素，制定出高效可行的计划操作方案，努力使培训——开发活动成果最大化。

若能仔细分析归纳一下，便会发现任何培训与开发项目的计划实际上主要是由六种基本要素（简称 4W2H）所构成，以下结合一般企业情况扼要说明构成培训计划方案的这六项基本要素，即①what，培训什么？②when，何时培训？③where，何处培训？④who，谁来培训？⑤how，如何培训？⑥how much，花费多少？

培训计划形成后，就可以进行培训了。按照培训对象及培训内容特点的不同来分类，可以将培训与开发分为以下类型。

1）按培训对象分

可分为如下几类。

新员工导向培训。新员工导向培训又称为新员工定向培训、上岗培训或社会化培训。主要是指向新聘用员工介绍组织情况和组织文化，介绍工作任务和规章制度，使之认识必要的人，了解必要的事情，尽快按组织要求安下心来开始上岗工作的一种培训。

员工岗前培训。员工岗前培训主要包括新员工岗前培训——新员工导向培训，以及老员工因工作变动，在走上新岗位之前所接受的培训教育活动。

员工岗上培训。又称为员工在岗培训，主要是指组织围绕工作需要，对从事一定岗位工作的员工开展的各种知识、技能和态度等形式的教育培训活动，为员工提供思路、信息和技能，帮助他们提高工作效率的各种培训活动。员工在岗培训可以按员工类别不同分为操作人员培训、技术人员培训、管理人员培训等。

管理人员开发。又称管理开发或管理人员培训与开发，主要对象是管理人员和一部分可能成为管理人员的普通员工，通过研讨、交流、案例研究、角色扮演、行动学习等方法，使他们建立正确的管理理念，掌握必要的管理技能，学习和分享先进的管理知识和经验，进而改善管理绩效。

员工职业生涯开发。员工职业生涯开发是以组织的所有成员（重点是组织中的关键人才和关键岗位的工作者）在组织中的职业发展为开发管理对象，通过各种教育、训练、咨询、激励与规划工作，帮助员工开展职业生涯规划与开发工作，使个人目标与组织目标结合起来，培育员工的事业心、责任感、忠诚感与献身精神。

2）按培训内容分

可以分为知识、技能和态度培训等三类。

知识培训。目的是提高员工的学习能力或认知能力，要求员工学习各种有用知识并运用知识进行脑力活动，促进工作改善。知识学习的例子包括记忆和推理，行为规范和行事规则，符号图案的辨认和对策的制定，生产与管理知识的回忆和应用，以及知识驱动的工作场所、学习性组织等项目内容。员工的知识培训也可按传授知识的性质而分为三类：对员工的工作行为与活动效率起基础作用的（语文、计算、计算机、外语等）基础知识；与组织生产经营职能和员工本职工作活动密切相关的理论、技术和实践的专业知识；与科技发展、时代特点、组织经营环境和业务特点相关联的背景性的广泛知识。

技能培训。技能培训包括对员工的运动技能和智力技能的培训。即对员工使用工具、适应工作程序、动作、处理和解决实际问题的技巧与能力的培训与开发。运动技能培训也叫肌肉性或精神性运动技能学习，主要是教授员工完成具体工作任务所需的肢体技能，能够精确并按要求进行有关的体力活动，如操作机床、驾驭汽车、攀爬高处等。智力技能培训则是教授人们学习和运用可被推广的要领、规则与思维方法，来分析问题、解决问题，改进工作并发明新产品、新方法、新知识等。如设计改进工具、优化工作程序等。

态度培训。态度培训又称情感性学习，它主要涉及对员工的价值观、职业道德、认知、情感、行为规范、人际关系、工作满意度、工作参与、组织承诺、不同主体的利益关系处理，以及个人行为活动方式选择等内容和项目的教育与培训。

为满足上述需要，可围绕培训目标选择恰当的培训方法与技术，常采用的方法有演示法、内行传授法、案例研究、情景模拟以及角色扮演法等。

5. 薪酬与福利

20 世纪 80 年代以来，企业薪酬管理出现了许多新的变化，主要原因在于希望薪酬能够支撑企业经营战略，提升企业竞争能力，完成企业所要求的各种不同的目标。为此，从整体上把握薪酬管理导向就成为企业一项重要的政策性活动。

薪酬是员工在为一个组织工作而获得的经济性报酬，首先，它包括基本工资、绩效工资、岗位津贴、奖金、红利等内容。福利是员工作为组织成员及其在组织中的职位而获得的报酬，与工资和奖励不同，它通常与员工个人的绩效无关。其次，它常常以非货币（直接支付）的形式向组织雇员提供服务和保障，如社会保险、失业补偿、退休、医疗保险、带薪休假、财务法律咨询服务等。薪酬管理是人力资源管理活动中最为敏感、最被人关注、技术性很强的部分，也是确保组织战略实现、吸引和留住人才、激励员工努力工作、发挥人力资源效能的最有力的杠杆之一。福利在为员工提供工作安全、增强企业内聚力、提高员工满意度以及吸引保留人才方面具有其他报酬所无法取代的功用。人力资源管理的关键实质上是如何处理好员工的工作投入与所获报酬之间的关系。从这个意义上讲，薪酬与福利管理也可以视为人力资源管理的核心环节。

我们可以将薪酬划分为：基本薪酬、浮动薪酬和间接薪酬（服务与福利）三大部分。

（1）基本薪酬，即通常所说的工资，是员工从企业获得的较为稳定的经济报酬。首先，工资最基本的功用是为员工提供基本生活保障和收入来源。工资如果不能维持最基本的生活需要，那么工作就没人去做，各国政府都规定了最低工资标准，也是基于这一考虑。其次，工资反映了劳动力的价格，这个价格是由劳动力市场的供求关系和劳动者个人的人力资本共同决定的。最后，工资也表明社会和雇主对劳动者价值的评价尺度。工资是收入的固定部分，其决定的因素是：社会平均生活费用（基本生活费），同行业劳动力的平均价格，个人拥有的知识、技能、经验、资历（岗位技能工资、工龄工资）和职务（职务津贴）。

基本工资是雇员只要仍在企业就业就能按期拿到的一个固定数额的劳动报酬。基本工资一旦确定就必须按期支付，并且不受企业经营状况的影响，而且还应随物价和职工在企业工作的年限，定期按一定比例增长。基本工资的好处是为员工提供了一个稳定的收入来源，可以满足雇员基本的生活需要，并具有规避风险的作用；企业通过基本工资形式，可以使员工有一定的工作安全感，并可以控制、减少企业的工资总额，降低劳动成本。但工资只是一个“保健因素”，本身并不具备激励功能，因此，企业在制定基本工资时，既要考虑到职工承担风险的能力，不能把基本工资定得太低，又要考虑到基本工资不利于调动员工积极性的一面，不要让基本工资定得太高，甚至成为职工工资的唯一形式。

（2）可变薪酬，又称为激励工资或绩效工资，是收入中随着员工的工作绩效和努力程度的变化而变化的部分。激励工资之所以能调动员工工作的积极性，主要是运用了分成的思想，个人的收入是与其工作绩效相联系的，因而积极性比较高。如奖金、计件工资、佣金、超额分成、红利等，都属于激励工资范畴。形式有奖金、红利、佣金以及绩效工资中与业绩挂钩的那部分收入。

激励工资还有一部分是与人力资本所有者联系在一起的，如期股、技术股分红，这也是收入的浮动部分，其依据是贡献率，通常是针对企业的特殊人才，如高层管理者、核心专业技术人才等。浮动薪酬具有明确的针对性和激励作用。

（3）间接薪酬（服务与福利），从本质上讲，服务与福利是一种补充性报酬，但往往不是以货币形式支付，而是以实物或服务形式支付。如带薪休假、住房医疗补贴、退休养老保险、子女教育津贴、公费培训、旅游补助、免费午餐、家庭理财咨询、优惠价购买本企业股票等，一般统称为福利。福利是员工收入的重要组成部分，如有的企业或岗位，福利占到个人收入的20%～30%。福利的作用主要体现在，可以为员工将来的退休生活和可能发生的不测事件提供保障；可以通过提供服务与福利，调整员工的实际购买力，提高员工生活质量，增强企业凝聚力；企业也可以通过减少以现金形式支付给员工的薪酬，起到适当避税的目的。

近年来，服务和福利薪酬在国外的许多企业上升很快，形式也有很大变化，许多企业采取自助餐式的福利计划来帮助员工从福利和服务中获取更大的价值。

以上三方面构成薪酬的基本内容，其功能是吸引、保留、激励员工，使员工维持高昂的工作热情，良好的工作绩效，更好地为企业服务。

薪酬依其确定的原则和支付方式不同，又可以分为岗位工资、技能工资、计件工资、绩效工资和协议工资等多种形式。

薪酬既是组织对员工提供的收入，同时也是企业的一种成本支出，它代表了企业和员工之间的一种利益交换关系。企业通过对人力资本所做的投入，追求的是企业的发展和效益；员工通过自己的劳动投入，换取收入和生活质量的提高。薪酬的功能说到底，是为了能够吸引、留住和激励企业所需的人力资源，即不仅为员工提供生活保障和职业安全，而且能够激发员工的工作热情，调动工作的积极性，主动增加对工作的投入，从而创造更高的绩效。

在薪酬系统建立时，要遵循以下原则：

（1）公平性原则。分配必须公平，这是薪酬系统建立和运行的最主要原则。薪酬分配的公平性主要体现在外部公平、内部公平和个人公平上。外部公平是指不同组织之间的同等职位薪酬水平比较的相对公平性；内部公平是指组织内部不同职位或工种之间薪酬水平比较的公平性问题；个人公平又叫员工公平，是指组织内同样工作岗位的员工，由于他们的工作绩效、技能、资历等贡献存在差异，因此所获得的报酬也应当有所差别的问题。公平是相对的，是在与他人（相似者）比较过程中形成的知觉。如果企业在制定薪酬系统时忽略公平性问题，就会挫伤员工积极性，导致满意度下降，流失率上升，削弱企业的竞争力；如果员工感到不公平，其对组织的承诺和工作投入就会降低，消极怠工和侵害组织利益现象就会增多，从而对组织绩效产生影响。因此，在进行薪酬体系设计时必须考虑公平性问题。

通常企业经营者都比较注意薪酬管理中的公平性，但往往只注重结果的公平，即薪酬分配的公平，而忽视了程序公平。这里的程序公平主要指两个方面，一是薪酬系统设计过程中对员工人力资本价值和贡献的评价标准是否合理、公正；二是在制定薪酬方案和实施过程中，员工的参与和认同程度。参与增加认同和承诺，一般来说，在薪酬系统设计过程中，员工参与度高，满意度和公平感也比较高。

（2）有效性原则。有效性是指企业薪酬体系和薪酬分配应当能够有效支撑组织的战略，在满足员工需求的同时帮助组织达到预期的目标；应当能够有效地激励员工，把员工利益和组织利益联系在一起；应当有效地平衡各种关系和各利益相关主体的需求，不断提升组织的竞争力和经济效益。薪酬设计上的战略导向原则，要求将企业薪酬体系构建与企业发展战略有机结合起来，使薪酬体系或薪酬计划成为实现企业发展战略的重要杠杆；要求本企业的薪酬水平或标准在社会上和人才市场中具有竞争力，能够留住和吸引所需人才。

薪酬系统应该具有激励导向作用，把短期激励与长期激励、外在激励与内在激励、个人利益与组织利益结合起来，始终保持薪酬对员工的强劲激励作用，在组织内部也要起到调动员工的工作积极性和能动性、优胜劣汰的作用。

（3）合法性原则。薪酬制度和分配必须符合所在国、所在地的法律法规，尤其要遵守有关的劳动工资立法和调控企业薪酬实践方面的法规，做到依法行事，以避免陷入有关的劳动纠纷，支付昂贵的诉讼费用或政府罚款。与薪酬管理有关的法律主要有最低工资法、同工同酬法、税法以及与退休养老金、医疗保险等有关的法律法规。

薪酬设计和管理是十分复杂和困难的。从本质上讲，就全社会而言，薪酬高低是由劳动力供求关系决定的。对企业内部而言，是由个人的能力、贡献和业绩决定的。要使员工感到其薪酬是合理的，一般要处理好三种关系，一是薪酬的内部公平性；二是薪酬的外部竞争力；三是薪酬应反映员工对自己工作的付出程度，即贡献度。

内部公平性　是指同一组织里，从事相同工作的人，其薪酬差距不大。要达到薪酬内部公平的目标，必须让每一个员工相信薪酬的给予和确定建立在个人对公司的价值的基础上。工资级差反映的是岗位的重要性、责任的大小以及对企业的整体贡献。

外部竞争力　是指在不同组织里，从事相同或相近的工作，薪酬的吸引力。如果一个企业员工的平均薪酬高于其主要竞争对手的工资，则企业薪酬就具有外部竞争力，就更有利于吸引、集聚和留住人才。

贡献度　是指薪酬要与员工贡献相匹配，要让员工感到所获得的薪酬是与自己工作的努力程度及对公司的贡献相联系的。公司必须建立与绩效考核挂钩的薪酬体系，才能调动员工的积极性，激励他们更加努力工作，为企业作出更大贡献。

6. 绩效评估

绩效评估（performance appraisal，PA）又称为绩效评价、绩效考核，是对员工工作绩效进行管理的主要手段，也是管理人员承担的一项重要管理活动。只有对组织和个人的工作绩效做出公正的鉴定和评价，奖罚分明，才能充分调动人的积极性，为组织战略和组织目标服务。通过绩效评估系统我们能够了解和掌握组织运行和员工工作的真实情况，为组织提供员工在提升、调动和加薪方面作决策的健全信息；它应确保员工的工作活动以及工作产出能够与组织的目标保持一致，为组织战略和组织目标服务；它还应将绩效评估的信息反馈给员工，帮助他们改善行为，提升能力，成为人力资源开发的有效工具。绩效评估系统作为一种“契约”还表明组织的承诺，界定组织与员工之间的关系。绩效评估与管理对企业来说是一项极具挑战性的工作，同时也是企业赢得竞争优势的关键所在。

一般说来，绩效评估在企业管理活动中主要承担两种角色，一个角色是通过评估获得员工工作的真实信息，以对绩效突出、表现优异的员工进行鼓励，或对绩效平平、表现不佳的员工进行惩戒；另一个角色是通过评估获得员工工作的真实信息，有针对性地开发员工的各种潜能，并为组织提供员工在提升、调动及加薪等方面作决策的健全信息。但在实施的过程中，尽管大多数管理者都承认绩效评估的重要性，可实际达成上述目的的少之又少，这两种角色或功能甚至会通过绩效评估这个环节发生潜在冲突。比如，从传统上来说，绩效评估系统一直被看做是主管对雇员的绩效进行评价的主要手段，也是人力资源职能部门的主要工作。通常的做法是，到了年底先由个人做工作小结，或进行小组评议，主管将收集到的下属工作的所有信息加以归类整理，做出评价，填写表格然后报到上级部门，一般是人力资源部门根据上报表格的情况提出奖励的人员和幅度，最后由总经理决定。尽管有规定的工作程序和流程，可大多数人还是会将绩效评估视为例行公事，甚至是负担。很少有主管愿意利用这个机会与下属面对面地沟通交流，更不用说当面评价和批评了。下属的不满则常常集中在对绩效如何界定，评价是否公平，以及缺乏参与度等方面。在我国，绩效考核长期得不到应有的重视或很少有单位动真格的另一个主要原因，是绩效评估的结果与提升、加薪、调动、培训这样一些跟个人利益密切相关的决策常常没有直接联系。由于缺少利害关系，自然人们也就不认真对待了。实际上，如果经理和主管不必就员工的发展需求、提升、加薪、解雇、转岗、接纳培训计划以及在与法律有关领域中做出决策的话，那么许多组织都可以抛弃它的绩效评价制度。

在对组织中的员工工作绩效进行评估时还必须考虑环境因素的影响。这里的环境包括：组织文化、个体或小组拥有的资源、工作的条件以及外部环境等。比如，同一批青年人来到单位，有的人所在组织是一个高度团结合作的团队，他一进入就有人指导引路，工作中也能及时得到支持帮助；而有的人则到了一个比较离散和缺乏合作的组织，一切要靠自己摸索，工作中也缺乏领导的关心支持，很显然，几年以后两人无论是能力还是工作业绩都会有很大差异。再如，如果宏观经济形势发生巨大波动，所在行业全线下滑，销售疲软，那么对营销人员来说，恐怕即使个人再努力也难取得好的业绩。

下面简要介绍一些常见的绩效评估方法。

一个有效的绩效评估系统应该能够反映组织中员工工作和绩效的真实情况，为达到这一目的需借助一定的方法和工具。这些方法和工具应该可以有效地鉴别出员工的行为差异；对每个群体或个人的工作绩效作出客观、公正的评价，即具有信度和效度；同时应具有普遍性并简便易行。绩效评估方法直接影响评估计划的成效性和评估结果的正确与否，可是由于工作性质不同或考核的目的和要求不同，事实上不存在一种在任何情况下都有效的评估方法，因此，在组织评估时必须精心设计和有针对性地选择评估工具。

（1）比较法。绩效评估比较法所包括的技术主要是要求评价者根据某种标准并通过比较的方式来评价员工的工作绩效。在这种方法中对一个人的绩效或价值的评价是与其他员工的绩效相比较而得出的。它关注的是一个人在一群人中的相对位次，而不是精确评价他的实际业绩和贡献。换句话说，是运用比较的方法给员工排序——找出绩效最突出的或最差的——以帮助我们进行奖惩、培训、晋升调动等人事决策。常见的方法有排序法、强制分布法以及配对比较法等。现在一些企业采取的“末位淘汰法”也依据的是比较评估法。

(2) 特性法。绩效管理的特性法要求评估者根据个人在工作中表现出的特征来评定雇员。它主要关注的是雇员在多大程度上具有某些被认为对企业的成功是非常有利的特性。在这种方法中被使用的一些技术通常都要对一系列的特性——诸如主动性、领导力、竞争力等——加以界定，这种“特性”通常被称为“维度”，每一个维度都被做成量表或确定为一定分值，然后根据这些特质来对雇员进行绩效评价。在特性法中，最常用的有图评价尺度法、混合标准尺度法（mixed standard scales）等。

(3) 行为法。绩效管理的行为法是一种依据员工的行为事实来界定绩效的评估方法。这种方法的主要内容是：首先利用各种技术来对这些行为加以界定，然后要求管理者对于雇员在多大程度上显示出了这些行为做出评价。常用的有关键事件法（critical incident approach）、行为锚定等级评价法（behaviorally anchored rating scale，BARS）、行为观察评价法（behavioral observation scales，BOS）等。

行为法一般适用于评估那些难以同工作结果直接挂钩或缺少度量标准的工作，如服务性工作或机关管理工作。它的优点是员工可以清晰地知道组织对其的期望和行为标准，并且可以与组织的战略和价值观体系联系在一起，具有明确的导向作用。它的主要缺点在于，第一，选择的行为评价标准常常是有限的，但影响绩效的行为因素可能很多，因此，选择什么样的行为作为评价标准才是有效的，对管理者来说往往是个困难。二是，这种方法假设存在一种完成工作的“最好办法”，并且构成这种最好办法的行为是可以确认出来的。但在现实中，这种最好的行为可能并不存在或有相当大的争议。三是行为法虽然可以与组织的战略重点联系在一起，但必须经常修正。但绩效评估系统却要求保持稳定，以免员工无所适从。因此，行为法可能最为适合不太复杂的工作（对于这些工作来说，达到结果的最好方法是比较清楚的），而不太适合那些比较复杂的工作（对于这些工作而言，取得成功的途径和行为都是多种多样的）。

(4) 目标管理法。目标管理法是通过使每个员工都为完成组织使命而努力来实现组织的有效性。它注重的是对目标的管理以及一种工作或某一工作群体的可衡量性结果。这种方法假设，绩效评价过程中的主观因素是可以被消除掉的，同时工作的结果是对一个人为组织的有效性所作出的贡献进行衡量的最为接近的指标。最有代表性的是目标设置法和关键指标评价法（KPI）。

大量的研究表明，目标管理作为一种绩效评估工具其优点十分明显。它通过目标的制定，将员工的工作与组织的战略和目标联系在一起；通过指导和监控员工行为而保证了工作的有效性，提高了工作绩效；通过反馈，使员工知道对他们的期望和要求是什么，从而引导他们将时间和精力投入到最大限度有利于组织目标的行为上。研究进一步指出，当目标明确具体并具有挑战性，当员工得到达成目标的反馈以及因达成目标而得到奖励时，他们的表现最好。结果法的另一个优点是由于它所依赖的是客观的、可以量化的绩效指标，因而比较公平和易于被管理者和雇员双方接受。

7. 员工关系和劳动保障

员工关系又叫劳资关系，是劳动者与用人组织在劳动过程和经济活动中发生的关系。一个组织的劳动关系是否健康和融洽，直接关系到人力资源管理与开发活动能否有效开展，直接关系到组织的人力资源能否正常发挥作用。这一部分通常要研究企业与工会之间的关系，劳动合同管理、工作时间和劳动保护、最低工资制度、职工权益保护和劳动仲裁，通过集体谈判解决劳动纠纷，调整劳动关系等内容。

劳动保障是通过国家立法强制征集专门资金，用于保障劳动者在暂时或永久丧失劳动能力时，或在工作中断期间的基本生活需求的一种保障制度。主要包括养老保险、医疗保险、工伤保险、失业保险和生育保险等。工作安全即依法实施各种劳动保护制度，确保劳动过程中的员工安全和身心健康，避免工作场所的各种有害因素对劳动者的侵害，维护员工的劳动能力。

10.3 人力资源管理面临的挑战和变革

当前世界经济有几个明显的特征：即经济全球化、经济知识化和信息网络化。这是不可逆转的历史潮流，同时会给每一个企业的生存环境和经营管理活动带来巨大的影响和冲击。作为全球化、知识化和信息时代企业获取持续竞争优势工具的人力资源管理，也面临着巨大的挑战和变革的压力。归结起来主要是两个方面：一是来自企业生存环境的变化，如经济全球化、经济知识化、信息网络化和人口城市化等给企业生存环境和人力资源管理带来的深远影响；二是技术进步，特别是信息技术的发展和 Internet 出现对企业人力资源管理产生的冲击和变革压力，使得战略性人力资源管理、全球化人力资源管理，以及通过人力资源的组织和流程再造提升竞争优势的趋势愈加明显，并引起了一些新的人力资源管理问题。

10.3.1 经济全球化对人力资源管理的影响

经济全球化是指在世界范围内各国、各地区经济相互交织、相互影响、相互融合成为一个整体的历史过程。实现经济全球化有两个基本条件：一是需要在世界范围内建立规范经济行为的全球规则，并以此为基础建立经济运行的全球机制；二是实现生产要素全球化，使市场要素能够跨国界，在全球范围内自由流动、配置。生产要素全球化主要指劳动力全球化、金融全球化、技术全球化、生产和销售全球化。

经济全球化对企业人力资源管理的影响主要表现在：

(1) 人才来源多样化、人才竞争更加激烈。经济全球化使中国的人才市场开始真正与世界的人才市场接轨，国内国际两个市场的融合和相互变动，使得人才来源更加多样化，争夺更加激烈。

据人事部人事与人才研究所一项有关我国人才工作十大问题的研究显示，目前已有来自 14 个国家的 400 多家世界 500 强企业在华建立了研发机构，其中以朗讯麾下的贝尔实验室规模最大，拥有科研人员 500 多人，其中具有博士、硕士学位的达 96%；微软中国研究院的 60 多名研究人员中，20 名有国外留学背景，40 名是中国著名大学的博士；IBM 公司中国研究中心的 60 多名研究人员全部具有硕士或博士学位。据报道，多家大型外资企业在京研发机构的投资已达 10 亿多元，相当于 2002 年北京市财政投入科技研发资金的总和。这实际上形成了外资企业争夺我国高层次人才的桥头堡。

但我们必须看到，经济全球化也使我们可以在全球范围内配置人力资源，跨国公司不仅带来资金、产品和技术，而且也带来人才、信息，对推动我国产业升级、技术进步和综合国力增强都起到极大作用。据国务院外国专家局透露，目前每年在我国工作的外国专家和技术人员多达 42 万人。另据人事部统计，改革开放以来，我国学成归来的海外留学人员有 35 万人，并且随着国内经济的快速发展和环境的进一步宽松，海外人才回流速度正在加快。目前跨国公司在中国设立的独立研发中心总数约为 124 个，其中，全球性研发基地 16 个，重要的地区性研发基地 11 个，2002 年预计成为全球研发中心的至少有 12 个。这些都表明，随着经济全球化的深入，特别是中国加入 WTO 之后，中国企业将面临更加严峻的人才竞争和挑战，但也会有更多的机遇，就要求企业的人力资源管理具有更广阔的国际视野，更开放的心态。

(2) 劳动力廉价的优势在弱化，劳动力的素质在竞争中起着决定性作用。最近，英国《经济学家》杂志发布了一项名为“新经济时代的生存与繁荣”的调查报告，调查结果显示，有 63%的公司认为，他们的雇员存在技术上的缺陷，无法适应现阶段新经济、高科技的知识水平，且有 82%的被调查者表示，雇员的技能面临更大的问题。在未来 10 年中，金融服务、高科技、媒体、制药等行业的雇员中，将有 56%的人因为退休或人事变动而被替换，所需职位只能由一个缩小的雇员市场提供。调查表示，多数公司都把人力资本问题当成公司战略实现的核心问题。有74%的被调查者认为，增加和重新训练雇员是当前实现公司战略的关键问题。

跨国公司到我国投资建厂，在很大程度上是看中劳动力成本上的优势。但劳动力全球化不仅仅是寻求廉价的劳动力，而是“去开拓一个巨大的、全球性的、有技能的劳动力供给市场”。仅仅劳动力廉价并不是优势，而只有劳动力的素质又高、价格又便宜才是真正的竞争优势。这也在一定程度上说明，为什么外商投资多集中在长三角、珠三角及环渤海地区，而中西部地区虽然劳动力、地价更低，政策更优惠，仍在吸引外资方面远远落后的原因。

(3) 劳动力配置全球化、来源多样化，带来文化的多元化，也形成新的碰撞、冲击和融合。这种影响主要表现为两个方面，一是劳动力结构的变化。如在美国，亚裔、拉丁裔以及通过移民进入的非美国裔的劳动力增长很快。在欧洲一些国家，由于人口老龄化的影响，外籍劳工也占劳动力总数的1/4左右。如果把中国经济也视为全球化经济的一部分，也会看到这种情形，如在东莞，外来人口已经超过本地户籍人口；在苏锡常地区，来自全国各地的打工仔、打工妹已经成为各企业的主要劳动力。劳动力的多元化必然带来文化的多元化，以及产生许多新的管理问题和社会问题，如尊重不同的文化和宗教问题，保障公平雇佣和待遇问题，以及如何帮助这些外来人口融入当地社会等。第二个方面是企业文化和管理差异的冲突。如美国的通用电气公司在世界120多个国家和地区有业务，日本的丰田汽车在全球有100多家工厂，中国的海尔、TCL、中海油等也跨出国门到其他国家办企业，都会遇到由于体制、文化、国情以及管理方式不同带来的冲突，都要解决诸如尽快融入当地社会，实现人才本土化等问题。因此，国际人力资源管理或跨国公司人力资源管理已成为企业人力资源管理的重要分支。

(4) 经济全球化使得各国人力资源管理出现趋同现象，跨国公司起着主导作用。跨国公司不仅代表最先进的生产力，还代表着最先进的管理方式。全球化在推动资本、技术和产品在全球范围流动的同时，也在全球传播企业经营的理念和方法，并使得各国在人力资源管理上出现明显趋同的迹象。这种趋同现象主要表现为，加快了劳动力价格市场化、全球化的进程，人才的价格、劳动力成本不再由企业或一个国家自己决定。再就是人力资源管理的方式趋同，先进的管理方式和技术越来越多地为各国企业所采用，并在相互碰撞、相互借鉴中成为全球企业共同的财富。

10.3.2　知识经济和信息技术革命对人力资源管理的冲击和影响

知识经济常常又被称为“新经济”或“信息经济”“网络经济”。它的出现是与技术的进步和经济增长方式的转变连在一起的。

1973年美国社会学家丹尼尔·贝尔（Daniel Bell）提出了“后工业社会”的

概念，1980 年美国未来学家托夫勒（A. Toffler）又在他那本风靡全球的《第三次浪潮》中提出了“后工业经济”，指的都是第三产业和服务业取代工业成为最大的产业。托夫勒认为 1962 年美国的白领工人第一次超过了蓝领，是美国社会的一个重大变化。1982 年美国经济学家奈斯比特在《大趋势》一书中更是直截了当地将这一新的经济形态命名为“信息经济”。

1990 年联合国研究机构提出了“知识经济”的说法，并对其下了一个明确的定义，即“人类正在步入一个以智力的占有、配置，知识的生产、分配、使用（消费）为最重要因素的经济时代”。这是关于知识经济最早也是最权威的表述。

这里所说的“知识经济”或“新经济”是指区别于以往以传统工业为产业支柱，以稀缺自然资源和资本为依托的新型经济，它以知识（智力）为基础，以创新为动力，以高新技术产业为第一产业支柱，建立一种全新的企业模式和创造价值的过程。如果说“新经济的核心有什么基本变化，那必然是由生产实体的经济转移到奠基于知识的生产和运用的经济”（美国前财政部长萨默斯）。尽管前几年，由于纳斯达克股指大跌和网络泡沫的破灭，使新经济受到置疑，但大多数经济学家认为，这一趋势并未改变。

知识经济和信息技术革命对传统人力资源管理带来的冲击和影响主要有：

（1）从业人员的构成发生变化，从事信息工作的人员大大增加，脑力劳动者逐渐成为劳动大军的主体，拥有知识和信息的差距造成社会个体和群体的分化。

劳动密集型的蓝领工作和一般事物性工作将大大减少，从事技术管理等与信息有关的工作人员大大增加，脑力劳动者在从业人员中的比重不断加大，“事实上，在美国，每一个包裹速递员、银行出纳员、零售商、话务员以及票据收款员都在使用计算机工作”，信息产业以及与信息有关的第三产业和服务业将成为吸纳劳动力的主体。

由于工作的知识含量不断增加，以及信息技术带来的效率提高，对从业人员的要求也越来越高，它要求工作人员具有获得信息、理解信息、对信息做出反应、管理信息以及运用信息创造新价值的能力，获取、管理、运用信息的能力、知识创新和技术创新的能力，成为竞争力的核心。

信息和知识拥有的多少造成社会个体与群体的分化，在职业选择和收入上的差距加大。正如管理大师彼得·德鲁克在《后资本主义社会》一书中指出的那样：“现在真正控制资源和绝对是决定性‘生产要素’的既不是资本也不是土地或劳动力，而是知识。后资本主义社会的阶级划分是知识工作者和服务工作者，而不是资本家和无产者。”诺贝尔奖获得者，著名经济学家阿马蒂亚·森也指出，新世纪的贫困是知识贫困。所谓贫困，是对人类基本能力和权利的剥夺，而不仅仅是收入低下。

（2）生产方式发生变化，知识成为价值产生的源泉，劳动者的数量比质量更重要。

知识的力量日益成为国家力量的基础，知识资产日益成为国家财富的源泉。微软公司的年销售额不过200多亿元，可市值竟高达4000多亿元，其中最有价值的财富是由人力资源和知识资产构成的智力资本。1999年，美国仅在版税和许可权输出方面的出口额就达到370亿美元，在剔除所输入的知识产权支出后，在上述两个领域内的国际贸易顺差高达250亿美元。仅IBM一家1999年就从全球许可权输出方面获利10亿美元。到2001年这个数字又上升到12亿美元。美国《幸福》杂志1999年10月在其调查报告中指出：凡是世界上销售额最高的公司，恰恰也是专利拥有最多的公司。美国杜邦公司有3.1万件专利；柯达拥有2.1万件专利；西门子拥有2万多件专利；松下电器每年申请专利1万多件；日立公司目前拥有的有效专利就有7万多件。

这表明，在知识经济时代，知识化改变了衡量企业财富的标准和竞争规则，虽然企业的科技和知识是无形的，但代表企业知识、技能和水平的人力资源以及由此形成的竞争能力却是实实在在的。英国政府在其白皮书《建设知识经济、挑战未来竞争》中明确指出：竞争的胜负取决于能否充分利用我们独特的、有价值的和对手难以模仿的资产。在当代经济中，这些独特的资产就是不断丰富的知识、技能和创造力，而不是传统观念中的土地和其他自然资源。

（3）劳动力的流向和劳动场所发生变化，人才竞争更加激烈，吸引留住人才难度加大。

受供求关系和劳动力的市场价格机制影响，劳动力流动将日趋频繁，劳动雇佣短期化成为趋势；劳动力将加速从农村流向城市，从落后地区和产业流向发达地区和朝阳产业；由于产业结构调整和对劳动者的素质要求提高，人们的收入差距将进一步拉大，失业人数增多；优胜劣汰的竞争机制使得人才竞争更加激烈，有利于人才成长和发展的政策和环境有时比待遇更重要；如何留住、稳定、吸引人才成为企业人力资源管理的当务之急。

（4）人力资源管理、激励方式发生变化，工作和生活质量受到重视，“以人为本”成为管理的主流，人们的价值取向日益多元化。

在企业人力资源管理中，时间、动作、工作程序等传统的控制方法逐渐让位于基于目标和绩效的控制；由于知识劳动的特点和环境的快速变化，员工自我管理、自我控制的范围加大，参与意识增强；企业更加注重员工的内在激励和长期激励，如改善工作环境、提高工作满意度、职工持股、期权股份、利润分享等。随着员工受教育程度和素质的不断提高，员工成长、发展需要和对工作、生活质量的追求日益提高，社会价值取向日益多元化。

（5）人力资本开发的方式发生变化，教育和培训成为最重要的人力资本投资，创新精神和创新人才培养成为当务之急，学习型组织受到重视。在企业中，具有创新精神和创新能力的人才培养应成为人力资本开发的主要内容，是提升企业核心竞争力的关键；建立新型的学习型组织，是企业赢得持续发展的动力。

10.3.3　人力资源管理发展变革的主要趋势

经济全球化、知识化、信息化对企业经营的影响，必将导致企业人力资源管理产生巨大而深刻的变化。

第一，促进企业人力资源管理的实质发生变化。全球化、市场化、信息化的发展，使中间管理层次减少，组织结构呈现扁平化。传统的金字塔式的组织结构正在为多功能型团队、跨部门的“无边界组织”所取代。在这种组织中，员工不仅仅属于某些独立的部门，而是在这个组织中相互作用共同完成工作。

第二，员工被授权去做出更多的决策以应对环境的变化。当代组织应该把顾客需要摆在首要位置，公司的每一项变革都应以满足顾客需要为目的。因此，管理层必须向一线员工授权并提供条件，以便员工迅速回应顾客需求。同时，计算机及互联网技术在人力资源管理中的应用，使得一些事务性的人力资源管理工作，如培训、请假、报销、福利项目的选择等，可由员工自我处理。因而企业人力资源管理的实质转变为员工自我管理。

第三，加速管理职能从行政事务管理向战略性人力资源管理转变。企业人力资源管理工作大致可以分为两部分：作业性项目与战略性项目。作业性项目指的是考勤、人事档案管理、绩效考评、薪资福利等行政性和总务性的工作。战略性项目指的是人力资源政策的制定、执行，中高层主管的甄选，员工的教育、培训、职业生涯规划，开发、留住人才等，具有相当的前瞻性。全球化、市场化、信息化的发展，尤其是计算机及互联网技术的广泛应用，使得稳定的、机械性的、重复性的人力资源行政事务性工作，基本上被机器取代，或者被“外包”，使人力资源管理者集中精力于重要的战略性项目。企业人力资源管理部门因而由原来的非主流的功能性部门转变成为主流的战略性部门。

第四，促使管理者角色重新定位。一方面，全球化、市场化、信息化使人力资源的重要程度达到前所未有的高度，也使人才争夺更为激烈；另一方面，计算机及网络技术的应用，使企业里许多人力资源管理工作或由机器完成，或由员工自主进行（如自选福利项目、线上学习等）。因而，人力资源管理者就不再只是行政事务管理者、员工的监督者，很大程度上是战略决策者、咨询者。他们既参与企业总体发展战略的制定，又主持人力资源战略规划的制定；既为企业高层领导决策提供咨询服务，又为企业员工工作及个人成长提供指导和帮助。

第五，提高企业人力资源管理的技术含量。长期以来，企业人力资源管理完全由手工操作，技术含量低，既费时费力，又容易出错。20 世纪 60 年代末，发达国家的一些企业把计算机作为自动计算薪资的工具。20 世纪 70 年代末，计算机不但用于计算薪资，而且用于报表生成和薪资数据分析。20 世纪 90 年代末以来，由于个人计算机的普及，数据库技术、客户/服务器技术，特别是网络技术的发展，信息技术广泛应用于人力资源管理，不论是薪资和福利计算、招聘、培训，还是考勤、绩效评价、岗位描述，都开发出了专门的系统和程序。从而，大幅度提高了企业人力资源技术含量和工作效率。

第六，要求企业更加重视人力资本投资。全球化、市场化、信息化的发展使知识变得比以往任何时候都更重要，知识创新成为社会发展的主要动力。企业无论是产品、服务还是生产方式将为知识所控制，而较少受硬件设施的限制。在此情况下，企业之间最显著的差别不是产品、服务或生产经营设备，而是知识型员工。评估企业资产，将主要不是从土地、设备、库存、建筑物的角度去衡量。而主要是从存在于公司经理和员工头脑里的知识的角度去考虑。因而企业要在竞争中占据主动、立于不败之地，必须重视人力资本投资。通过对员工教育、健康的投资形成雄厚的人力资本。

第七，通过企业文化建设提升竞争力。组织的文化可以有很多种，可以严厉，可以宽松，也可以等级森严，但无论如何，任何一个能够引导员工积极进取的企业文化氛围必然都是以工作为导向的。提出一个能激发员工热情的愿景，建立一个有利于做好工作的氛围，从高层管理者到普通员工都知道如何把工作做得更好，都理解自己工作与企业绩效的关系，才能使公司和个人获得更大收益。

【重要词汇】

◇ 人力资源

是指在一定社会区域内能够推动经济和社会发展的具有智力劳动和体力劳动能力的人口的总和，其内涵应包括数量和质量两个方面。数量是指一定年龄范围的人口总量，包括适龄劳动人口和超龄劳动人口。人力资源的质量则包括体质（身体素质、营养状况、抗病能力等）、劳动技能（智力素质、受教育程度、劳动能力等）、职业道德（劳动态度、劳动积极性、创造性、主动性等）三方面内容。

◇ 人力资本

即我们通常所说的人的素质和能力，是指体现在人身上的具有经济价值的知识、技能、经验、资历和健康等质量因素之和。人力资本是对人或人力资源进行开发性投资所形成的，以一定人力存量存在于人体之中的，可以带来财富增殖的资本形式，是人们以一定代价获得并能在劳动力市场上交换的具有一定价格（或价值）的素质、能力或技能。人力资本投资主要是指人们在教育、医疗、保健、迁移、劳动技能提高等方面的资源投入或费用支出。将人的素质和能力视为资本，并把它看做推动经济和社会发展最主要的力量，是 20 世纪出现的最重要的经济理论之一。

◇ 人力资源管理

是指影响雇员的行为、态度以及绩效的各种政策、管理实践以及制度。这个概念很宽，包括了组织中一切与员工有关的管理决策和管理实践活动，但其核心始终是强调如何使企业的人力资源与物力资源实现合理配置，充分发挥其效益、提高其效率。

◇ 人力资源开发

强调的是如何使潜在的人力资源向现实的人力资源合理转化，不断挖掘其潜力、提升其价值。从工作内容上划分，通常我们把教育培训、健康保健、迁徙流动、激励和企业文化建设等旨在提高员工素质、调动劳动积极性、激发创新热情这样一些管理活动称为人力资源开发，其目的是增加雇员提高自己在职业上的绩效和发展个人的可能性。

◇ 人力资源规划

是在企业战略指引下，科学地分析、预测自己的企业或组织在环境变化中的人力资源需求和供给状况，制定必要的政策和措施以确保自身在需要的时间和需要的岗位上获得所需的人才（包括数量、质量和结构三个方面），并使组织和个体得到长期的利益。人力资源规划主要包括三方面内容：预测组织为实现其目标对所需人力资源的要求；制定和实施满足这些要求的计划、政策和措施；落实实施这些计划所需的投资。

◇ 工作分析

是对组织中各个工作职位的特征、规范、要求、流程，以及能够胜任该职位工作人员的素质、知识、技能等要求进行描述，工作分析的结果是工作描述和职务说明书。工作分析是人力资源管理最基础的工作，是合理配置人力资源，开展招聘、培训、考核、报酬分配等工作的依据。

◇ 招聘

是根据人力资源规划和工作分析要求，为组织寻找和吸引能够从中挑选出胜任工作空缺的合格的候选人群。它主要由计划、招募、测评、选择、录用、评估等一系列活动所构成，是人力资源管理的主要职能之一。

◇ 绩效考核

又称为绩效评估，是对员工工作绩效进行管理的主要手段，也是管理人员承担的一项重要管理活动。只有对组织和个人的工作绩效做出公正的鉴定和评价，奖罚分明，才能充分调动人的积极性，为组织战略和组织目标服务。通过绩效评估系统我们能够理解和掌握组织运行和员工工作的真实情况，为组织提供员工在提升、调动和加薪方面作决策的健全信息；它应确保员工的工作活动以及工作产出能够与组织的目标保持一致，为组织战略和组织目标服务；它还应将绩效评估的信息反馈给员工，帮助他们改善行为，提升能力，成为人力资源开发的有效工具。

◇ 薪酬

是员工在为一个组织工作而获得的经济性报酬。首先，它通常包括基本工资、绩效工资、岗位津贴、奖金、红利等内容。福利是员工作为组织成员及其在组织中的职位而获得的报酬，与工资和奖励不同，它通常与员工个人的绩效无关。其次，它常常以非货币（直接支付）的形式向组织雇员提供服务和保障，如社会保险、失业补偿、退休、医疗保险、带薪休假、财务法律咨询服务等。

【知识练习】

1. 为什么说人力资本是推动经济增长和提升企业竞争优势的关键要素？

2. 请比较人力资源管理与传统的人事管理有哪些不同。

【能力训练】

1. 请结合你的感受，谈谈经济全球化和技术进步，特别是互联网的普及，给人力资源管理带来了哪些挑战和机遇？

2. 案例分析：

在赛马中识别好马

当外界纷纷探索“联想为什么?”的时候，当一大批优秀的年轻人被联想的外部光环吸引来联想的时候，我们不妨走入联想内部，去看看联想的人力资源管理。

1. 从“蜡烛”到“蓄电池”

和每一个企业的成长历史相类似，联想也经历了初创、成长到成熟几个阶段。在企业成长过程中，随着企业规模的扩大，企业领导层越来越认识到人的作用。1995年，集团“人事部”改名为“人力资源部”，这种改变不仅是名称的变化，更是一种观念的更新。

蒋北麒经理说：“过去的人才管理把人视作蜡烛，不停地燃烧直至告别社会舞台。而现在，把人才看做是资源，人好比蓄电池，可以不断地充电、放电。现在的管理强调人和岗位适配，强调人才的二次开发。对人才的管理不仅是让他为企业创造财富，同时也要让他寻找到最适合的岗位，最大地发挥自身潜能，体现个人价值，有利于自我成长。”

中关村是人才争夺“重地”，贝尔实验室、微软研究院、IBM研究中心等外资研发机构纷纷在此安营扎寨。在这场人才抢夺战中，联想并不是被动挨打，而是主动迎战。他们认为这些跨国公司的进入，刺激了中国人才市场的搞活，同时也给国内企业提供了一个更新人才观念，改变管理机制的学习机会。为此，联想提出了自己的崭新理论：项链理论。就是说：人才竞争不在于把最大最好的珠子买回，而是要先理好自己的一条线，形成完善的管理机制，把一颗颗珍珠串起来，串成一条精美的项链。而没有这条线，珠子再大再多还是一盘散沙。没有好的管理形成强有力的企业凝聚力，仅仅依赖高薪也难留住人才。

2. 你不会授权，你将不会被授权

联想为那些肯努力、肯上进并肯为之奋斗的年轻人提供了很多机会。今天，联想集团管理层的平均年龄只有31.5岁。联想电脑公司的总经理杨元庆、联想神州数码公司总经理郭为、联想科技园区的总经理陈国栋……都是没有超过35岁的年轻人，他们各自掌握着几个亿，甚至几十亿营业额的决策权。从1990年起，联想就开始大量提拔和使用年轻人，几乎每年都有数十名年轻人受到提拔和重用。联想对管理者提出的口号是：你不会授权，你将不会被授权；你不会提拔人，你将不被提拔，从制度上保证了年轻人的脱颖而出。

联想启用年轻人采取策略是"在赛马中识别好马"。这包括三个方面的含义：①要有"赛场"，即为人才提供合适的岗位；②要有"跑道"划分，不能乱哄哄挤作一团，必须引导他们有秩序地竞争；③要制定比赛规则，即建立一套较为科学的绩效考核和奖励评估系统。

媒体评论说联想"爱折腾"。从1994年开始，每到新年度的3～4月间都会进行组织机构、业务结构的调整。在这些调整中，管理模式、人员变动都极大。通过"折腾"，联想给员工提供了尽可能多的竞争机会，在工作中崭露头角的年轻人脱颖而出，而那些故步自封，跟不上时代变化的人就会被淘汰。这就是"在赛马中识别好马"。

3. 办公司是小学毕业教中学

联想创始人之一、公司副总裁李勤总结自己时说过一句话：办公司是小学毕业教中学。其含义是：办企业对他是一项全新的挑战，需要学习的知识太多。不仅是李勤一个人，也不仅仅是联想一家企业，可以说中国整个企业界尚处于少年期，需要学习的地方太多，善于学习者善于进步。

联想注重向世界知名的大公司请教。在人力资源管理上，IBM、HP等都是他们的老师，和这些公司的人力资源部保持着亲密的关系。同时，他们与国际上一些知名的顾问咨询公司合作，引入先进的管理方法与观念。他们和CRG咨询公司合作，参照该公司的"国际职位评估体系"在联想集团开展了岗位评估，统一工薪项目，推行"适才适岗、适岗适酬"的管理方针。

蒋北麒经理介绍说："适才适岗，要求首先对岗位进行分析评估，岗位职责明确并有量化考核指标；其次对员工的技能素质、心理素质和潜质等进行分析。同时，还必须有一套机制来保证适才适岗。通过建立企业内劳动力市场，通过轮岗制度，来实现人和岗位的最佳配置。"

"所谓轮岗，是指同一人在同一岗位不能呆太久，应有意识地在集团内进行岗位轮换。实行轮岗，既有利于个人发掘潜能，找到自己最适合的岗位，亦有利于工作的创造性发挥。通过后来者对前任工作的‘扬弃’保证该岗位得到创新、进步。”

4. “大公司需要刘备”

当问到什么人在联想成长最快时，蒋经理的回答是首先要明白联想需要什么样的人。联想决策层一直关注领军人物的培养，柳传志总裁曾说过：领军人物好比是1，后面跟1个0是10，跟2个0是100……

用一个不大确切的比喻：一个刚兴起的小公司需要关羽、张飞的勇猛善斗，而一个已具规模的企业更需要刘备的知人善用。好的领袖人物需要有识人的眼光和培养人的胆略。

那么，什么人更能获得成功？

第一，他要具有极强的上进心。联想要培养的是更在乎舞台和自我表现机会的年轻人，为国家、为民族富强把职业变成事业的人，纯粹求职的人在联想没有大的发展。第二，他要乐于接受新知识并勤于学习。科技飞速发展的今天，知识更新越来越快，不会学习者就是文盲。第三，他要有对事物的敏感性，能预见结果，具备一眼看到底的透彻力（此种能力更是智慧加经验）。第四，也是最重要是要有自知之明，不要自视过高，要时时清醒地意识到公司及个人所处的位置，知不足而后改之。年轻人总有点自视过高，不能清醒地评价自己，也不能充分领略别人的精彩之处，这种人往往不易进步。最后，年轻人悟性要强，要善于总结。犯错误并不可怕，可怕的是在同一个地方因同一原因摔第二次。

作者：李文广　来源：《南方日报》

通过阅读这个案例，你能否就以下几个问题谈谈自己的看法：

1. 联想为什么能够吸引和集聚一大批年轻优秀的人才？

2. 它在人力资源管理上有哪些特点？

3. 随着企业的发展成长，对人力资源的需求会发生哪些变化，企业应如何应对？

第 11 章　商机把握与产品创新

创业过程的核心问题是商机问题。成功的创业者和投资家都知道，一个好的思路未必是一个好的商机。准创业者可能要花费无数个小时去寻找创业思路，而这些思路到头来可能毫无价值。所以，对创业者和投资者来说，学会快速估计是否存在真正的商业潜力，以及决定该在上面花费多少时间和精力是一项重要的技能。

——［美］杰弗里·蒂蒙斯《战略与商业机会》

【本章学习目的】

1. 了解营销活动的起源和营销行为的本质。
2. 理解营销管理过程。
3. 懂得如何进行商机分析。
4. 学会怎样分析营销环境。
5. 知晓如何解析客户的购买行为。
6. 把握目标市场的选择。
7. 懂得新产品开发的基础工作和过程。
8. 了解创意的来源。

“挑战杯”全国大学生创业计划大赛在中国大学生中一直引起积极的反响，不同专业背景的学生踊跃参与，表现出强烈的创业冲动和突出的创业智慧。同时，全国各地，特别是“长三角”、“珠三角”地区纷纷兴办留学回国人员创业园，吸引了一大批具有技术、资金、市场、管理等要素的精英人士回国创业。创业计划大赛和创业园热说明，受过良好教育的专业人士创业和“跟风开餐馆”投资式的创业不同，其创业主导不是模仿型创业，而是创新型创业。新一轮创业将把过去的生存型创业转变为机会型创业，更加强调开创超越产业竞争的“蓝海”。微软、网景、戴尔、耐克、联邦快递等一批商业巨头就是机会型创业的杰出代表。然而，创业之路并不平坦，它充满着坎坷、艰辛，甚至失败。据统计，美国创新企业四年内的失败率高达 51.7%，多数创新企业在市场的“大浪淘沙”中退出历史舞台。创业场上“你方唱罢我登场”的现象表明，一般的思路与高潜力商机完全不同，商机难觅。对商机的创造、识别、筛选与把握，是创业者所面临的重大挑战。你能否掌握商机的分析方法？能否发现新市场空间？能否创造改变人们生活和工作的商业理念？能否创新商业模式？能否正确地判断商机的价值与风险？能否进行客户新价值创造？能否明白基于客户价值创造的产品或服务与商机的关系？能否识别和把握与商机相匹配的各种要素？

可以试想，将对上述问题的思考及其结论应用于药品零售店的运营，创新药店的商机，将逛药店变成人们的一种生活方式，那么，你的商业智慧就将转变为财富。

“机遇总是留给有准备的人”，那么，你准备好了吗？

11.1 商机魔方：“旋准”市场的切入点

11.1.1 创业之路：商机先行

中国巨大的市场容量造就了许多人的财富梦想，强烈的创业冲动“引无数英雄竞折腰”，众多的“商海”遨游，有人欢喜、兴奋、成功；有人哀愁、沮丧、失败。据统计，100 个创业者中只有 1～10 个创建的企业最后脱颖而出，能够进行机会型创业的创业者更为罕见。考察成功创业者之路，可以看到他们的创业进程是高度动荡、不断变化的。其高度复杂化和情境化的特征，使得创业的投入和风险以及收益之间的平衡显得尤为重要。就像我们驾车行驶在财富高速公路上，尽管行驶的目的地——财富目标明确，但还需要考虑驾驶的投入与风险：驾驶什么车并选择哪一条道路行驶？需要多长时间和多少费用才能到达？上路之前要做哪些准备？道路是否平坦？途中会不会遭遇龙卷风、沙尘暴、地震、泥石流和山体垮塌等灾害？会不会发生爆胎与车祸？

在创业者的旅程中，目标容易确立，思路却会茫然。选择什么市场？聚焦什么业务？开发什么客户与产品？创造与满足什么需求？……创业者必须清楚这些问题的答案。当创业者面临多变的市场、发展的需求、动态的环境和激烈的竞争时，思路决定出路。正确的思路是将创业者的创造力转变为财富增长历程中的第一步，而上述一系列问题的本质就是商机的把握。因此，我们要打开思路，系统思考，把握住创业的先机。

无数创业实践表明，创业之路始于商机。而商机又非常复杂、微妙、因事而异（时间、市场空间、投资者其他的选择等）、难以捉摸和充满风险。如果说世界上最聪明、最有经验、最具远见与胆识的投资家都可能错过高潜力的投资商机，那么，把思路转变为高潜力商机的历程，对创业者来说，就是一种巨大的挑战。

通过认真考察创业活动与商机，我们发现：

第一，商机与市场高度关联：源于市场、变于市场、持久于市场。

商机，简单地说，就是商业机会。既然与商业有关，那一定要市场导向。绝大多数商业机会不是来自于办公室，而是来自于市场。再好的创意与设计或产品开发，都要接受市场的考验。脱离市场的商机不可能成功。海尔成功把握高品质冰箱的商机就源于对高品质冰箱市场的分析。同时，市场的变化也会驱动商机的变化。当人们工作与生活节奏加快、时间价值增大时，外出就餐的次数增加，这就给餐饮业带来商机；当人们越来越注重餐饮的品位时，主题餐饮的商机也就应运而生。2007 年呼啦圈的忽热骤冷表明了在较短的时间市场趋于饱和，而呼啦圈这种产品的重复消费在短期内难以实现。因此，商机短暂的根本原因不在于营销运作的好坏，而是此类市场的特点决定的。与此形成鲜明对比的是，近年我国手机商机长盛不衰，这种持续的商机取决于手机市场的特点，其根本原因是手机消费的持续增长。

第二，创业活动是商机“调适”过程。

创业之初能轻易选准商机、迅速成长的状况并不常见。一般地，刚开始基于潜力型产品或服务的商机与顾客真正的产品或服务需求之间往往存在不一致的“缺口”，在弥补“缺口”的过程中，往往会经历一系列“试错”与“调适”或重复的过程。实际上，一些大企业现在生产的产品与它们原先预期的产品完全不同，而且这种情况经常发生。比如，宝利来公司创业之初生产的是基于光波偏振原理的产品，由兰德（Land）博士发明并注册了专利的偏振头灯，可以有效减少夜晚因迎面而来的普通汽车头灯的照射使人炫目而发生的汽车事故。如果将偏振灯的潜在市场扩展到每一辆汽车，那么将创造出海量商机。然而，公司发展到今天 20 多亿美元的规模，依赖的却是与原先完全不同的技术——快照。又比如，南京 DS 文化传播公司创业活动开始时的商机就是针对 MBA 的客户群，通过主办一本 DM 杂志（免费赠送）和其上刊登的商业广告来盈利。后来，该公司在创业过程中发现，原先的商机把握有问题。通过广告收入模式难以保障公司的运营。现在公司组建了 MBA 网络，通过在网络成员中举办各种主题活动来盈利。创业活动的商机由 DM 杂志“调适”为商业性主题活动。

第三，创业活动不断发掘新商机，变失误为奇迹。

创业活动不仅是一个理性过程，而且是一种适应环境、启动智慧、头脑风暴克服障碍和改正错误的系列过程。随着创业活动的不断深入，客户价值探寻、价值创造与价值传递的创业活动价值指针将引导出新的商机，并不断进行商机与价值活动的比对、纠偏和“误差”控制，最终减少失误，甚至将其转变成成功的奇迹。

一般地，人们总认为：如果创业者有新的思路，那就可能成功；如果创业者的思路与技术有关，特别是和高新技术有关，那成功的可能性更大。事实上，思路是不会自动变成商机与结果的。从实践的意义来说，仅仅有思路是没有价值的。另外，思路的流量非常大，而众多的思路又有多少是有价值的？在 20 世纪 80 年代的投资热潮中，风险投资家每月收到的项目建议书和商业计划有 100～

200份之多，而其中只有1%～3%最终获得了融资。不仅如此，我们还苦恼于缺乏思路或把某些思路等同于商机、等同于成功。之所以有这样的“等同”认识，是因为以下几方面的因素导致了认识偏差：首先，像SONY随身听之类成功的案例，很容易让人过于盲从在创业过程中这类企业创始人的天分、思路和判断。事实上这些特例无法为有志创业者提供一般的创业指导原则。其次，对一项发明以及后来形成的新产品的强大心理预期会使得认识产生偏差。一项发明或新产品融入了强烈的个人偏好特征和高度的个人参与。虽然强烈的心理预期和高度投入是创业的首要条件，但是，对某项发明或新产品的心理预期却会导致视野的狭窄和思维的闭锁，听不进不同意见。我们需要关注的是创立企业及创业活动，而不仅仅是创立企业的一个方面——思路。最后，科技导向的技术偏好往往会希望公司在技术方面做得更好。而对技术的专注和投入，可能失去对新商机的敏感。一家以生物菌技术为核心的有机肥料制造商的创业经历就是一个很好的例证。创业者和他的弟弟及一些朋友创建了一家环保科技公司。创业者的弟弟开发了一种基于生物菌技术、将城市生活污水处理的废弃物转变为有机肥料的工艺，通过城市生活污水处理的废弃物和生物菌技术生产有机肥料。创业者清楚，他可以通过销售他弟弟设计工艺所生产的肥料获取利润，事实也确实如此。当他们需要扩大生产能力的时候，创业者的弟弟感兴趣的不是生产更多的有机肥料，而是坚持要将精力和企业的一些资源用来提高这种有机肥料的肥效。那位创业者说：“如果我当初听了他的话，我们现在可能还是一家小小的肥料制造商，甚至已被淘汰。相反，我们把力量集中在制造、销售能够盈利的有机肥料，而不是去生产肥效越来越高的高价有机肥料。我们公司现在拥有近千万的销售额，盈利非常可观。”

11.1.2　商机诱惑：成也商机，败也商机

商机对于创业者来说，新鲜、刺激，充满诱惑与陷阱。一不小心，创业者将会经历创业成功与失败的“天堂”与“地狱”般的体验。当创业者抓住商机收获成功时，他们兴奋、欢呼雀跃；当创业者判断失误，把疑似商机当成好的商机全身心投入，最终看似成功的商机变成了失败的泥潭时，他们后悔、垂头丧气。

要明确哪些是可以变成创业商机的思路，必须具有敏锐的观察力、宽阔的视野、深刻的思维，必须对市场、行业、竞争与价值需求有规律性地了解与把握，善于发现市场的空白点，“观常人所观，想常人所不想”。以下的两个实例表明，在商机识别和创建企业方面有个共同的特点，即将某个领域或市场方面的需求与相关的技术、产品、商业或营销知识联系起来，对市场需求的独特判断，将有助于创业成功。

南京CZ公司的创始人在其打工的职业生涯中，经常与IT界的内存条的供应商和批发商打交道。在业界普遍不看好笔记本（笔记本电脑）内存条市场的时

候，他敏锐地感到：随着笔记本娱乐功能的开发和笔记本销售的增长，更换或添加笔记本内存条的需求将迅速增加（考虑到笔记本的销售价格，一般笔记本的制造商都将其产品的内存进行最低配置），再加上损耗件的销售，笔记本内存条的市场潜力较大。因此，他在同行都不愿意做一些品牌内存条代理时，果断成立公司，成为某知名品牌笔记本内存条的华东地区的总代理。经过近三年的发展，现已成为某国际著名品牌笔记本内存条的中国总代理。2007年的销售收入突破一亿元。

江苏SY翻译公司的创始人是一名外语爱好者，他的创业过程颇具传奇色彩。创业之初，他和一名大学教师合伙开展翻译业务。那时，无论是什么翻译业务，来者不拒，全面承接。可当时的业务量较小，公司举步维艰，以至于与他合伙的大学教师也离他而去。公司经营最惨淡的时候，公司仅有两人在维持。就是在这种情况下，公司的创始人仍然坚持认为当初的商机选择没有错，坚信随着我国的改革开放和经济发展，国际交流会越来越密切，我国从国外引进的技术、工艺和设备将会越来越多，科技翻译的市场也会越来越大。经过近十年的发展，公司取得了长足的进步，现在的年营业收入达到数千万元。在总结公司成长经验时，创始人说“当年的坚持不是盲目的，只要国与国之间存在技术差距，那么科技翻译一定有前景。”

创业者审时度势，发掘、抓住商机，往往能取得成功。相反，如果创业者缺乏系统分析意识与能力，不对商机进行甄别，不对竞争舞台进行分析，不对自己的实力和资源进行充分的评估，没有对创业做最坏的准备，抓住自以为是的商机盲目投入或与大家一哄而上，其结果往往是“血本无归”。以下实例表明，盲目自信，不在市场需求、行业趋势、竞争态势综合分析的基础上把握商机，往往是事与愿违。

前几年，计算机的销售有较高的利润，许多人纷纷“下海”做起了计算机生意。南京的小张也不例外。他辞去了网络公司的工作，成立了公司，于2003年在南京某高新计算机城租赁了一个商铺，组装兼容机销售。一开始生意不错，可是好景不长。进入2005年以后，购买行为发生变化。消费者越来越注重品牌，大多数选择了购买著名品牌的原装计算机，加上计算机各种配件价格的市场透明化程度逐渐提高，组装机的利润日益下降，一台计算机的利润不足100元。公司一个月的利润还不够支付房租，公司由盈变亏。

面对失败的商机，许多人认为无法挽救，其实，只要转换一下思路，看似失败的商机中往往蕴藏着新的商机，此乃“山重水复疑无路，柳暗花明又一村”。那么，怎样才能反败为胜呢？简单的回答就是从市场环境、产业链、市场细分、客户行为与价值等视角，对商机进行深入分析。如计算机销售无利可图了，小张的公司怎么办？其实，一个产业的发展往往会带来整个产业链上相关环节的发展。如IT需求旺盛带动IT发展，带动IT产品制造业的发展，带动众多配套业的发展，带动系统集成业的发展，带动IT维修业的发展，带动数字消费和娱乐业的发展，带动增值服务业的发展……产业链的延伸和衍生有时会出乎意料，因为由需求而带来的互补性、关联性有可能走边缘路线，开拓出新的产业和商机。当小张公司的销售业务再也无法进行时，可以在产业链上考虑从事计算机维修业务。因为，IT行业的发展所带来的关联性商机往往是这个行业的新创业基点。

总之，根植于顾客和市场需要的商机，将体现在为顾客或最终用户创造或增加价值的产品或服务中。这种商机具有吸引力强、持久、适时的特点，而且随着市场的发展而变化。如果我们把握不住这个“魔方”，就会在“眼花缭乱”的商机面前，迷失进入市场的切入点。

商机与市场如此亲密，因此，说到商机，不得不谈市场；谈到市场，不得不讲营销。那么，营销是什么？

11.2 营销的基点：客户需求的满足与创造

11.2.1 营销审视：我们营销什么

提起营销，无人不知，无人不晓。为什么？你看，满街的广告，遍地的促销，那不就是卖东西嘛。为了商品销售，现在的厂家和商家不惜成本，促销活动“年年讲”、“月月讲”、“天天讲”，讲得我们都快得上“价格促销依赖症”了。可是，大张旗鼓促销的结果并没有给企业带来经营业绩的根本改变。那么，我们营销什么呢？我们销售产品？我们销售服务？我们销售一切我们希望出售的东西？事实上，如果我们所销售的不是客户所需的或不能让客户激动的商品，那你什么都卖不出去！多可怕，一切都白忙！而且还浪费资源，给企业带来亏损。由此看来，营销远不是像卖东西那样简单，或简单地等同于销售。

严格地讲，市场营销是个人或组织通过创造、提供出售，并和别人交换产品与价值，以获得其所需所欲之物的一种社会和管理过程。市场营销因为“营”具有管理之意，包括计划、组织、协调和控制等；因为“销”而有通过促销活动把商品和服务销售给客户之意。营销涉及产品、价值、顾客、交换、社会与管理等要素。市场营销活动是在进行商品交换的过程中实现价值传递。市场营销的核心内容是研究如何通过营销者的各种活动以满足或创造顾客的需要，从而实现营销者的经营目标。在这里，客户需求的满足与创造，成为营销工作的重中之重。迷失这种营销基点，靠“忽悠”创造业绩的商品，终究要被客户淘汰。“层出不穷”的一些保健品，争夺“标王”的酒品，一路广告，全面促销，知名度极高的结果是忠诚度极低甚至就没有忠诚度。这些商品的市场溃败说明其营销工作缺乏“灵魂”。

那种把营销等同于销售的观念以及由此派生的或类似等同于的各种观念，如“搞营销就是做生意”、“营销就是有目的地促销”、“有了好产品就好营销”、“营销打好广告就行了”、“营销业绩不好是其产品价格偏高”等，都是从营销活动的某一方面或环节角度，狭隘地、片面地理解或曲解了营销概念。这些认识不能反映营销活动的全貌，不能体现营销工作的系统和全面流程，不能表明营销过程的社会和管理属性。因此，深刻理解市场营销的内涵，对于纠正一些人们的认识偏差，指导我们的营销实践，意义重大。

11.2.2　营销聚焦：找准营销活动的“命门”

营销的概念如此抽象，内涵深刻，外延宽泛，我们必须对其核心要点加以把握。

1. 需要、渴望和需求

需要是指没有得到某些满足的感受状态。这些都不是社会和营销者所能创造的，它们存在于人的生理要求和其存在的条件之中。

欲望是指具体满足物的愿望。这些欲望可以用不同的方式来满足。比如，服装的御寒既可以用棉袄也可以用羽绒服。

需求指对有能力购买并且愿意购买的某个具体产品的欲望。当具有购买能力时，欲望便转变成需求。这里，特别强调购买能力与愿意购买。

2. 产品（商品、服务与创意）

任何能满足人类某种需要或欲望的东西，都称作产品。我们有时用其他的术语来描述产品，如提供物或问题的解决。

3. 价值、成本和满意

价值是指顾客从某一特定产品或服务中获得的一系列利益。成本是在评估、获得和使用该产品或服务时引起的顾客预计费用。满意是指一个人通过对一个产品的可感知的效果（或结果）与他的期望值比较后，所形成的愉悦或失望的感觉状态。一般地，产品价值越大，成本越低，则顾客的满意度越高。

4. 交换和交易

交换就是通过提供某种东西作为回报，从某人那儿取得所需东西的行为。交换能否真正产生，取决于买卖双方能否找到交换的条件，即交换以后双方都比交换以前更好（或至少不比以前差）。这种交换实际上是一个价值创造过程。交易是由双方之间的价值交换构成的。一个交易包括几个可以量度的实质内容：至少有两个有价值的事物，买卖双方都同意的条件，协议时间和协议地点。通常应建立一套法律制度来支持和强制交易双方执行。

5. 关系和网络

关系是指营销者都会努力与有价值的客户、分销商和供应商建立长期的互相信任的“双赢”关系，而这些关系是靠不断的承诺和给予对方高质量的产品、优良的服务和公平的价格来实现的。网络是指在交换过程中所建立的公司的最好资产，即一个营销网。营销网是由公司与它的供应商、分销商、广告商、顾客和员工等利益相关者所组成的网络。基于网络资源的整合，将强化公司的竞争能力。

6. 市场

一个市场是由那些具有特定的需要或欲望，而且愿意并能够通过交换来满足这种需要或欲望的全部潜在顾客构成的。

7. 营销者和预期顾客

如果一方比另一方更主动、更积极地寻找交换，我们就把前者称为营销者，另一方称为预期顾客。营销者是指寻找一个或更多的能与他交换价值的预期顾客的人。如果买卖双方都在积极寻求交换，那么我们就把双方都称为营销者，并称这种情况为双边营销。

营销活动的核心要素如此之多，涉及客户、供应商、合作伙伴、竞争者、企业员工等企业内外部成员，需要一个组织系统来执行企业相应的营销方案。因此，针对营销活动和组织的管理工作日益重要。那么应如何认识营销管理？

11.3 营销管理行为：基于需求的管理

11.3.1 营销管理的本质

目前，在企业职能管理部门中，营销工作负责人的收入较高。其高收入的原因是营销工作负责人的责任重大、工作繁重。所从事的营销管理工作对企业至关重要。那么，营销管理管什么？营销管理是计划和执行关于商品、服务和创意的概念化、定价、促销和分销，以创造符合个人和组织目标而进行的一种过程。这个定义的含义：营销管理是一个过程，包括分析、计划、执行和控制；它覆盖商品、服务和创意；它建立在交换的基础上，其目的是产生对有关各方的满足。营销管理的实质是需求管理。因此，营销经理的主要工作是分析研究需求，即关注需求的水平、构成和时机。他们在管理企业的人、财、物、时间、智力、信息的同时，需要把精力更多地投入到各种不同类型的需求分析中去。营销大师菲力普·科特勒总结了以下八种不同的典型需求状况，以及营销经理面临的任务。

（1）负需求。是指绝大多数人对某种产品感到厌恶，甚至愿意出钱回避它的一种需求状态。营销管理的任务是改变市场的信念与态度。

（2）无需求。指目标客户对产品毫无兴趣或者漠不关心的一种需求状态。营销管理的任务是刺激市场，设法把产品的好处与人的需求联系起来。

（3）潜在需求。指相当一部分消费者对某物有强烈的需求，但现有产品或服务又无法使之满足的一种需求状态。营销管理的任务是开发有效的产品与服务来满足这些需求。

（4）下降需求。指市场对一个或几个产品的需求呈下降趋势的一种需求状态。营销管理的任务是通过创造性的产品再营销以扭转需求下降的趋势。

（5）不规则需求。指某种物品或服务的市场需求在一年的不同季节，或一周的不同日子，甚至一天的不同时间上下波动的一种需求状态。营销管理的任务是通过灵活定价、推销和其他手段来改变需求的时间模式。

（6）充分需求。指某种物品或服务的目前需求水平和时间等于预期的需求水平和时间的一种需求状态。营销管理的任务是努力维持现有的需求水平。

（7）超饱和需求。指某种物品或服务的市场需求超过了企业所能供给或所愿供给的产品的一种需求状态。营销管理的任务是设法暂时地或永久地降低需求水平。

（8）不健康需求。指市场对某些有害物品或服务的需求。营销管理的任务是劝说喜欢有害物品的客户放弃这种爱好，采用的手段有传递其危害的信息、大幅度提价以及减少供应等。

11.3.2　营销管理的过程

1. 分析市场机会

营销管理层面临的第一任务就是分析市场上的各种长期机会。为了探寻、确认和评价机会，需要建立可靠的营销信息系统和开展营销调研工作。通过现场调查、电话与邮寄调查、访谈、第二手资料与信息系统等多种方式收集情报，研究顾客的需求和价值，研究顾客购买行为、行业区域市场及竞争特点，并结合公司的资源与能力分析，发掘高潜力市场机会。

2. 设计营销战略

对市场机会分析后，就需要选择目标市场。为此，我们要按照一些准则对市场进行细分，根据一系列指标对这些细分市场分别进行评价，从中选择若干符合公司战略目标的客户作为今后公司服务的目标市场，并在此基础上制定差异化和定位战略。一旦公司在产品定位上做出了决策，它就必须了解新产品开发、测试和推入市场的各种不同工作。新产品在开发过程中，需要针对每一个阶段运用不同的决策工具和控制手段。当产品推出后，新产品开发战略必须调整为产品生命周期不同阶段的策略：即导入期、成长期、成熟期和衰退期的策略。进而，战略的选择还取决于公司在市场上的地位：市场领导者、挑战者、追随者或补缺者，需要根据不同的竞争地位制定战略。最后，战略还必须考虑全球营销机会和挑战。

3. 制订营销方案

营销战略必须转化为营销方案。这就需要在营销费用、营销组合和营销资源分配上做出基本决策。为了达到其营销目标所需要的营销支出水平，通常，公司习惯于按销售额的传统比率做出营销预算。一个公司如果期望获得较高的市场份额，它的营销预算比率可能也要高些。另外，公司还必须决定如何对市场营销组合中的各种工具进行预算分配。营销组合是现代营销理论的重要概念之一。它实际上有几十个变量因素。麦卡锡（McCarthy）把这些变量概括为四类，称之为“4P”：产品（product）、价格（price）、地点（place）和促销（promotion）。每个P下面都有若干特定的变量。与“4P”相对应的是罗伯特·劳特伯恩推出的“4C”，即顾客（customer）、成本（cost）、便利（convenience）、沟通（communication）。在营销实践中，我们需要在“4C”的基础上进行“4P”决策。

4. 营销计划、组织与控制

营销管理过程的最后一个环节是配置营销资源及执行和控制营销计划。公司必须设计一个能够实施营销计划的营销组织。营销组织通常由一个营销副总经理负责，它肩负两项使命。第一，协调全体营销人员的工作。例如，销售经理必须确保广告经理密切配合销售经理的工作，这样，在处理新销售建议时，可以做到心中有数。营销经理的另一个使命是配合其他职能经理的工作。营销部门的有效性也取决于对其人员的选择、培训、指导、激励和评价。在营销组织实施营销计划的过程中可能会出现许多意外情况。公司需要有一套反馈和控制程序，以确保营销目标的实现。而营销控制有年度计划控制、盈利能力控制、战略控制这三种不同类型。

11.4　商机分析：选择未来

11.4.1　商机之窗：营销环境扫描

1. 商机与营销环境的适应性

一个创业者创建企业时所处的营销环境是特定的、动态发展和变化的。准确判断出环境因素的发展变化，可以给企业带来商机，减少经营风险。思考以下两个实例，分析营销环境与商机产生的关联现象：

福中集团在创业初期，以 PC 零售为主。由于刚开业时实力不强，无法在南京珠江路上承租门面房，而是在租金相对便宜的离珠江路不远的地方租房开展零售业务。当时的 PC 零售市场利润较大，售后工作几乎没有承诺，更没有规范。为了吸引人气，福中从环境分析入手，紧紧抓住 PC 售后环节的服务增值商机，创立 PC 售后工作的规则，推出“前三年包换，后三年保修”的“福中 3+3”模式。该模式受到了当时珠江路上竞争者的攻击，但却赢得了消费者的青睐。福中通过制定规则赢得了商机，使企业快速发展。

YD 集团在创业阶段所发掘的商机很值得思考。当时，作为 IT 行业公司负责人的 CH 先生在 NJ 市发现，职工上下班高峰时行驶的公交车数量较少，而且还“溜站”，倒是平时非高峰时行驶的公交车数量较多。这一奇特现象引起了 CH 先生的兴趣：这是为什么？进一步调查表明：当时的 NJ 市公交公司对外统一销售月票，销售收入按照各条公交线路可能的乘客数粗略分配。各条公交线路按照“跑单边”（从起点到终点算一个单边）的数量来考核驾驶员和售票员的工作，他们的收入与车辆运送的乘客数量无关，所以造成公交站台人越多时车辆越少，而人越少时车辆越多。对此，居民反应强烈，上书政府要求公交公司解决此问题。政府多次开会研究解决此问题，但没有什么效果。按照“跑单边”的数量来确定驾驶员和售票员的收入，其主要原因是无法准确计算每辆车的乘客数量。由此 CH 先生敏锐地感到：商机来了。对于 IT 公司而言，轻而易举就能解决“计数”问题。于是，YD 企业向政府提议，由其和公交公司共同开发公交 IC 卡系统。此提议得到政府的支持。YD 企业与公交公司还达成协议：系统开发成功后，YD 公司将在公交 IC 卡的充值款中享有固定比例的回报。这样，YD 企业通过帮助政府解决公交公司无力解决的“乘车难”这一问题，发掘出商机，在公交系统取得了相对“垄断地位”，为后来企业的发展打下了基础。

环境因素是一把“双刃剑”，与环境因素给企业带来商机相反的是，如果我们不对环境因素变化所产生的约束性有所认识，那么很可能会给企业的运作产生“致命”的影响。例如，装修房政策的出台可能将对我国建材大市场的经营产生

“负作用”；我国汽车欧Ⅲ排放标准的执行，必将对只达到欧Ⅱ排放标准汽车的生产与经营产生影响。

市场营销环境作为影响公司的市场和经营活动的外部力量集合，它的客观性、不可控性、动态性、非连续性等特点及对商机的影响与价值判断，将给我们以下启迪：

第一，当行业和市场中存在变化着的环境、不确定的规则、知识和信息的空白，以及各种各样的其他真空时，商机就产生了。情境化的商机，有时具有特殊性，有时具有普遍性。具有共性特征的商机可以被应用到其他的行业、产品或服务。这样，交叉思考可以使我们对已经存在或即将到来的商机进行初步识别。

第二，通过技术革新（如个人计算机、无线通信、互联网服务器和软件等），通过影响和建立新的运营规则（如航空、电信、金融服务与银行业务、医药产品等），通过预测变化可能带来的各种重大影响等手段都可以创造商机。由于商业环境中的变化和由此产生的发展趋势判断对创业过程至关重要，因此，必须坚持从外向内的观念，持续地监视和保持对营销环境的高度敏感和迅速反应。

第三，市场营销环境所包含因素的动态性和复杂性，对营销活动的影响和制约不尽相同。必须准确分析与判断营销环境的转变和环境因素的变化趋势。营销活动不是被动地接受环境的制约，而是主动、能动、创造性的活动，要保持与环境的适应性。当遇到可能制约创业或企业的环境因素时，要变不利为有利，努力营造有利于企业发展的环境。

2. 营销环境的构成

企业营销环境首先可以分为外部环境和内部环境两大类。在外部环境中又可分为总体环境、行业环境和竞争环境；对于内部环境可以从企业的资源与能力等方面来分析。

1）总体环境

包括政治、法律、经济、人口、技术、自然、社会、文化这八大方面，每一方面所包括的要素如下。

(1) 政治与法律因素：对行业与企业进行管理的立法、保护消费者利益的法律、保护社会利益的立法等法律法规。

(2) 经济因素：经济发展速度与水平、地区与行业的发展、城市化程度、消费者收入水平、消费者支出模式和消费结构、消费者储蓄与信贷等因素。

(3) 人口因素：人口数量与增长速度、人口结构、人口地理分布、人口流动趋势等因素。

(4) 技术与自然因素：技术变革速度加快、技术的不稳定性、物质自然环境、地理环境等因素。

(5) 社会与文化环境：教育水平、价值观念、宗教信仰、审美观、风俗习惯等因素。

2) 行业环境

包括行业现状、行业发展趋势、产业链分析、行业成长的关键因素、行业竞争结构等因素。其中，竞争结构的分析需要从新进入者的威胁、供应商讨价还价能力、买方讨价还价能力、替代品的威胁和当前竞争这五个要素展开。

3) 竞争环境

包括竞争态势、竞争对手及其核心竞争力等要素。其中，对竞争对手的分析要从竞争者未来目标、当前及今后的战略、能力与资源、竞争者价值链、竞争者成长路径这几个因素展开分析。

4) 企业内部环境

包括资源、能力和价值链等要素。企业的资源构成一般包括：财务资源、组织资源、实物资源、技术资源、人力资源、创新资源、声誉资源等。企业的能力状态主要有：管理、人力资源、MIS、采购、R&D、生产运作、营销、配送能力、服务等。企业的价值链则可以从企业的基本活动和辅助活动的价值增值角度来分析。

11.4.2　商机之窗：客户行为分析

任何商机的分析，就其本质而言，都要研究客户，都要坚持需求导向。如果我们能够对客户及客户行为有深刻的认识，对其行为特点有准确的把握，对其变化规律有明确的判断，未雨绸缪，那么就一定能够“抓住商机的手”。究竟该如何认识客户行为？我们要从两类不同的客户着手。

1. 消费者购买行为

消费者行为源于消费者市场。所谓消费者市场是指所有为了个人消费而购买物品或服务的个人和家庭的集合。在消费品市场上，商品种类繁多，琳琅满目。有住宅、轿车之类的耐用消费品；有服装、化妆品之类的选购品；有盐、酱油之类的便利品；有几乎没有价格弹性的墓穴、骨灰盒之类的非渴望品。消费者在购买、消费这些商品时，有哪些模式？有哪些影响因素？这些模式、因素又有哪些相同之处和不同之处？消费者是怎样进行购买决策的？

1) 消费行为模式

在消费购买活动中，其行为模式可以从以下七个方面来分析：

(1) 谁买（who）。就是分析商品的购买主体，亦即购买者。商品购买主体随着年龄、性别、收入、职业、教育、性格等方面的不同，而在购买需求与爱好方面存在着很大的差别。公司必须深入了解不同的购买主体有什么不同的需求与爱好，以便在他们购买时采取有针对性的策略，满足他们对商品的需求。

(2) 买什么 (what)。就是分析购买者购买的是什么，亦即购买对象。商品的构成要素较多，在质量、价格、花色、式样、包装等方面可能各不相同。一般说来，消费者总体购买偏好为：物美价廉、式样时尚新颖、风格独特或专有特色的商品。

(3) 为何买 (why)。就是分析购买者出于什么动机去购买，亦即购买目的。由于购买者需求与爱好的多种多样性，其购买目的具有多重性，因此，购买商品的动机也很复杂。

(4) 谁参与 (who)。就是分析购买活动的参与者。在复杂购买中，购买组织的人员与组织并不唯一，不同的人员在购买过程中所扮演的角色也不相同。

(5) 何时买 (when)。就是分析购买者在什么时间进行购买。不同的商品，消费者的购买商品时间不尽相同。有对生活必需品和日常用品的日日买或经常买；有的季节消费品，是当令季节购买或当令季节前购买；选购品或耐用品，一般在年、季、周、日的购买时间的分布方面有很大差异，往往是节假日上街比较选择后购买。在购买时间的分布方面，一般说，一日之内，早晚是购买高峰；一周之内，周末是购买高峰；一年之内几大节日是购买最高峰。企业应根据消费者在购买时间上的习惯与特点，在安排生产、组织货源、投放市场、促销安排和营业时间等方面做到同步营销，在相关业务活动的时间安排上与购买者的购买时间相一致。

(6) 何处买 (where)。分析购买者的购买地点，亦即在什么地方，去什么样的商店购买。购买者购买地点的选择与购买不同种类的商品、购买者的收入、品位、阶层等密切相关。不同的购买者，日常用品、选购品或耐用品、名特产品或专用品都有其特定的购买场所。日常用品一般就近去便利店、超市购买；选购品或耐用品是到大中型商店购买；名特产品或专用品则到专卖店或专用商店购买。企业应根据上述购买者选择的不同购买地点，合理安排商业网点和商业分配路线。

(7) 如何买 (how)。分析购买者的购买行动，亦即采用什么方式购买。从购买形式来看，有逛店购买，有电话购买，有函购或委托代购及网购等。从购买行为的货币支付形式分析来看，有现金支付形式、信用刷卡购买形式、有预付定金的预支购买等形式。企业应适应消费者的购买方式，尽量做到为消费者提供方便、廉价、周到的全方位服务。

尽管我们给出了分析消费行为模式的一般导向，但要真正搞清楚消费行为并非易事。因为购买目的和动机与偏好往往不具有外在显示性，它是一种“黑箱”或“灰箱”，需要我们进行研究与判断。如果想要把消费行为“白箱”化，就需要探究影响消费者购买行为的主要因素。通过对影响因素的分析，进一步把握商机的“脉搏”。

2）影响消费者购买行为的主要因素

消费者购买行为的产生是多元化因素综合影响的结果。一般，我们可以把这一系列因素分为四类：文化因素、社会因素、个人因素、心理因素。这四类因素又可再细分为若干子因素（图 11-1）。

文化因素	社会因素	个人因素	心理因素	消费者
文化 亚文化 社会阶层	参考团体 家庭 角色与地位	年龄和生命周期阶段 职业 经济环境 生活方式 个性和自我概念	激励 知觉 学习 信念与态度	

图 11-1　消费者购买行为影响因素

在对消费者购买行为的影响因素进行分析时，我们要明确，在众多因素中，哪些因素是营销人员无法改变的？哪些因素是营销人员可以影响的？众多因素影响程度的排序如何？众多因素的变化与发展趋势是什么？对这些问题的分析，有助于我们进一步分析商机。

3）消费者的购买决策

为了分析消费者的购买行为，需要对其消费过程有较为深入的了解，识别谁参与了购买，把握消费者购买决策的全过程。

（1）购买角色。

一般地，我们可以对购买的角色进行如下划分。

发起者：首先提出或有意购买某一产品和服务的人。

影响者：看法或建议对最终决策有影响的人。

决策者：对为何买、买什么等一系列购买决策最终决定的人。

购买者：实施购买行为的人。

使用者：实际消费或使用产品与服务的人。

在这些角色中，可以是不同的人扮演不同的角色，也可以是相同的人扮演不同的角色。通过对角色的分析，发现关键人物，把握他们的需求和市场的切入点，同时，搞清楚这些角色在下述的购买决策过程中所起的作用。

（2）购买决策过程。

实践中的消费行为种类较多，如有习惯型、理智型、经济型、冲动型、感情型、疑虑型、随意型等多种。那么，在不同的购买行为中，有无共同的购买决策过程？比如，不管是理智型、经济型还是冲动型的购买行为，购买住宅有无相同的决策？

在复杂的购买过程中，一般的购买决策过程如图 11-2 所示。

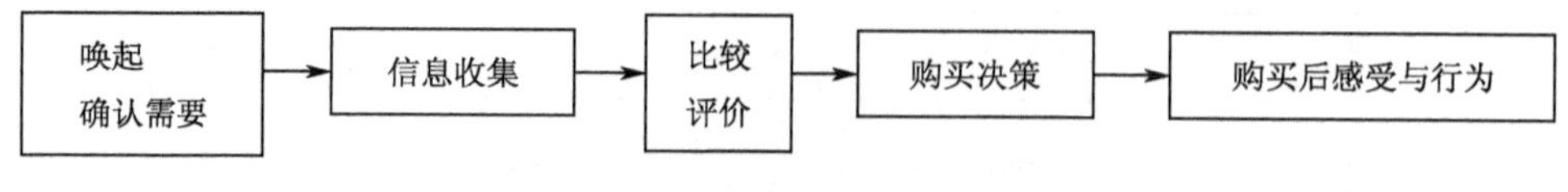

图 11-2　消费者购买决策过程

图 11-2 表明了消费者购买决策的“阶段模式”。在此过程中，消费者要经历五个阶段：唤起需要、信息收集、判断选择、购买决策、购后评价。很显然，购买过程早在实际购买之前就开始了，在购买之后还将持续一段时间。

（1）唤起需要。需要引发动机是购买过程的起点。需要的产生一般有内外两个方面：可由内在或外在刺激唤起，或由这两者之间相互作用而产生结果。内在刺激需要是由生理、心理等因素需要引起购买动机。外在刺激需要是指客观存在满足购买者需要的物品，以及与此相关的使用者和广告等因素介绍所引起的购买动机。公司经营者应高度重视唤起需要，了解有关产品的现实需要和潜在需要，以及在不同时间需要的规模、需要的程度、需要的时机和需要将被哪些诱因触发。从而采取基于不同诱因的办法与措施，在适当的时间、适当的地点并采用适当的方式去唤起购买者的需要。

（2）信息收集。当唤起购买者需要的动机较为强烈且市场上又有可以满足的物品时，消费者就能很快实现购买。但在多数情况下，被唤起的需要并不是马上采取购买行动去满足，而是保留在消费者记忆之中，作为满足未来需要的必要项目。但此时购买者就会产生一种对满足需要的商品的强烈注意力，着手收集相关信息。一般地，信息的来源有四个途径：一是从企业广告、市场的推销人员、营业员、经销商与中间商、商品展（博）览、商品陈列展示、产品说明书等途径得到的信息；二是从亲朋好友、同事、邻居、参照群体、社会团体等相关群体中得到的信息；三是从报刊、杂志、广播、电视、户外广告、DM、网络等大众传播媒介中的宣传报道和消费者组织的有关评论中得到的信息；四是通过消费者的消费体验或以前购买使用而得到的个人经验介绍所得到的信息。因此，公司推介商品时应有针对性，满足消费者的实际需要。同时，在媒体决策时，要符合消费者的媒体消费习惯。

（3）判断选择。消费者根据各种来源的信息并运用评价准则，对有关商品信息进行分析、对比、比较评价。评价拟购买商品，一是要比较各类商品的不同属性；二是要分析各类商品、属性的重要性，建立心目中的属性等级；三是要根据商品的品牌特征来评价准备购买的商品品牌信念；四是要按商品属性和品牌信念，分析满足程度，形成不同效用函数；五是要判断、确立对商品选择的态度。

(4) 购买决策。购买决策是包括了购买者购买行为中的众多要素的总体选择，如购买何种产品、什么品牌、什么款式、多少数量、何种价格、何处购买，何时购买、何种方式购买等。另外，购买者对某一商品做出购买抉择时，往往还受到他人态度、环境、经济条件状况等诸因素的影响和制约。如家庭成员对购买的赞成或反对、产品预期利益、购物环境和服务态度等都会影响购买者的购买决策。

(5) 购后评价。购买者购买商品后，通过使用、有关成员的评判、消费体验形成对购买商品的评价，其结果主要有：购买后价值如何？重新考虑购买这一商品是否明智？效用是否理想？有无遗憾？等等。购后评价是一种信息反馈和口碑传播，如购买的商品能带来预期的满足，就会产生满意的感觉，就会重复购买。反之，感到失望，就会否定今后再购买，甚至会影响他人购买。

通过对决策过程的分析，我们可以分析企业与竞争者的差异，明确每一环节的标杆与“缺口”，从而发掘商机。

2. 组织市场购买行为

组织市场一般分为三种类型：产业市场、中间商市场、政府市场。产业市场，又称生产者市场，它主要是由各种盈利性的工业、农业和服务业买主构成。他们购买产品和服务用于制造其他产品或提供其他服务，以供销售、出租或供应给其他组织。它是组织市场中最重要的市场。中间商市场，又称转卖者市场，它由各种批发商和零售商组成，他们购买产品是为了将其转卖出去。政府市场，包括各级政府及所属机构、事业团体，如医院、学校、各种非盈利性的协会组织等。这三类市场各有特色。其中，又以产业市场的特点最具代表性。从某种程度上来讲，对产业市场的一些分析要点，可以用来对其他两类市场进行分析。

与消费品市场不同，产业市场具有购买者少、购买量大、供销关系密切的特征，更具地域性、派生和缺少弹性需求、专业化购买等特点，因此，产业市场商机的把握难度较大，这一点从产业市场的购买决策程序和影响因素等方面也可以看出来。

1) 购买决策程序

产业市场的购买可以分为直接重购、修正重购和全新购买这三种类型。从购买决策程序来看，全新购买最为复杂，其他两种购买的决策程序只是全新购买决策程序的一部分。一般地，全新购买决策要经历八个阶段：需求确认、明确需求的数量与特性、确定产品规格、寻找供应商、提出和分析建议、确定供应商、安排订货、购买效果的评价和反馈。当公司的某种问题或需要可以通过某一产品或服务就能解决时，就要进行需求确认。接着，对于复杂产品和服务而言，采购人员要和企业内部人员和供应商共同决定需求的特征，如可靠性、耐用性、价格、服务等，以明确需求所对应的产品与服务的数量与特性。同时，还要根据需求，通过对产品的价值分析，制定采购的规格说明书，确定产品规格。随后，通过网络搜索、客户推荐、电话目录、专家指点、专业广告和参加展览会等多种方式，寻找供应商，并向准供应商提出问题，分析这些供应商所提出的各项建议，形成最终的采购方案，完成提出和分析建议的工作。进一步地，在对供应商的状况、能力、业绩、与公司的关系、所提供解决问题方案的属性等进行全面考核与评价的基础上，确定供应商。最后，与供应商进行谈判、签订合同、安排订货，而且，在使用所购买商品时，要征求最终用户的意见，按照公司的相关标准，开展对购买商品效果的评价与反馈工作。

通过对购买决策程序的分析，可以分析、掌握不同购买类型中的关键程序，使营销工作围绕每一购买步骤有针对性地开展。

2）影响产业购买行为的主要因素

产业市场的购买行为的产生也是一系列因素综合作用的结果，通常，我们将这一系列因素分为四类：环境因素、组织因素、人际因素、个人因素。这四类因素又可再细分为若干子因素（图 11-3）。

环境因素	组织因素	人际因素	个人因素	采购者
市场基本需求水平 经济前景 货币成本 市场供给状况 技术革新速度 政治法律情况 市场竞争趋势	目标 政策 程序 组织结构 制度	权力 地位 情绪 说服力	年龄 收入 教育 职务 性格	

图 11-3　产业购买行为的影响因素

通过对产业购买行为的影响因素的分析，我们需要思考，营销人员可以影响或无法改变的因素有哪些？影响因素将如何变化？其影响程度的差异有多大？对这些问题的分析，一方面有助于我们进一步分析空白商机；另一方面，组织因素和个人因素的复杂性、动态性和不确定性也为这类市场的运作提供机会或增加风险。

11.4.3 商机之窗：产品技术创新

1. 基于新产品的商机

卡式收录机、随身听、家用摄像机和傻瓜相机这些新产品的问世，满足了人们新的消费需求，也给企业带来了商机，创造了财富。从全球范围来看，多年来，日本人并没有取得重大的技术突破，但他们在原有技术基础上的一系列发明却风靡世界，为企业带来了巨额利润。汽车不是日本人发明的，但他们却以高质低价的汽车占领了世界市场。

对于新产品，我们不能要求每一次产品创新都是世界性新品，补充已有生产线、改良型产品、新用途拓展型产品、成本减少型产品等都是新产品，这些新产品占新产品总量的比例超过 50%，真正世界性新品并不多。比如，三菱公司发现－18℃时会把肉食品冻硬，而 0℃左右的冷藏室无法冷冻，两者都有缺点，于是，开发了具有－7℃的冷冻室的冰箱。日立公司将速冻技术用于冰箱产品，开发了是普通冰箱冷冻速度的 3 倍的冷冻室，可在 25 分钟内将食品速冻，提高了商品的保鲜度，节电达到 50%。三洋公司则将冷气循环技术应用到冰箱中，将商品保鲜期延长了 1 倍。因此，创新不分大小，即使不是世界性的新品，是一些改进型的新品，我们也要高度关注由此产生的商机。

2. 基于新技术的商机

1）新技术创新生活

现代城市交通一体化和智能化技术，改变了人们的出行条件，调整了城市居民的居住布局，扩大了城市都市圈的范围。由此带来了现代城市快速交通系统、电子票务系统、快速检票系统及相关设备、居民生活配套设施（购物、教育、卫生、运动、休闲）的商机。2000 年以来，电邮、Google 之类的搜索引擎所创造的平台，可以在世界范围内传送信息与智慧产品。这种产品可以分解、重组、生产、传递，实现价值创造。这种技术带来的改变是：个人的力量变强，个体价值增大。不但可以直接进行全球合作，也能参与全球竞争，通过软件与网络，使地球变成个“小村庄”，天涯若比邻。如今人们可以自问：我在当今全球的竞争中，如何占得一席之地？而且，现在的工作弹性增加，时间更加自由，特别是智力性质的工作，可以在家上班。PC、视窗等不但使数字的资料、文字、音乐、照片能在不同的软件之间交换，而且还创新了浏览、电子邮件、即时通信、传照片、下载音乐等新数字体验，并正在创造利用网络塑造、设计、学习、交友、买卖、管理存货、财务外包、专业诊断等新生活与业务方式。更为重要的是，像实现应用软件彼此沟通无碍的协议与一些软件、语言以及调和许多差异极大的软件的中间件（middleware），为全球的人力和计算机提供了共同标准，打造出一个全球平台。这些科学技术有利于创新，有利于实现公司和应用软件之间的链接。它们创造出一个延伸至世界各地的更广大的市场。众多公司要竞争的是谁能创造出最有用的应用成果。共同标准只会让公司或个人更加专注于真正的价值所在，并由此产生基于共同标准的应用软件和系统以及像网络电子产品等衍生品的巨大商机。

2）新技术创新合作

新技术的价值不但体现在创新人们的生活上，而且还表现在公司定位和公司间的关系上。在互联网世界中，全球的市场、劳动力、生产要素与资源、产品的共享性更加突出，并以更低的成本、更高的效率方式进行配置，从而引发新一轮的全面合作。而且，合作的方式也从单纯交易型向伙伴型、一体化方向发展。未来的创新，不论是交通运输、生物医药、环保材料、消费娱乐，还是设计、制造、营销、服务，都会变得复杂至极，绝非某个部门和一个公司就能完成。最好的公司将是最好的合作者。惠普公司在圣诞期间的一天内，就可以在世界 4000 家沃尔玛的零售终端销售 40 万台计算机，这样，惠普公司就必须将其供应链与沃尔玛的供应链进行无缝对接。供应链技术能够在供应商、零售商、顾客之间创造价值，并产生新型合作。供应链技术的广泛应用，要求其系统成员企业采取同样的标准，从而使供应链的每个环节都能环环相扣，消除公司边界的摩擦与公司间冲突。而高效率公司的运作往往会引起其他企业的模仿，从而更好地促进全球合作。沃尔玛在 20 世纪 60 年代起步时并没有明显的优势。但公司发现，唯一能创造竞争优势的方法就是直接通过制造商大量订货。为了降低送货成本，沃尔玛建立了物流中心，先让制造商集中送货，然后再通过沃尔玛公司自己的运输车把货送到各分店。在创新了“直接送货，折扣深度化”的模式后，沃尔玛加强与制造厂商的合作，要求他们尽量降低生产成本，密切与其供应链的联系，并不断改进信息系统，用网络与供应商分享销售与库存信息，以便能明确顾客需求，迅速补货，实现高效的品类管理，确保采购的有效性和供应商随市场而变化的调适性。目前，沃尔玛配置了一个大规模的卫星系统，把所有分店都和总部连接，使其中央系统得到所有即时的存货信息，让整个供应链获得充分的信息。现在，主要供应商都可以进入沃尔玛零售网系统，分析其产品的销售情况，看是否需要增减产品或创新产品。沃尔玛把供应商当做伙伴，通过合作（collaborate）、计划（plan）、预估（forecast）、补货（replenish），减少了零售商和供应商和存货成本，使其销售成本就比大多数对手降低 5%～10%。供应链技术的应用，使沃尔玛与供应商的关系出现了新的定位，也给物流业带来了巨大的商机。

Google、雅虎、亚马逊等公司都在 IT 技术的基础上，赋予顾客参与、设计、制造的权力，造就一大批自导型消费者（self-directed consumer），并建立新型合作的机制，实现客户关怀，快速响应顾客。由此带来了新产品开发的商机。而在 IT、管理技术创新的平台上，公司间也开展了外包、内包、离岸生产、开放资源等新的合作。今后的公司需要考虑的是如何进行业务分析：判断哪些业务可以自己做？哪些业务可以转卖给别人？哪些业务可以向别人购买？从而也给资源整合业务、第三方业务、公司间无缝对接支持业务带来新的商机。

11.4.4　商机之窗：打造“金手铐”——目标市场选择

商机是市场上客观存在但尚未被满足或未被充分满足的需求。这种需求往往是潜在的，一般不易发现。通过营销环境和客户购买行为分析，可以明晰部分商机；通过市场细分，一方面可以准确地发现市场需求的差异性和需求被满足的程度，从中进一步发掘商机。另一方面，为企业认识市场、研究市场、选定目标市场提供依据。

1. 市场细分

所谓市场细分就是营销者通过市场调研，依据购买者在需求上的各种差异（如需要、欲望、购买习惯、购买行为等方面），把某一产品的市场整体划分为若干购买客户群的市场分类过程。在这里，每一个购买客户群就是一个细分市场，亦称“子市场”或“分市场”。具有类似需求倾向的购买者构成的群体，他们的需求则很相似。通过对整体市场需求差异分析，产生“同质市场”（是指购买者对商品的需求大致相同的市场）和“异质市场”（是指购买者对商品有千差万别的需求市场）。海尔的研究人员发现夏天的衣服量少、洗得勤、传统的洗衣机利用率太低，于是推出小容量的洗衣机“小小神童”，大受市场欢迎，其成功上市表明了市场细分的有效性。在市场细分的过程中，一种极端状况是将消费者每个人都作为子市场；另一种情况是按照“反细分”的思路，不考虑消费者的差异，搞大众营销。

1）消费者市场细分

市场细分的基础是客观存在的需求差异性。各行业、各公司可采取许多不同的变量，用不同的细分标准来细分市场，以发现商机。影响消费者市场需求的一系列因素，即用来细分消费品市场的变量，可总结如下（表 11-1）。

在消费品市场上，公司可以用一个或一个以上的变量来细分消费者市场。细分变量越多，对消费者市场的特征的认识越具体，相应所采取的营销策略将可能越有效。

2）产业市场细分

影响产业市场需求的一系列因素，即用来细分产业市场的变量，可总结如下（表 11-2）。

表 11-1 消费者细分市场的标准

细分标准	具体因素
地理变数	地理区域、自然气候、资源分布、人口密度、城市大小、乡镇大小等
人口变数	年龄、性别、家庭人数、生命周期、收入、职业、教育程度、家庭组成、宗教信仰、种族、国籍、社会阶层等
心理变数	生活方式、性格内向与外向、独立与依赖、乐观与悲观；保守、自由或激进等个人偏好、个性特征等
购买行为变数	购买频率：不常用、普通、常用等 购买状态：无知、认识、发生兴趣、愿意尝试、试用、进行购买等 购买动机：经济、随和、依赖等 品牌信赖程序：甲品牌、乙品牌、丙品牌…… 渠道信赖程序：A 渠道、B 渠道、C 渠道…… 价格敏感程度：不一定、轻度、高度等 服务敏感程度：不一定、轻度重视、高度重视等 广告敏感程度：不一定、易受影响、不易受影响等 追求利益、品牌忠诚、态度等

表 11-2 产业细分市场的标准

细分标准	具体因素
人文变数	行业、公司规模、地点等
经营变数	技术、顾客能力、使用者与非使用者的情况等
采购方法	采购职能组织、权力结构、现有关系的性质、采购政策、购买标准等
情境变数	紧急、特别用途、订货量等
个性特征	购销双方的相似点、对待风险的态度、忠诚度等

与消费品市场一样，公司可以采用一个或一个以上的变量来细分产业市场。同样的，所采用的变量越多就能越具体地描述出细分市场的特征。现以一家钢铁制品公司为例来说明企业如何用多变数来细分产业市场（图 11-4）。

钢铁制品公司首先进行宏观细分。即公司按照最终用户这个变数把钢铁制品市场细分为汽车制造业、住宅建筑业和装备制造业这三个亚市场，然后决定选择其中一个本公司能服务得最好的目标市场。假设这家公司选择住宅建筑业为目标市场，那么，可以按照这家公司的产品应用变数进一步细分为半成品、建筑部件和钢铁活动房屋三个亚市场，并选择其中一个市场为目标市场。假设该公司选择建筑部件市场为目标市场，那么，可以按客户规模这个变数把建筑部件市场进一步细分为大客户、中客户和小客户这三个子市场。假设这家公司选择大客户为目标市场，钢铁制品公司还可在大客户建筑部件市场的范围内进行微观细分，按大

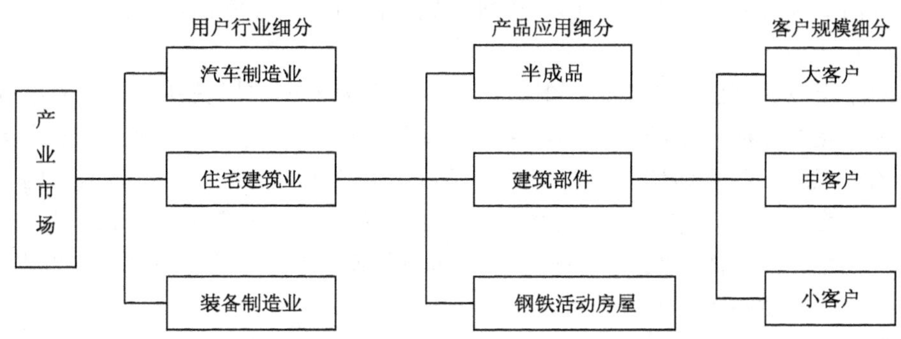

图 11-4　钢铁制品公司的市场细分

顾客的不同要求（如产品质量、价格、服务等）来细分市场。

2. 目标市场选择

细分市场是为了进一步分析需求特征，形成对商机的全面认识。而对商机认识的最终目的是为了把握商机，打造“金手铐”。事实上，并不是所有商机对于创业者或公司都合适。一家投资公司尽管资金实力较强，但它却不能投资建设卷烟厂，因为有壁垒存在。因此，需要在细分市场的基础上，进行目标市场选择。

所谓目标市场，是指进行市场细分之后，拟选定进入并为之服务的市场。对于目标市场的选择，可以通过对行业和市场、竞争优势、经济状况、公司管理团队等做出判断，以及这些要素整合起来是否组成一个有足够吸引力的目标市场。从总体上看，目标市场的选择，需要从市场、竞争、财务、公司这四个视角分别给出系列筛选标准、依据和决策思路。其中，市场、竞争和财务三个视角的分析是为了解决“值不值得做”的问题，公司视角的分析是为了解决“能不能做”的问题。

1）市场方面

对于市场方面的分析，我们主要从市场规模与增长率分析入手。

(1) 市场规模。

我们可以根据市场规模的大小进行细分市场的选择，而且希望具有商机的市场有足够大的规模，这样，只要获得较小的份额就可达到相当可观的销售额，同时还不会威胁到其他竞争者。比如在一个 1 亿元需求的市场上，只要获得 1％的份额，就可达到 100 万元的销售额。

当然，每一个公司都有自己的市场规模目标，在考虑市场规模的同时，还需要关注市场的竞争对手。有时这样的市场可能太大了，甚至会给进入者带来一定风险。一个超过 1000 亿元的市场可能会过于成熟、稳定，要在其市场上获得 10％的份额，几乎相当于与世界 500 强的公司展开竞争。高度的竞争性往往意味着较低的边际利润和盈利性。而规模难以判定的市场往往充满风险。

(2) 增长率。

对于市场的判断不仅要关注其规模，而且还要考虑其增长性。理想的市场是容量大而且持续成长型的。这样，在持续增长的市场上获得的份额对其他竞争者不会构成威胁，并且即使只占很小的市场份额也意味着可观的、不断增长的销售量。一般地，每年30%～50%的增长率往往会为新进入者创造了新的市场空间。例如，一个1亿元的市场，如果按每年30%的速度成长，那么几年之后，它就成长为一个容量达5亿元的市场。

2) 竞争方面

对于市场竞争方面的分析，可以围绕市场结构、市场份额、控制力、进入壁垒这几点展开。

(1) 市场结构。

市场结构包括销售者的数目、销售者的规模、分销、进入和退出环境、购买者的数量、成本环境、需求对价格变化的敏感度等因素。新兴市场、还没有人进入或进入者不多的市场（如具有资源所有权或成本等优势的市场）具有较强的吸引力；存在信息屏蔽或知识壁垒的市场和可以带来超额利润的公司所能承受的竞争性市场，也是具有吸引力的。那些高度集中、完全竞争、处于成熟期或者衰退期的市场是典型的没有吸引力的市场。

(2) 市场份额。

获取超过20%以上的市场份额、可能成为大市场份额占有者的市场是很重要的。一方面，这表明了市场竞争态势和公司未来可能的市场地位；另一方面，这样的市场可以为一家公司创造很高的价值。在大多数寻求高潜力市场的投资家看来，可能低于5%的市场份额的市场是没有吸引力的。

(3) 控制力。

在一个分散的市场上（通常市场领导者的份额在20%以下），有吸引力的市场总是伴随着对价格、成本和分销渠道拥有中等或较强的控制力。如果一家公司拥有原料供应，或者分销渠道等的独家控制权，那么，也可以获得对市场的主导地位。反之，缺乏对产品、供销、资源等因素的控制，会使细分市场缺乏吸引力。

在一个产销高度集中的市场上（主要竞争者拥有40%、50%，特别是60%份额的市场），由于对供应商、销售资源和顾客的控制力，会对新进企业造成很高的壁垒和风险。只有在占主导地位的竞争者的产能已经饱和，或者变革速度很慢，或者不关怀客户的情况下，后进入者才会获得商机。

(4) 进入壁垒。

获得或能够获得规模经济、所有权的保护、政策支持、法规优势、市场或分销的排他权的市场是很有吸引力的。拥有商标信誉、客户忠诚、专有产品技术、原料和渠道优势、学习或经验曲线、投入资本量大、转换成本高等一系列因素的市场也很重要。具有这些特征的市场已经构建了进入壁垒。而且这种进入壁垒需要花费多年时间建立起来，需要资源的投入，无法在短期内一蹴而就。因此，即使在其他因素处于相对较弱或平均水平时，这些竞争优势也可以支持公司占据市场的主导地位。

3）财务方面

财务方面的分析，需要关注税后利润、达到盈亏平衡点和正现金流所需要的时间、投资回报率、现金流、毛利率这几点。

（1）税后利润。

持久的高毛利率总会带来强大、持久的税后利润。有吸引力的市场至少要有 10%～15%的持久利润率，一般要求达到 15%～20%。那些税后利润率少于 5%的市场是很容易被淘汰的。

（2）达到盈亏平衡点和正现金流所需要的时间。

对于那些创业企业而言，大部分情况下，那些能在两年内达到盈亏平衡点和正现金流的市场具有吸引力。一旦达到盈亏平衡点和正现金流的时间超过 3 年，市场的吸引力就相应减弱了。

（3）投资回报率。

具有相当吸引力的市场拥有超过 25%以上的年投资回报率。高而持久的毛利率和税后利润通常产生较高的每股收益和较高的股东权益回报，从而增加了公司的价值。考虑到投资风险，低于 15%的潜在投资回报的市场就缺乏吸引力了。

（4）现金流。

现金流能够反映公司运行的强健程度、资本（包括流动资本和固定资产）、满足外部债务和权益的利益主张的能力和保持成长的能力。公司运营过程中现金流的问题非常突出。对于创业者来说，由于目前我国金融政策的特点，那些预期现金流状况差的市场缺乏吸引力。

（5）毛利率。

高而持续的毛利率（如超过 50%）为企业“试错”提供了一种可能与缓冲。较高的毛利率意味着企业可以更快地达到盈亏平衡点。如果毛利率是 20%，那么，固定成本每上升 1 元，销售额就需要提高 5 元以保持平衡。如果毛利率达到 75%，那么，固定成本每上升 1 元，销售额只需要上升 1.33 元。一般地，毛利率低于 20%的市场是缺乏吸引力的。尤其当低毛利率还不稳定时，更是这样。

4）公司方面

公司的目标、资源与能力以及市场成功要素与公司状况的适配性是选择目标市场时需要分析的问题。

（1）目标、资源与能力。

任何企业或创业者都有其追求的目标。目标的多元化特征表明，他们所追求的可能是财富创造、价值体现、社会责任等单一目标或组合目标。通过市场和竞争两个方面分析筛选的细分市场，首先必须符合企业或创业者的追求目标，才有可能被选择。注重财富创造者必然会选择那些高回报的市场；注重价值体现者必然会选择那些有一定价值性的市场。当然，仅仅通过追求目标来选择市场是不够的，接下来还要分析公司所具备或能整合的各种资源与能力。通过公司内部环境分析，我们可以明确：公司在财务资源、组织资源、实物资源、技术资源、人力资源、创新资源、声誉等资源方面和企业在管理、MIS、采购、R&D、生产运作、营销、配送能力、服务、成本控制等能力方面所具有的优势与劣势。通过“市场”、“竞争”、“财务”三轮筛选的市场，必须能够与企业上述的资源与能力对接，才可能成为真正的目标市场。除此以外，对于创业者来说，还需要考虑以下三个问题。

成本结构。包括变动成本和固定成本在内的成本结构，是创业者需要关注的。能够成为产品成本最低和分销成本最低的公司是有竞争力的，但是，如果一家公司面临持续的降低成本压力，那不一定是好事。创业者的学习成本在创业之初难以下降很多，他们一般都采用“边干边学”的低成本经营方式。因此，对于那些需要低成本运作的市场，创业者必须考虑其取舍的问题。

管理团队。团队建设时要关注创业者能否组建囊括了该行业内精英的团队。这就要求成员的目标与组织目标基本一致，团队成员的行业和技术经验丰富，技能相互弥补、相互融合，并保持团队整体性和相互信任。而且，这种团队具有承受来自高成长、高收益企业压力的能力。当然，这并不是说所有的创业者都有同样的风险承受度，有些创业者较为保守，而有些却勇于冒险。真正难做的是“合适”——赌徒和对风险过分厌恶的创业者都不太可能保持长期的成功。一个优秀的管理团队将成为一个行业最重要的战略性竞争优势。

机会成本。选择目标市场也有机会成本。某位能创建数百万元价值的成功创业者，在大中型公司中其才能同样极有价值。在评价所追逐的市场会带来的利润增值时，创业者还需要认真思考其他方案，认真考虑在选择某个特定市场时的机会成本。

（2）市场成功要素的适配性。市场运作都有其规律性。分析市场运作的成功要素，并与公司状况比较，就可发现公司的资源与能力差距。在此基础上，需要缩小这种差距，即研究市场成功要素的适配性。对那些市场运作成功要素与公司资源和能力相适配的市场，加以选择；对那些市场运作成功要素与公司资源和能力不相适配的市场，只能放弃。适配性分析，首先对市场运作的成功要素逐一提取，然后再与公司的能力要素进行比较，其分析思路如图 11-5 所示。

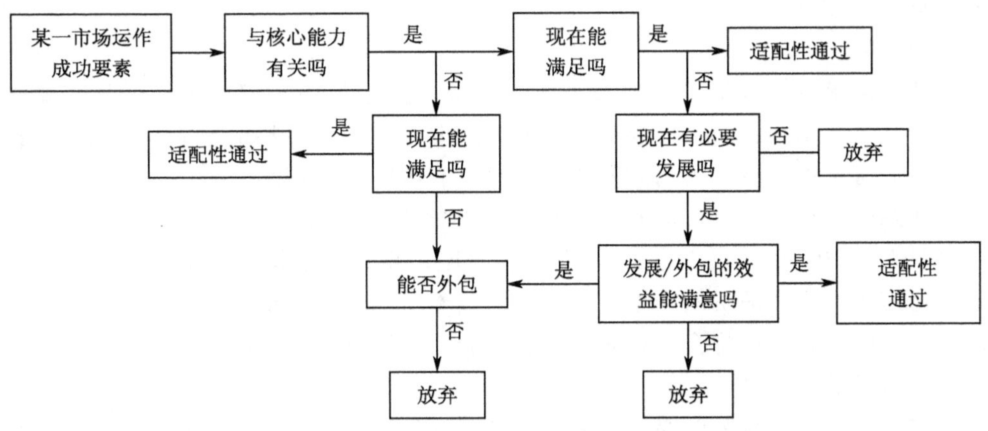

图 11-5　市场成功要素适配性分析框架图

除了以上一系列因素会对公司目标市场的选择产生影响外，公司负责人的决策心态也会影响目标市场的选择。“人有多大胆，地有多大产”表明了决策者自信和敢于冒险的心态，“换生不如守熟”则反映了决策者稳健的决策想法。

在目标市场选择的过程中，如果细分市场出现了一个或一个以上致命缺陷的大问题，那么这个市场就会被淘汰。通常，这些大问题都与上述的一个标准有关，如市场太小、市场上有过于强大的竞争者，该市场的成本、进入壁垒太高，或者在这个市场上新进入者无法以一个有竞争力的价格生产产品，等等。相反，高潜力的市场将满足以上一系列标准中的很多要求，或者在一点或几点中占有绝对优势，同时，能够与企业资源及能力有效配置，从而使得商机“无限风光”，市场极具吸引力。

11.5　打开产品创新大门

11.5.1　开门准备：坚持需求导向、具备风险意识、构建创新团队

1. 需求导向

公司在选定目标市场之后，将着手准备开发和推出新产品。然而，新产品的不断失败（包装消费品的失败率达到 80%）引起了人们的高度关注。新产品的开发失败，原因是多方面的，但主要原因有：市场规模估计偏大、产品未能达到设计要求、产品成本超出客户购买预期、产品技术先进价格较贵等。这些原因总体来看，都是对需求的认识产生了偏差。在新产品开发过程中，不能仅考虑技术创新所可能形成的新产品，要防止单纯技术偏好。要在需求分析的基础上，通过技术创新来开发产品。为此，我们要对需求有一个充分认识。新产品开发过程中

的常见需求如下。

1）特定需求

特定需求容易分析，能被大多数人理解并且适用于大多数人。因为需要御寒，所以需要服装；因为需要运输，所以需要车辆。满足特定需求对发明家和技术人员而言是件好事，因为它所要求的只是有限的几种商品。

在细分市场时，有可能发现某种空白的需求。在未来 30 年中，大多数发达国家成人消费者和“灰色势力”（中老年阶层）将大幅度增长，随之而来的是满足特定需求的产品消费量剧增。人们生活节奏的加快，一定会带动快速食品业的发展，因此，近期内将会有许多安全、营养、健康的快速食品被开发出来。

2）定制需求

这种需求是应顾客的要求，为每个顾客或每个顾客群量身订制一种产品。在计算机服务产业，定制需求的表现较为突出。一家公司可以为客户提供一个操作平台和软件工具，以便实现客户计算机的联网。然而，因为各个客户不可能拥有同样类型和数量的计算机，在软件配置方面也不尽相同，因此，每个订购合同可能都是不同的。

3）模糊需求

模糊需求是一种含而不露的需求，是一种我们知道确有其事却因其变化不定而难以定义的需求。这种需求也发生在环境出现变化、决策者有一些需求的朦胧感觉却还不知道想要什么的时候。发明满足模糊需求的产品在很大程度上依赖灵感和直觉。

4）变动需求

需求是发展的，变动的。要满足不断发展变化的需求存在一定的难度。客户需求的变动，表明了客户的价值偏好、聚焦、创造、传递等要素发生了变化。而且，竞争者的市场运作也会使客户的需求发生偏移。

对不同类型的需求，如果我们有基本判断和分析，那就可以减少新产品的开发风险；如果难以判断，那就要加强调研，分析需求的数量、结构与发生的时机，把握市场的变化趋势。

2. 风险意识

新产品开发过程较长，涉及的环节较多，而且在开发过程中还面临变化市场的不断挑战。稍有疏忽，难逃失败的厄运。新产品开发的风险不是单一风险，而是综合风险。不但有技术风险，而且还有财务、市场、生产等一系列风险。新产品开发的风险也不仅是源自于开发过程中的某一个环节的风险，从新产品的观念检测、属性设计、工艺创新到加工制造、新品销售与服务等众多环节上都可能存在风险。因此，我们要有充分的风险意识。面对如此众多的风险，我们应该如何防范？根据许多成功的新产品开发实践，做好以下三方面的工作，将有效地降低新产品开发的风险。

首先，编制较为完善的新品开发计划。即通过对环境和需求的分析，明确计划目标，形成计划执行方案。在计划中要特别针对开发风险进行评估，判断其发生的可能性和可能造成的损失，在此基础上制定系列风险防范和计划调整预案。

其次，加强新产品开发的市场调研。即在新产品开发前、开发过程中及开发后期持续进行调研工作。通过调研，明确各种可能产生开发风险的因素，关注这些因素的变化程度、趋势和时机，为控制和降低风险做准备。

最后，把握新产品开发的流程控制。即根据新产品开发风险的产生与新产品开发流程的高度关联性，通过对新产品开发流程的细化分析，明确可能产生风险的节点，据此制定相应的控制标准，实时监控新产品开发流程，纠正标准与流程的偏差，降低开发风险。

3. 创新团队

创新团队及组织模式在新产品开发过程中起着相当重要的作用。常见的创新团队方式如下。

1）新产品委员会

委员会一般由企业负责人、研发人员、管理人员、市场人员等组成，它把有责任使新产品开发成功的人士聚集在一起，有明确的组织目标、强有力的领导人和相应的责任与权力。委员会集中和综合各种创意，对新产品开发负全责，包括提出概念、审查创意或市场开发等阶段。为了适应市场，委员会还需要保持一定的灵活性，可以根据市场的变化及时调整。

2）新产品开发部门

在组织规模合适的情况下，组建专门的新产品开发部门更为有效。由了解公司经营能力、活动能力、优势和弱点的人员组成的新产品开发部门，具备相关行业和技术方面的工作经验和很强的分析能力，在“强人”领导下，把握共同的发展目标，与公司内各类人员合作，并可整合内部及外部的资源，从而确保开发工作的顺利进行。

3）产品经理体制

随着公司规模的扩大和产品线的丰富，其管理的复杂性不仅超出个人或委员会的能力范围，甚至会超出一个部门的能力范围。拥有多条生产线的制造商和其他消费品的企业常常采用一种产品经理体制，以便在有效管理现有产品的情况下，保证一支稳定的新产品开发队伍。

在产品经理体制下，相关产品（或品牌）集中由一个“组主管”来指导，“组主管”向“产品管理主管”报告，产品经理都关心所熟知的具体品牌或产品方面的革新。近几年，这种管理体制向打破部门界限的团队型管理模式演变。作业组、项目分队、试制队，这些都是新的组织形式。

4）试制团队

一个试制团队是由公司各职能部门包括财务、市场开发、制造、设计等部门的人员组成的，该团队既负责单一品种新产品的开发，也负责多品种新产品的开发。该团队可以借助企业职能部门来完成任务。例如，团队不设置市场开发组织，当需要有关信息和服务时，他们可以使用公司的市场开发资源。该团队经过授权后开展工作，并能够获得政策和资金方面的支持。

5）开发外包

一些规模不大的公司可以把新产品开发工作外包出去，而不是聘请专业人员来做。这种外包可以是新产品开发全部工作外包，也可以是某些阶段性工作的外包，比如，研究性公司负责概念试验、技术专家解决产品的基本技术问题、包装专业人员设计最有效的包装等。

11.5.2　产品创新的门中门

打开产品创新的大门，你会发现：产品创新的过程一般有“五部曲”，即设想的产生与考察、商业分析、产品开发、检验和生产、商业化。每一步工作内容都较多，环节也较为复杂，每一步又都要花费时间、付出努力和投入资金。因此，在产品创新的每一步，我们都需要判断：新产品是否或者要不要从上一步进入下一步？新产品开发是继续进行还是放弃？在新产品开发的每一步之前是否需要设置一些控制环节，便于组织开发过程、控制成本、配置资源和根据需要对工作进度作必要的调整。按照门径管理的思路，这就像你要通过设有一道道门的长廊，每走一段路来到一扇门前时，都要考虑能不能打开这扇门继续走下去？这里的门起着控制作用。所以，产品创新大门中控制门的开与关将根据一定的标准来进行。符合标准的步骤，控制门就打开，创新工作进入下一步，反之，控制门就关闭，创新工作到此结束或再回到控制门前的步骤。而控制门开关标准的制定则要考虑：新产品开发是否可行？能不能完成？它是否符合公司的发展战略？是否存在环境的威胁因素？新产品开发的价值是什么？市场容量有多大？市场成长性如何？利润大小？新产品开发能否成功？它与企业的资源和能力适应性怎样？还存在哪些问题可能会导致新产品的失败？

一般来说，产品创新的“五部曲”工作重点及其控制门如下。

1. 设想的产生与考察及第一步控制门

作为产品创新的第一步，这是对新产品项目进行快速调研和确定开发意向的一个步骤。它包括设想的来源、建立筛选标准、产品概念测试等工作。而第一步控制门的设计，首先要避免裁判型思维，因为那样会禁锢创造性。需要广泛的集思广益和头脑风暴，保证有足够多的创意产生。第一步之门就是对那些突出的创意进行初步评审。通常，这个门不包含经济技术等方面的标准，因此，第一步之门比较容易通过，只有那些和公司资源及能力明显不符、成功可能性非常小、与公司战略背道而驰等几种类型的新产品创意除外。

2. 商业分析及第二步控制门

第二步是明确新产品开发价值的一个步骤。它包括新产品的经济、技术、生产等方面的分析。其门的开启标准要比第一步更加严格、全面，需要一些“应当满足”的标准，包括与新品开发有关的市场、财务、生产、营销等方面的标准。在此基础上进行相应的分析与筛选。通过第二步之门后便进入了商机分析过程，此时需要更多的数据与信息，包括决策所需的经济、政治、文化、社会等方面的信息。

3. 产品开发及第三步控制门

这是具体设计开发新产品的一个步骤，也是制定投放市场计划和初步生产计划的时候。它包括技术支撑、快速市场反应等工作。第三步控制门是一个关键之门。通过此门，就可进入实质性开发过程。因此需要对“应当满足”的标准给予认真考虑，特别是技术和财务方面的强制性和精确性标准。

到了第三步也就进入了新产品开发的核心步骤，而在此过程中，还要关注这样的重要工作：第一，这一过程通常较为复杂，还需要一些提供检查和控制的细化标准；第二，对于能够进行“产品”测试的产品模型，进行技术或用户的试验，以便对模型进行修改与完善；第三，市场人员、技术人员、生产人员共同工作，以保证新品设计在市场、工艺和生产方面的可行性。

4. 检验和生产及第四步控制门

这是在新产品开发过程中必不可少的一个步骤。它包括生产检验、消费者（用户）检验等工作。第四步控制门由计划、质量、财务和消费检测等标准构成，工作有两个重点：第一，评价开发过程，修改完善工作标准，保证工作质量。特别是财务指标将成为考核的一个重点。在此基础上制定今后的工作计划。第二，进行内部验证、现场试验、小批量生产和市场验证，以证实新产品的各种性能指标、企业生产的适应性和测定客户的接受程度，从而对最终生产计划做出调整。

5. 商业化及第五步控制门

这是新产品开发的最后一个步骤。它包括找准顾客群体、选择时机与地点、市场计划与预算、全面生产等工作。作为最后一个门，将对生产、运作和市场开发计划进行检查，它将决定公司是否全面投产。产品的技术性能、利益、价值和市场接受程度将受到监测和评价，并据此对所有执行计划进行调整。

11.5.3 打造敲门砖：市场调研

1. 调研起步

市场调研是系统地设计、收集、分析和提出数据资料以及提出与公司所面临的特定的营销状况有关的调查研究结果。新产品开发成功与否，很重要的一个因素是对市场信息的把握与分析。从新产品的开发过程来看，一直存在着开发和市场的交互活动，因此调研工作贯穿其始终。

调研工作可以从理想的市场营销信息系统开始。该系统由内部报告系统、市场营销情报系统、市场调查系统、市场营销决策支持系统组成。通过该系统，我们可以对市场环境、市场需求、市场营销组合、市场竞争、客户购买行为等内容进行调研。

对于正式的调研活动和专题调研，除了上述系统的运用，还需要实地调研。其过程如下。

（1）调查准备。首先要进行预调研工作，以确定调研的问题、重点，确保工作的有效性。其次，要制定调研计划，明确调研的区域、范围、对象；调研的内容、问题与方案，确定调研的时间、地点、方法和调研的样本数、费用以及调研活动及其管理控制方法等。

（2）正式调查。通过询问法、观察法、实验法及网络法对样本进行调研，甄别数据质量，及时补充信息，并对数据质量、调研时间、预算费用进行严格控制。

（3）结果处理。通过对调研信息的分析处理，按照调研报告的要求，撰写研究报告。对于持续时间较长的调研，还需要跟踪调研，以保证调研结论的准确性。

（4）应用。把市场调研获得的信息和结论作为输入量，输入到新产品开发过程中的各个阶段，并把调研数据和结论作为决策的依据。

2. 调研重点

调研的重点将围绕市场与需求、竞争状况、技术评价、财务分析这几个方面展开。

（1）市场与需求。市场与需求的调研重点是：客户分析和市场预测、市场规模潜力、市场增长情况、市场区域、客户兴趣和爱好与心理、客户需求（受益、希望产品的特征、合理的价格、优质服务）等。

（2）竞争状况。对竞争状况调研的重点将围绕这些内容展开：竞争对手确认、竞争对手的目标、战略探析、竞争对手的核心竞争力思考、竞争产品分析、竞争方式把握等。

（3）技术评价。技术评价应该由研究开发部门、工程技术部门和生产部门的有关人员共同参与。其调研的重点内容有：技术和性能标准概括、技术先进性与可行性、技术的风险和误区、技术实施的条件、技术创新产品的成本分析等。

（4）财务分析。财务分析的调研重点内容为：开发产品的投资额、开发产品的收益、达到盈亏平衡的时间、资产负债、损益、现金流等。

除了上述的调研重点外，还需要对概念测试、产品模型试验、市场验证、商业化过程中的一系列反馈信息进行分析，明确新产品开发过程中的问题与原因，为调整与完善新产品开发工作打下基础。

11.5.4　打造敲门砖：人人都会创意

1. 创意哪里来

创意的来源在于思考，思考的基础在于善于观察并要有足够的信息量。善于观察，除了要关心身边所发生的事情，更要关注可能带来变革的重大变化。管理大师彼得·德鲁克曾经作过统计，发现多数成功的革新是靠发掘变化而来。在《革新与企业家》一书中，德鲁克定义了属于革新机会之源的七种特殊变化：出人意料的变化，包括出人意料的成功、出人意料的失败和出人意料的事件；在客观存在的现实和人们设想会出现的事实之间出现的不一致；因过程需要而进行的革新；行业结构和市场结构方面的变化，特别是那些谁也没有注意的变化；人口统计方面的转移；感觉、情绪和意图方面的变化；新知识，包括科学知识和其他知识。

企业内部也是创意的重要来源。这些部门一般包括：研究部门、工程部门、销售部门、市场部门、生产部门等。美国管理学会对 40 个公司的研究表明，有 33 家公司确定研究和工程部门为其新产品创意的来源；有 30 家公司确定市场部门和计划部门是其新产品创意的来源；有 12 家公司把生产部门当做其新产品创意的来源。与这些部门保持联系，可以及时获得一些创意。与此同时，我们还要制定政策激励员工创新创意，通过建议箱及时获得创意。另外，要培养顾客的创造性，将顾客作为创意之源。通过邀请顾客座谈、举行周末活动、头脑风暴活动进行创意，并将发明人、科技人员、创意经纪人、包括学校和研究机构在内的外部智力等都作为创意的重要来源。

在观察这些重大变化的同时，我们还需要储存足够量的信息。那么，信息源在哪儿？

一般，常见的信息源有：

（1）书籍、报纸、杂志、年鉴、工具书或者期刊。注意：信息内容不要限制在专业范围之内，但要覆盖专业的内容或与之相关的内容。展览会、博览会、订货会、洽谈会等各种会议都是获得信息的好渠道。

（2）网络漫游已成为现在获取信息的重要方式。越来越多的人将信息包括需求信息通过网络发布，越来越多的人通过网络获取信息。目前，每天都有许多公司在网络上设立主页。其中，就包含着丰富的新产品信息。通过“搜索引擎”，我们可以检索、获取相关信息。

（3）跟踪竞争对手，搞好竞争情报工作。通过与顾客、中间商的沟通，获得竞争者在干什么、为什么干、干得如何等信息；通过购买竞争产品，分析研究产品特征，获得与产品开发有关的信息。

2. 修炼创意方法

创意方法与思路来自许多相关学科，如心理学、工程学、教育学、工业设计、艺术学，专门学科如机械、电子、生物、化学、物理、数学等。众多的创意方法为我们构思概念新产品提供了指导。基于创新思维激发原理的一些创意方法如下。

（1）需求评估与预测。这种方法主要考察某种（类）产品的用户详细要求，实际使用和需要的详尽表现，从而归类整理成产品应当具备而实际尚不具备的功能、性能、指标、款式、规格、花色、品种等。同时，对将来的工作、生活、社会活动和社会环境进行预测，发现满足或创造客户未来的新需求、新市场、新生活方式、新生产方式、新经营方式、新管理模式所对应的新的概念产品。

（2）特征分析。此类创新方法在详细审视已有产品的各种特征过程中，发现特征错位、特征不足、特征冗余、特征模糊等特征方面的问题，从而产生创新观点。例如，汽车商品经过科学、精细的特征分析后，我们可以获得一系列新产品概念，如智能汽车、健康汽车、节能汽车、绿色汽车、高科技汽车、人性化汽车等。

（3）相关性分析。根据事物之间总存在一定关联的基本原理，将一些看上去毫无关系的属性和特征的事物，进行科学关联，从中发掘创意。例如，磁悬浮技术用于高能粒子可以制造出直线加速器、回旋加速器，用在道轨上可以诞生磁悬浮列车；纳米级氧化铁在磁力作用下可以产生热量，将其注入肿瘤部位，那么同样地可以在磁场作用下通过发热杀死肿瘤细胞，达到治疗目的。据此，就有了热导磁介质治疗肿瘤的创新疗法，等等。

【重要词汇】

◇ 价值

是指顾客从某一特定产品或服务中获得的一系列利益。

◇ 市场营销

市场营销是个人或组织通过创造、提供出售，并和别人交换产品与价值，以获得其所需所欲之物的一种社会和管理过程。

◇ 营销管理

营销管理是计划和执行关于商品、服务和创意的概念化、定价、促销和分销，以创造符合个人和组织目标而进行的一种过程。

◇ 营销环境

营销环境是影响公司的市场和经营活动的外部力量集合。

◇ 细分市场

所谓市场细分就是营销者通过市场调研，依据购买者在需求上的各种差异(如需要、欲望、购买习惯、购买行为等方面)，把某一产品的市场整体划分为若干购买客户群的市场分类过程。在这里，每一个购买客户群就是一个细分市场，亦称“子市场”或“分市场”，每个分市场都是由具有类似需求倾向的购买者构成的群体。

◇ 目标市场

所谓目标市场，是指进行市场细分之后，拟选定进入并为之服务的市场。

【知识练习】

1. 营销管理的步骤和内容是什么？请列举三种企业营销管理的行为。

2. 举例说明如何选择目标市场？

3. 你认为的所谓创意是什么？请列举国内企业有创意并成功营销的商品。

4. 新产品开发的步骤有哪些？如何对开发过程进行控制？

【能力训练】

1. 请了解网上最新资料，说明国内外在产品开发过程中的差距，简要阐述如何才能缩短这种差距，你有什么好的建议。

2. 请阐述一个你认为的新兴市场，并对其进行分析，简要陈述如何进行商机选择及营销准备。

3. 如果中国联通请你去给他们的新品牌做一个定位及策划，目标是争夺移动已有的动感地带客户群，你将如何进行商机的选择。请说明你的分析思路及操作的可行性。

4. 案例分析：

成功的宝洁　失败的润妍

创始于1837年的宝洁公司是世界最大的日用消费品公司之一。作为世界全球500强的企业，宝洁公司自1987年登陆中国市场以来，在日用消费品市场上所向披靡，其品牌在中国家喻户晓。无论是飘柔、潘婷、海飞丝、沙宣洗发水，还是舒肤佳香皂、玉兰油润肤露，抑或是护舒宝卫生巾，佳洁士牙膏，碧浪、汰渍洗衣粉等，无不在中国享有盛誉。在中国，仅洗发水产品，宝洁旗下就有六大品牌，二十多个系列。

1997年，宝洁公司在中国酝酿一个新的产品：推出一种全新的展示现代东方女性黑发美的润发产品，取名为“润妍”。但宝洁公司怎么也想不到，花费了长达3年时间进行市场调研和概念测试并耗费了多种资源的润妍，最终却以失败告终。

1998～2000年，中国洗发水市场刮起了黑色旋风：联合利华的“黑芝麻”系列产品从“夏士莲”衍生出来；重庆奥妮推出“新奥妮皂角洗发浸膏”强调纯天然价值，深得“何首乌”、“黑芝麻”、“皂角”等传统中草药之精华；伊卡璐把其草本净化系列产品推向中国；河南企业鹤壁天元推出“黛丝”黑发产品。这些产品将洗发水中的植物与化学成分进行区分，将宝洁划分为化学成分阵营。而天然、环保的消费，将成为未来的主导。因此，宝洁也不得不正视这一块的市场，中草药和植物概念必须被引入到宝洁的品牌当中。同时伴随着重庆奥妮的衰落，这一块的市场有许多的既有消费者等待新品牌的出现，由此也更加坚定了宝洁推出该类产品的信心与决心。

1. 三年孕育 打造新品

从1997年起，宝洁公司开始了长达3年的市场调研与概念测试。

(1) 概念测试引导产品开发

在研制产品之前，按照宝洁公司的惯例，首先要找准目标消费者的真正需求，研究流行趋势。因为只有切合潮流趋势，又具自己特色的产品，才是最有生命力的产品。为此，宝洁公司先后请了300名消费者进行产品概念测试。调查重点围绕“理想中的黑发是什么”、“心理感受如何”两大问题展开。1999年底，包括时任润妍品牌经理在内的十几个人分别到北京、大连、杭州、上海、广州等地选择符合条件的目标消费者，与他们48小时一起生活，进行“蛔虫”式调查。调查的结果表明：理想中的黑发是“具有生命力的黑发”，心理感受为“我就像一颗钻石，只是蒙上了尘埃，只要将她擦亮，就可以让钻石发出光芒”。在调查中，宝洁公司还进一步了解到，东方人向来以皮肤白皙为美，而头发越黑，越可以反衬皮肤的白皙美。东方女性渴望有“一头乌黑的秀发，一双水汪汪的大眼睛”，所以最具表现力的黑发美，是她们的选择。经过反复多次的概念测试，宝洁公司基本把握住了多数消费者心目中的秀发概念——滋润而又具有生命力的黑发最美。

宝洁公司专门做过研究，发现使用不含润发露的洗发水，头发的断裂指数为1，含润发露的洗发水的指数为0.3，而在使用洗发水后再单独使用专门的润发露，断裂指数就降低到0.1。调查表明，在欧美、日本、香港等市场，约80%的消费者都会在使用洗发水后单独使用专门的润发产品，而在中国，专门使用润发露的消费者还不到6%，这说明国内大多数消费者还没有认识到专门润发步骤的必要性。因此，润发露在中国有巨大的潜在市场。

(2) 基于消费需求的技术创新

根据消费需求，宝洁的日本技术中心研制出了冲洗型和免洗型两款“润妍”润发产品。其中，免洗型润发露是专门为忙碌的职业女性研制的。产品研制出来后并没有马上投放市场，而是继续请消费者做使用测试，并根据消费者的要求，再进行产品改进。最终推向市场的“润妍”倍黑中草药润发露强调专门为东方人设计，在润发露中加入了独创的水润中草药精华（含首乌），融合了国际先进技术和中国传统中草药成分，特别适合东方人的发质和发色。

(3) 设立模拟货架，检验包装与生动化展示

宝洁公司专门设立了模拟货架，将自己的产品与不同品牌特别是竞争品牌的洗发水和润发露放在一起，进行不同空间位置和陈列面及陈列方式组合的展示，反复请消费者观看，然后调查消费者对不同品牌的记忆状况——究竟看到了什么？记住了什么？并据此做进一步的调整与改进，以便强化消费者的心理份额。

(4) 消费者参与广告决策

宝洁公司先请专业的广告公司拍摄了一组长达6分钟的系列广告，再组织消费者来观看，请消费者选择他们认为最好的3组画面，最后，概括绝大多数消费者的意见，将头发芭蕾、神秘女性等画面进行再组合，成为“润妍”的宣传广告。广告片的音乐，则以现代的音乐旋律配以中国的传统乐器如琵琶、古筝的演奏，进一步呼应“润妍”品牌现代东方美的定位。此外，宝洁还委托第三方专业调查公司做市场占有率调查，通过问卷调查、消费者座谈会、消费者拜访或者到购买现场观察消费者的购买行为，全方位搜集顾客及经销商的反馈信息。

2. 突出诉求　高调入市

2000年，意指“滋润”与“美丽”的“润妍”正式诞生。“润妍”产品的目标市场选择为：成熟女性。这类女性不盲目跟风，她们知道自己美在哪里。融传统与现代为一体的、最具表现力的黑发美，就是她们的选择。其定位为“东方女性的黑发美”。

品牌诉求：针对18～35岁女性，产品定位为展示现代东方成熟女性黑发美的润发产品。宝洁确定“润妍”的最终诉求是：让秀发更黑更漂亮，内在美丽尽释放。进一步的阐述是：“润妍”信奉自然纯真的美，女性的美就像钻石一样熠熠生辉。“润妍”希望能拂去钻石上的灰尘和沙砾，帮助现代女性释放出她们内在的动人光彩。“润妍”蕴含中国人使用了数千年的护发中草药——首乌，是宝洁公司专为东方人设计的，也是首个具有天然草本配方的润发产品。

广告创意：利用计算机技术，加强润妍Logo的视觉冲击力，通过flash技术使飘扬的绿叶（润妍的标志）在用户使用网站栏目时不断闪动。通过润妍品牌图标链接，大大增加润妍品牌与消费者的互动机会。主页设计上只用了黑、白、灰、绿这几种色，但以黑、灰为主，有东方的味道。广告创意采用一个具有东方风韵的黑发少女来演绎东方黑发的魅力。飘扬的黑发和少女的明眸将“尽洗铅华，崇尚自然真我的东方纯美”表现得淋漓尽致。网站上建立了紧扣“东方美”、“自然”和“护理秀发”等主题的内页，加深润妍品牌联想度。

产品选择：2001年9月10日“润妍”一款新产品在杭州面世，其不同于当时在市场占主导地位的二合一洗发水，此款产品不含任何润发成分，强调对头发的彻底清洁，正因为它本身不含润发成分，所以强调同时要与润妍润发露配合使用。其实，二合一洗发水也是润妍产品系列的主要构成，之所以此次仍要推出单独的纯净单洗型洗发水是因为润妍相信彻底洁净每一根头发是获得完美、健康秀发的第一步。外界环境的污染、定型产品如摩丝等的长期使用等都会在头发上积累一些肉眼看不出、不易清洗的“脏”东西，因此需要像润妍纯净单洗型洗发露这样的产品，彻底打开头发表面鳞片，深入清洁每一根头发的污垢，使头发表面达到吸收营养的最佳状态，然后配合润妍润发露，深入滋润秀发，令秀发变得乌黑润泽。

上市之地：“润妍”选择“上市之地”也费了一番心思。宝洁公司润妍品牌经理黄长青认为，浙江是中国改革开放的前沿，是中国最富饶的地区之一，人民生活水平较高，购买力比较强，而且，老百姓的观念也较新，对新事物比较容易接受。因此，这个孕育着无限商机的市场就成为商家必争之地。特别是，杭州是著名的国际旅游风景城市，既有深厚的历史文化底蕴，富含传统的韵味，又具有鲜明的现代气息，受此熏陶兼具两种气息的杭州女性，与“润妍”要着力塑造的既现代又传统的东方美一拍即合。因此，最后选定了杭州——这个孕育着无限商机的市场就成为商家必争之地。

公关宣传：在“润妍”产品正式上市之前，宝洁公司委托专业的公关公司，在浙江先声造势，首先进行了一系列的品牌宣传。刚开始时，“润妍”在浙江推出了一个颇具神秘感的书法暨平面设计比赛，鼓励大家或饱蘸浓墨，或运用现代设计手法，在黑白分明的世界里写出千姿百态的“润妍”。“润妍”是什么？它与东方独特的黑白色彩观、审美观有什么联系？这是宝洁设下的一个悬念，也是消费者对“润妍”的好奇与猜测，而这，又恰恰是宝洁公司所希望的。然后，宝洁委托权威的中国美术学院等单位评出了书法组与平面组的前 3 名。接着，“润妍”又专门组织了声势浩大的竞猜活动，请读者与观众从评委评出的佳作中选出书法组和平面组的冠军作品，从而进一步扩大品牌的传播广度。此外，宝洁公司还开展了东方美概念的黑方系列展“公共活动”；在上海隆重推出《中国美发百年回顾展》；赞助中国美院，共同举办“创造黑白之美”水墨画展；2000 年赞助电影《花样年华》；“周庄媒体记者东方美发秀”等一系列公关宣传活动。可以说，“润妍”通过书法、平面设计、水墨画等比赛，创新地用黑白之美作为桥梁，表现了现代人对东方传统和文化中所蕴含的美的理解；同时也呼应着“润妍”品牌通过乌黑美丽的秀发对东方女性美的实现。

3. 销售平淡　黯然退市

2001 年 5 月，宝洁收购伊卡璐，表明宝洁在植物领域已经对润妍失去了信心。2002 年 4 月，润妍全面停产。一个经历 3 年酝酿、上市刚刚两年的产品就这样退出了市场。宝洁 1988 年登陆中国以来，针对中国消费者研发却又因为种种原因退出市场的品牌里，润妍是第一个，也是唯一的一个。据业内的资料显示，润研产品在过去两年间的销售额大约为 1 个亿，品牌的投入大约占到其中的 10%。两年中，润妍虽获得不少消费者认知，但据有关资料显示，其最高市场占有率不超过 3%——这个数字，不过是飘柔市场份额的 1/10。一份对北京、上海、广州和成都女性居民的调查也显示，在女性最喜爱的品牌和女性常用的品牌中，同样是定位黑头发的夏士莲排在第 6 位，而润妍榜上无名，同样是宝洁麾下的飘柔等四大品牌分列 1、2、4、5 位——时间是 2001 年 3 月，润妍上市的半年之后。一份来自白马广告的调查则表明，看过夏士莲黑亮去屑洗发水的消费者中有接近 24%愿意去买或者尝试；而看过润妍广告的消费者中，愿意尝试或购买的还不到 2%。

——根据易迈管理资讯网、中国营销传播网宝洁案例资料整理

阅读上述资料，以小组讨论或独立思考的方式，回答下列问题：

（1）润妍的失败有哪些原因？

（2）如何分析“黑头发”商机？

（3）如何保障宝洁新品牌开发的成功？

第12章　市场营销的制胜谋略

在市场层面和产品层面不改变的情况下，通过市场营销组合的改变，往往能够催生创新性的商业战略。

——菲利普·科特勒《水平营销》

【本章学习目的】

1. 掌握营销组合的内容。
2. 知晓客户关系管理。
3. 懂得产品与品牌决策。
4. 把握价格制定与调价。
5. 学会渠道管理。
6. 熟悉促销决策。

在消费品市场上，一个不争的事实是：尽管一些消费者对其消费的品牌产品满意度较高，但是，在他们重复购买选择品牌时，却往往会发生品牌的转移。对某一具体品牌而言（尤以快速消费品和日用品的品牌为甚），形成“满意的客户不忠诚”的状况。于是，一些品牌企业就会抱怨其消费者不诚实、不可信、不成熟、不理智、贪图便宜、目光短浅。其实，这种抱怨过于肤浅，且没有道理。这种“不忠诚”就其本质而言，表明了品牌企业与消费者之间关系的低级、脆弱、短期性与不稳定。企业与消费者之间的纯粹买卖关系，难以培养超越品牌满意度的更高层次的品牌信任度和忠诚度。今天的客户，他们渴望发言、要求庇护、高度置疑并寻求彼此间的联系。因此，要想在市场上有话语权并培育客户的品牌忠诚度，营销工作绝不像打价格战或在中央电视台夺“标王”进行所谓的品牌投资、造势宣传搞活动那样简单。如果你不能准确地界定客户关系并发展和维护客户关系；不能设计高效的营销组合来实现客户关系管理；不能进行客户价值创造和提供解决客户问题的方案；不能把握客户价值预期与其支付能力之间的平衡；不能保持产品与客户的能见度；不能对客户实施高效沟通。那么，将如何赢得品牌的记忆份额、市场份额与情感份额？又怎能让客户建立起像信徒五体投地般朝拜那样的品牌忠诚度？

12.1　营销亮剑：营销组合与客户关系管理

12.1.1　需求导向的营销工具

广告、推销、基于客层分类的定价等都是营销工具，而营销组合（marketing mix）就是公司用来从目标市场寻求其客户的一整套营销工具。它是指公司为了满足目标市场顾客的需要和用于追求目标市场预期销售水平的可控制营销变量的组合，包括产品、价格、渠道和促销。

在短期内，不是所有营销组合变量都能进行调整，一般来讲，公司在短期内可以修订价格，扩大推销力量和广告开支。而开发新产品和改革渠道则需要较长时间。因此，在短期内，企业通常只能对营销组合各个变量中的少数几个进行变更。另外，营销管理人员必须决定如何将营销资源分配给不同的产品、渠道、促销媒体和销售领域。

营销组合中最基本的工具是产品——公司提供给市场的有形物体，包括产品质量、设计、性能、品牌和包装。作为产品供应的一部分，还需提供各种服务，如租赁、送货、修理和培训。营销的产品决策要坚持客户导向，通过为客户创造有价值的产品来满足客户需求，因此营销工具中的产品必须是体现客户需求的产品。

营销组合的另一个重要工具是价格，即顾客要得到某个产品所必须付出的货币。公司需要在分析客户能够承受支付成本的基础上，制定批发价、零售价、折扣、津贴和信用条件。它的价格应该与供应物的认知价值相称，否则买者就会转向竞争者购买产品。任何客户对于商品的价格又都有自己的预期，而这种预期又与客户的总购买成本有关。因此，营销工具中的价格必须是通过客户支付成本分析后的价格。

地点是另一个营销组合工具，它是指公司为使目标顾客能方便接近和得到其产品而进行的各种活动。因此，公司必须识别、吸收和联系各种中间商和营销服务设施，以便更有效地将产品和服务提供给目标市场。它必须了解各种类型的零售商、批发商和从事实体分配的公司以及它们是如何进行决策的。因此，营销工具中的地点必须能为客户提供便利。

促销是第四个营销组合工具，它是通过公司与客户的沟通，将其产品告知目标顾客并说服其购买而进行的各种活动。因此，公司必须雇用、培训和激励销售人员。它还需要制定传播与促销计划，包括广告、销售促进、公共关系、直接销售和网上营销。因此，营销工具中的促销必须能与顾客沟通。

总之，营销组合中的产品、价格、渠道和促销（product、price、place、promotion，4P）决策，必须在充分调研的基础上，从客户、成本、便利及沟通

(customer、cost、convenience、communication，4C) 的角度出发，为顾客提供利益、创造价值。

12.1.2 客户化：实现客户价值创造与客户忠诚度的互动

1. 认识客户关系管理

1) CRM 是什么?

客户关系管理 (customer relationship management，CRM) 是选择和管理客户的业务策略，并努力使客户长期价值达到最大化。CRM 需要以客户为中心的理念和文化来支持有效的市场、销售和服务过程。如果公司拥有正确的领导、文化、机制和策略，基于 IT 技术的 CRM 系统则能够有效地管理客户关系。通俗地讲，CRM 就是与每个顾客合作，能创造出双赢情形：为每个顾客的日常生活增加价值，顾客回报以品牌忠诚度。因此，CRM 是以客户为中心的营销整体解决方案，是一种管理理念、机制、软件与技术。其目的是，通过了解客户，分析现有客户数据，找出最佳顾客，发现他们的价值需求，发掘他们的终生价值，与他们保持和发展关系。在此基础上，建立强大的品牌。方法是在构建客户数据库和公司知识库的基础上，增进公司对他们个人需要的理解，通过定向销售和营销活动，创造、满足他们的期望，让他们的生活与众不同。单纯从关系角度来看，CRM 就是让公司品牌和目标客户相互说"我爱你"。

2) CRM 评估标准

为了维护和发展与客户的关系，许多公司都在加强客户关系管理工作，将管理重心放在价值创造与个别客户的互动上。过去，维护和发展客户关系，难度较大，成本较高，甚至不可能。现在，应用 IT 技术，进行数据库建设，使客户关系管理成为可能。阿瑟 · M. 休斯 (Arthur M. Hughes) 为客户关系管理定出了五项评估标准：

① 公司的营销过程发展很完备；
② 公司能够了解客户的姓名、地址和购买行为；
③ 公司掌握客户在销售地点的重复购买信息；
④ 公司具有建立和挖掘数据库的技术；
⑤ 公司能够以对双方都有回报的方式提供奖励计划。

许多行业的公司都符合上述标准，包括汽车、旅馆、航空、零售等。但休斯注意到，有两类产品难以开展客户关系管理：利润微薄难以为维持和发展关系投入资金的产品；购买频次极低和长期来看购买时间无法确定的产品。

2. CRM 工作中的客户聚焦

CRM 工作中对客户的把握需要从了解客户、建立客户档案、客户收益分析这三方面入手。

1）了解客户

在计划 CRM 项目时，首先要了解客户的状况与利润贡献。如果公司不清楚他们的客户是谁，也不知道哪些客户的贡献为零，不理解什么样的客户才是“好”客户。那么这样的公司往往会年复一年地浪费其营销资源。

一般，先了解客户所在的地理位置，他们的年龄和收入，这些都是常用的人口统计学数据。接着，回答下面的问题：

① 每个顾客上一次购物是什么时间？

② 每个顾客多长时间购物一次？

③ 每个顾客平均每次交易额是多少？

④ 每个顾客年度总消费额是多少？

⑤ 每年顾客贡献的利润是多少？

通过对这些问题的回答，可以发现，80％的利润来自 20％甚至更少的客户，比如 5％的客户。这是帕拉图原理又一次得到验证和应用。因此，如果流失目前 5％的客户就会对 90％的利润产生威胁，那么就需要找出那关键的 5％。而这 5％的客户往往具有时常并且最近购买过公司的产品、对公司的利润有重大贡献、把公司产品或服务推荐给朋友和同事、具有巨大开发潜力等特点。

2）建立客户档案

建立客户档案的过程可以分两步走：第一步，建立客户个人基础档案。包括他们是谁？他们住在哪里？他们做什么工作？他们的家庭背景？他们的生活方式怎么样？等等。需要通过与客户面对面交谈、打电话、发送问卷等方式来了解上述信息。此外，公司还要创建统一的营销数据库，把运行在不同平台的数据加以集成。第二步，进行客户细分。从价值角度来看，不同的客户对公司的贡献度不尽相同，需要将客户进一步细分，以便为每一细分客户配备相应的营销和沟通资源。细分从每个客户的相对价值亦即对公司的贡献开始。从而保证把精力投放在对公司最重要的客户上。我们要求与客户建立起高度个性化的关系，这种关系可以确保为该客户度身定做产品和服务。

3）客户收益分析

每个客户都有一些特征表现出他们的价值。这些特征是“一个客户终身价值”的组成部分。客户的收益可以通过其价值、频率、活跃度等来加以分析。所谓价值是指某一特定客户每个月、每年直至一生在公司消费多少？这里的客户可以是一个人、一个家庭或者一个企业。而购买频率则是指该客户多长时间与公司交易一次？如多长时间住一次酒店或租用一次车，或进一次商店？需要根据行业的特点，确定一个典型的客户交易频率作为分析的标杆。作为重点监控指标的活跃度分析，就需要明白该客户上一次交易是什么时间？如果一个客户过去每个月购买一次，但最近两个月却没有购买，那么客户管理软件应该亮灯，发出警报，促使公司主动与客户联系，看一看是不是有什么问题。不要期望客户主动打电话向公司抱怨。因为大多数人不满意时一句话不说就走开了。只有14%的人会投诉，其余86%的人从不投诉。这86%的人中约有65%～90%的人会在下一次采购时选择其他品牌。除此以外，我们还需要关注：每一客户的交易成本是多少？除正常交易外，客户还提出哪些特殊要求？企业如何满足？需要多少人？花费多长时间？费用多少？等等。

根据客户的收益分析和客户档案，我们可以对客户进行层次划分，对终身价值可能最大化的客户实施特别的客户关怀。

3. CRM的实施

开发CRM项目一般要经过以下六个阶段。

第一阶段：企业内部系统诊断。

首先要对正在搜集、处理和保存任何客户信息的“系统”进行诊断。这里的“系统”包括主机系统、网络系统、人-机系统、网站、电话呼叫中心、营销信息系统、会计系统、索赔系统、投诉系统、售后服务系统、信用控制系统等。凡是过去和现在可能搜集和保存过客户信息的所有系统，都将成为诊断对象。

对系统的诊断要求主要从系统的整体性、响应性、协调性、完备性、复杂性、效率等方面进行分析，在此基础上，发现问题，提出系统的改进与完善方案。

第二阶段：数据审核。

诊断搜集和保存客户数据时，需要认真审核数据。先列出一个每个系统搜集到的客户数据清单，然后进行审核。审核时要注意：每个数据项的形式，即是文本还是数字？该数据项具有哪种效力？它是必选项吗？它是自由项吗？数据的准确性如何？完整性如何？系统性如何？数据时效性怎样？数据多长时间更新一次？新数据的时滞性怎样？查看不同系统中是否有很多数据项重复？数据的一致性如何？数据的可靠性怎样？系统中数据的通用性如何？数据的成本和获取时间怎样？

第三阶段：当前客户关系评估。

要使CRM获得成功，并从中获得长期财务优势和竞争优势，需要在对客户有所认知的基础上，对客户关系进行评定。因此，第三阶段包括两部分工作：客户认知与客户关系评估。

客户认知的过程基本上与客户聚焦的过程一样，要对所有的客户进行划分，关键是要把最有价值的客户筛选出来。在划分出不同类型的客户之后，还需要对其与公司的关系进行界定，以便今后的战略制定和资源配置。对于关系的界定需要从关系的性质、程度、类型等方面加以分析。比如，与客户的关系是交易型、伙伴型还是联盟型？与客户的关系建立是源于信任、承诺还是吸引力？与客户的关系是松散、半密切还是密切的关系？与客户的关系牢固性、易损性如何？与客户的关系是主动型还是被动型关系？与客户的关系是短期、中期还是长期的关系？等等。

第四阶段：审查财务状况。

开展 CRM 项目，一个重要的前提是为 CRM 项目制定财务预算，判断公司在此项目上的财力支持。在编制财务预算时，需要了解公司业务的关键财务驱动因素及 CRM 项目的有关财务数据，如目前争取一个新客户需要投入多少费用？目前为保留老客户需要花费多少？在一段较长时间内，新老客户的利润贡献有多大？建设 CRM 项目，需要的投资规模有多大？回报如何？等等。

第五阶段：CRM 战略制定。

在制定 CRM 战略时，一般要考虑以下重要工作：

首先，通过塑造品牌个性与定位等措施，让公司变得更加卓越，创造客户重复购买的吸引力，使公司成为客户信赖的朋友；其次，创造一种机制，通过客户奖励和认证程序来确认、奖励，从而保持公司最佳客户；再次，创造一种方法，通过横向销售、深度销售，让现有客户的价值有所增长；接着，创造一种组织与流程，保障客户关怀和与客户的“无缝”接触；进一步，创造一种氛围，给客户一个好的品牌体验；最后，发掘有潜力的新客户，并保证 CRM 战略和公司的品牌战略的一致性。

第六阶段：CRM 措施。

制定 CRM 措施的目的是要把客户眼中的公司转变成客户心中的公司。如何才能实现这一目标？在制定措施前，我们首先要明确实施 CRM 所面临的问题。保罗·唐波拉尔（Paul Temporal）认为，不以客户为中心、难以接近、反应迟缓、不可信赖、不灵活是 CRM 所面临的重要问题。因此，制定措施应从这些问题的解决开始。

要做到“以客户为中心”，首先，其组织变革和制度安排要以客户为中心；其次，员工培训、意识培养要以客户为中心；最后，行为规范要以客户为中心。

要实现从“难以接近”到“易于接近”，则要通过成立客户服务组织来解决客户“接近”问题。同时，需要通过呼叫中心这样的系统构建与客户接触的“友好”界面。

要保证“反应迅速”，就需要简化工作程序，加强相关部门的配合与信息沟通以及一线人员的意识和能力的培养。如果是外包服务，则要加强外包业务的标准化和管控工作。

要解决“不可信赖”的问题，首先，要分析不可信赖感产生的根源，检查现有信息、跟踪订单、工作、索赔、付账、服务等进展情况；其次，还要通过组织、流程、制度、激励、培训等方式与手段，系统解决在检查中所发生的问题；最后，降低客户预期，诚实宣传，有限承诺。

要改变“不灵活”的状况，就要强化一线员工的责任心，同时，培养他们的“灵活”技巧，并且，要给他们一定的授权。

12.2 提供客户解决问题方案——决策产品

12.2.1 客户价值认知

1. 客户价值是什么

客户价值就是感知利得与感知利失的差额，是一个“净收益”的概念。感知利得是指在产品购买和使用过程中为顾客带来的一切利益和满足，它既包括有形的功能、质量、外观等，又包括无形的顾客心理愉悦和满足等。感知利失是指购买者在选择、采购和使用产品或服务的过程中所面临的全部成本。它既包括了顾客为获得产品和服务所付出的金钱、时间、精力，又包括了顾客因使用产品而承担的风险。价值由顾客通过感知得到，是由顾客决定的，而不是由供应商决定的。同时，顾客价值具有层次性。Woodruff 认为，顾客以途径-结果模式形成期望价值，从最低一层开始，顾客首先会考虑产品的特定属性及效能；在购买和使用产品时，顾客根据特定产品属性对实现期望结果的贡献，而形成一种期望和偏好，反映在顾客价值上就是使用和拥有价值（第二层）；同时，顾客也会根据产品属性对实现自身目标和目的的贡献，形成对特定使用目标的期望（最高层）。

具体地讲，顾客价值要素由商品类要素和支持类要素所组成，其中，商品类要素、支持类要素各自又由两种子要素组成，构成情况如下：

（1）商品类要素。商品类要素包括了实质性要素、品味性要素这两个子要素。实质性要素是指产品的性能、外观、技术等内在品质特征。品味性要素是指品牌、标识、包装、设计风格等形象地位和价值观与内涵文化特征。

（2）支持类要素。支持类要素包括了人性化要素、专业化要素这两个子要素。人性化要素体现关心、关怀等特征。专业化要素则反映了公司智能、产品性能、安装、交货、使用、解决问题等专业特征。

2. 基于顾客价值要素的创新

（1）差异化。有三种方式可以实现差异化：不同公司的产品选择相同价值要素，但在取值上有所不同；公司间的产品特征由不同价值要素组合构成；产品既在要素种类上有所区别，又在要素的取值上各不相同。

（2）创新模式。通过清除价值要素、加强（减弱）价值要素、创造价值要素与重构价值要素这四种模式进行创新活动。

12.2.2　营销的产品

1. 产品

营销学的产品概念与普通人对一般商品的理解不同。产品不仅要体现公司的核心技术优势，还有在营销及市场策略方面的特定内涵。一般而言，产品概念可分五个层次：

（1）核心利益。指顾客购买的基本服务和消费利益。例如，顾客购买住宅，实质是为了自己居住或投资。这种核心利益是产品策略的基础，这是公司市场运作的根本。

（2）基础产品。指实现产品核心利益所采用的产品基本形式。当然这种基础产品可以采用不同方案和技术选择，以实现相同的核心利益。例如，同样是住宅，可以是多层住宅、高层住宅、别墅等。这就给产品策略提供了极为丰富的组合空间。

（3）期望产品。指顾客通常希望和默认的一组产品属性和条件。例如，住宅应能适合居住与投资，应能安全、隔音，最好还能节能与升值等。

（4）附加产品。指产品中除核心利益之外增加的服务和利益，它能将本企业产品与竞争者产品区别开来。这就相当于差异化产品策略的一种体现。例如，住宅的配套、区位、交通、小区环境、物业管理服务等，都可能与竞争对手形成差异，产品策略可以在附加产品的构成要素上进行决策创新。

（5）潜在产品。指产品中一些附带的功能、性能，可以在顾客有潜在需要时转变成期望产品和附加产品。例如智能化住宅，提供标准的通讯与网络系统，提供各种最优控制程序软件，以便顾客一旦有需要，连接个人手机后就可以实现对房间温度、湿度及各类家电产品的远程通信遥控。这类产品通常以意外惊喜方式出现，也是产品策略中的重要构成要素。

2. 产品族

能满足某一核心需要的所有种类的产品就构成产品族。这个概念较大。例如满足人们服装需要的产品族太大了，若进一步细分为男性服装和女性服装还太大，若再进一步按照年龄来划分，就有：儿童服装、少年服装、青年服装、中年服装、老年服装等。产品族的概念引导公司进行两方面的产品决策：细分下去，公司确定产品结构；扩展下去，公司界定在行业内的业务边界。

3. 产品种类

意即功能相同的一组产品。但产品种类有时会启发产品策略决策者，公司产品组合应当往哪里发展？这里存在许多组合决策。例如汽车，可以是微车、轿车等。

4. 产品线

同一产品种类中密切相关的一组产品。它们以类似方式起作用，或出售给相同的顾客群，或通过同类型的销售网点出售。例如，火车票的硬座、软座、硬卧、软卧等。产品线还有长度、宽度等概念。

所谓产品线长度，是指同一种类中不同产品品目多少。区分品目可以用品牌、产品规格、产品型号、价格等属性，实质仍然是属于产品细分化策略的进一步体现。所谓产品线宽度，是指公司经营多少条产品线，即经营多少种产品种类。

产品线是产品策略中的重要概念。这是因为产品策略安排下的产品组合，有不少是围绕产品线开展的。产品线应该是产品策略的重要决策内容。

12.2.3 变化的产品营销策略

1. 产品生命周期及其策略

任何一个产品总存在一定的市场寿命，即产品从新上市至完全退出市场依次要经历引导期、成长期、成熟期、衰退期这四个阶段。见图 12-1。产品生命周期长短因产品和市场的不同而不同。产品生命周期规律是营销者应当高度重视的理论，许多产品策略也会围绕此规律而安排、设计。

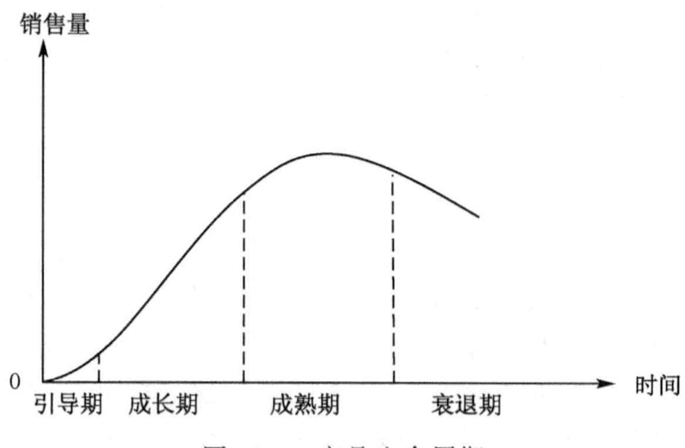

图 12-1　产品生命周期

与产品生命周期相对应，产品生命周期各阶段的策略见表 12-1。

表 12-1　产品生命周期各阶段策略概要

		引导期	成长期	成熟期	衰退期
基本表现	销售	销售量低	销售量剧增	销售量最大	销售量减少
	成本	单位顾客成本高	单位顾客成本一般	单位顾客成本低	单位顾客成本低
	利润	亏损	利润增长	利润高	利润下降
	顾客	敢为先者	早期使用者	中期大众	落后者
	竞争者	很少	增多	稳中有降	下降
营销目标		创造产品知名度、提高使用率	市场份额最大化努力	市场份额保护，力争利润最大化	压缩开支，榨取品牌价值和市场影响力利益
营销策略组合	产品	提供基本产品	扩大服务保证	品牌与型号	逐步撤出
	价格	用成本加成	市场渗透定价	比对竞争者出价，力争胜出	降价
	分销	选择性分销	密集分销	更加密集分销	有选择地减少无利润渠道
	广告	在早期顾客与经销商中建立知名度	在大众市场建立知名度，激发兴趣	强调品牌差异和利益保障	降至维持绝对忠诚者不离的水平
	促销	强化促销，诱导试用	利用使用者有较大需求，适当减少促销	加强促销，鼓励转换品牌	降低至最低标准

2. 产品线策略

产品线策略主要表现为产品组合的选择。动态的产品组合策略既可以以现有产品线作为选择空间，又能以产品线扩展作为未来产品组合发展的策略重点。根据产品线概念，销售增长率、利润增长率、市场占有率、顾客认知程度、行业发展前景、企业产品的定位是构成产品线策略的主要因素。这些主要因素会在季节、时间、行情、市场竞争等不同条件下而发生不同影响，其结果为在产品线中每个产品品种、品目、品牌的销售额和利润在不同时期有不同表现。产品线决策的一项重要工作就是根据以往销售记录，对市场做出预测，配置资源，选择最合理的品种、品目、品牌的搭配与组合，最终在公司现有生产能力、销售能力和其他相关资源与能力约束下，获得最满意的销售额规模与利润水平。

产品线长度决策是一种产品组合策略，相当于产品组合空间的发展定位。根据产品线顾客群体因素，向上延伸相当于发展高档产品销售；向下延伸就是发掘低端客户；两端延伸等于产品线向高端、低端同时发展。

产品线宽度决策这是更广泛意义上的一种产品组合策略。拓宽产品线的决策主要是充分利用公司现有资源与能力（如生产线、品牌、销售渠道、顾客资源等），提高公司的经营业绩。

产品组合决策依据见表 12-2。

表 12-2 产品组合决策依据

产品＼内容			销售增长率/%	利润增长率/%	市场占有率	顾客认知程度	行业发展前景	企业对产品的定位	产品结论	产品线结论
产品组合	产品线Ⅰ	产品 A								
		产品 B								
		产品 C								
		……								
	产品线Ⅱ	产品 A								
		产品 B								
		产品 C								
		……								
	……									
产品组合结构：										

产品结论：发展、稳定、暂时不用、放弃。

产品线结论：延伸、保持、缩减、特色、现代化。

产品组合：扩大、保持、缩小。

12.2.4 打造品牌忠诚

1. 品牌认知与品牌决策

1）消费者（用户）对品牌的认定

品牌是一个名称、标记、设计，或是它们的组合；其目的是被用以识别某个（群）销售者的产品或劳务，并使之与竞争对手的产品或劳务区别开来。商标是品牌的法律名词，即申请注册并被批准的品牌。一般，对品牌的认识来源于以下六个方面。

属性：一个品牌首先给客户带来特定的属性。

利益：一个品牌不仅仅限于一种属性。顾客不是购买属性，而是购买利益。属性需要转换成功能和/或情感利益。

价值：品牌还体现了顾客的价值创造，如品牌与客户的关系、品牌对客户的报酬等。

文化：品牌可以附加象征了一定的文化。

个性：品牌代表了一定的个性。

用户：品牌还体现了购买或使用这种产品的是哪一类用户。

2）品牌决策

我们可以利用品牌相对比产品生命周期更长的特点，开发一代又一代的同品牌产品；在产品组合策略中，利用品牌的时间延续的无限性，可用同一品牌来扩展产品线长度、宽度；利用品牌忠诚度，可以深度开发同一顾客群体，使之愿意购买公司全线产品。例如，香港金利来从领带发展到今天，提供全线男士用品。因此，一个品牌的成功就可以获取客户的终身价值。那么，起什么名字？用几个品牌？设计何种包装？传递怎样的诉求？如何不让客户离开？所有这些，就是品牌名称与要求、品牌类型、品牌包装、品牌定位与品牌忠诚度等品牌决策时要考虑的问题。其中，培育品牌的忠诚度是品牌决策的重中之重。

品牌的定位和再定位与营销中市场定位类似，因为品牌之下的产品线承担了各自的产品定位。而市场定位主要是在充分考虑客户需求和公司资源与能力的基础上，坚持与竞争对手的差异化，并要关注差异化的成本。不过，品牌定位不仅仅局限于产品定位，它还包括广告定位，形象定位。如果是企业品牌甚至包括公司行为定位等较宽泛的策略、战略选择。

品牌包装决策主要是包装材料、包装形式、包装方式、包装要求等包装要素的决策。同时，包装策略选择时，应尽量满足一些营销要求。比如，保护商品，显示等级、品质；尽量减少消费开支和废弃物数量，实现绿色包装；宣传品牌形象和公司形象；创造销售新机会。

品牌名称选择决策，从产品策略角度考虑，要求能包容产品线及其将来可能的延伸。例如“冷酸灵”品牌只能用作牙膏，品牌扩展几乎没有可能。至于名称选择，则要考虑遵守法律法规、语言文字规律，考虑文化、民族、全球化需要，新颖、易记、与品牌关联等要求。

2. 品牌忠诚度的培育导向

首先，让顾客成为主导，让顾客参与，感受被关注，并要超越顾客的期望；其次，使与顾客接触的场所成为有价值的体验组成部分，将学习“内置”于产品中；再次，整合营销策略与渠道，利用网络使顾客沉浸在品牌之中，提供一个面对顾客的统一体系；接着，建立无障碍的服务体系，使顾客能够得到他们所需要的服务，包括智能服务；进一步，激励顾客的抱怨，通过感谢方式来回报顾客，让他们了解你对他们的重视程度，并给顾客足够的感动和惊喜，更加强化建立保持长期顾客忠诚的基础——信任；最后，给团队灌输以顾客为中心的思想，训练以顾客为中心的行为规范。

12.3 实现客户购买力与企业盈利力的平衡——合理定价

12.3.1 定价目标与约束

1. 目标导向

公司在制定价格策略时总是基于一定的目标或目标组合导向，并且把目标要求贯彻到具体的策略中去。企业经营目标中与价格策略有直接关系的，就是定价目标。常见的企业定价目标有：提高利润、增加资本收益；增加市场份额、提高市场占有率；阻击新竞争者介入本企业所在产业；挤压竞争者在本产业中的市场地位；迫使竞争者成为价格追随者；树立品牌、形象、认知价值；实现和引导顾客购买时间、数量均衡化。

2. 约束

(1) 成本制约。在制定价格策略时，产品的定价必然要受到其成本的约束，不能无限制地降低价格去适应竞价目标。公司至少要按照产品成本价销售，才可能盈亏平衡。等于成本的定价水平，刚好能实现资本回收和周转；大于成本的定价，才有可能盈利，并扩大再生产；低于成本的价格，则难以回收投资。

(2) 利润要求。从成本、利润、价格三者的关系来看，一般的价格等于成本加上利润。但这种思维的基本逻辑，忽视了市场行情和比较成本。其实，客户的砍价能力往往左右公司在定价中的利润要求，特别是集团购买，政府、机构招标采购、大客户（如上海华联、联华两大超市公司）买断经营或大批量采购，买卖双方的地位发生变化后，价格中的利润必然也会变化。价格策略中的利润的大小，不仅取决于定价公司，而且取决于外部市场的因素。对于竞争产品，则首先与市场行情有关。

(3) 竞争压力。在同质化市场或产品差异性不大的市场中，竞争对手产品的价格给公司的定价带来了很大压力。竞争者往往先入为主，通过定价使客户产生一种价格认知、引导、比对和预期。此时公司在定价时，不得不考虑公司品牌在整个行业中的地位、客户对竞争品牌的感受、公司品牌与竞争品牌的差异等。

(4) 支付能力。价格策略成功与否完全取决于顾客的支付意愿和支付能力。客户愿意在一定的价格水平上支付购买公司的产品（服务），不仅说明公司定价策略的成功，而且还表明其他大多数营销策略的成功。因此，公司价格策略的影响尽管有成本、利润等因素，但最重要的还是客户支付意愿和支付能力。

12.3.2　价格策略

在明确了价格策略目标、价格约束之后，企业将制定相应的价格策略。为此，首先要了解常用的定价方法，在此基础上对已经初步确定的价格，按照一定原则进行修改。

1. 常见的定价与价格修改方法

（1）成本加成定价。这种定价方法就是在产品的成本上加一个标准的加成。比如，产品成本为 16 元，获利加成为 4 元，则加成价格为 20 元。建筑公司推出的承包工程价格就是通过估算总项目成本，再加上一个能获利的标准加成。当然，这种方法只是通过一种视角的定价，即从公司成本的角度来进行定价（当加成为零时，表明了公司的最低定价），没有考虑需求与竞争对定价的影响，它有一定的片面性。

（2）认知价值定价。这种定价方法是将价格建立在产品的认知价值基础上。定价的关键不是卖方的成本，而是买方对价值的认知。需要利用营销组合的非价格变量在购买者心里建立起对产品的价值认知。比如，国内外两家咨询公司对于某种流程再造咨询服务的报价差距较大。国外公司的报价可能是国内公司报价的 2、3 倍，而国内买方却愿意接受国外公司的报价。因为国内公司认为，国外公司的报价物有所值，其服务产品就值这个价。这种价值认知往往与买方的需求高度关联，表明了买方愿意支付货币的状况，因此这种定价方法测算的一般都是某一产品的价格上限。

（3）通行价格定价。这种定价方法主要考虑的是竞争者的价格，而不是公司的成本或客户需求。公司的价格可能与主要竞争者的价格相同，也可能不同。品牌与竞争地位的差异决定了产品价格的差异。比如，公司的品牌地位在一线品牌中排列最后一名，那么公司产品的报价就可能要比一线品牌中的第一名要低若干百分点。当公司精确测算成本有困难，或竞争者不确定时，通行价格定价就是一种有效的方法。

（4）投标定价。在招投标市场上，投标定价就显得较为复杂。这种定价方法，既要考虑公司的成本水平，又要判断客户的需求价值，还要分析预期竞争者的价格。公司要想中标，就需要在全面分析需求、竞争与成本的基础上，编写比竞争者性价比更高的投标方案。

一般而言，根据各种定价方法制定的价格，并不是市场上的真正售价。市场上的最终价格是在通过定价方法测算之后，经过修改而成。而价格的修改则可通过心理定价（尾数定价、分档定价、声望定价等）、地理定价（原产地交货定价、统一交货定价、分区定价、运费减免定价、基点定价等）、价格折扣（现金折扣、数量折扣、职能折扣、季节折扣等）、促销定价（牺牲品定价、特殊事件定价、现金回扣、融资承诺等）、差别定价（顾客细分、产品式样、时间定价、形象定价等）、产品组合定价（产品线定价、选择品定价、补充品定价、分部定价等）方式进行修改。

2. 形形色色的价格策略

（1）撇脂定价。这是在产品（服务）上市时，以高价进入市场的价格策略。其目标是立即获得高利润，尽快回收投资。待竞争者介入时公司已积累了较充足利润，可以有条件开发投放新产品予以市场转移，或降低销售价格以求与竞争者抗衡。

（2）渗透定价。这是以低价渗透市场为目标的价格策略。此策略攻击性很强，主要表现在低价对客户让利的诱惑，特别容易赢得重视价格的中低收入阶层的青睐，对已入市的竞争者是一种强烈的挑战，很容易引发价格大战。

（3）渐降定价。当撇脂价格执行一段时间后，投资回收基本达到目的时，可以渐降价格，以求刺激消费、扩大需求、形成企业的规模经营；当潜在竞争对手准备投放新产品时，渐降价格会提高产业进入的壁垒；当公司产品受到市场欢迎，但存在价格过高的抱怨时，渐降价格可以加速市场扩展。

（4）隐性降价。具体表现是产品价格并不变化，而提高产品质量、性能，增加服务项目，改进服务质量，从而提高商品价值，改变商品性价比。在现行价格不动的情况下提高商品的附加值，相当于公司的降价行为。只是这种降价具有很强的隐蔽性。

3. 价格竞争

公司之间竞争手段多种多样，通过价格调整获得竞争优势的策略行为就是价格竞争。当公司价格决策思维趋同，并都不惜代价竞相降价时，就形成了价格战。无论是提价还是降价，无论是主动还是被动，公司在调价时，需要关注调价目的、调价方式、调价后竞争者反应、调价幅度、调价频次、调价时机这六大问题。

正常的价格竞争对行业发展、公司利益和客户需求，会产生积极影响；恶性竞争的价格大战对市场利益主体各方均不利。价战中的一次次无序降价，强化了客户降价预期，不利于培养成熟的购买行为。而且，行业的各公司后续开发实力不足，从而影响整个行业的发展。

12.4　保障客户与产品的接触——决胜渠道

12.4.1　营销渠道策略

1. 认识营销渠道

美国著名营销学家菲利普·科特勒认为："渠道是指某种货物或劳务从生产者向消费者移动时取得这种货物或劳务的所有权或帮助转移其所有权的所有企业和个人。"美国市场营销协会（AMA）的定义为：营销渠道是"企业内部和外部代理商和经销商（批发和零售）的组织机构。通过这些组织，商品（产品和劳务）才得以上市行销。"上述定义，尽管说法差异，但其本质是相同的。通俗地讲，营销渠道是产品或劳务从制造商手中转到消费者手中所经过的各中间商联结起来的渠道。

（1）渠道成员。商品分销渠道中包含着一系列相互合作、互相联系的组织和个人，其成员包括制造商、用户和消费者以及制造商的销售机构和批发商、代理商、零售商等中间机构。

（2）渠道中多流并存。分销渠道成员的各种活动在运行中形成了诸多功能流，并在成员间进行流动，这些功能流分别是：实物流、所有权流、谈判流、促销流、资金流、风险流、订货流、付款流、信息流。这些功能流的流向不同，有的流程从制造商流出，有的流程向制造商流入，还有些功能流在制造商与渠道成员之间互动。其各种功能流与流向见图 12-2。

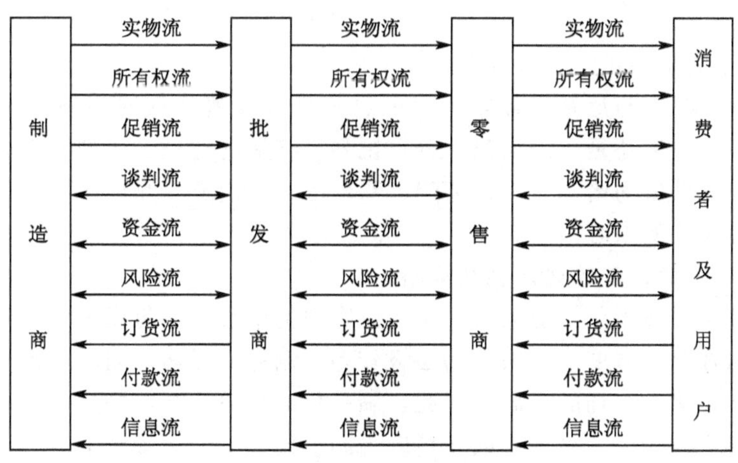

图 12-2　分销渠道功能流与流向

2. 确定营销渠道目标

为了制定营销渠道策略，必须首先明确企业的营销渠道目标。营销渠道目标的定位，其核心是确定企业的营销渠道如何、何时、何地对其目标市场提供一定数量的产品和实现服务，从而实现企业的总体发展目标。图 12-3 表明了企业确定营销渠道目标的导向和典型目标。不同的企业在需求导向、竞争导向、企业导向这三种不同的单一导向或三种集成导向下，围绕具体的导向目标进行选择。

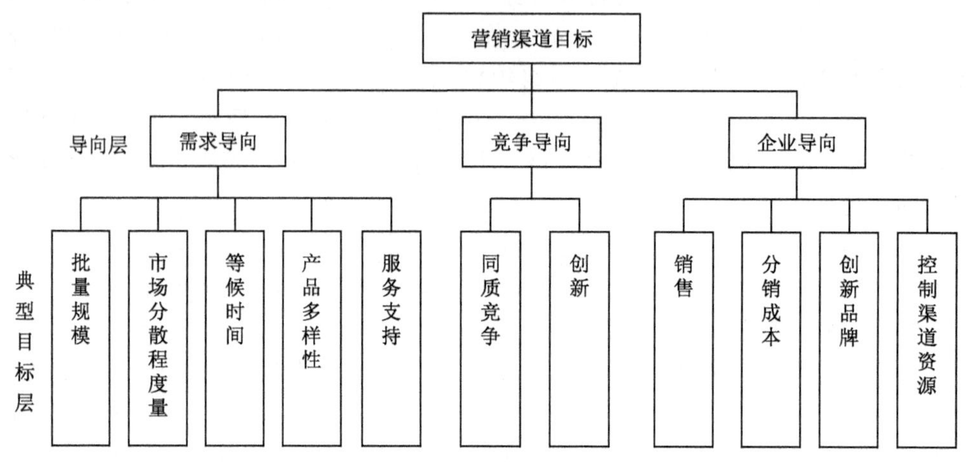

图 12-3 典型的营销渠道目标

3. 营销渠道策略

1）基于需求满足的零售终端建设策略

由于零售终端与消费者需求满足的密切性和零售终端对市场的控制性，因此，无论是制造商还是中间商都十分重视零售终端的建设。品牌专卖店、连锁销售终端的投入已成为诸如海尔、苏宁、双汇等家电制造商和销售商、食品制造商等渠道成员关注的中心。

2）基于价值体现的渠道创新策略。

价值增值的扁平化渠道策略。从“以客户为中心”的角度来看，渠道策略的重心应转向客户忠诚度。若渠道的层级较多，制造商对客户的需求则可能不太清楚，不利于公司对市场的控制。因此，扁平化的渠道策略，一方面可以缩短制造商与最终客户的距离；另一方面，可以为制造商和中间商带来增值。

总成本领先的渠道策略。这一策略是指在铺货、促销、广告、宣传、回款、服务等方面选择和发展综合成本较低的渠道结构和渠道成员，从而赢得价格敏感型的市场，让利给客户，并通过挑战性价格而获取相应的利润。

3）基于供应链基础的产销合作与战略联盟策略

技术与服务援助。从供应链角度和渠道的功能流来看，制造商与销售商双方合作的空间较大。在信息技术及其系统使用、客户使用产品培训和客户服务、送货、库存、实体分配、促销等方面进行合作，可以由简单的买卖关系向长期的援助合作关系转变，实现渠道的稳定性发展。

合同式风险——利益联盟。这是产销双方对风险-利益进行合理承担与分配的一种合作模式。这种模式以合同方式加以确定，具有一定的时效性。在有效的时期内，产销双方实现风险共担，利益共享。

联营公司。这是产销合作的高级形式：一般以合资和相互持股方式组建联营公司。这一策略使得产销双方的关系极为密切，双方共同努力建设与控制渠道资源，将使渠道具有长期的稳定性，防止竞争者进入。

4）基于销售规模扩张的策略

单一渠道的深耕。这种策略是在原先渠道上进行长度和宽度的扩展。如制造商将产品从原先的一二级市场的经销向三四级市场发展，或在同一级市场上将原来的选择性零售终端铺货发展为对所有零售终端的密集铺货。目的是实现市场渗透，为制造商扩大销售规模奠定基础。

多重渠道的应用。制造商往往通过一个以上的多重渠道将产品送到不同市场和相同的市场。比如，制造商的直销渠道与制造商通过中间商的渠道并存。这一策略尽可能多地利用渠道资源，削弱竞争者进入渠道的态势，将提高产品的铺货率，比单一渠道策略更能扩大销售规模。

5）基于权变的策略

非传统渠道。突破行业内惯用的营销渠道，实现营销渠道的动态调整和创新，往往会使目标消费者产生新的满意并扩大产品的销售。电脑零售从专卖的小门店式密集经营向大商场专卖柜发展和形成目前的电脑连锁大卖场这一过程，就充分说明了非传统渠道的价值。

竞争差别定位。根据市场要求，竞争态势和企业实力对现有渠道进行再定位，以实现差别化经营。比如在家电市场上，许多家电企业为了实现差别定位，除了在苏宁等家电零售终端销售产品外，还构建了专卖店、家电城终端、经销与代理、电子商务等多种渠道。

环境演变导向的渠道策略。渠道策略的调整与市场环境的变化关系密切。一些制造商在开拓市场、提高市场占有率、扩大销售额的过程中，往往会经历利用现有渠道资源→自建销售网络→营销渠道重组这一过程，而在每一次发展过程中，起主导作用的都是环境变化。

12.4.2 营销渠道的设计与选择

1. 营销渠道的结构

1）营销渠道的层级结构

在产品从制造商向顾客转移过程中，任何一个对产品拥有所有权或负责经销商品的机构，都可以称为一个渠道层级。因此，营销渠道可以根据其渠道层次的数目来分类。图 12-4 表示了营销渠道的层级结构。

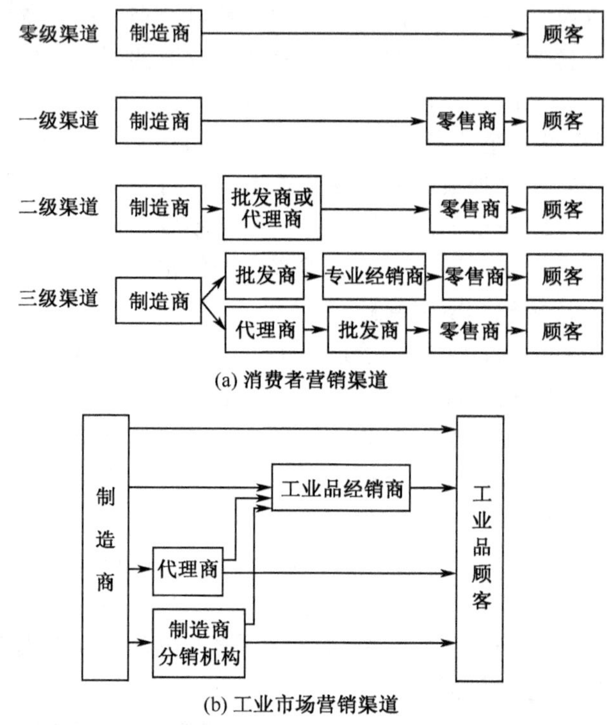

图 12-4 营销渠道的层级结构

零级渠道，通常也称为直接分销渠道。它是指产品从制造商流向顾客的过程中不经过任何中间商的分销渠道。

一级渠道包括一个中间商。在消费品市场上，中间商通常是零售商，而在工业市场上，则通常是制造商的分销机构、代理商或经销商。

二级渠道包括两个中间商。在消费品市场上，通常为批发商和零售商或代理商和零售商。在工业市场上，则通常是代理商和经销商或制造商分销机构与经销商。

三级渠道，包括三个中间商。在消费品市场上，通常为批发商、专业经销商和零售商或代理商、批发商和零售商。

级数更多的营销渠道并不常见。一般来讲，渠道级数越多，控制与管理难度也就越大。就渠道长短而言，零级渠道最短，级数越多，渠道越长。

2）营销渠道的宽度结构

渠道宽度是指在渠道的同一层次上利用同种类型中间商的数目。如一些小商品的制造商利用许多批发商、零售商销售产品，这种产品的渠道较宽。相反，仅通过很少的专业批发商推销，甚至在某一地区授权给一家中间商总经销，这种产品的渠道就较窄。渠道宽度有三种类型：独家分销、密集型分销、选择型分销。

3）商品分销网络

在分销过程中，许多渠道成员通过分工和合作，形成系统性的网络化分销渠道。这种促使产品和服务有效地从生产者向顾客转移的一系列相互联系的组织和个人的集合，就称为分销网络。渠道的形成与运作是一个关系到制造商、中间商和顾客的有机整体的问题。由于各自的利益、目标、条件均不相同，因此，需要通过合理分工与科学协作来达到将产品和服务及时准确地传递给顾客的目的。具体地讲，就是根据各成员的基本状态、条件、顾客的需求特点进行渠道成员的整合。在每条渠道中，既能满足特定市场需求，又能发挥其成员的职能。通过不同的渠道之间相互补充和配合实现分销目标。所以，往往这个有机体所形成的是一个包括多种分销渠道的网络系统。

2. 确定渠道长度、宽度及影响渠道因素分析

渠道设计决策的主要目的是选择、确定最佳的渠道组合，这包括渠道结构中的长度和宽度的确定、中间商的类型和每一渠道成员的任务确定。

1）渠道长度

建立短渠道，特别是直销，制造商能管理其雇员，控制零售价格，美化店铺环境及保证为消费者服务的质量水平。但同时，也要求公司资金和资源雄厚，建立仓储、零售设施，实现批发、零售的职能，并有足够的专业知识和专业人力资源来开展渠道的相关活动。

长渠道使企业能面对大量的分散的消费者，制造商在资金上的压力减轻。对于经销商来说，由于仓储、运输、信用以及推销活动等都分别被其他的机构所承担了，所以长渠道减轻了其在资金和人力资源上的压力。

企业在确立渠道长度时，需要考虑产品、市场状况、中间商和公司等方面的许多因素。从市场角度来看，当顾客数量大、地理分散度高、顾客密度低、销售耗用时间短、顾客的层次低、平均订货量小、服务需求小时，宜采用长渠道；反之，则采用短渠道。而当产品的容积小、单位价值低、产品标准化程度高、技术特性低、毛利高时，宜采用长渠道；反之，则采用短渠道。如果中间商具备存在

可能性大、成本较低、服务质量较高的特点，那么宜采用长渠道；反之，则采用短渠道。如果制造商的特点是规模小、财务实力不强、对渠道控制的愿望不高、管理能力一般、对顾客了解程度不深，那么宜采用长渠道；反之，则采用短渠道。

2）渠道宽度

影响渠道宽度的主要因素有：渠道投资水平、购买行为、市场覆盖。当渠道投资与市场潜在需求密切相关时，制造商宜尽量吸引和促使更多的经销商作为渠道成员，以保持足够的渠道宽度，充分与消费者接触。而如果购买方便是消费者购买行为的主要特征，那么，需要渠道的宽度更宽；如果消费者对某种品牌的产品特别偏爱的话，那么这种品牌的产品也将适合宽度更大的渠道。同时，如为了解决在西藏需要洗衣机时，它却在无锡这样的市场覆盖缺乏的问题，一些消费品需要以更广渠道宽度向目标市场渗透，以达到覆盖市场的目的。

3）选择优化的渠道结构

在多渠道结构方案中，根据客户们会使用哪种渠道？拟选择的渠道适应性如何？渠道的经济价值如何等基本导向，按照“确立评估标准→确定每一标准的权重→对不同的备选结构按标准打分→根据权重计算标准得分→加总得分并以此为依据进行选择”的基本步骤，对渠道结构进行选择优化。

12.4.3 营销渠道管理

1. 渠道成员的日常管理

（1）对渠道成员的信息管理。收集企业渠道成员的各种资料，建立其渠道成员的数据库系统，并对其重点渠道成员分别建档、全面跟踪分析，观察其变化和偏好，为渠道成员的管理决策提供依据。

（2）对渠道成员的结构和贡献度管理。对于渠道成员，企业可以按地理、产业、实力等进行分类管理，并根据渠道成员对企业的贡献大小和长远发展的影响程度采用不同的销售政策，激励渠道成员，逐渐形成理想的销售渠道系统。

（3）对渠道成员的关系管理。加强与渠道成员的沟通与接待工作，必要时还要主动走访渠道成员，听取意见，解决问题，指导工作，联络感情，强化联系，努力营造良好的合作氛围，将客户关系管理作为形成渠道成员密切关系的基本导向。

（4）对渠道成员的调整管理。随着市场环境的变化，特别是竞争者和客户购买习惯、渠道偏好的变化，需要对渠道成员进行调整，即对渠道成员的增减调整和整个渠道系统的转移调整。一般地，渠道的调整重组会根据市场变化、企业盈利、竞争者压力和企业的发展这四种导向进行。

对于那些不符合企业发展目标、不遵守规则、不充分合作、转向经营、开展业务力度不大或业绩远远不能达标的渠道成员要及时调整。调整也需要按照一定的程序进行：准备→依据合同/先礼后兵→避免损失→找好替代者→调整。

2. 渠道成员的选择、评估、激励与控制

(1) 渠道成员的选择。根据与目标市场接触、分工合作、成本-效率的原则，按照销售量、效益、合作性的选择标准，通过一定的方法对渠道成员进行选择。其基本思路为：首先，根据公司目标确定中间商所应具备的基本条件，并分析哪些条件必不可少，哪些条件是能满足最好。其次，将所有的中间商开列清单，经访谈后，按渠道成员的好、差状况排序。再次，根据基本条件、最希望满足的条件和任务分配进行评估。最后，结合中间商成本和中间商的销售能力，综合分析，从中选出渠道成员。

(2) 渠道成员的评估。渠道成员的评估工作一般包括设立标准、评估、采取行动这三个步骤。首先，我们要制定评估标准。常见的标准有：销售业绩、回款、平均存货水平、交货时间、损坏和遗失物处理、促销与培训的合作、信息反馈、定价合理性、经营竞争对手产品、为顾客提供的服务等。其次，可以根据上述标准，按定性与定量相结合的方式来对渠道成员进行评估。在评估的过程中，可将一系列实际指标与上述标准进行比较，也可将本期的实际情况与上期的实际情况进行比较，或根据具体市场状态，围绕上述指标定出相应的定额，再将实际成绩与定额进行比较。最后，需要对评估中所发现的指标与标准的“缺口”进行分析，搞清楚“缺口”的大小是否在可以接受的范围内。如果指标与标准相去甚远，则要探究原因，是标准不合适还是实际指标有问题？如果是标准不合适，则要修改标准；反之，则要采取行动不断提高渠道成员的经营绩效。

(3) 渠道成员的激励。每一位渠道成员都有自己的目标、战略与运作程序，同时这些成员又要在同一供应链上相互合作，共同努力去实现渠道目标。因此，激励渠道成员，要求其积极有力的合作对于渠道管理来讲是十分重要的。

首先，需要积极主动地寻找或发现渠道成员的需要和问题，这可以通过内外部力量，专门的委员会和调研来进行。准确的需求把握，将为对渠道成员提供支持打下基础。其次，通过提供适销对路的产品、为渠道成员保留合理的获利空间、评奖、提供广告宣传、促销、必要的资金与市场信息、培训、经营诊断与改善等各种方法给渠道成员提供支持。最后，需要为解决一些突发事件问题和管理创新而扮演“领导”角色。

(4) 渠道成员的控制。每个渠道成员都希望能影响或决定同一渠道其他成员的行为，实现渠道控制。无论是由制造商、中间商，还是由零售商控制渠道，其核心问题是使用渠道的权力。渠道权力的表现形式有：奖励 、强制、专门知识、信息、追随、法律权利。通过单一渠道权力或多种渠道权力的综合使用，可以对渠道成员行为进行规范，从而实现对渠道成员的控制。

3. 渠道成员间的冲突与管理

1）渠道成员间的冲突

渠道成员对各自利益的追求，往往使他们在合作的同时，更多地表现为冲突。为了保证营销渠道的通畅，必须通过各种方式，消除或减少渠道成员的冲突，协调双方或多方关系，促使渠道成员更密切的合作。一般的渠道冲突可以分为：

（1）水平冲突。这是分销渠道同一层次的成员之间的冲突，它可以表现在同一类型中间商之间，如相邻的两家零售商店，或同一层次不同中间商之间，如食品店与超市。造成水平冲突的原因是多方面的，如中间商因增加了产品线而与原先经营此类产品线的店家产生冲突；制造商为了扩大市场，增加的新网点与老网点的冲突。

（2）垂直冲突。这是产生于销售渠道不同层次之间的冲突，通常表现为制造商与批发商、零售商之间的冲突。当制造商对批发商经营本公司产品业绩不满意，或批发商将主要精力投入到与本公司竞争的产品中去，或市场需要直接销售时，制造商往往会越过批发商，直接向零售商和消费者销售，这时，制造商与原先批发商则会产生冲突。当制造商和零售商为渠道的控制权进行争夺，冲突必然发生。如一家化妆品公司既有自己的销售门市部，同时又将产品送往百货店，这样，百货店、直销门市部一旦在其辐射范围内销售商品，则可能产生冲突。

（3）不同渠道的种类。制造商建立多重分销系统后，不同渠道服务于同一目标市场所产生的冲突。美国李维牌牛仔裤的旧渠道是由特约经销商销售，当它将西尔斯和彭尼公司也作为公司的经销商时，特约经销商就表示了强烈不满。

2）渠道冲突的多种诱因

引发渠道冲突的原因较多，其中，观点与角色差异以及期望差异和沟通障碍、渠道管理不规范、渠道成员权责不清是三大主要原因。由于制造商与中间商或中间商与中间商是不同的利益主体，各自都有其不同的目标和角色定位，对各种交易条件、任务分工、风险承担、利益分配等都有不同的判断，如一个中间商认为制造商的返利应超过10％，而当制造商的返利仅能达到8％时矛盾就产生了。而且，每一个渠道成员对其他成员在合作中都有其一定的期望，而这种预期往往存在较大的差别，如一渠道成员为了销售业绩，希望另一渠道成员能提供24小时服务，而另一渠道成员无法做到时就产生冲突隐患。另一方面，在不同的利益主体之间的沟通，因各种原因而导致的信息传递失误与理解误差，如获取信息较晚，理解信息不准确，也是产生冲突的重要原因。另外，尽管我们会对每一渠道成员的权责加以明确规定，但在实践中仍然会出现规范管理难以落实或因渠道成员权责不明确而导致相互扯皮引发矛盾的结果。比如，企业对于恶性窜货的放任和因管理成本过高而对窜货管理不到位都将引发渠道成员的矛盾。

3）渠道冲突的管理

渠道的冲突是普遍存在的。我们不要奢望消除这种冲突，而是要考虑如何更好地管理它。这里有几种管理冲突的机制。

第一，通过共同目标机制来管理冲突。具体的手段为：建立共同目标、说服、调解与仲裁。

（1）共同目标。这是指那些发生冲突的渠道成员的共同目标。这一目标的实现，往往不是某一渠道成员努力的结果，需要通过渠道成员共同努力才能达到。据此，处理争议的有效途径是首先找到能得到渠道成员认可的共同目标，求同存异。可以通过法律、信息、专门知识等权力的运用，制定渠道的目标，并得到渠道成员的认同，组成利益共同体，“一荣俱荣、一损俱损”，使所有的渠道成员成为整个系统的一部分。共同目标不仅有利于渠道成员消除隔阂，密切合作，而且当来自外部的各种威胁发生时，共同目标更易使渠道成员团结一致。

（2）说服。渠道成员间的说服与相互沟通，可以改变一些观点，在信任与合作的基础上谋求管理协调，达到朝共同目标方向努力的目的。如特许人可以说服受许经营者注意在其经营过程中，需要保持产品标准的一致性对于特许权的重要性。

（3）调解。一般在冲突双方或多方分歧较大的情况下，可以考虑由第三方介入来解决问题。由调解人先搞清楚事实和问题，安排冲突方继续磋商，适时提出自己的建议，找出被冲突方忽略的共同点，努力促使冲突方达成协议。

（4）仲裁。冲突方可以将争议提交第三方进行仲裁。仲裁有依据法律的强制仲裁，也有自愿仲裁。一般情况下考虑到冲突方今后的业务联系，并不把强制性仲裁作为首选方式，往往是将问题提交冲突方都信任的第三方进行裁决，并承认其裁决的约束力。

第二，建立互相合作机制来管理冲突。通过渠道成员的互相合作与渗透、互相影响与作用，可以减少渠道冲突，产生认同感，形成共同的渠道准则和价值观念。互相合作机制在解决冲突时，主要采用融合、互派人员、共同举办活动、宣传教育等方式。

（1）融合。这是指新成员尽可能快地融入某一特定结构中的过程，以保证渠道系统结构的稳定。按照这种方式去解决冲突，可以使渠道成员分享信息与权力，相互帮助，共同承担责任与义务，使众多的渠道成员协调一致。

（2）互派人员。可以考虑在渠道成员之间互派工作人员临时任职或工作，沟通信息，增进渠道成员对其他成员的认识与了解，增加信任感，减少冲突发生的可能性。

（3）共同举办活动。通过共同举办宣传、广告、促销、服务等一系列活动，使渠道成员共同承担一些有价值的活动，相互配合，减少彼此对立的可能。

（4）宣传教育。通过宣传教育，改变原有成员的一些价值观念。如制造商通过教育零售商，使其认识到提高市场份额，不仅仅是靠广告、促销和网点布局，更重要的是靠服务与对顾客资源的有效管理。从而减少零售商与制造商在广告促销和网点布局投入上的冲突。

第三，依靠彼此制约机制来管理冲突。渠道的多流程并存，使得渠道成员在合作过程中必须有效分工。因此，渠道成员按不同的任务导向分工，一方面可以发挥各自的比较优势；另一方面，基于分工的投入产出比较，更容易化解成员间的矛盾，保持渠道的稳定性，形成“谁也不愿离开谁”的格局，达到相互制约。彼此制约机制在解决冲突时，主要采用合理分工、利益均衡等方法。

（1）合理分工。这是指渠道成员在合作过程中，根据各自开展工作的特色进行分工，目的是使得各自的比较优势得以充分发挥，提高渠道运营效率，降低渠道成本。为此，可以让渠道成员在沟通时充分阐述各自特长，明确任务与职责，保证各自专业化水平的发挥。若渠道成员一方在所有渠道工作环节上都有优势，而另一方则都不具有优势，那么，就无法保证它们之间不产生矛盾和合作的长期稳定性。

（2）利益均衡。由于渠道成员的专业化水平和比较优势不同，其分工亦不同。但任何渠道成员都有对分工后所从事的工作的投入与回报的预期。若这种预期，特别是成员获取的利益基本均衡，那么，就很容易化解各种矛盾而使渠道成员相对稳定。因此，基于分工的利益调整模式和有关渠道成员责权利的各种政策是管理渠道冲突的重要手段。

12.5 引导客户的购买与消费——定制促销

12.5.1 促销组合

1. 促销手段比较

常用的促销工具与手段共有四种：广告、人员推销、销售促进、公共关系。公司要根据促销目标、上述四种工具的优缺点、产品种类、促销战略、产品生命周期阶段等进行选择与组合。各种促销手段的比较见表 12-3。

表 12-3　各种促销手段的比较

	长　处	短　处
人员促销	方法灵活，便于深谈，容易激发兴趣，促进当面成交	费用较大，影响面较窄，难以有效管理，培养及寻找合适人才不易
广告	信息覆盖面广，容易引起注意，可重复使用，信息可艺术化	说服力小，信息反馈慢，不易调整，难以迅速导致购买行为
公共关系	影响面大，容易得到信息，效果持久	企业难以控制传播过程，见效较慢
销售促进	吸引力大，能一时改变传播对象的购买习惯	容易引起怀疑，自贬身价

2. 制订促销计划

促销计划的制订，是将一系列目标变成具体行动的一个指南，其目的不仅在于给出一个准备实施的方案，而且还将对具体实施给予指导，防止促销效果偏差的积累，确保促销活动的有效性、整体性、长久性。

表 12-4 提供了一个常见的促销计划框架。

表 12-4　促销计划大纲

(1) 背景

基本信息：包括环境分析、产品与服务、企业发展、市场结构等分析

战略关联：包括企业战略实施所需的促销支持，影响要素等分析

重要性：包括上述两步的总结及现状与解决问题策略和预期效果等分析

(2) 目标

原有的目标体系与企业发展目标的缺口，增减幅度，短、中、长期目标，时间约束及本计划将要达到的系列目标分析

(3) 预算

说明如何安排预算总额及给促销活动分配资金，还包括权变因素的思考及对预算的控制等

(4) 策略

说明如何实现目标，包括信息内容设计，创意，信息传播渠道确定，促销组合的应用与活动策划

(5) 计划

说明由谁将计划何时何地变成现实，包括计划的负责人、委托管理、控制程序、时间标准、人员、活动安排、协调等

12.5.2　广告

广告是指由明确的主办人发起，通过非人员介绍和促销其构思、商品和服务的行为。其目的是为了促使消费者和用户认识、偏爱直至购买本公司的产品。广

告决策涉及内容较多，如广告目标的确定，各种广告的媒体选择，广告预算的编制，广告的实施，广告效果的评价等。

1. 确定广告目标

广告目标应与目标市场、定位和营销组合决策保持一致。由于市场、产品、公司自身因素的影响，公司的广告目标往往也是变化的。如投入期的产品，广告目标以“告知”为主。而成熟期的产品，则以说服提示为主。广告的目标较多，基本上可以归纳为告知、说服、提示这三个方面。

在确定上述广告目标或结果时，需要注意将其转化为若干易于衡量的目标。如2008年目标：提高品牌偏好，可转化为2008年，占人口300万中的10%左右的客户形成对品牌A的偏好。此外，相关的指标也应具体化为知名度、记忆率、偏爱率、收视率等，以便为广告效果测定做好准备。

2. 确定广告预算

在广告预算中，广告费用的构成一般由三部分组成：① 媒介费用；② 制作费用；③ 其他费用，如管理费、广告部门的员工费用、相关的调研费用等。

广告预算的确定，除了按公司惯例、各种计算方法和精确的模型测算外，还要考虑下面一系列因素的影响对广告预算额的调整：市场占有率和客户基础、竞争和市场特征、产品的替代性和同质化、产品生命周期、广告频率与区域等。

由于广告费用的投入与效果的产出之间的关系较为复杂，因此，广告预算的确定也是较为复杂的。公司往往通过销售额百分比法、销售单位法、竞争法、目标任务法来确定广告预算。

广告预算确定之后，还要决定广告预算的分配。其分配原则有：按广告媒体分配；按广告地区分配；按广告产品分配；按广告时间分配；按广告费用构成分配。

3. 媒体选择

广告活动的开展需要正确选择媒体，而要正确选择媒体就要对不同媒体有所了解。

（1）广告媒体的种类。常见的广告媒体的种类有：报纸、杂志、电视、广播电台、DM广告、户外广告、POP广告、交通广告、其他广告（如入户和沿街赠送印刷品广告、电影广告、网络广告、气球广告、飞艇广告）等。

（2）广告媒体的选择。广告媒体选择的决策导向是多角度的。一般地，企业应将广告目标、产品特性、目标市场、市场环境与广告预算等要素与媒体选择密切联系，以达到媒体选择的最佳效果。表12-5表明了常见媒体的选择。

表 12-5　媒体选择

导向	因素（媒体选择）		媒体选择顺序
广告目标	增加销售额		电视→报纸→POP→DM→广播→杂志
	提高市场份额		报纸→杂志→电视→广播→POP→DM
	提高知名度		户外广告→交通广告→报纸→电视→杂志
产品特性	技术性能高		报纸→杂志→电视
	外观和质感突出		电视→杂志
	使用复杂、价值高		电视→报纸→杂志→广播
目标市场	地理	全国	报纸→电视→电台
		重点地区	地方性报纸→电视、电台→户外广告
	非地理要素	社会文化心理	根据受众的媒体消费习惯试将广告集中投放到最具目标指向的媒体→若效果不明显，则选择另一个有目标指向的媒体，一直下去，直到选好媒体
市场环境	人口密度	高	电视、电台、报刊均可
		低	电视、电台→报纸、杂志
	文盲率	高	电视、电台、为首选媒体
		低	电视、电台、报刊均可
广告预算	高		电视→报刊→电台→DM
	低		DM→电台→报刊→电视
	媒体的费用及其预算分配		根据媒体特点、成本、组合、媒体内部平衡、广告地区、时间、产品等综合平衡分配选择

4. 广告实施

这是广告决策的最后一个环节，它包括广告诉求、广告制作与广告效果测定三大工作。

1）广告诉求

这是广告为达到某一目的而要表达的基本观点。它统领着广告作品的创意、文案、形象、听觉、衬托等其他要素。广告诉求必须鲜明地、没有歧义地、创新地向客户传播信息，以解决他们不知道、不清楚、不喜欢、不相信、不能买、不需要这“六不”问题。在确定广告诉求的过程中，我们首先应当考虑独特的销售主张（unique selling proposition，USP）这一问题。而 USP 的基本构思，可以通过改进产品，创造其独特性。如增加产品包装防伪功能：喝防伪张弓，交真正朋友。另外，USP的基本构思也可以说明过去没有提过的特性。香皂，一般以清洁、滋润皮肤为诉求点，而舒肤佳则另辟蹊径，把杀菌作USP。而且，USP的基本构思还可以突出同类产品共有但都没有表明的特性。如习水特曲，以“纯粮食酿造”作为USP，而一般白酒都以粮食酿造，但其广告宣传时都没有突出此点。任何USP的提出，都要从客户的角度来考虑其利益的真实可靠，而且要将其与品牌形象相结合，从而强化对销售力的提升。其次，我们要认真分析广告诉求的情理。一般而言，广告诉求应以理性诉求为核心，以情感诉求为方法。广告理性诉求应以真实性为基础，否则，艺术性再强，也不可能获得成功。而广告情感诉求应在外化包含在商品内的情感的同时，把握感情的适度投入。处理好诉求的情理关系，使两者统一协调相得益彰，以强化广告的效果。最后，我们要把握好广告诉求的重复与更新。这就要求广告在连续发布时，每则广告既有完全重复的部分以保持产品与诉求的同一性，又有新颖变化的部分以丰富广告的诉求内涵。

2）广告制作

在广告制作过程中，要尽可能根据商品的特性与功能，将某种媒介的优势发挥出来，以取得理想的传播效果。表12-6、表12-7说明了广告的基本要素、总体要求和四大媒体的制作要求。

表12-6 广告的要素与要求

要　素	要　求
文字	简洁、凝练、用词准确、通俗易懂 主题突出、新颖易记
图像（画）	画的内容与形式和谐统一，表现内容上强调真；表现形式上突出新；色彩运用富有艺术感染力，对比强烈；商品颜色与背景色彩的协调做到相得益彰
听觉（广告词、广告音乐、广告音响）	广告词简明易懂、突出重点、朗朗上口、富有特色、易记便传 广告音乐与音响做到选择恰当、清晰悦耳、营造气氛、突出情调

表12-7 四大媒体的制作

媒　体	要　求
报纸	在版面选择、广告位置和表现形式上创新。根据版面大小、广告在版面上的区域、边框、色彩、字体、字号、图形、空白等要素的变化与重组，突出广告的特色
杂志	基本要求同报纸，但要在色彩和制作方式上强调特色，如立体广告、香味广告、跨页、多页广告等

续表

媒　体	要　求
广播	广告词编写与朗读要重点突出，突出有声无形的特色，各种音乐和真实音响的运用，要能够打动人心，影响人们的情绪情感
电视	无论是视觉形象还是听觉形象，都要求简明，突出重点，有感染力，不在于传播信息的面面俱到，而在于突出信息对受众的影响与震撼，让客户对产品和企业有鲜明印象

3）广告效果测评

广告效果的测评分为事前和事后的调查与测评，而事后的测评又包括了传播效果和销售效果的测评。

常用的广告传播效果事前测评方法见表 12-8。

表 12-8　广告传播效果事前测评

测评方法	测评目的	操　作
客户评定法	评判广告优缺点	提供广告样本，请客户观看，利用量表对不同评价指标打分总结
专家打分法	测定广告作品	分解广告要素，请专家打分，加总后决定优劣
仪器测评法	测评受众的生理变化	利用电子设备，测试受众的生命体征指标，如血压、心跳等来判定广告的吸引力

常用的广告传播效果事后测评方法见表 12-9。

表 12-9　广告传播效果事后测评

测评方法	测评目的	操　作
分割法	判定文稿的效果	即对同一种商品的广告，制作两份文案，在同一日期、同一版位，以同一面积印在同一报纸或杂志上，彼此各占发行量的一半。广告上附上文字，欢迎回信，给予礼品
记忆调查法	测定广告作品	即在广告刊登或播放以后，询问被调查者，是否记得某时某媒体所作的广告内容，或把报刊、杂志刊登过的广告剪下来，询问被调查者有没有看过这一广告
媒体调查法	深度广告传播效果	对媒体的发行量、覆盖地区、读者层、出版时间、收视率、节目内容等，作仔细调查了解其主要指标：注目率、接触率、阅读率、知名度、偏好率

常用的广告销售效果的测评方法见表 12-10。

表 12-10　广告销售效果的测评方法

测评方法	公　式	说　明
销售量增长比率法	$R=(S_2-S_1)/P\times 100\%$	R 为增长比率；S_2 为广告后的平均销量；S_1 为广告前的平均销量；P 为广告费 增长比率的大小，反映的广告效果的好坏
广告效果比率	$AE=\Delta S/\Delta P\times 100\%$	AE 为广告效果比率；ΔS 为产品销售的增量；ΔP 为广告投入的增量 AE 值的大小，说明广告效果的好坏
广告费比率	$AC=P/S\times 100\%$	AC 为广告费用率；P 为广告费；S 为销量 AC 值的大小，表明了广告效果的好坏

12.5.3　人员推销

1. 推销步骤

推销工作一般包括以下步骤：开发客户，推销前准备，约会与接近客户，面谈与成交，售后服务，建立关系。

1）客户开发

销售人员首先要寻找顾客，明确开发与进攻的主要目标。为此，销售人员要通过各种途径收集潜在客户的名单。有了潜在顾客名单后，销售人员还需要按是否有需求、是否容易接近、是否符合购买条件、是否具有支付能力、是否具有购买决策权等标准进行选择，从中筛选出准客户。

2）推销准备

在约见顾客之前，销售人员要做好以下几方面的准备工作。首先，销售人员要通过各种方式了解客户的情况，包括个人信息和公司信息。其次，销售人员要熟悉所推销的产品，并对它充满信心。除了产品的基本性能和特征外，还要熟悉产品的制造环节，能提供的各种服务及与本产品相关的知识与信息。再次，销售人员还要知晓竞争产品，以便进行对比分析，发现本企业产品的特色与优势，促使顾客购买。接着，销售人员要能够把产品的特征转变成产品的利益，并向客户说明产品能给顾客带来的核心利益，亦即能进行 FABE 分析（F：feature——特征，A：advantage——优点，B：benefit——利益，E：evidence——证据）即特征-优点-利益-证据分析。最后，销售人员需要对推销介绍进行策划，为接近客户做好准备。

3）接近客户

接近客户是为了引起其热情与兴趣，因此，需要努力营造一个温馨而友好的氛围。接近客户的方法较多，可根据具体情景和个人资源与能力灵活运用。比如，销售人员可通过自报公司名称和本人姓名或递交名片的自我介绍法接近客户；也可以通过别人的引荐接近客户。为了引起客户的兴趣，推销人员可以通过实物样品、免费试用、激发客户的好奇心方式、提出问题的方式或赠品的方式来接近客户。

4）面谈与成交

在此过程中，客户往往会提出一些如需求、财务、价格、货源、购买时间等方面的异议。在处理这些异议时，销售人员要保证做到：不与顾客争吵，采取积极的态度和推销技巧，分析顾客提出异议的原因，有效地克服异议。在推销访问进行了一段时间后，客户会表露其购买意向，此时，销售人员要善于捕捉这些信息，抓住机会及时成交。

5）售后服务与建立关系

销售人员要重视售后服务工作，并以此为契机与客户建立关系。对售后服务工作的重视，一方面可以联络感情，让顾客满意并重复购买；另一方面，可以通过顾客来宣传产品和企业，发展新的客户。因此，推销人员应经常与客户保持联系，主动回访，了解情况，解决问题。

2. 销售人员的管理

销售人员的管理将从人员的选择、培训、人数确定与分配、激励、考核与管理等方面入手。

1）销售人员的选择

由于销售人员承担着实际推销、回款、售后服务、制订销售计划和信息反馈一系列工作，因此，销售人员首先要具有正确的经营思想和良好的道德修养，能以消费者为中心，以满足顾客需求为己任，能把个人的发展与企业的发展融为一体。其次，销售人员要具有敬业精神和强烈的进取心，充满自信。再次，还要具有丰富的业务知识和一定的推销技能，知识面广，反应灵敏，善于判断客户的心理、动机和需求。最后，要具有良好的仪表和语言表达能力，精力充沛、勤奋刻苦、自我控制能力强。

2）销售人员的培训

销售人员培训内容要根据企业和受训人员的情况来确定。对新进销售人员来说，训练应围绕企业情况介绍、产品知识学习、市场状况分析、推销技巧培训、基本能力练习等内容展开。而且，对推销人员的培训，可以通过课堂、会议、模拟、实地等多种培训方法来进行。

3）销售人员数量确定和合理分配

销售人员的数量确定，既可根据企业销售工作量来决定，也可根据每位推销人员的销售能力和公司的销售目标来确定，还可以采用稍微复杂的销售百分比法来确定。而销售百分比法，就是根据企业历史资料计算出的销售队伍的各种耗费占销售额的百分比以及销售人员的平均成本，并在销售额预测的基础上确定人员总量的方法。

在测定出销售人员的总数之后，其人员的分配，可以按照地区、产品、用户类型来进行。

4）销售人员激励

通常，能力和技术、市场环境、客户等众多因素都可能造成销售成败差异。但销售业绩中的重要因素是激励。激励问题实质是使销售人员在自我管理、自我约束的情况下，怎样按公司的要求开展工作。

为了调动销售人员的积极性，常可以采取金钱与物质奖励、提高人员的能力、满足推销人员的成就感、提高推销人员的工作认可与归属感等一些激励措施。

5）销售人员的考核与管理

对销售人员的考核内容可以从工作投入、工作过程、工作结果这三方面来进行。其中，工作结果的考评主要包括：销售额、信息量和顾客满意程度、客户关系这四大方面。围绕上述内容进行考核时，可以通过一系列指标如销售量、销售额、销售费用、访问顾客次数、增加顾客数量、销售完成率（实际销售额/计划销售额）、推销费用率（推销费用/企业销售收入）、失去顾客数、每位顾客平均毛利、回款额、客户重复购买次数、客户购买潜力等来进行考评。

在管理销售人员的过程中，要建立完善的财务制度与日常考核制度。要制定应收款管理制度，建立客户档案，密切与客户的关系，尽可能用转账支票、银行汇票结算，防止回笼货款不及时上缴，公款私用，甚至携款潜逃。同时，要建立相对稳定与合理流动相结合的销售队伍，尽可能了解并设法满足销售人员的各种合理需求，调动其积极性，坚持使用与培养相结合的原则，投资培训销售人员，使他们体会到企业的关心，从而留住优秀销售人员。

12.5.4 销售促进

1. 销售促进的基本过程

1）明确目标

销售促进的目标需要根据市场营销总目标来确定，其实质是总目标在促销方面的具体表现。一般来说，其具体目标主要表现在：面向消费者，说服潜在消费者试用；引导消费者重复购买或增加购买量；吸引其他品牌消费者向本企业品牌的购买转移；改进、完善和提升企业品牌形象等。面向中间商，提高中间商的购买水平；刺激他们购买新产品和淡季购买；保持或提高存货；与竞争品牌的促销活动相抗衡；力争进入新的销售渠道或领域；提高中间商的品牌忠诚度；鼓励中间商提高销售水平。面向公众与各类组织，包括媒体、主管部门、相关团体等。努力使它们聚焦于企业的销售促进活动，并由他们产生权威效应。公司在进行销售促进活动时，应首先根据公司内外环境，确定量化的具体的销售促进目标。

2）制订方案

在制定促销方案的过程中，我们首先需要明确促销对象。亦即目标市场范围多大？主要目标是什么？是直接针对消费者、用户，还是针对中间商或者几方面的综合？其次，要制定促销策略。可以通过原创性的策划制造“亮点”、“新闻”与“热点”，引起社会和客户的关注，强调利用“事件”来开展独特的促销活动，也可以紧扣社会生活的热点与趋势，借用现有的热点来借势促销。还可以顺应公众的情感和心理，搞顺势促销。再次，要在明确目标和对象的基础上，结合竞争、环境等因素对单一销售促进工具和组合方式进行比较选择。接着，要对促销的时机进行把握，明确促销活动什么时间开始、什么时间结束，整个活动持续时间是多长等基本问题。最后，要编制预算。需要根据各种促销工具的使用范围、频度、效果及产品的状况等诸多因素，认真分析确定促销预算，并将其在各种促销工具之间平衡和分配。

3）预试、实施和控制销售促进方案

由于市场状况的不断变化，因此，需要进行必要的试验来确定促销工具的选择是否适当，刺激程度是否合理，现有的途径是否有效。可以先在较小的地区范围内预试，也可以询问消费者、填调查表、邀请一些顾客等方式对销售促进方案做出评价，其目的是为了进一步完善促销方案。经过预试，若效果尚可或效果一般，则可以直接或经过修正后实施销售促进方案。在实施过程中，要重视监测市场反应，不断检查方案实施情况，重点把握时间进度，经费使用，人力投入和物品耗费的状况以便及时调整甚至改变原来的方案。对于一些不宜预先公开的销售促进方案，则需做好从策划到实施的保密工作。

2. 销售促进工具

在促销过程中，销售促进是通过刺激和强化市场需求的各种促销方式来实现的。这些促销方式，根据所采用的技术手段的激励性质，分为以下几大类。

（1）价格导向的促销工具：折价券、折扣优惠、付费赠送、还款、改善付款方式等。

（2）产品导向的促销工具：赠品、免费样品、赠品印花、多样产品组合、改善产品的质量或者特性等。

（3）竞争导向的促销工具：消费者竞赛与抽奖、经销商销售竞赛、销售人员的销售竞赛等。

(4) 其他促销工具：有价值的包装、发放赠券、产品回收与兑换、现场展示、专题促销会议、咨询销售、担保、组建俱乐部或“金卡”、“银卡”制、信息与服务等。

表 12-11 说明了常用促销工具的使用。

表 12-11 促销工具的使用

促销工具	场 合	注意要点
赠品	试用新品，新品牌，开辟新市场，测试广告效果	赠品的选择 既要对客户产生吸引力，又不能影响产品的销售 有关赠品的法规
免费样品	与竞争者品牌相比差异性较大，新品早期渗透	并非所有产品都适用 样品失窃 时机、规格、容量
赠品印花	吸引客户重复购买，培养品牌忠诚度	促销活动时间长短 印花的收集、保存
折价券与折扣	提高市场份额，引起试用欲望	折价券的兑换率、误兑、制作 折扣率的确定
付费赠送	扩大品牌形象，保持忠诚度，强化广告宣传效果	有价赠品的选择 价值定位对客户的吸引力和企业的承受力 兑换有效期的确定
还款	强化品牌忠诚，新品上市，高价位产品	见效慢 非即时还款的承诺
消费者竞赛与抽奖	强化品牌形象，扩大销售	奖品的诱惑性 有关活动规划 主管部门的规定
中间商的销售竞赛	密切关系，激发兴趣与支持	竞赛规则的制定 销售区域的管理
销售人员的销售竞赛	调动积极性与获利性（完成任务）	竞赛的标准与规划 竞赛的测评
信息与服务	增强信任度，强化品牌形象，完成市场渗透，提高满意度	承诺 服务与市场需求、竞争差别和企业实力的适应性 无偿提供增值

3. 销售促进策划要点

在开展销售促进活动之前，公司需要根据市场需求、竞争状态和企业的实际情况，特别是在经费预算和各种资源约束的前提下，对销售促进进行系统设计。表 12-12 说明了通常的销售促进策划的主要工作。

表 12-12　销售促进设计要点

策划内容	关键点
促销目标	基于 SWOT 分析的目标选择，符合时间条件可量化易考核的目标说明
促销形式与工具	综合分析销售促进目标、市场类型、品牌影响力、客户介入程度、竞争条件与环境、预算等因素，对各种销售促进工具进行比较选择和优化组合
产品范围	产品规格、型号、系列、数量的确定
市场区域	基于品牌力、客户购买投入、费用、管理成本、市场差别化等因素综合分析的区域选择
促销组合	销售促进各种方式的组合，促销与其他营销变量的组合与协调
销售促进时间	活动时机、促销频次（市场竞争者的规律导向）与活动期限的确定
折扣率	基于预算、销售增长、激励成本、促销管理成本四大要素平衡分析
联合与竞争	基于供应链整体价值的联合促销所具有的独特性将有效防止竞争者模仿 基于非供应链系统或简单交易行为企业的联合促销所带来的竞争者的模仿竞争
销售促进的实施	制造商： 针对推销人员和中间商的推式促销——广告开路、新品试用或赠送或展览、示范、销售政策、激发客户潜在需求，向制造商订货 针对消费者、用户的拉式促销——集中资源，刺激最终用户与消费者，培育市场、培养消费者 零售商： 整体策划——目标对象、时间、地点、供应商的沟通（有关优惠、折让、合作广告等）、促销主题、活动的组织 促销商品——对消费者的吸引力，对销售总量的增长，对企业形象的提升 促销方式——如折扣返利竞赛、抽奖及其规则 促销准备——广告、库存、预算、效果预估 服务业： 根据服务业的无形性、不可分性、可变性和不可贮存性等特点，有针对性地开展以下活动：预约与奖励均衡需求；联合促销多途径接触客户；激励服务过程所有环节、调动有关人员的积极性

12.5.5　公共关系

公共关系，就是组织以公众利益为出发点，通过有效的信息传播、沟通，在内、外部公众中树立良好的形象和信誉，以赢得其理解、信任、支持和合作，为组织的发展创造一个良好的环境，实现组织的既定目标。当我们着眼于公共关系在促进销售方面的作用时，公共关系就成了促销组合的一部分。公共关系活动的对象一般有：个体公众、社会团体、新闻传媒公众、政府、相关企业。

1. 公关促销的主要方法

公关促销是通过提高企业形象，实现与公众有效沟通来促进产品的销售。主要方法有：

（1）宣传报道。这是由新闻工作者撰写的有关企业的宣传材料，通过一定的媒体向公众宣传的与企业有关的新闻、专题报道、现场采访、记事等。由于宣传报道的真实性、可信性、知识性，因此，它是公关促销的最重要的活动方式。

（2）编辑出版物。这里的出版物是指企业编辑出版的视听材料，如各种印刷品、音像资料等。公司通过大量的沟通材料去接近和影响其目标市场。这些材料包括公司报刊、情况简报、内部通信、新品介绍、年度报告、专题文章、公司介绍、生产过程的展现、环境说明等。公司根据不同的公众对象，有选择地赠送上述材料，促进公众对公司的了解。

（3）主题活动。公司可围绕某一主题，通过一些特殊事件来吸引公众对公司的注意。这些主题活动与事件包括各种记者招待会、讨论会、开幕式、庆典、比赛、论证会、郊游、展览会、运动会、文化赞助、演讲等。由于在进行上述活动过程中，公众能够亲身感受到公司的状况与形象，所以影响力较强。

（4）公益活动。公司可以通过赞助、向公益事业捐赠的方式，来提高其公众信誉。如支持公司所在地的一些社区活动，向希望工程、孤寡老人、残疾人员、受灾地区的灾民、失业人员、无力救治的危重病患者、见义勇为者捐赠；为改善生活环境，提高生活质量向社会有关团体、部门的捐献等。通过这些活动的开展，赢得公众的好评和称赞，建立良好的公司形象。

（5）宴请与参观游览。在公司某个会议、纪念活动、主题活动之后，在庆祝、答谢协作者，接待来访客人等情况下，宴请对于关系营销导向的公司来讲，尤其重要。它既能联络感情、又能开发各种业务工作。而参观游览对于树立企业形象十分有利。无论是内部人员到外部世界参观游览，还是邀请外部人员到本企业参观、进行调查研究，都将产生较好的口碑效应。

2. 公关促销的步骤

(1) 调查研究。一方面了解与公司有关公众的意见和反应，如公司形象、地位、环境、公众舆论调查等，将有关信息反馈给公司的决策层；另一方面，将公司决策传递给公众，强化公众对公司的认识。

(2) 公关促销策划。策划的内容包括确定公关目标、围绕目标设计公关主题、确定公关细分策略、选择公关方法、编制预算等。

(3) 开展公关活动。在公关活动过程中，有关人员要根据环境变化及一些突发事件，对原有的公关活动策划的内容、计划进行修订，协调各方面关系，对计划的实施加以控制。

(4) 评估公关促销效果。评估的内容包括：接受、理解信息的公众数量，改变观点态度的公众数量，发生期望行为、重复行为的公众的数量等。

【重要词汇】

◇ 营销组合

营销组合是指公司为了满足目标市场顾客的需要和用于追求目标市场预期销售水平的可控制营销变量的组合，包括产品、价格、渠道和促销。

◇ 客户关系管理

客户关系管理是选择和管理客户的业务策略，是以客户为中心的营销整体解决方案，是一种管理理念、机制、软件与技术。其目的是，通过了解客户，分析现有客户数据，找出最佳顾客，发现他们的价值需求，发掘他们的终生价值，与他们保持、发展关系，以使客户长期价值达到最优化。在此基础上，建立强大的品牌。

◇ 客户价值

客户价值就是感知利得与感知利失的差额，是一个“净收益”的概念。感知利得是指在产品购买和使用过程中为顾客带来的一切利益和满足，它既包括有形的功能、质量、外观等，又包括无形的顾客心理愉悦和满足。感知利失是指购买者在选择、采购和使用产品或服务的过程中所面临的全部成本。它既包括了顾客为获得产品和服务所付出的金钱、时间、精力，也包括了顾客因使用产品而承担的风险。

◇ 产品

产品是充当交易的物质基础，它还有在营销及策略选择意义上的进一步内涵。

◇ 产品生命周期

任何一个产品总存在一定的市场寿命，即产品从新上市至完全退出市场所经历的全过程。

◇ 产品线

同一产品种类中密切相关的一组产品。它们以类似的方式起作用、或出售给相同的顾客群，或通过同类型的销售网点出售，或在一定幅度内作价格变动。

◇ 渠道

营销渠道是产品或劳务从制造商手中转到消费者手中所经过的各中间商联结起来的渠道。

◇ 广告

广告是指由明确的主办人发起，通过非人员介绍和促销其构思、商品和服务的行为。其目的是为了促使消费者、用户认识偏爱直至购买本公司的产品。

◇ 销售促进

这是公司为了引起目标对象对产品做出迅速反应的短时期的刺激措施。

◇ 公共关系

公共关系，就是组织以公众利益为出发点，通过有效的信息传播、沟通，在内、外部公众中树立良好的形象和信誉，以赢得其理解、信任、支持和合作，为组织的发展创造一个良好的环境，实现组织的既定目标。

【知识练习】

1. 如何认识客户价值？请列举两个基于客户价值创新的新产品。
2. CRM 的步骤有哪些？
3. 如何解决渠道的冲突？
4. 如何对公司的初步定价进行调整？
5. 举例说明如何开展促销活动？

【能力训练】

1. 请了解网上最新资料，举例说明国内外公司是如何开展“4P”工作？如何开展“4C”工作的？

2. 如何解决我国一些公司品牌“空心化”（品牌知名度高忠诚度低）的问题？

3. 如果“苏果”请你去给他们做一个客户激励计划，请你应用 CRM 理论和营销组合理论，编写一份较为完整的计划。

4. 案例分析：

麦当劳：如何搭乘协同营销的顺风车

相信很多人都已经看过中国移动的这个广告：骄阳似火，一身背双肩包、身着 T 恤牛仔的时尚青年在马路边拦车，不时有车经过，却没有人停下。一辆黄色酷车经过，车中人似乎看见了年轻人手中拿的“M-zone”的纸板，倒车回来，车篷打开，麦当劳叔叔热情地向年轻人招手："Hi! Come on!"年轻人高兴地乘车离开。画外音：麦当劳，我的同道兄弟。随后出现的是麦当劳（McDonald's）和动感地带（M-zone）的品牌 LOGO。

这是麦当劳联手中国移动的子品牌动感地带为其共同推出的"动感套餐"所打造的广告。这种营销方式可以使合作双方实现优势互补，增强企业竞争力，实现双赢。但跨行业的品牌联盟容易受到合作双方的实力、合作目标的一致性的牵绊，在实际运作上有一定的难度。此次麦当劳牵手动感地带，成功加速了其品牌调整的进程。

1. 品牌联盟的背景

从 2002 年底卷入转基因食品事件，到 2003 年 5 月加拿大疯牛病引致麦当劳股价大跌，再到"毒油外流"事件，麦当劳品牌"健康欢乐"的微笑形象已不复存在，不少消费者已对麦当劳持续的将近 50 年的笑容感到厌倦，甚至很多年轻消费者认为"麦当劳叔叔"的形象非常老土、可笑。麦当劳品牌形象日显老态，再加上 2002 年史上未遇的全球性大亏损，麦当劳亟待改变已趋"老化"的品牌形象。

2002 年初，麦当劳新的全球首席营销官拉里·莱特上任。拉里·莱特是"品牌价值管理"（BVM）体系的创立者之一，他上任后，策划了麦当劳历史上第一次品牌更新计划，取代了以前以"微笑"为主体的营销活动。2003 年 9 月，麦当劳在全球统一实行品牌更新。9 月 25 日，麦当劳在中国全面更新品牌 LOGO、口号、个性、电视广告及主题歌曲、员工制服等，中国 560 多家麦当劳分店的员工脱去传统着装全部换上黑或红的运动 T 恤衫，戴上棒球帽，原来延续了近 50 年的"常常欢笑，尝尝麦当劳"全面更新为"我就喜欢"，时尚现代的价值观取代了麦当劳以往"温馨"的品牌理念，这种营销策略的全面革新意味麦当劳已经将目标消费人群由以儿童为中心的家庭消费群体转向了时尚的"年轻"一族。

转变也为麦当劳带来了相应的风险。如果"变脸"成功，麦当劳将从原来的家庭市场慢慢抽离出来，并抓牢新一代的消费群体，赚一个盆满钵溢。但若此次"变脸"失败或者不够彻底，麦当劳将面临目标人群模糊，老顾客丧失、新顾客不买账的尴尬局面。此时的麦当劳迫切需要一个真正的"同道兄弟"来帮助他的这次品牌更新，让麦当劳新的身影被更多人看见，声音被更多人听到。

2. 为什么是动感地带

2003 年 3 月，中国移动推出子品牌"动感地带"，宣布正式为年龄在 15～25 岁的年轻人提供一种特制的电信服务和区别性的资费套餐。独特的品牌个性、炫酷的品牌语言、犀利的明星代言、高密度的整合传播在不到半年的时间里将“动感地带”打造成为认知度近80%的品牌，一跃成为中国移动聚揽年轻用户群的金字招牌。

	麦当劳（McDonald's）	动感地带（M-zone）
目标消费群体	13～25岁（追星、追求时尚和潮流、略带叛逆个性）	15～25岁的年轻一族（对新鲜事物感兴趣、好奇心强、渴望沟通）
品牌推广活动主题	“我就喜欢”	“我的地盘，听我的”
品牌	LOGO金黄色“M”标志黑色背景和标语	橘黄色“M”标志黑色标语
品牌口号	“我世代，我个性，以我为主”	“动感地带，年轻人的通信自治区！”
品牌广告	个性、自由、洒脱、娱乐、时尚	音乐、风格另类、情节、时尚

动感地带的目标人群与麦当劳完全重合是两个品牌联盟的重要原因之一。两个“M”面对的都是20世纪80年代后出生的年青一代，他们大多为独生子女，基本上没有经历过物质贫乏的年代，受到长辈无微不至的呵护，物质生活相对比较优越，同时深受互联网文化的影响，使他们具有与以往世代显著差别的特征，比如好奇心强、自我意识明显、创新意识强、比较早熟、有主见等。除此之外，动感地带推广的主题与口号的意境也与麦当劳惊人的巧合，均吻合了年轻一族的消费特点和文化，更是提出了一种独特的现代生活与文化方式，将追求“独立、个性、更酷”的目标消费群体的心理感受描绘得淋漓尽致，与他们的心理产生了强烈的共鸣。更为巧合的是两个品牌长得还真有点像兄弟——第一个字母均为“M”。

一般来说，两个目标一致、出于不同行业的品牌组成的联合可以实现优势互补，又不会形成竞争的格局，即使两品牌不能够直接形成互补，二者的联合也会加强消费者的兴趣和注意力，引起不同的反响。而对麦当劳来说，再也没有任何一个品牌能比动感地带与之拥有如此多的相似了，于是，与动感地带携手合作，也为自己的“变脸”系上一条无形的安全带就成了顺理成章的事。

2003年11月24日，两个“M”——麦当劳与“动感地带”（M-zone）结成了合作联盟，并共同推出了一系列“我的地盘，我就喜欢”和“通信+快餐”的协同营销活动，每个季度，由动感地带客户通过短信、彩信、WAP等方式投票组合麦当劳的动感套餐，动感地带客户只需凭1860/1861发出的一条身份确认短信，就能在全国各地的麦当劳店内享受获选“动感套餐”的优惠。两个品牌的联盟正式拉开帷幕。

3. 如何搭便车

广告中麦当劳叔叔十分热情地让动感地带兄弟搭了一趟便车，实际上，这次品牌联盟却让麦当劳搭了一次真正的便车。

(1) 迅速拉拢目标顾客

目标消费群的转变并不是一天两天就可以完成的，这需要一个过程，但这个过程有多长谁也不知道，但有一点知道的是时间越长，麦当劳的风险就越大，因此迅速实现这个转变显得尤为重要。动感地带品牌一面市就受到了年轻人的追捧，用户数节节攀升，2003 年 6 月底达到 514 万，年底突破 1000 万大关，而这 1000 万人同时也是麦当劳的准目标群。首季“动感套餐”评选活动于 2003 年 11 月初开始征集，不到 1 个月时间就有上百万的动感地带客户参加了投票，假如这 100 万人中有 10 万人品尝了一份动感套餐，麦当劳就已经很满足了，何况 1000 万的动感地带用户中还有很多潜在消费者。可见，通过联盟，麦当劳加快了“变脸”的进程，这恐怕也是麦当劳最愿意看到的。

(2) 增加顾客的归属感

麦当劳店内专门为儿童设置了儿童游乐场，可是并没有专为年轻人设置的专属场地，年轻一族在麦当劳并不能得到归属感。对动感地带的用户来讲，购买麦当劳的产品在价格上可以得到优惠，这是一种特权感，而对麦当劳的顾客来说，自己在麦当劳也有了专属的“自治领域”，自己得到了重视，归属感自然就有了。

(3)“叔叔”变“哥哥”

麦当劳此次“变脸”最关键就是要变年轻，但并不是由麦当劳叔叔亲自告诉顾客自己变年轻就可以的，这还得需要别人的承认。相对麦当劳来说，动感地带是个十足的“年轻人”，和动感地带称兄道弟很容易地将麦当劳“叔叔”联想成麦当劳“哥哥”，这个“哥哥”也时尚、也动感、也酷，和大家都是同道兄弟，这样，转变似乎变得非常自然了。

(4) 强化品牌个性

动感地带被赋予了“时尚、好玩、探索”的品牌个性，这也正是麦当劳试图通过“变脸”而达到的目标之一。两个品牌的联合将两品牌所要传达的信息巧妙地叠加在一起，对消费者来说，他们很容易由动感地带的品牌个性联想到麦当劳的，并且这种联想要比直接接受信息深刻很多，好比两个人同时发出一个声音给人们留下的印象总要比一个人单独发出的声音深刻一样。

——全球品牌网

阅读上述资料，以小组讨论或独立思考的方式，回答下列问题：

1. 麦当劳进行品牌联盟营销创新的本质是什么？
2. 麦当劳跨行业的品牌合作之所以取得成功的主要原因是什么？
3. 麦当劳是如何保障品牌合作成功的？

第13章　财务分析

财务报表犹如名贵香水，只能细细地品鉴，不能生硬吞咽。细致的财务分析可以使企业的财务状况、发展动态和存在的问题像细胞在显微镜下一样清晰。通过财务分析，管理者可以全面、客观地评价并提高企业财务活动的业绩。

——梅内茨·罗斯柴尔德

【本章学习目的】

1. 了解财务分析在经济生活中的重要作用。
2. 学会理解财务数据背后的经济现象。
3. 懂得企业重要的会计报表（资产负债表、损益表）结构，理解这些报表的含义和主要内容。
4. 理解最常见的比率分析、趋势分析和结构分析等财务分析方法。
5. 掌握主要的财务比率。
6. 理解财务分析的陷阱和局限性，并熟知可能的应对措施。

一般来讲，人们提到财务数据和财务分析的时候，总是感到枯燥和厌烦。其实，财务报表犹如名贵香水，只有细细地品鉴，才能体会背后的“精彩故事”。这里我们讲一个李嘉诚的故事来体会财务分析重要性所在。成功的企业家不一定是一名技术专家，但一定是一名财务分析行家和理财高手，李嘉诚就是这样的人。1965年2月，香港爆发银行信用危机，在挤提狂潮中，数家银行的分行倒闭，甚至实力雄厚的恒生银行也被迫受控于汇丰银行。在银行危机的狂烈冲击下，房地产价格暴跌，许多建筑公司、地产公司纷纷倒闭，从而出现了第二次世界大战后房地产业的第一次危机。1967年受大陆“文化大革命”的影响，香港爆发了反英抗暴事件，严重动摇了投资者的信心。香港人心浮动，都以为末日即将来临，有经济实力的人纷纷外逃，争相廉价抛售地产。在这个人心浮动、百业萧条的大动荡时期，李嘉诚却独具慧眼，怀着对香港深厚的感情、对时局的精辟分析和对香港经济走势的预测，通过对香港上市公司报表和香港经济数据的分析，判断这场风暴将会很快过去。于是，李嘉诚将自己所有的资金分批、分期以最低价格大量收购优质地产和产业。当香港经济重新走上正轨时，产价大涨和产业复苏，此时的他获得了高额利润成为亿万富豪。这与李嘉诚善于理财、敏锐观察财务数据后面的经济现象的高超技能是分不开的。作为初学财经知识的学员，也应当学会根据企业的经济特点和内外环境，运用科学的定量与定性相结合的分析方法，进行财务分析，判断经济形势，并进而做出正确决策，实现企业的财务目标。

13.1 财务分析概述

13.1.1 财务分析：了解现代企业经营状况必不可少的分析工具

1. 什么是财务分析

那么什么是财务分析呢？

财务分析（financial analysis）就是一种通过财务信息进行经济活动分析的行为，目的在于对企业过去的财务状况和经营成果及未来前景做出评价。通过这种评价，有助于财务决策、计划和控制。例如，为什么有时候企业销售情况良好，但利润增长却十分缓慢；为什么有时候企业利润状况不错现金流却不理想；为什么企业的成本费用急剧上升或负债比例居高不下，这些都将通过财务分析得到解答。

尽管管理者是所有者的代理人，但经验表明管理者并不能总是从所有者的最大利益出发。管理者和所有者的激励机制不同，因此，股东及债权人要对管理者的行为进行监督。由于许多大公司的所有者无法得到公司运营的内部信息，因此只能依赖公开信息，其中最重要的便是财务报表。管理者做决策时也需要了解公司财务信息，财务分析能够帮助企业管理当局做出正确的投资决策、资金运营和融资规划，能帮助企业有效控制成本和制定合理的营销战略，也能帮助企业内外部财务信息使用者对企业做出综合的分析和评价。财务分析是现代企业必不可少的重要管理手段。

2. 财务分析的目的决定财务分析的广度和深度

财务分析在日常工作或生活中有何作用呢？财务分析对于企业内部管理当局和外部利益集团都是至关重要的。不同人员进行财务分析的目的各不相同，归纳起来，财务分析主要是出于下列目的：

（1）评价企业的财务状况；

（2）评价企业的获利能力；

（3）评价企业的资产管理水平；

（4）评价企业的发展趋势。

在具体分析中，每个分析者都是根据自己的目的来选取数据进行评价和解释的。例如，赊销货物的债主（短期债权人）主要关心企业资产的流动性，重点分析企业短期获取现金的能力；为了了解企业应收账款的变现能力，就需要具体分析应收账款的构成，它由哪些顾客所赊欠，各个顾客欠款的期限，其资信能力如何等；而债券持有者的债权则具有长期性，因此他们关心更多的是企业资本结构、发行债券项目的可行性、该企业在过去一定时期内的获利能力以及对未来获利能力的预测，从而来评价企业到期还本付息的能力；投资人则主要关心企业目前的收益和未来预期的收益，以及这些收益的稳定趋势，特别是预期现金净流入的大小；又如企业管理当局要编制未来的财务计划，必须估计本企业当前的财务状况，了解实际执行结果偏离计划的原因，从中找出管理工作中的薄弱环节或经验，评价各种投资机会，及其对当前财务状况的影响；为了内部控制，要特别关心企业各种资产的投资收益率和运营效率，注意分析企业的资本构成和资产构成。本节由于篇幅所限，只能对财务分析的方法和思路作一个概括性的介绍。专业性的财务分析的深度和广度是由财务分析的具体目的决定的，同时也依赖于职业分析师的经验和其对宏微观经济环境的理解以及对企业财务报告全面、深入的了解。

13.1.2 财务分析的基础——财务报表一瞥

不同分析目的决定采用不同方法和内容。不过，全面性的财务分析一般都包括三个方面：其一，分析当时社会的整个经济情况；其二，分析本行业的经营前景；其三，分析具体企业的财务状况、经营业绩及其前景。重点是第三方面以反映企业财务和经济情况的财务报告为基础分析企业具体情况。在财务报告中，财务报表的专业性最强，具有可靠性和相关性的历史信息基本上包含在财务报表中，因此，通常所谓财务分析又指财务报表分析，即对企业资产负债表、损益表以及现金流量表的分析。在这些报表中，由于会计信息系统的特点，所表达的信息过于概括和简略，专业性太强，往往不易为使用者所了解，同时，这些报表所列示的各类金额，如果一个个孤立地看，经济意义并不大，不能向使用者传输有价值的信息，若借助于分析就能够产生若干新的、对决策更为相关的信息。

为了更好地学习掌握财务分析技能，我们首先需要了解公司财务报表结构及原理。因为，公司财务报表是财务分析的基础，它为财务分析提供了最基础和最全面的财务数据。

财务报表是企业遵循一般公认会计原则所编制出来的企业运营现状与成果，定期编制并向社会公开的格式化财务信息。以时间性而言，财务报表记录了公司设立、资金取得、资产购置到利润的产生这一连串复杂的企业营运活动进行的结果，可以说是企业自身的一部经营史。大部分公司需要做三份财务报表：资产负债表、损益表、现金流量表。

为此，我们重点介绍一下资产负债表和损益表。

资产负债表（balance sheet）是反映企业一定日期（每月末、季末和年末）全部资产、负债和所有者权益情况的会计报表，它描述了公司在某一时点的财务状况。资产负债表由两部分构成，左边一部分表示公司拥有的资产，右边一部分表示对所有这些资产的求偿权，由负债和股东权益组成。

表 13-1 是东方公司经简化的资产负债表。左边的资产按照流动性（变现能力）由高到低排序，依次是流动资产、长期投资、固定资产、无形资产及其他长期资产。货币资金流动性最强，因此排在第一位，应收账款是来自顾客的欠款，可在一定收账期内变为现金，存货用于产品的生产，产品必须先售出以取得应收账款的权利然后才能变为现金，所以流动资产内部各项目也是按照变现能力强弱排列的。长期投资、固定资产、无形资产及其他资产流动性依次减弱，所以依次列于流动资产之后（表 13-1 为简化起见仅列出流动资产、固定资产及无形资产）。资产负债表的右边部分是公司的负债和股东权益，这些项目按照可能的偿付时间的先后排序：流动负债是需要在一年内偿还的债务，而长期负债的偿还期则超过一年，股东权益将以定期现金股利或最终清算股利方式支付。

不难发现，所有的资产负债表都是平衡的：左边部分的总额等于右边部分的总额，即

$$总资产=总负债+所有者权益$$

表 13-1　东方公司资产负债表

2001 年 12 月 31 日　　　　（单位：万元）

资产	期初数	期末数	负债及股东权益	期初数	期末数
流动资产：			流动负债		
货币资金	74	112	短期借款	100	130
应收账款	398	796	应付账款	218	200
存货	748	492	其他流动负债	122	270
流动资产合计	1220	1400	流动负债合计	440	600
固定资产（净值）	2090	2560	长期负债	1160	1520
无形资产	50	40	负债合计	1600	2120
			股东权益		
			股本（普通股 200 万股）	200	200
			留存收益	1560	1680
			股东权益合计	1760	1880
资产总计	3360	4000	负债与股东权益总计	3360	4000

损益表用于衡量企业某段时期内（如一年）的经营成果。资产负债表表达了企业在“某一特定时点”（例如，每月末、季末、年末）时所有的资产与资本结

构的存量观念；而损益表则是将企业在“某一特定期间”（例如，每一个月度、一个季度、一个年度）的营运收支统计整理，以了解营运成果究竟是盈是亏，属于流量的观念。表 13-2 是东方公司经简化的损益表。损益表衡量的是公司为所有者创造的收益，收益可以以股利的形式分配给所有者，也可以将收益留存进行再投资。

表 13-2 东方公司损益表

2001 年度（单位：万元）

项目	金额
一、主营业务收入	6000
减：主营业务成本	5344
减：主营业务税金及其附加	0
二、主营业务利润	656
减：管理费用	52
财务费用（其中利息支出 160 万元）	220
销售费用	44
三、营业利润	340
加：营业外收入	80
减：营业外支出	20
加：投资收益	0
四、利润总额	400
减：所得税	128
五、净利润	272

13.1.3 财务分析的基本方法

财务分析的方法有很多。不过，最主要的是比率分析、趋势分析和结构分析三种基本方法。

（1）比率分析（ratio analysis）。比率分析法是财务分析中应用最多的一种方法，它是将同期财务报表中存在关联性的一些项目进行对比，组成某种比率，以表明企业某一方面的情况，这种分析就是比率分析。

（2）趋势分析（trend analysis）。趋势分析又称为水平分析或横向分析，它是将两期或数期的财务报表中的相同项目进行比较分析，以了解企业财务状况和经营成果的变动趋势。趋势分析法特别适用于企业能提供多期数据的情况。

（3）结构分析（structural analysis）。结构分析又称为垂直分析或纵向分析，它是在一个时期内，将财务报表的各个数据与某一关键项目相比较，分析其相对重要性及其在关键项目中占据的分量。其实质是财务报表的内部结构分析。

财务报表分析的灵魂在于比较，上述三种基本方法只是比较的着眼点不同。一般而言，财务分析应充分利用这三种方法，相互配合，才能全面、恰当地做出评价。

13.2　比率分析方法

链接：

安然噩梦

一直以来，安然身上都笼罩着一层层的金色光环：作为世界最大的能源交易商，安然在2000年的总收入高达1010亿美元，名列《财富》杂志“美国500强”的第七名；掌控着美国20%的电能和天然气交易，是华尔街竞相追捧的宠儿；安然股票是所有的证券评级机构都强力推荐的绩优股，股价高达70多美元并且仍然呈上升之势。直到破产前，公司营运业务覆盖全球40个国家和地区，共有雇员2.1万人，资产额高达620亿美元；安然一直鼓吹自己是“全球领先企业”，业务包括能源批发与零售、宽带、能源运输以及金融交易，连续4年获得“美国最具创新精神的公司”称号，并与小布什政府关系密切……

2001年年初，一家有着良好声誉的短期投资机构老板吉姆·切欧斯公开对安然的盈利模式表示了怀疑。他指出，虽然安然的业务看起来很辉煌，但实际上赚不到什么钱，也没有人能够说清安然是怎么赚钱的。据他分析，安然的盈利率在2000年为5%，到了2001年初就降到了2%以下，对于投资者来说，投资回报率仅有7%左右。

在10月16日安然公布第二季度财务报告以前，安然公司的财务报告是所有投资者都乐于见到的。看看安然过去的财务报告：2000年第四季度，“公司天然气业务成长翻升3倍，公司能源服务公司零售业务翻升5倍”；2001年第一季度，“季营收成长4倍，是连续21个盈余成长的财季”……在安然，衡量业务成长的单位不是百分比，而是倍数，这让所有投资者都笑逐颜开。到了2001年第二季度，公司突然亏损了，而且亏损额还高达6.18亿美元！

……

这些数字和比率背后隐藏的含义是什么？如何计算并分析这些财务比率？比率分析方法将提供较好的解答。

13.2.1 比率分析应用

要评价企业的财务状况和经营成果，财务分析人员需要对企业的财务“健康状况”进行多方面的体检。在这些“体检”中，财务比率（financial ratio）方法是最常用的工具，财务比率是利用两个财务数据彼此相除得到的数据，我们可以通过这些相对比值分析出特定的经济现象和规律。

比率分析，就是分析一个数字与另一个数字的比率关系，从而产生许多新的对决策更为重要的信息。由于比率易于计算，使用方便，因而比率分析成为当前财务分析中应用最广泛的分析方法。但是，比率本身并非目的，如企业的流动比率为158%，这个数字本身说明不了什么问题。由于经济生活极其复杂多变，任何企业都处在一个充满风险的动态环境中，整个经济形势、行业状况、管理当局的政策以及所采用的会计政策等许多因素都会影响到比率。要使比率有意义，就必须与一个标准进行比较，并加上分析者的分析和解释。那种财务报表分析就是通过计算机机械作业计算出各种比率的观念和做法是极其错误的。一般常用的比较标准有以下几种：①计划标准，即与企业预定的标准比率相互比较。管理人员可据此分析实际是否符合期望，检讨实际工作中或制订计划的偏差。②历史标准，即与企业过去的该项比率相互比较。③同行业标准，即与国内外同行业进行对比。

比率分析的步骤如图 13-1 所示。

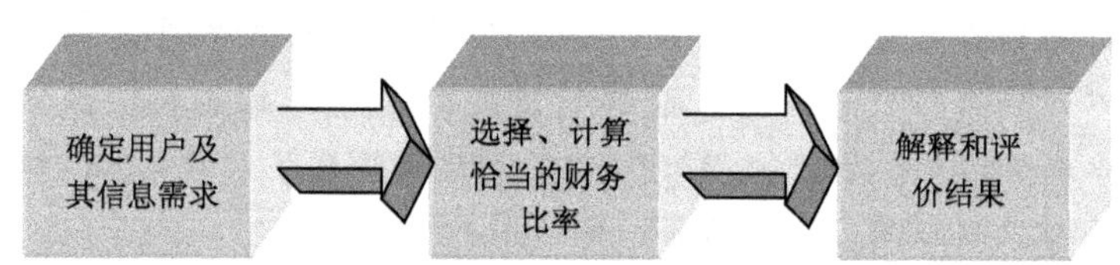

图 13-1 比率分析的步骤

13.2.2 主要指标介绍

比率分析所用的比率名目繁多，由于企业财务状况和经营成果是相互作用和影响的，这些比率之间也存在着一定的关联性。但为了描述的方便，我们将指标反映的主要方面分为偿债能力、获利能力和资产管理三大类，并结合东方公司的两个财务报表（表 13-1、表 13-2）来加以说明。

1. 偿债能力比率

偿债能力比率（debt paying ability ratio）分析包括对企业短期负债的偿还能力和对长期负债的安全性的分析。对企业短期负债的偿还能力的分析即是对企业变现能力的分析，通常用流动比率和速动比率来反映；对长期负债安全性的分析即是对企业资本结构中风险的大小、盈利对利息的保障程度的分析，通常用资产负债率、产权比率、有形净值债务率和已获利息倍数来反映。

1）流动比率

流动比率（current ratio）的计算公式为

$$流动比率=\frac{流动资产}{流动负债}$$

反映一年或一个经营周期内可以变现的资产对一年或一个经营周期内到期的债务的保障程度。

【例】 东方公司年末流动比率 $=\frac{1400}{600}=2.33$

流动比率越高，表示企业偿债能力越强。但是，如果比率过高，该企业可能有过多的资产停留在营运资金中，由于流动资产获利能力通常较低，因而企业整体盈利能力降低；反之，如果流动比率过低，则企业可能没有足够的容易变为现金的资产来偿付流动负债。2∶1 的流动比率一向被认为是比较合适的。

流动比率的理想值应因行业、企业规模的不同而不同，营业周期越短的企业和行业特点决定存货、应收账款较少的企业，流动比率可相应降低；应收账款周转率和存货周期率高将对短期偿债能力起积极影响；企业账面流动资产的真实变现能力如何、企业账面流动负债延期支付能力如何、企业短期融资渡过财务困境的能力如何，这一系列问题也将实质影响对流动比率及下面所述速动比率的分析。

【再思考】 企业如何利用等额增加或减少流动资产与流动负债人为掩饰流动比率及存货抵押？存货变现价值与账面价值的差异如何？流动资产与流动负债的流动速度比较如何？非经营性长期资产的处置变现能力对短期偿债能力的影响如何？担保等原因引起的或有负债又如何？

2）速动比率

速动比率（quick ratio）的计算公式为

$$速动比率（酸性测试比率）=\frac{速动资产}{流动负债}=\frac{流动资产-存货等}{流动负债}$$

反映变现能力更强的速动资产（货币资金、短期投资或称有价证券、应收票据和应收账款净额等）对流动负债的保障程度。

【例】 东方公司年末速动比率 $=\frac{908}{600}=1.51$

流动资产中扣除存货和预付费用这类变现能力较低的项目后，能更透彻地和令人可信地反映企业的短期偿债能力，通常认为正常的速动比率为 1∶1。当然，与流动比率相同，对不同行业和企业该比率值一般都有所差别，如零售商店，几乎无应收账款，大大低于 1∶1 的速动比率则是很正常的。

影响速动比率可信性的重要因素是应收账款的变现能力，账面上的应收账款不一定都能变成现金，实际坏账可能比计提的准备要多；季节性的变化，可能使报表的应收账款数额不反映平均水平。对一些信用政策较严，存货吞吐量较大的企业，速动比率可能并不能反映企业的真实财务状况。

【再思考】　我国很多企业中存在因多种因素未冲销的坏账，是否应在速动资产中剔除？其他应收账款的比例若较大，是否列入速动资产？存货的变现若相对容易是否可再分类？流动负债的结构与周转速度如何？等等。另外，随着对现金流动信息的日益重视，现金比率（cash ratio）运用越来越多。这里所称现金即广义的现金包括我国的货币资金和短期投资，现金比率即现金与流动负债的比率，对现金比率应作如何分析？

3）资产负债率

资产负债率（liabilities to assets ratio）的计算公式为

$$资产负债率=\frac{负债总额}{资产总额}$$

总资产中有多大比例是通过借债来筹资的，可反映企业在清算时保护债权人利益的程度，也可反映企业举债经营的能力，又称负债比率。

【例】　东方公司年末资产负债率$=\frac{2120}{4000}\times 100\%=53\%$

从债权人的立场看，如果该比率太高，则企业的风险主要由其来负担，因此，他们希望该比例越低越好。企业偿债有保证，贷款不会有太大的风险；从股东（业主）的立场看，在全部资本利润率高于借款利息率时，负债比例越大越好，否则反之；从经营者的立场看，负债比例过高会影响今后企业筹资能力，过低又反映企业对前途信心不足或利用财务杠杆进行经营活动的能力较差。该比率的理想值也因行业和企业规模的不同而不同。其他两个经济意义相同的指标有所有者权益比率和权益乘数，在实际工作中，一般只需计算一个比率。

$$所有者权益比率=1-资产负债率=\frac{所有者权益}{资产总额}$$

$$权益乘数=\frac{1}{所有者权益比率}=\frac{资产总额}{所有者权益总额}$$

资产负债率是反映企业长期偿债能力的重要指标之一，但其毕竟是一个反映静态某时点的资本结构比例的指标，不能过分夸大其作用。在实际工作中，该指标的理想值可能在一个较广阔的区间中，这是因为在持续经营的公司中，我们认为盈利能力才是长期偿债能力的最根本保证，盈利能力强，能使债权人风险大幅降低。也能逐步优化资本结构。而盈利能力差的话，即使较低的资产负债率也会使债权人不敢从容放贷。

【再思考】 对反映企业长期偿债能力的负债比率有两种不同的意见，一种意见认为与长期偿债能力相关的应为长期债务，相应指标主要有

$$长期债务比率=\frac{长期债务}{长期债务+所有者权益}$$

$$债务对权益比率=\frac{长期债务}{所有者权益}$$

$$长期债务对资产比率=\frac{长期债务}{资产总额}$$

但另一种意见认为在分析长期偿债能力时，必须同时考虑短期偿债能力，因为企业短期偿债能力出现问题时，对长期债务的清偿也必然受到影响。因此，在计算反映长期偿债能力的比率时，应把短期负债包括在负债比率的负债总额之内。这是一种稳健的方法，实际上是评估企业的整体偿债能力。

4）产权比率

产权比率（liabilities to equity ratio）的计算公式为

$$产权比率=\frac{负债总额}{所有者权益总额}$$

由债权人提供的资本与股东提供的资本的相对关系，反映企业基本财务结构是否稳定，在股份制企业又称为债务股权比率。

【例】 东方公司年末产权比率$=\frac{2120}{1880}\times 100\%=113\%$

产权比率高，是高风险、高报酬的财务结构；产权比率低，是低风险、低报酬的财务结构。企业应根据宏观经济环境中财务杠杆作用对企业的具体影响如何决定产权比率的高低。对债权人而言，此比率越高，说明债权人投入的资本受到所有者权益保障的程度越低，反之亦然。总体来说，资产负债率与产权比率具有共同的经济意义，两个指标可以相互补充。因此，对产权比率的分析可以参见对资产负债率指标的分析。

在产权比率的基础上进一步分析可产生有形净值债务率的概念。由于商誉、商标、专利权以及非专利技术等无形资产的价值可一律视为不能偿债，将其从分母中扣除，从而更为谨慎、稳健地反映了在企业清算时债权人投入的资本受到股东权益的保障程度。即

$$有形净值债务率=\frac{负债总额}{股东权益-无形资产净值}$$

$$东方公司年末有形净值债务率=\frac{2120}{1880-40}\times 100\%=115\%$$

5）已获利息倍数

已获利息倍数（times interest earned ratio）的计算公式为

$$已获利息倍数=\frac{税息前利润}{利息费用}=\frac{利润总额+利息费用}{利息费用}$$

企业经营业务收益与利息费用的比率，用以衡量偿付借款利息的能力，也叫利息保障倍数。

【例】 东方公司利息保障倍数$=\frac{400+160}{160}=3.5$

本指标越大，企业就有足够的能力偿付利息，否则相反。经验研究表明，已获利息倍数最少不应低于2，否则就被认为企业的风险水平处于危险状态，难以偿付债务和利息。本指标中分子“税息前利润”，一般采用利润总额加利息费用，由于我国现行损益表中“利息费用”没有单列，而是混在“财务费用”之中，分析工作中也常用“利润总额加财务费用”来估计；分母“利息费用”是指本期发生的全部应付利息，不仅包括财务费用中的利息费用，还应包括资本化利息。

【再思考】 我国通常将利息收入和利息支出混在一起综合反映。如果把利息收入视为一种其他业务利润而与利息支出分开反映的话，则该指标反映出的数值必定与原计算值不一致。特别是，在一些企业“财务费用”反映为负数时，原指标更显示出逻辑上的问题。那么这里面可能存在的问题及误区会是什么呢？

2. 获利能力比率

获利能力比率（profitability ratios）是企业生存和发展的基础，是企业的重要经营目标，同时也直接决定了企业的偿债能力，所以它是财务报表分析中最关键的问题。盈利能力可以有多种衡量指标，诸如资产报酬率、所有者权益报酬率、毛利率、净利率、销售利税率等。对于股份制企业，还应分析每股盈利、每股现金股利、股利发放率、市盈率、股利报酬率、每股净资产等。我们认为其中最重要的有以下三个指标。

1）资产报酬率

资产报酬率（return on total assets）的计算公式为

$$资产报酬率=\frac{净利润+税前利息支出}{平均资产总额}$$

企业运用全部资产的回报率，即企业资源的有效运用程度。

【例】 东方公司2001年度

$$资产报酬率=\frac{272+160\times（1-30\%）}{（3360+4000）/2}100\%=10.43\%$$

资产报酬率站在企业主体的立场上，考察管理当局对公司所有资产的利用情况，以评估管理当局是否通过充分有效地使用公司资源，使之产出最大收益。在市场经济比较发达、各行业间竞争比较充分的情况下，各行业的资产报酬率将趋于一致。如果某企业资产报酬率偏低，说明企业资产利用效率较低，经营管理存在问题。

销售利润率和资产周转率是影响资产报酬率的两个因素。企业可调整它们的不同组合进而影响资产报酬率。特别是针对一些资产报酬率波动幅度较大的行业，企业战略尤为重要。资产报酬率一般来说应高于企业资金成本。

【再思考】　实际工作中常直接以净利润作分子计算资产报酬率，其差别如何？平均资产总额因大量在建工程的影响是否影响企业真实资产报酬率？平均资产总额的计算如何更真实全面？哪些行业资产报酬率波动幅度较大，为什么？是否因目前资产报酬率较低而否定企业现有项目？

2）所有者权益报酬率

所有者权益报酬率（return on owner's equity）的计算公式为

$$\text{所有者权益报酬率}=\frac{\text{净利润}}{\text{平均所有者权益总额}}$$

企业所有者投资的获利能力，对股份公司而言，即为普通股权益报酬率，公式可修正为(净利润－优先股股利)/平均普通股权益。

【例】　东方公司 2001 年度

$$\text{所有者权益报酬率}=\frac{272}{(1760+1880)\ /2}\times 100\%=14.95\%$$

所有者权益报酬率是站在业主的立场上，考察其对企业的投资能获得多大的投资报酬。与资产报酬率相比，不同之处主要在于所有者权益报酬率进一步反映了企业资本结构的合理、优化与否。如果所有者权益报酬率大于资产报酬率，说明企业善于运用“财务杠杆”作用来谋求业主的利益，否则说明企业管理当局由于资本结构失当而不能给其业主（或股东）带来收益的最大化。

由于资产报酬率反映的是与筹资活动的影响无关的营业收益，而所有者权益报酬率则是与资本结构紧密相关的概念，尽管一般认为后者应高于前者，但在实际工作中由于企业筹资政策和宏观环境的影响，对该指标的分析将更为灵活。

3）每股盈利

每股盈利（earnings per share）的计算公式为

$$\text{每股盈利}=\frac{\text{净利润}-\text{优先股股利}}{\text{普通股发行在外的平均股}}$$

【释义】　股份公司普通股股东每一股份所获得报酬的程度。

【例】　东方公司 2001 年度

$$\text{每股盈利}=\frac{272}{200}=1.36\ \text{（元/股）}$$

指标值越高，每一股份可得的利润越多，股东的投资效益越好，反之则越差。

相同的每股收益可能并不能反映相同的盈利能力，这是由于不同企业或不同时期，每股净资产可能不同的缘故，企业通过库藏股回购普通股份也可修饰该指标。但由于该指标是构成市盈率等指标的重要要素，故在国内外财务分析中是一个重要的财务指标。

其他有关指标：

$$毛利率=\frac{主营业务收入-主营业务成本}{主营业务收入}$$

$$净利率=\frac{净利润}{主营业务收入}$$

$$销售利税率=\frac{利税总额}{主营业务收入}$$

$$每股现金股利=\frac{支付普通股的现金股利}{普通股发行在外股数}$$

$$股利发放率=\frac{每股现金股利}{每股盈余}$$

$$市盈率=\frac{普通股每股市场价格}{每股市价}$$

$$股利报酬率=\frac{每股现金股利}{每股市价}$$

$$每股净资产=\frac{股东权益总额-优先股权益}{普通股发行在外股数}$$

3. 资产管理比率

资产管理比率（asset management ratio）是用来衡量企业在资产管理方面效率的财务比率。资产管理比率包括：存货周转率、应收账款周转率、固定资产周转率和总资产周转率。资产管理比率又称运营效率比率。

1）存货周转率

存货周转率（inventory turnover ratio）的计算公式为

$$存货周转率=\frac{主营业务成本}{平均存货占用额}$$

一定时期内企业存货周转的次数，可以用来测定企业存货的变现速度，衡量企业的销货能力及存货是否过量。用时间表示存货周转率，就是存货周转天数，计算公式为：存货周期天数=360÷存货周转率。

【例】 东方公司2001年度

$$存货周转率=\frac{5344}{(748+492)/2}=8.62（次）$$

一般而言，存货周转率越高越好，标志着企业管理存货的效率越高，资本使用效率也高，即用于存货的营运资金的金额越小，导致利润率越高；同时，存货的变现能力也强，影响企业短期偿债能力。但是，存货周转率过高，也可能说明企业存货水平太低，甚至经常缺货。或者采购次数过于频繁，批量太小等，这样也许会使企业支出的费用多于存货较多、周转率较低时的情况。

存货周转率较低，可能隐含着一部分存货的老化、陈旧，需削价处理。由于存货周转率只是粗略的测算，实际分析中，为了进一步研究，还可按各种存货分别计算周转率，诸如原材料周转率（耗用原材料成本/平均原材料存货）、在产品周转率（制造成本/平均在产品存货）、产成品周转率（完工产品成本/平均产成品存货）等，并且检查它们彼此之间是否比例失调，找出存货周转问题的发生原因。

【再思考】　存货受季节性影响较大，如何更好地反映存货平均水平？存货的保持量在不同行业有较大差别，具体区别是什么？存货的计价方法如何影响存货周转率？

2）应收账款周转率

应收账款周转率（receivable turnover）的计算公式为

$$应收账款周转率=\frac{赊销的主营业务收入净额}{应收账款平均占用额}$$

其中

$$赊销净额=销售收入-现销收入-销售退回、折让、折扣$$

一定时期内应收账款转为货币资金的平均次数，体现应收账款的有效性和周转速度，说明企业收回赊销账款的能力。用时间表示的应收账款周转率就是应收账款平均账龄，计算公式为，应收账款平均账龄=360/应收账款周转率。

【例】　东方公司 2001 年度

$$应收账款周转率=\frac{6000}{(398+796)/2}=10.05（次）$$

（假定东方公司销售全部为赊销）

一般而言，这一比率越高，说明企业催收账款的速度越快，资金营运效率高，还可以减少坏账损失。同时由于流动性强，可以在短期偿债能力方面弥补流动比率的不足。但是，如果应收账款周转率过高，可能是企业奉行严格的信用政策、付款条件过于苛刻的结果，这样会限制企业销售量的扩大，从而影响企业的盈利水平，这种情况往往表现为存货周转率同时偏低。

应收账款周转率的高低往往是由于销售条件所造成的，分析应收账款周转率除要了解同行业水平外，还应重视企业发展战略和营销策略，结合其他指标进行综合分析。另外，在实际工作中，由于赊销收入额难以取得，常用销售收入总额替代，此时，应考虑现金销售的比例及其影响。

【再思考】　季节性因素诸如年末大量销售或年末淡季的影响如何克服？如果企业销售额变化无常，波动较大时，对应收账款周转率的分析将存在什么样的影响？

3）固定资产周转率和总资产周转率

固定资产周转率（fixed asset turnover ratio）的计算公式为

$$固定资产周转率=\frac{主营业务收入}{固定资产平均净值}$$

总资产周转率（total assets turnover ratio）的计算公式为

$$总资产周转率=\frac{主营业务收入}{平均资产总额}$$

固定资产周转率又称固定资产利用率，表示每元固定资产能创造多少销售收入，衡量固定资产使用效率。总资产周转率又称总资产利用率，反映企业全部资产的使用效率。

【例】 东方公司 2001 年度

$$固定资产周转率=\frac{6000}{(2090+2560)/2}=2.58（次）$$

固定资产周转率高，说明企业厂房、设备等固定资产利用率高，管理水平好；固定资产周转率低表示企业投资于固定资产过多或可能存在一些不良资产。与之类似，总资产周转率反映了企业拥有的全部资产创造收入的程度。但是这两个比率还需结合销售利润率来加以考察，因为较高的收入并不能保证企业的获利或最好的获利能力。

实际工作中，企业由于扩大生产能力，对固定资产投资，或在建工程量较大，将使固定资产周转率和总资产周转率在一定时期内不能提高，甚至反而下降。同时，由于影响销售收入的因素很多，也很复杂，这两个比率的下降或上升，并不能完全表示企业管理水平的下降或上升，应进行进一步分析，诸如营销策略、宏观环境等因素。另外，通货膨胀的影响理应排除。

13.2.3 比率综合分析法：杜邦财务分析体系

企业是如何运用上述各类指标的呢？当代最著名的财务分析体系当属杜邦财务分析体系。

大约在 1919 年，美国杜邦公司的经理开始利用一种特殊的比率分析方法来评价公司的经营效率。杜邦分析法是一种财务比率分解的方法，能有效反映影响企业获利能力的各指标间的相互联系，对企业的财务状况和经营成果做出合理的分析，形成了一个有机的分析体系，故也称作杜邦财务分析体系。杜邦分析法是从权益报酬率开始向下层层分解，从而解释指标变动的原因和变动趋势，为采取措施指明方向。

在 13.2.2 节中我们介绍了所有者权益报酬率的公式：

$$所有者权益报酬率=\frac{净利润}{平均所有者权益总额}$$

我们不妨把这个比率乘以“资产/资产”，得到

$$所有者权益报酬率=\frac{净利润}{权益总额}\times\frac{资产}{资产}=\frac{净利润}{资产}\times\frac{资产}{权益总额}=资产报酬率\times权益乘数$$

又因为

$$资产报酬率=\frac{净利润}{资产}=\frac{净利润}{销售收入}\times\frac{销售收入}{资产}=销售净利率\times资产周转率$$

所以

$$权益报酬率=销售净利率\times资产周转率\times权益乘数$$

上式被称为杜邦恒等式。利用杜邦恒等式可以帮助管理层更加清晰地看到权益报酬率的决定因素是经营效率（用销售净利率来计量）、资产使用效率（用资产周转率来计量）以及财务杠杆（用权益乘数来计量），并且揭示了销售净利率与资产周转率、权益乘数之间的关联，给管理层提供一张考查公司资产管理效率和是否最大化股东投资回报的路线图。此外，公司的管理层和股东还可以了解收益的来源。

【例】 根据表 13-1、表 13-2 两张财务报表可以得到东方公司的杜邦分析图，如图 13-2 所示。

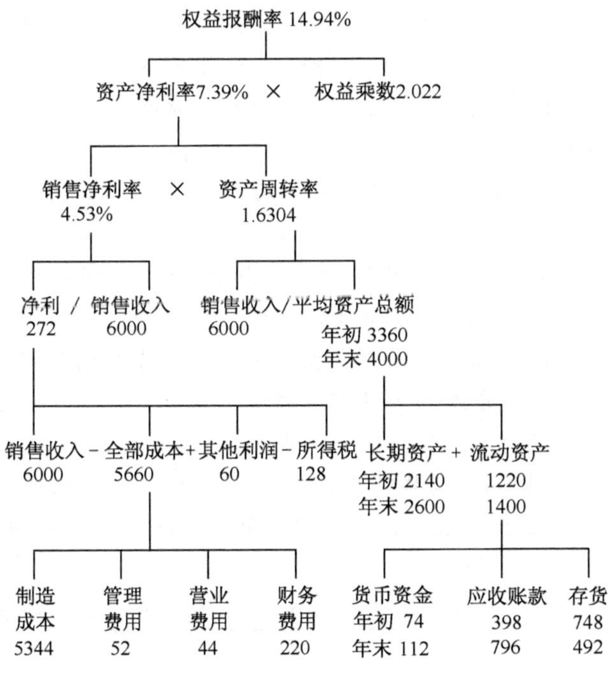

图 13-2 东方公司杜邦分析图

13.3　趋势分析与结构比率分析

13.3.1　趋势分析

比率分析是最常见的财务分析方法，但是它的缺陷是不能动态地反映企业经营状况的变化情况。趋势分析方法则可以很好地弥补这一缺陷。趋势分析是通过对比连续数期的财务报表或财务比率，以揭示目前的财务状况和未来变动趋势的一种分析方法，包括比较财务报表、比较百分比财务报表、比较财务比率和图解法等。这种方法对若干年的财务报表按时间序列作了分析以后，就能从动态上研究其特征和变动规律。

链接：

索尼爱立信翻身

在经历了2003年前两个季度的大幅亏损后，索尼爱立信移动通信有限公司的经营状况开始好转，显示出利润持续增长的趋势。

索尼爱立信对外公布的第四季度财务报表显示，第四季度手机出货量达到800万部，比2002年同期增长13%。销售收入达到14.37亿欧元，比2002年同期增长16%。索尼爱立信第四季度税前收入达4600万欧元，其中包括业务调整费用900万欧元，业务调整包括前个阶段宣布的整合美洲CDMA业务和慕尼黑GSM研发部门。净利润4300万欧元，比2002年同期提高了1.12亿欧元。

索尼爱立信在发给媒体的稿件中称，由于T610（国内型号T618）系列产品的成功，并且向日本市场成功推出新的产品，以及在GSM市场上推出了涵盖高端和低端的产品，皆推动了索尼爱立信本季度的赢利和增长。

索尼爱立信称，公司2003年全年出货量达到2720万部，比2002年增长了19%。2003年销售额为46.73亿欧元，比2002年增长了12%。税前收入是负1.3亿欧元，其中包括业务调整的6300万欧元。索尼爱立信所关注的GSM市场出货量比2002年增长了50%，日本市场出货量则比2002年增长了15%。

资料来源：2004年2月2日《二十一世纪经济报道》

1. 比较财务报表

比较财务报表是把数年财务报表的相同项目进行对比，得出增减变化的金额和变动幅度以便说明财务状况的变动情况，现以表13-3为例说明。

表 13-3　北方公司比较资产负债表

2001 年和 2002 年 12 月 31 日　　（单位：元）

项　目	2002 年	2001 年	2002 年比 2001 年增减	
			金　额	百分比
资产：				
现金	19 500	21 000	－1 500	－7.14％
应收账款	29 000	16 500	12 500	75.76％
存货	34 500	22 500	12 000	53.33％
预付账款	6 000	9 000	－3 000	－33.33％
长期投资	50 000	32 000	18 000	56.25％
固定资产	250 000	250 000	0	0％
（累计折旧）	（42 000）	（45 000）	（－3 000）	（－6.67％）
无形资产	28 500	30 000	－1 500	－5％
递延资产	10 500	0	10 500	
资产合计	386 000	336 000	50 000	14.88％
负债及股东权益：				
短期借款	13 000	7 500	5 500	73.33％
应付票据	7 500	30 000	－22 500	－75％
应付账款	26 000	22 500	3 500	15.56％
应付债券	60 000	60 000	0	0％
应付债券——折价	（5 250）	（6 000）	（－750）	（－12.5％）
股本	195 000	150 000	45 000	30％
资本公积	12 000	7 500	4 500	60％
盈余公积	2 000	0	2 000	—
未分配利润	75 750	64 500	11 250	17.44％
负债与股东权益合计	386 000	336 000	50 000	14.88％

通过以上趋势分析可以看出，北方公司 2002 年资产总额比 2001 年增加50 000元，增加了 14.88％，这主要是应收账款、存货和长期投资的增加而引起的。为了满足资产增加所需的资金，在权益和负债方面也有了增加，其中增长最多的是流动负债部分。企业要结合具体情况分析流动资产和流动负债的增加是否合理，特别要对增长幅度较大的应收账款和短期借款进行分析。

2. 比较百分比财务报表

比较百分比财务报表是把各年的资产负债表中各项目分别表示为总资产或总

负债的百分比，将损益表中各项目分别表示为销售收入的百分比，然后再进行比较，这能充分揭示财务报表中各项比例关系的变化趋势。另外，用百分比法不仅可将本企业各期报表加以比较，还可将两个企业的资料进行比较，或将本企业与同行业平均数进行比较。值得注意的是，进行比较的各企业财务报表必须具有可比性。

现举例说明比较百分比财务报表的分析（表 13-4）。

表 13-4　北方公司损益表　（单位：元）

项　目	2001 年	2002 年	2003 年
销售收入	360 000	480 000	600 000
销售成本	(296 000)	(390 000)	(440 000)
销售费用	(15 000)	(32 000)	(94 250)
销售利润	49 000	58 000	65 750
其他业务利润	8 000	6 000	12 000
财务及管理费用	(10 000)	(14 000)	(20 750)
营业利润	47 000	50 000	57 000
利润总额	47 000	50 000	57 000

下面我们以各年的销售收入为 100%，来编制北方公司各年的百分比损益表，见表 13-5。

表 13-5　北方公司百分比损益表

项　目	2001 年	2002 年	2003 年
销售收入	100%	100%	100%
销售成本	82.22%	81.25%	73.33%
销售费用	4.17%	6.67%	15.71%
销售利润	13.61%	12.08%	10.96%
其他业务利润	2.22%	1.25%	2%
财务费用及管理费用	2.78%	2.92%	3.46%
营业利润	13.06%	10.42%	9.50%
利润总额	13.06%	10.42%	9.50%

从表 13-5 中可以看出，企业销售成本逐年下降，而销售费用、财务费用和管理费用上升，使得企业利润总额下降，这应引起财务人员和其他管理人员的重视。

3. 比较财务比率

前述比率分析中，着重说明各种财务比率如何计算，并解释其在分析时的价值，将这些比率与同行业平均的财务比率进行比较，可以看出企业财务状况如何。除此之外，把某一公司各年的财务比率按时间先后进行比较，则可在一定程度上掌握企业财务状况的变化趋势。

4. 比较财务报表指数

比较财务报表指数是将各年资产负债表和损益表中的各项目表示为基年同一项目的百分比。

5. 趋势分析法的优缺点及应注意的问题

趋势分析法是对连续数年的财务报表的分析，这比单个分析财务报表能了解更多的情况，因为某一个时期的财务报表所反映的仅是川流不息的经营活动长河中的一个片断，而趋势分析不仅能帮助财务人员取得财务状况变动趋势方面的信息，而且还能为财务预测提供一定的依据。趋势分析的主要缺点是由于各因素特别是偶然性因素的影响，不同时期的财务报表可能不具有可比性。所以，在进行趋势分析时应注意以下几点：

（1）为使分析的数据不受偶然事件的影响，在分析时要剔除偶然性因素。

（2）当会计方法改变时，要先进行调整然后再进行分析。

（3）除对连续数年实际财务报表进行比较分析以外，还可把实际报表与预计报表进行对比，预测未来财务状况的变动趋势。

（4）在进行预测时，要对变化比较大或有重大问题的项目进行深入细致的分析，以发现管理上的失误。

13.3.2　结构比率分析法

结构比率分析法也是一种常用财务分析工具，它是指将各年的资产负债表或损益表中的重要项目按其组成部分再次划分，计算出每一部分余额占此项目总金额的结构百分比，并比较不同年间这种结构百分比的变化趋势的一种方法。例如，表 13-3 中列出了 2002 年和 2001 年流动资产总额和各组成部分余额，其结构比率分析列于表 13-6 中。

从表 13-6 中可以看出，流动资产的组成项目中现金和预付账款持有量有所降低，应收账款和存货的占有量有所增加，由此可以判断企业可能在某些方面的投资加大，或出现拖欠账款、超储积压等情况，因此企业要认真查找原因。

表 13-6 北方公司流动资产结构比率分析

项　目	2002 年	2001 年
流动资产：	100%	100%
现金	21.910%	30.435%
应收账款	32.584%	23.913%
存货	38.764%	32.609%
预付账款	6.742%	13.043%

13.4 财务分析的局限和陷阱

财务分析是了解企业财务经营状况最重要的分析工具。但财务分析的结果不一定绝对准确，有时甚至与实际相去甚远，这是由财务分析的局限性造成的。

13.4.1 企业提供的报表数据的局限性

财务分析的主要对象是财务报表所提供的数据，而报表数据本身是有局限的，其具体表现为：

（1）会计处理方法的不同，会使不同企业同类报表数据缺乏可比性，从而使财务分析结果有差异。根据现行会计制度的规定，企业的存货发出计价方法、固定资产折旧方法、坏账的处理方法、对外投资的核算方法、外币报表折算汇率、所得税会计中的核算方法等，都可以有不同的选择。如存货发出计价方法有先进先出法、后进先出法、加权平均法、分批实际法等多种方法。即使是两个企业实际经营情况完全相同，不同的方法对期末存货及销售成本水平有不同的影响，因此，财务报表中的有关数据会有所不同，使得两个企业的财务分析发生歪曲。

（2）会计报表中的有些数据是通过估计得来的，受会计人员主观因素的影响较大。如采用备抵法核销坏账，按年末应收账款余额的3%～5%的比例计提坏账准备金，计入管理费用；固定资产预计净残值率3%～5%，低于3%或高于5%由企业自主决定并报主管财政机关备案；无形资产与开办费的摊销期限，固定资产的折旧年限等，在不同的企业可能会导致几年甚至十几年的差异。单一地看，上述这些似乎无关紧要，但每一种估计与企业损益都有直接关系，都会对企业损益产生影响，而损益尤其是净损益往往又是财务分析中最为关注的。

（3）通货膨胀会使资产负债表、损益表中的各项数据严重地歪曲。会计核算以货币计量为基本前提，而币值稳定是货币计量假设的内容之一。而现实的情况是，通货膨胀普遍存在，币值稳定假设受到严峻的挑战，正如美国通货膨胀会计学家所言："会计的真实性在很大程度上依靠于货币的真实性，但货币是一个说谎者，它所说的和其实际含义是不相同的。"

(4) 企业往往采用窗饰技术蒙骗会计报表使用者。一般而言，财务分析的诸多指标中，凡是以时点指标为基础计算的大都可以乔装打扮。如企业为表现良好的偿债能力和营运能力可以在报表日前放宽信用条件，扩大销售，增加销售收入；抛售短期有价证券；提前办理大额增资并偿还部分流动负债；期末压缩或延缓进货等。

(5) 有时财务报告中的数据并不全面，即有表外因素存在，主要表现在：①未作记录的或有负债；②担保责任引起的负债。企业有权以自己所拥有的资产，为其他主体提供担保，这种担保也是企业潜在的负债；③经营租赁带来的影响。经营租赁的资产不在资产的负债表中反映，因此，从一定程度上看，若某企业大量依靠经营租赁开展生产经营，则资产总额相对于销售收入来说偏低，从而使这类企业资产周转率被高估。

链接：

一些公司可能会采用特殊的会计政策或安排特殊的交易，以描绘出一幅符合管理当局意图的、与真实公允的财务状况和业绩不相一致的财务健康景象，这种行为在国外被称为创意会计，这已成为会计准则制定者的一个主要问题。

沃伦·巴菲特被公认为是世界上最成功的投资家，也在世界富豪榜上有名。关于创意会计问题，他做了以下表白：

越来越多的高级经理——首席执行官，你可能很高兴他们成为你子女的配偶或你意愿下的托管人——已经认为完全可以通过操纵利润来满足他们心目中的华尔街的需求。事实上，许多首席执行官认为这种操纵行为不仅可行，而且事实上也是他们的职责。

13.4.2 分析方法及指标自身的局限

除财务报表所提供的数据存在局限性以外，分析方法及指标自身也存在局限性问题。其具体表现为：

(1) 财务分析的基本方法有比率分析法和比较分析法两类，无论是何种方法均是对企业过去的经济上所进行的反映。另外，会计报表使用者取得会计报表的时间，与业务发生的时间就时隔更长了，可谓时过境迁，因此，用过去的数据去判断企业目前甚至将来的财务状况，往往不切实际。

(2) 可比性是比较分析法的灵魂，只有具有可比性的指标采用比较分析才有价值，而由于报表数据的局限，不同企业甚至同一企业不同时期的数据均缺乏可比性，从这个意义上说，比较分析法的运用必然受到影响。

(3) 企业的会计处理方法等会计政策的选择，虽然要在会计报表说明书或附注中加以注明，但由于会计人员和会计报表使用者的能力、经验、知识水平等方面的限制，不一定能完成建立可比性的调整工作。

（4）财务指标缺乏统一的一般性的标准，工业发达国家如美国、日本的一些政府和金融机构，定期颁布各行业的财务方面的统计指标，甚至同行业企业的工会与个别公司的信用部门，也搜集产业平均财务比率的资料。然而目前某些报刊提供的部分行业财务数据往往行业划分较粗，抽样误差较大，缺乏一定的代表性，使会计报表使用者无所适从。

（5）现行财务分析指标常常是重“量”而忽视“质”，会计报表较难揭示翔实的资料，因而使会计报表使用者较难取得诸如存货结构、资产结构、批量大小、季节性生产变化等信息。

13.4.3 财务分析方法局限的突破

综上所述，财务分析固然非常重要，它可以为财务决策、计划和控制提供较大的帮助，但我们绝不能以一种不假思索的态度来看待财务分析所得的各类指标，只能谨慎地使用财务分析，不可将其绝对化。要认清财务分析与评价的局限性，并且在必要时做适当的调整，以利正确决策。目前西方财务分析的发展趋势之一就是引入非财务因素。财务分析结果所揭示的是企业中期的财务状况和经营成果，如果要更客观地反映企业的经营情况，还应该引入非财务因素的分析，即利用非财务因素，进行企业竞争力和战略分析；利用现金流量分析，揭示企业短期经营能力。因此，通常引入非财务因素进行长期战略竞争力分析；通过财务比率分析，进行中期企业财务状况和成果分析；通过现金流量分析，进行短期企业经营状况分析，通过上述三个层面分析，可以构成一个完整的企业分析体系。

目前西方理论界和实务界正在努力探索构建新的模型来衡量企业绩效或价值。最主要和常用的衡量企业绩效或价值的模型包括：现金流评估法，剩余收益（RI），经济增加值（EVA），市场增加值（MVA），未来增长值（FGV），股东增加值（SVA），可持续增长率（SGR）和平衡计分卡（BSC）。见表13-7。

表13-7 衡量企业绩效或价值模型的主要方式

衡量企业绩效或价值模型	内 容
现金流评估法	股权自由现金流估价模型
	公司自由现金流贴现估价模型
剩余收益	剩余收益＝部门利润－部门资产应计报酬
经济增加值 EVA	经济增加值＝调整后的会计利润－资本成本
市场增加值 MVA	市场增加值＝市场价值－资本投入
未来增长价值 FGV	未来增长价值＝市场价值－当前经营价值

续表

衡量企业绩效或价值模型	内容
股东增加值 SVA	股东增加值＝收益增加的现值－新投入资本的现值
投资现金收回率 CFROI	只有在 CFROI 结果大于机会成本率情况下，股东价值才能增值
可持续增长值 SGR	保持财务杠杆不变且不发行新股的情况下，运用内部和外部资金所能支持的最大增长比率
平衡计分卡 BSC	从财务、顾客、内部经营过程和学习与成长四个方面制定目标并进行计量

【重要词汇】

◇ 比率分析

就是分析一个数字与另一个数字的比率关系，从而产生许多新的对决策更为重要的信息。由于比率易于计算，使用方便，因而比率分析成为当前财务分析中应用最广泛的分析方法。

◇ 结构分析

是指将各年的资产负债表或损益表中的重要项目按其组成部分再次划分，计算出每一部分余额占此项目总金额的结构百分比，并比较不同年间这种结构百分比的变化趋势的一种分析方法。

◇ 趋势分析

是通过对比连续数期的财务报表或财务比率，以揭示目前的财务状况和未来变动趋势的一种分析方法，包括比较财务报表、比较百分比财务报表、比较财务比率和图解法等。这种方法对若干年的财务报表按时间序列作了分析以后，就能从动态上研究其特征和变动规律。

◇ 流动比率

是流动资产与流动负债的比值，反映一年或一个经营周期内可以变现的资产对一年或一个经营周期内到期的债务的保障程度。流动比率越高，表示企业偿债能力越强。但是，如果比率过高，该企业可能有过多的资产停留在营运资金中；如果流动比率过低，则企业可能没有足够的容易变为现金的资产来偿付流动负债。

◇ 速动比率

是速动资产与流动负债的比值，反映变现能力更强的速动资产（货币资金、短期投资或称有价证券、应收票据和应收账款净额等）对流动负债的保障程度。流动资产中扣除存货和预付费用这类变现能力较低的项目后，能更透彻地和令人可信地反映企业的短期偿债能力。

◇ 资产负债率

是负债与资产比值，总资产中有多大比例是通过借债来筹资的，可反映企业在清算时保护债权人利益的程度，也可反映企业举债经营的能力，又称负债比率。负债比例过高会影响今后企业筹资能力，过低又反映企业对前途信心不足或利用财务杠杆进行经营活动的能力较差。该比率的理想值也因行业和企业规模的不同而不同。

◇ 所有者权益报酬率

是站在业主的立场上考察其对企业的投资能获得多大的投资报酬。与资产报酬率相比，不同之处主要在于权益报酬率进一步反映了企业资本结构的合理、优化与否。如果权益报酬率大于资产报酬率，说明企业善于运用“财务杠杆”作用来谋求业主的利益，否则说明企业管理当局由于资本结构失当而不能给其业主（或股东）带来收益的最大化。

◇ 杜邦财务分析体系

是一种财务比率分解的方法，能有效反映影响企业获利能力的各指标间的相互联系，对企业的财务状况和经营成果做出合理的分析，形成了一个有机的分析体系，故也称作杜邦财务分析体系。

【知识练习】

1. 财务分析的基本方法有哪些？
2. 比率分析指标有哪些？它们是如何计算和分析的？
3. 财务分析局限在哪些方面，如何避免？
4. 什么是趋势分析法？它们是如何计算和分析的？
5. 什么是结构分析法？它们是如何计算和分析的？

【能力训练】

1. 你觉得有哪些可能是负债比率很高的行业？有何特殊理由？负债过高的行业财务状况是否一定不好？

2. 如果你是下面列出的几种人，你最可能关注哪个财务比率？为什么？

(1) 考虑为企业季节性存货提供资金的银行家；

(2) 富有的权益投资人；

(3) 考虑购买企业债券的养老基金管理者；

(4) 某消费品企业的总裁。

3. 财务报表分析存在的缺点是否会影响到其参考价值？是否有可以改进这些缺点的方法？

4. 案例分析：

从海尔公司报表能看出“背后的故事”

青岛海尔集团公司是我国家电行业的佼佼者，其前身是原青岛电冰箱总厂，经过十多年的兼并扩张，已经今非昔比。据2005年中期报表分析，公司的业绩增长非常稳定，主营业务收入和利润保持同步增长，这在竞争激烈、行业利润明显滑坡的家电行业是极为可贵的。公司2005年上半年收入增加部分主要来自于冰箱产品的出口，鉴于公司出口形式的看好，海尔的国际化战略取得了明显的经济效益。预计海尔将成为家电行业的受益者。

另据2005年8月26日青岛海尔拟增发A股董事会公告称，公司拟向社会公众增发不超过10000万股的A股，该次募集资金将用于收购青岛海尔空调器有限公司74.45%的股权。此前海尔已持有该公司25.5%的股权，此举意味着收购完成后青岛海尔对海尔空调器公司的控制权将达到99.95%。据悉，作为海尔集团的主导企业之一，青岛海尔空调器公司主要生产空调器、家用电器及制冷设备，是我国技术水平较高、规模品种较多、生产规模较大的空调生产基地。该公司产销状况良好，2005年上半年共生产空调器252万台，超过2004年全年的产量，出口量分别是2004年同期和全年出口的4.5倍、2.7倍，迄今海尔空调已有1/4的产量出口海外。目前，海尔空调来自海外的订单已排至2008年。鉴于海尔空调已是成熟的高盈利产品，收购后可以使青岛海尔拓展主营业务结构，实现产品多元化战略，为公司进一步扩张提供强有力的支撑，同时也成为青岛海尔新的经济增长点。

青岛海尔2005年中期财务状况如表1和表2所示。

表1 青岛海尔集团公司资产负债表简表

2005年6月30日 （单位：元）

项 目	金 额
货币资金	512 451 234.85
应收账款	390 345 914.95
预付账款	599 903 344.89
其他应收款	371 235 313.62
存货净额	499 934 290.49
待摊费用	1 211 250.00
流动资产合计	2 369 591 987.38
长期股权投资	307 178 438.08
长期债权投资	0.00
长期投资合计	307 178 438.08

续表

项　目	金　额
固定资产合计	1 007 881 696. 67
无形资产	107 740 871. 92
资产总计	3 792 590 880. 96
应付账款	125 187 391. 88
预收账款	72 559 642. 42
流动负债合计	771 705 947. 11
长期负债合计	4 365 881. 58
负债合计	776 071 828. 69
股本	56 470 690. 00
资本公积	1 513 174 748. 87
盈余公积	329 160 271. 54
未分配利润	354 620 919. 79
股东权益合计	2 761 662 842. 20
负债及股东权益总计	3 792 590 880. 96

表 2　青岛海尔集团公司利润及利润分配表简表

2005 年 1～6 月　　（单位：元）

项　目	金　额
一、主营业务收入	2 706 766 895. 09
减：主营业务成本	2 252 753 488. 10
减：营业税金及附加	7 030 314. 68
二、主营业务利润	446 983 092. 31
减：营业费用	31 115 574. 99
减：管理费用	219 583 432. 98
减：财务费用	6 515 967. 38
三、营业利润	195 413 320. 98
加：投资收益	3 806 648. 25
加：补贴收入	0. 00
加：营业外收入	589 117. 10
加：营业外支出	989 953. 10
四、利润总额	233 078 983. 23
减：所得税	26 832 576. 00

续表

项　目	金　额
五、净利润	181 900 337.65
加：年初未分配利润	172 720 582.14
加：盈余公积转入数	0.00
六、可分配的利润	354 620 919.79
减：提取法定公积金	0.00
减：提取法定公益金	0.00
七、可供股东分配的利润	354 620 919.79
减：提取任意公积金	0.00
减：已分配普通股股利	0.00
八、未分配利润	354 620 919.79

阅读上述案例资料，以小组或独立思考的方式，回答以下问题：

1. 对海尔公司的短期偿债能力进行分析，主要侧重分析计算流动比率、速动比率，并结合流动资产和流动负债项目中的具体项目对海尔公司的短期偿债能力进行评价。

2. 对海尔公司的长期偿债能力进行分析，主要侧重分析资产负债率、股东权益比率、权益乘数、负债股权比率等指标。

3. 在企业财务分析实践中评价长期偿债能力时是否应对企业盈利能力进行分析？长期偿债能力与盈利能力之间有何矛盾？如何解决这一矛盾？结合海尔公司的盈利性，你认为海尔公司长期偿债能力如何？

第 14 章　运 作 管 理

了解顾客需求，以最有效的方式提供产品与服务，满足顾客需求，是企业生存发展之道。

——本章作者

【本章学习目的】

1. 理解运作管理的基本概念、内涵。
2. 懂得加强运作管理的重要性。
3. 了解构建运作系统的基本内容。
4. 了解运作系统计划与控制的基本内容。

自 2001 年中国加入世贸组织以来，“中国制造”对于来自出口市场竞争者的敌意早已不陌生。但最近有点不一样：一方面，从 2007 年春天以来，几乎每隔一周，就会新爆一宗与“中国制造”产品有关的负面事件；另一方面，每一宗这样的事件，都涉及人身安全。这些事情的主要诱因包括：生产厂商违规操作问题；产品质量标准问题；进口国采购商过于强调成本控制问题；本地监管环节不规范问题；执法松懈问题等。

由于上述事件的影响，江苏徐州安营生物技术有限公司、滨州富田生物科技已不复存在，面临在美销售轮胎召回事件的杭州中策橡胶有限公司对媒体选择了消极的沉默，华晨汽车出口德国的梦想，因为糟糕的碰撞测试结果而受挫，生机勃勃的佛山利达玩具公司一夜之间人去楼空只剩下孤零零的厂房和刚刚下线的价值 1600 万元港币的产品。

上述类似的问题并非中国独有，几乎所有新兴工业国家、新兴出口大国都曾经面对过。第二次世界大战前后，“日本制造”曾是取笑劣质产品的口头禅，而今天，“日本制造”往往是优质产品的代名词。

问题本身并不可怕，重要的是如何应对。（根据《财经》2007 年第 14 期有关资料改写）

与前几章所讨论的营销、财务等职能一样，运作也是企业重要的职能之一。接下来的两章将讨论运作管理。通过运作管理的讨论，可了解应从哪些基本方面入手，才能以最有效的方式提供顾客所需求的产品与服务，满足顾客的需求。

14.1　运作管理的基本概念

14.1.1　社会组织与企业

社会组织是指具有特定目标、由诸相关要素组成的有机整体。人类社会的生存与发展离不开社会组织。世界上存在的社会组织各种各样，它们彼此差异很大，企业、大学、消防队、工会……都是某种形式的社会组织。根据是否追求利润的特点，社会组织可分为非营利性组织和营利性组织两大类，而营利性组织根据产出的特征又可分为提供有形产品的制造类组织和提供无形服务的服务类组织。

企业是一类社会组织，它们或向社会提供有形产品或向社会提供无形服务或兼而有之，相应地，它们分别被称为制造型企业、服务型企业或混合型企业（多元化企业的一种）。典型的企业有三个基本职能：财务、营销与运作，如图 14-1 所示。

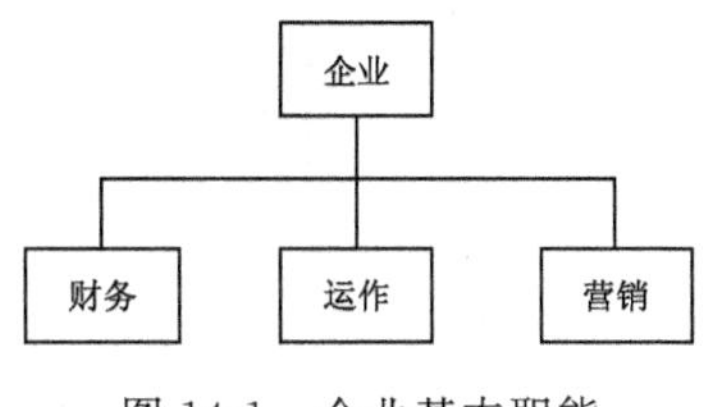

图 14-1　企业基本职能

图 14-1 表明，尽管企业职能较多，但财务、营销与运作是企业最基本的职能。企业运行状况是否良好，不仅取决于财务、营销与运作等各职能本身，而且还取决于它们之间协调配合的好坏。

14.1.2　运作管理

1. 运作、运作系统与运作管理

运作管理的基本概念可以从运作、运作系统、运作管理等三个方面进行讨论与描述。

1）运作

运作泛指将投入转化为产出的过程。运作是自有人类社会以来最基本的实践活动。在人类历史长河中，人类就是通过运作创造了一切社会财富，求得了生存和发展。运作的概念也随着社会生产力水平的发展而不断延伸和扩展。

最初，人类以自然界作为基本财富资源，以“自然”为对象进行生产，形成了第一产业范畴意义上的生产概念。之后，工业生产迅速发展，人类把“实物制造”列为创造财富的要素，强调有形的实物产品的生产。此时，生产是指物质资料的生产，包容了第一和第二产业的范畴，但更关注工厂意义上的生产和生产过程。今天，社会生产力不断发展，促发了服务业的兴起和发展，并且在社会经济中扮演着越来越重要的角色。

通常，人们把形成有形产品的过程称作“生产”、“制造”，而把提供服务的过程称作“运作”。由于“有形产品”和“无形服务”往往相互交织密不可分，也由于“有形产品的生产”和“无形服务的提供”两者相互交融的现状与发展趋势，一般不再对它们作严格区分，统称为“运作”，甚至就称为“运作”、“运营”、或“作业”。

由于有形产品、无形服务多种多样、千差万别，因此运作具有广泛性、多样性。生产制造、仓储运输、交易、零售、娱乐、医疗卫生、信息、沟通与传媒等都是典型的运作。虽然运作类型多种多样，但是它们共同的特点都是将输入转化为输出，由一种状态转化为另一种状态，并在转化过程中实现价值增值，对于非营利组织而言，其价值是指它们对社会的价值。图 14-2 描述了运作的基本过程。

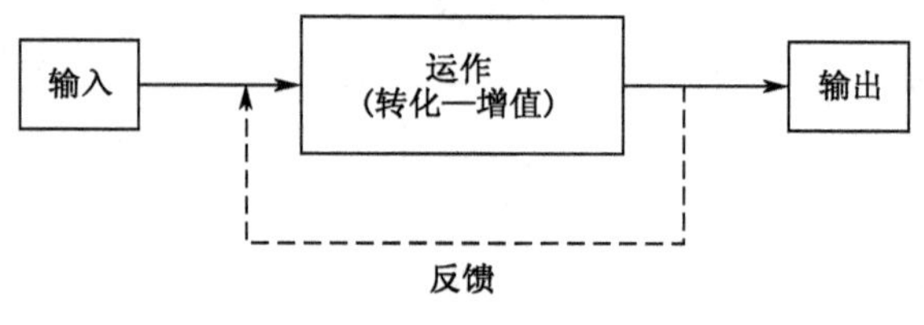

图 14-2　运作过程

运作的概念可以这样描述：运作是指组织通过其产品（包括服务，下同）获取利润的各项活动的总称，其核心是将投入转化为产品、形成价值增值。

在图 14-2 中，如果输入的是原材料，比如钢板、木材、油漆等，经过运作转化为家具，此时的运作表现为制造具有物理形态的产品，并在制造过程中产生价值增值（利润），如果运作的输入是需要消费服务的顾客，比如需要美发的顾客，经过运作，顾客满意地离开。此时的运作表现为向顾客提供服务，并在提供服务的过程中产生价值增值（利润）。

2）运作系统

企业要进行运作，完成上述转化，必须投入相应的资源，比如，人员、场地、设施、设备、工具等。企业在进行运作、完成上述转化时还必须遵循必要的规则，比如，流程、计划等，并对运作过程进行监督与控制。运作所必需的资源投入、所遵循的规则是一个完整的有机的整体，“产品或服务—各种资源—各种规则”相互之间必须协调配合，才能合理的完成运作过程。

采用系统的观点，企业的运作过程实际上是一个“投入—产出”的过程。完成该过程的各要素的所构成的有机整体是一个“投入—产出”系统，该系统也即运作系统。运作系统由硬件和软件构成，硬件包括设施、设备等，软件包括制度、办法、程序等，硬件各要素之间、软件各要素之间、硬件与软件之间必须具备良好的集成性。

3）运作管理

如果将管理看做是一个计划、组织、控制的过程，那么，通俗地说，运作管理就是对运作系统与运作过程进行计划、组织与控制，为社会提供适销对路的产品与服务，最大限度地实现价值增值，达成企业目标。关于什么是运作管理，并没有一个标准的、统一的定义，比较正式的、为大多数人所接受的描述性定义是：运作管理是管理的一个职能领域，它对企业的提供主要产品/服务的系统进行设计、运行、评价和改进，其核心是实现价值增值。运作管理围绕提高价值增值的程度、提高价值增值效应而展开。

实际企业中，运作管理包括了许多部门的有关工作，如研究开发或技术管理、采购供应、生产制造、物流、设备、计划、质量等。

实践中，运作管理有狭义与广义之分，前者以运作过程为对象，着重研究如何对运作过程进行有效的管理。后者以运作系统的设计、构建及其运行为对象，实行全方位的综合性管理。此外，随着社会、经济、技术的发展，随着计算机技术、网络技术的广泛使用，运作管理也已不再囿于组织的边界，越来越多的企业将供应商与分销商或零售商看成是其运作管理系统与运作过程的延伸与延续，运作管理已经突破了组织的边界。

2. 运作管理：制造与服务

如前文所述，制造是指生产有形产品，如汽车、收音机等。服务是指提供某种无形产品的活动，如医生诊治、修剪草坪等。

制造型企业和服务型企业就做什么而言通常是相似的，但就如何完成这些业务来说，这两者有很大差别。一般而言，制造型企业基于产品导向，而服务型企业基于活动导向。这种区别包括以下几个方面。

1）顾客的参与性

服务组织中顾客的参与程度高。服务提供与对服务消费通常在同一地点同时发生，有时顾客还是运作系统的一部分，另外，服务不可存储，有时还有很强的时间特征、地理位置特征。所有这些都使运作管理受到较大限制。

产品生产与产品消费可相互分离，产品还可以库存，这些都给产品生产提供了很大的主动权。

2）投入—产出的一致性

服务运作的投入比制造运作的投入具有更大的不确定性。服务具有心理体验特征，并且，在很多情况下，每一个接受服务的消费者都具有独特性，需经过一定的检查、准备后方可采取措施。

制造组织经常通过严格控制投入变化以使产出变化尽可能地小。结果，通常对制造的工作要求比对服务的工作要求一致性更高。

3）工作的劳动含量

由于服务就地消费和投入的一致性较低，服务业一般说来劳动含量较高，而制造业资本密集（即机械化）程度较高。

4）生产率度量

服务组织的投入—产出的一致性低，其运作效率较低，生产率度量、比较难度大。制造组织的投入—产出的一致性高，运作顺利、效率高；生产率度量较简单易行、可比性强。

5）质量保证

由于服务的提供与消费同时进行，这就对质量保证提出了更高的要求；再者，除非质量保证得到有效管理，否则投入的多变性将致使产出质量更具不确定性。对服务组织而言，提供服务的质量更重要，因为它不像制造组织那样，出现的差错可在顾客收到产品前得到消除。

3. 制造与服务的关系

尽管将系统视为纯粹从事产品生产或提供服务是很方便的，但是在大多数情况下，有形产品与无形产品（服务）往往相互交织、相互渗透。服务业和制造业对国民经济都是重要的，统计表明，随着社会、经济的发展，服务业在 GDP 中的比重、就业人员比重在逐步增多，而从事制造业的情况却相反。另外，服务业和制造业还往往相互依赖、相互促进，共同发展。

4. 运作管理的地位与作用

1）参与竞争的平台

影响竞争能力的基本因素可以归纳为：质量、成本、柔性与交货期。从市场角度看和从企业角度看，这四个因素既具有不同的含义，又具有对应性。从市场角度客观、准确、全面地把握质量、成本、柔性与交货期这四个因素，并有所选择、有所侧重地体现在运作系统与运作过程中，同时，无论在硬件上还是在软件上，运作系统与运作过程都必须拥有相应的能力，以确保所选定的质量、成本、柔性与交货期的有关要求与产品或服务的特色充分体现在所提供的产品或服务中。只有这样，产品或服务才能真正体现目标市场的要求，赢得竞争优势，满足消费者与客户的需求。可见，运作系统是企业参与市场竞争的基础，是产品或服务在市场上进行竞争的平台。运作系统对企业竞争优势的贡献性表明，运作系统是企业赢得持续性竞争优势的重要的战略性资源。并且，随着科学技术的加速发展，随着市场竞争日益加剧，随着竞争的不确定性日益明显，企业竞争力对运作系统的依赖性也将越强。

2）创造顾客价值的关键

顾客价值表现为与消费产品或服务相关联的顾客利得与利失之间的比较与权衡。顾客利得与利失建立在产品或服务的特征上，比如，相应的品种、款式、价格、质量、交货、品牌、售后服务等，或服务提供过程中的顾客感知，比如，服务项目、内容、价格、环境、服务人员的态度等。企业运作系统对这些具有重大的影响。因此，企业运作系统是决定顾客价值的关键因素。

3）企业管理的重点

在一个典型的企业中，运作活动占用了企业绝大部分工作时间，在这些时间中，运作活动通过生产产品、提供服务满足市场需求，并同时产生价值增值，形成企业的利润。

另外，运作不仅是企业最基本的活动，而且，企业资源的投入与消耗也主要发生在运作领域。有统计表明，在一个典型的企业中，运作领域往往集中了投资的 75％、人员的 80％、成本的 85％。因此，加强运作管理其意义不言而喻。

14.1.3　运作管理的演进

企业管理理论最早还是从运作管理逐步完善发展起来的。在西方国家，从体制上看，与企业管理理论发展相适应的运作管理可分放任管理、科学管理、现代管理三个基本阶段。

1. 早期的放任管理阶段

从 18 世纪后半期到 19 世纪末，当时的工业生产由个体生产逐步发展到手工作坊，并开始使用机器，形成了工厂，有了管理。1771 年亚当·斯密的“劳动价值论”与“分工”的理论，指出价值产生于劳动，只有分工才能有更高的生产效率，产生更多价值。这个时期的管理理论主要内容是：分工协作、计件工资、靠经验进行管理，生产无操作标准，工作随意性很大，技术传递采取师傅带徒弟的方法，管理是极其落后的。

2. 科学管理阶段

从 19 世纪末到 20 世纪 40 年代，在否定了传统管理基础上产生了科学管理。其代表人物是泰勒、吉尔布雷斯夫妇、甘特以及福特等。这个时期的管理是在利用经验和判断进行管理的基础上，通过总结提高，使之标准化、系统化、科学化而形成。从体制上形成了有代表性的泰勒制和福特制两大体制。

泰勒制以传统的工业工程技术为基础，进行动作研究和时间研究。该管理方法的基本内容是：按标准操作方法培训工人，实行有差别的计件工资制，明确划分管理职能，使管理工作专业化；并对每个作业者规定合理的工作量，按其完成的情况确定工资率。泰勒制解决了在放任管理阶段出现的作业者有组织的怠工问题，提高了劳动生产率。

福特制是针对大量生产的要求，以标准化、简单化、专业化为目标，运用流水生产线，力求实现劳动机械化，并通过流水作业方式促进劳动分工，使生产专业化，提高了生产率，降低了成本。

3. 现代化管理阶段

由于传统的科学管理已经不能适应变化的要求，从 20 世纪 40 年代至今产生了现代化管理。这一阶段的管理特征是：为适应市场竞争，实现了产销一体化；为满足生产日益社会化、全球化的要求，有效地协调各种复杂关系，实现了管理组织系统化；加强科学管理与决策，大量采用数理手法，实行管理方法定量化；计算机技术的发展，信息工作的加强，使管理手段自动化。

这一阶段的运作已进入多品种小批量或多品种变批量为主流的时代。运作上采用单件或单件小批生产方式，从而使运作管理方式发生了根本性变革。运作管理不再局限于控制单个生产设备和生产线，而是通过运作管理信息系统，动态、及时地制定、实施生产计划并进行生产控制。

知识时代的到来对运作管理产生了深刻的、深远的影响：一方面对产品的质量、成本、柔性、交货期提出了更高的要求，竞争的重点、方式、手段、层次充满了变化；另一方面，也为企业实现知识化的运作管理、满足顾客个性化需求提供了支撑技术。应用新的理论、技术、方法与手段改造传统企业以适应时代要求，是当代运作管理发展的必然。知识时代的到来既给企业带来了难得的发展机遇，也使企业面临着极大的挑战。

14.1.4 运作管理的基本内容

根据系统生命周期理论，运作管理的基本内容包括——制定运作战略、构建运作系统、运行与控制运作系统、维护与改进运作系统。

1. 制定运作战略

制定运作战略要求以企业整体战略为框架，在运作这一具体的职能部门内，明确运作管理应秉承的理念、指导思想与基本原则。在制定运作战略时，应突出注意以下关键点：首先，运作战略必须以企业整体战略为导向，强调对企业目标的贡献性。其次，运作战略与其他职能部门的战略应协调一致。因为竞争优势不仅取决于各职能部门的能力，还取决于各职能部门之间的协调与配合，只有各职能部门的战略协调一致，才能更好地支持业务单元有效地参与竞争、获取竞争优势。最后，运作战略应以竞争为导向。影响产品竞争能力的基本要素有质量、柔性、交货、成本，因此，运作系统及其管理是竞争的基本保证，是竞争的平台与基础，制定运作战略必须强调竞争导向。

2. 构建运作系统

运作系统就是企业运作的基础、前提条件。构成运作系统的基本要素包括——产品、流程、技术、运作能力、设施与设备、场地与布局、组织形式、人员安排与管理等内容。企业在运作战略的指导下，合理配置资源，动态管理上述诸要素，构建富有效率的运作系统，从而为生产制造、为服务提供、为参与市场竞争奠定坚实的基础。

3. 计划与控制运作系统

运作系统运行的核心是对运作系统与运作过程进行计划与控制。运作计划以企业的战略与目标为导向，以运作战略为指导，对运作系统及运作过程的各项工作、活动进行协同安排。运作控制是落实运作计划的根本手段，通过运作控制，确保运作计划的落实与实现，从而达成组织的目标。

4. 改进与完善运作系统

由于多种因素的影响，不论是运作系统本身还是运作过程的组织与运行，都不可能完美无缺，都不可能长期地、很好地满足外部环境的要求、体现企业的目标与要求，即使曾经“完美”的运作系统，也会由于多种因素的影响而不断劣化，这些因素主要有——科学技术的发展、顾客偏好的改变、政策性因素的影响、竞争对手的行动、社会与经济的发展、突发性事件的发生等。

改进与完善可从三个层面来展开，它们分别是运作系统的变革、运作系统的改进以及运作系统的完善。运作系统的变革是战略性的，往往涉及整个企业或整个业务，由高层管理层负责；运作系统的改进是战术性的，往往跨部门与/或跨流程，由中层管理层负责；运作系统的完善是作业性的，往往面向各个岗位，由作业人员本人负责。

运作管理是一个由“制定运作战略、构建运作系统、运行与控制运作系统、维护与改进运作系统”所构成的一个完整的、有机的整体。

14.2　构建运作系统

14.2.1　运作系统构成

构建运作系统，就是根据企业既定的运作战略，合理配置资源，使得产品、流程、技术、能力、设施与设备、场地与布局、组织形式、人员安排与管理等诸要素形成一个有机协调的整体，为高效、有序、动态地制造产品或提供服务、满足市场需求奠定基础。下面，仅就运作系统的产品、流程、运作能力、设施选址与设施布置等展开简要论述。

14.2.2 产品

1. 产品与产品研发

对企业而言，产品具有十分重大的意义。产品是链接企业与顾客的纽带，企业通过产品来满足顾客的需求并实现自身的目标。企业拥有好的产品，是指企业有明确的主营业务、在主营业务方向有市场强势的拳头产品，并且该拳头产品具有良好的生命周期形态。良好的生命周期形态离不开研究开发的支持，企业只有坚持持续不断的、富有成效的研究开发，才能持续不断地向市场提供富有竞争力的产品。

实践中，许多企业在产品研发管理中存在两难性选择，一方面，产品生命周期越来越短，企业对新产品的依赖性与迫切性日益明显，不进行产品研发，企业在市场上难以为继，或在可预见的未来会影响到企业的生存发展；另一方面，有价值的研发构思与创意越来越少，产品开发的成功率越来越低，产品研发高风险性日益突出，许多企业对这种风险承受能力差，没有足够的基础与能力来应对这种风险。要解决产品研发管理中存在的两难性选择问题，一个重要的关键点就是提高产品研发的成功率。

2. 提高产品研发成功率

产品开发成功与否，可从技术与经济两方面进行度量。对大多数企业来说，产品开发是否带来足够的商业利润显得更为重要。影响企业产品研发的成功率的因素很多，但实践表明，在大多数情况下，从以下方面入手，可有效提升产品研发的成功率。

首先，树立全产品概念。全产品概念认为产品由三个层次构成。最内层的核心产品系指产品的核心价值，是产品存在的理由。第二层物理产品指产品的实物形态部分。产品通过其实物形态部分实现其功能，满足消费者需求。最外层的延伸产品是指产品的非实物部分或产品所提供的服务。产品通过其非实物形态部分实现其功能，满足消费者需求。根据全产品概念，在产品开发中，应根据消费者的特定要求与企业的战略安排，对产品的诸要素有所侧重，合理安排、有机整合才能形成有竞争能力的产品。

其次，树立产品全周期研发的观念。产品生命周期不同阶段具有不同的特征、不同的问题，研究开发就需要根据这些不同的问题，设立相应的研发项目以解决这些问题，实现对产品的全周期支持。

最后，加强产品研发关键因素的管理。实证研究表明，影响产品开发成功率的因素虽多，但常见因素具有明显的集中度，如表14-1所示。

表14-1　影响产品开发成功率的主要因素

高层领导重视	缩短产品开发周期
企业内部部门之间的高效率合作	产品开发中的质量管理
新产品与现有运作条件之间的相关性	价值创新
新产品对顾客的价值大	模仿与逆向工程
合理确定开发成本	面向X设计

高层领导认识。企业高层领导能够总揽全局，能够从整体上把握企业，企业高层领导对产品研发的理解与认识，不仅决定了一个企业对产品研发的投入力度，也决定了产品研发人员工作动力的大小，尤其当产品研发遇到很大的困难时，高层领导协调、支持与鼓励对研发工作的成效具有关键性的影响。

企业内部部门之间的合作。产品研究与开发涉及企业内部其他很多部门，比如，营销与销售、运作、财务、采购、研发等部门，产品研发需要这些部门之间的高效合作。但实际上，由于本位主义、局部利益、缺乏有效的沟通协作机制等因素的影响，严重影响了产品研发成效。在相关的部门选择适当的人员，并且视必要性邀请一定数量的供应商与客户代表，建立联合的多功能的产品研发团队，并根据产品研发要求，动态地调整团队成员的结构，这样可以较好地解决部门合作问题，较好地体现并实现顾客的要求。

新产品与现有生产技术条件之间的相关性，是指新产品投产需要对现有生产技术条件进行调整的程度。实践表明，这种调整的程度越小，研发失败的可能性也越小。但是，不可否认，这种研发带来的潜在利益也越小，这就是所谓的风险越小，收益越小。因此，企业需要合理对待探索性研发与追求研发成功率之间的关系。

新产品对顾客的价值是指产品是否价廉物美、物有所值，较好地体现顾客的利益。实证研究表明，新产品对顾客的价值与成功的产品研发之间具有显著的正相关性。

一般而言，产品研发都面向特定的目标市场，产品研发应很好地体现目标市场的特定要求。合理确定开发成本是指根据目标市场的价格要求以及企业的目标利润确定产品研发的成本，以此作为新产品的目标成本。

缩短产品开发周期。这里所说的产品开发周期是指从产品创意到满足市场需求的周期。缩短产品开发周期有利于较主动地把握快速多变的市场，优先获取竞争优势。建立产品开发团队，采用并行工程的方法、在产品开发过程中后期工作较早地介入前期工作、采用平行/交叉作业的原则等来组织和安排相应的产品研发工作，可以显著地缩短产品开发周期。

提高产品开发质量是指在产品研发阶段就牢牢把握质量关。应用质量功能发展（quality function development，QFD），在产品构思创意阶段就充分体现顾客的要求与期望，杜绝产品先天不足，真正体现以顾客为中心、全面令顾客满意的宗旨。

价值创新。任何产品都有一组产品特色变量，在产品研发中，根据对潜在的顾客价值的理解、发掘，进而对产品特色变量值的水平及其组合关系进行创造性的安排，体现并满足这些潜在的顾客价值，可以获得较高的成功率。

模仿与逆向工程是指对竞争对手的产品开展研究，学习研究竞争对手产品之长、避免竞争对手产品之短，消化吸收到自己的产品中。实际中，许多企业的做法是，竞争对手的新产品一上市就立即购买，认真细致地拆解、分析、研究，获得借鉴或得到启发，从而迅速改进自己研发的产品，在产品研发中实现“蛙跳”。

面向X设计就是在产品开发设计中充分考虑制造、装配、拆解、维修、报废处理、再制造、健壮、清洁、环保、供应链协作等要求。新近研究表明，面向X设计符合当今世界发展趋势，能够给企业、顾客带来明显的利益，还能改善人类的生活环境。当然，行业不同，产品不同，战略安排不同，产品研发中X的内容与侧重点也不同，在具体的产品研发中需对X的内容进行合理的安排、取舍。

虽然影响产品开发成功率的因素很多、产品研发的实践也千差万别，但从根本上说，新研发出来的产品被顾客的接受程度、在市场上竞争能力的大小、能否带来满意的商业利润，是产品研发成功与否的关键。

14.2.3 流程

1. 流程分类

运作管理的规律主要取决于运作流程的类型而不是运作规模。相同的流程类型，具有共同的运作管理规律。根据运作的专业化、重复性程度，流程可以划分为四大类，它们分别是项目型流程、单件小批量型流程、成批轮番型流程和大量流水型流程。如图14-3所示。

项目型运作流程适合于独特的、一次性任务。企业必须根据每次不同的任务专门进行精心的运作组织与安排。组织一次（届）奥林匹克运动会、建造一座桥梁等都是典型的项目型运作。

单件小批型流程的基本特征是运作任务（产品或服务）可变性程度很高、重复性程度很低，运作必须保持高度的灵活性，以满足不同的任务要求。建造轮

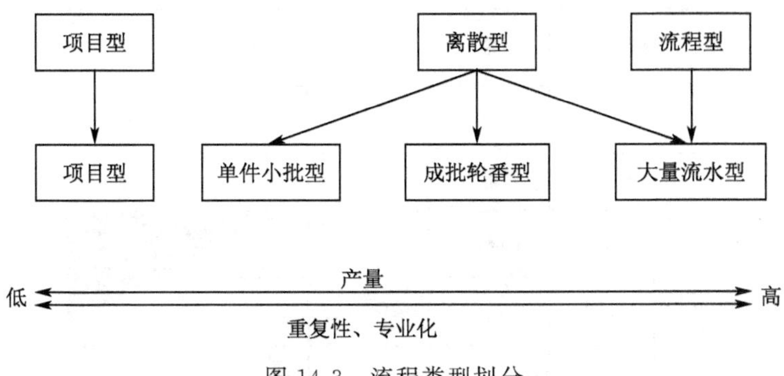

图 14-3 流程类型划分

船、制造大型的成套工程设备等都是典型的单件小批型运作。

成批轮番型流程的基本特征是运作任务可变性程度较高、但每一种运作任务又都具有较高的重复性。企业根据市场的需求或库存控制的要求周期性地完成各种不同的生产任务，多数任务都具有相同的流程特征。机械设备制造、教育等都是典型的成批轮番型运作。

大量流水型流程的基本特征是运作任务具有很低的可变性、很高的稳定性，运作条件高度稳定。根据产品的特征不同，大量流水型流程又可分为流水生产/装配型和连续流程型两种。玩具、汽车的生产制造以及提供快餐服务都是典型的流水生产/装配型运作，而城市自来水生产与供应、钢铁生产以及机场空中监管等则是典型的连续流程运作。

2. 产品-流程矩阵

产品-流程矩阵（product-process matrix，PPM）是指产品特征与流程类型之间的对应关系，如图 14-4 所示。

图 14-4 表明，产品特征与流程类型沿对角线分布是一种最有效的组合。产品-流程矩阵对运作实践具有较大的指导作用。首先，管理人员可以根据产品-流程矩阵检查产品-流程匹配关系的合理性，匹配性差说明内部具有潜力可挖，通过改善不合理的产品-流程的匹配关系，可显著地提高效率、降低成本。其次，产品-流程矩阵表明，仅仅根据市场需求的变化调整产品特征是不够的，还必须同步调整流程类型，只有这样才能更好地达成预期成效。最后，产品具有生命周期特征，生命周期阶段不同，其需求特征也不同，因此，产品生命周期变化与运作流程调整之间存在一定的互动关系。

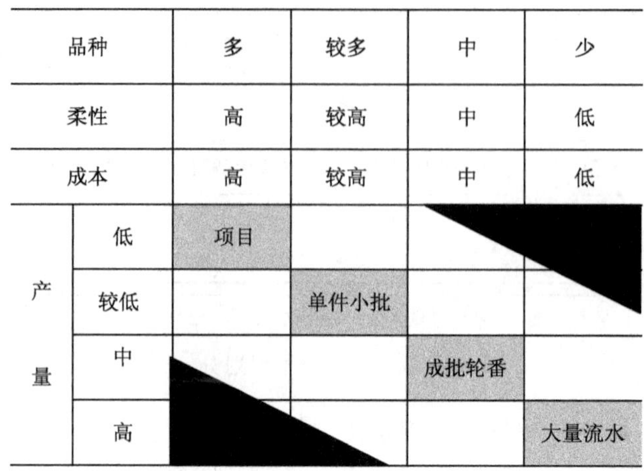

图 14-4 产品-流程矩阵

14.2.4 运作能力

1. 运作能力概念

运作能力是指运作设施在一定时期内，在一定的技术条件、合理的运作组织条件下，所能生产的一定种类的产品/服务的最大值。影响企业运作能力的常见因素如下。

固定资产数量。直接投入运作的固定资产数量、固定资产质量对企业运作能力具有很大影响，尤其对采用大规模机器体系进行生产的制造业，更是如此。

技术组织条件。企业运作活动总是在一定条件下进行的，如产品、流程、特定空间、人员、组织方法、采购供应、维护等，这些对固定资产的利用率会产生很大的影响。

运作时间。运作能力通常指运作设施在一定时期内的产出，在该时期内固定资产制度运作时间。比如，日开 1 班、每班 8 小时，或日开 2 班、每班 8 小时，其产出能力显然不同。

运作设施单元。运作设施可以是一个工人或一台设备、一组设备、一条生产线、一个车间、一个工厂或整个企业。

综合运作能力。企业综合运作能力可以从两个方面来考虑：一方面，如果企业有多个产品，可用代表产品或标准产品来表示；另一方面，企业综合运作能力是指经过综合平衡以后所能达到的运作能力。

运作能力管理对企业生产经营、生存发展具有关键的深远影响，是运作经理必须做出的最重要的关键决策之一。

首先，运作能力决策往往意味着企业资源的长期性投入，一旦实施，调整极其困难，并且，运作能力（资产）专用性越高，调整成本也越大。

其次，运作能力往往是初始成本的主要关键性因素，一方面运作能力越大一次性投入也就越高。另外，运作能力管理是基于对未来的预测，市场需求与运作能力之间的平衡是短暂的、相对的，两者之间的不平衡是长期的、绝对的。企业必须经常性地用其他方法、手段来平衡两者之间的差异，显然，该“平衡手段及其平衡成本”与运作能力大小密切相关，对固定成本、运营成本有显著的影响。

最后，运作能力对竞争力的影响，不仅体现在成本方面，而且还体现在运作能力的柔性，以及企业是否拥有超额运作能力、企业能否在短期内迅速扩大运作能力，都会对本企业的竞争能力、对竞争对手的行为产生明显的影响。

2. 运作能力管理的核心问题

运作能力管理围绕“生产什么、生产多少、何时生产、如何解决”等几个核心问题展开。

“生产什么”、“生产多少”意味着运作能力计划的根本出发点是产品或服务决定运作能力，也就是说，产品或服务的门类、特征、目标市场定位、市场前景从根本上决定了运作能力的性质、大小、结构等。

“何时生产”是指运作能力计划必须综合考虑“市场需求—营销安排—运作能力构建—财务要求”在时间上的协调性。

“如何解决”是指形成运作能力的途径、方法、手段很多，企业需要全面分析、合理选择。

14.2.5　设施选址

设施选址也即在何处构建企业运作设施。对企业来说，其重要性不言而喻。首先，设施约束企业运作能力、影响运作能力决策，同时，运作能力最后必然落实到设施选址、设施布置等方面，对运作效率有关键性影响。其次，设施选址对企业竞争能力有着长期的、深远的影响，比如，设施选址影响到投资需求、成本、资源与技术的获取等，对某些企业——尤其是服务型企业——来说，设施选址甚至是关乎成败的最重要的因素。再次，设施选址往往具有资本投入大、周期长、调整困难的特点，一旦选择不当，会给企业带来巨大的负面影响。最后，设施选址所涉及的因素众多，而且这些因素往往都有这样一些特点：重要性难以把握、度量困难、不可预见性因素多、互有冲突与矛盾。因此合理的设施选址决策既困难又重要。设施选址的决策方法比较多，常用的方法有评分法、量本利分析法、重心法等。

评分法是一种广泛应用的方法，该方法能兼顾定性、定量两方面。评分法的基本步骤及其应用举例如表 14-2 所示。用评分法进行设施选址时，首先，要明确影响设施选择的因素有哪些。其次，为每一个影响因素标定权重，该权重能够描述各个影响因素之间的相对重要性。再次，确定一个共同的评分机制与评分范围。接着，对照每一个影响因素，为各备选方案评分。最后，对各个被选方案进行综合评价。表 14-2 中的应用示例描述了如何用评分法进行设施选址。

表 14-2 设施选址——评分法

应用步骤	选址因素	权重	备选场址	
			A	B
1. 明确因素	临近商店	0.10	100	60
2. 确定权重	交通方便	0.05	80	80
3. 确定记分方法	租金	0.40	70	90
4. 评分	面积	0.10	86	92
5. 综合	布局	0.20	40	70
	运营成本	0.15	80	90
	综　合		70.6	82.7

量本利分析法是一种广泛应用的定量分析方法。比如，假设 ABCD 是四个备选方案，每个方案的固定成本和相应的单位产品的变动成本也已测知，则可以很容易的计算出各备选方案在不同产量下的总成本，如表 14-3 所示，其图解如图 14-5 所示，这样就可以很方便地判断出不同产量下各备选方案的优劣性。

表 14-3 备选方案成本构成

备选场址	固定成本	变动成本		备选场址	固定成本	变动成本	总成本
A	¥250 000	¥11		A	¥250 000	¥11Q	250 000+11Q
B	¥100 000	¥30	⟹	B	¥100 000	¥30Q	100 000+30Q
C	¥150 000	¥20		C	¥150 000	¥20Q	150 000+20Q
D	¥200 000	¥35		D	¥200 000	¥35Q	200 000+35Q

重心法的基本思想是寻找一个重心位置作为设施选址，使得该选址到各物料相关方的总运输量（成本）最低。用重心法进行设施选址的基本步骤是：首先，确定各物料相关方及其位置坐标 d_{ix}、d_{iy}；其次，确定物料运输量 V_i；最后，计算新的设施选址的位置坐标 P_x、P_y。

假设：P_x为新选地址 x 的坐标；P_y为新选地址 y 的坐标；d_{ix}为地点 i 的 x 的坐标；d_{iy}为地点 i 的 y 的坐标；V_i为地点 i 运进/运出的货物量。

则有

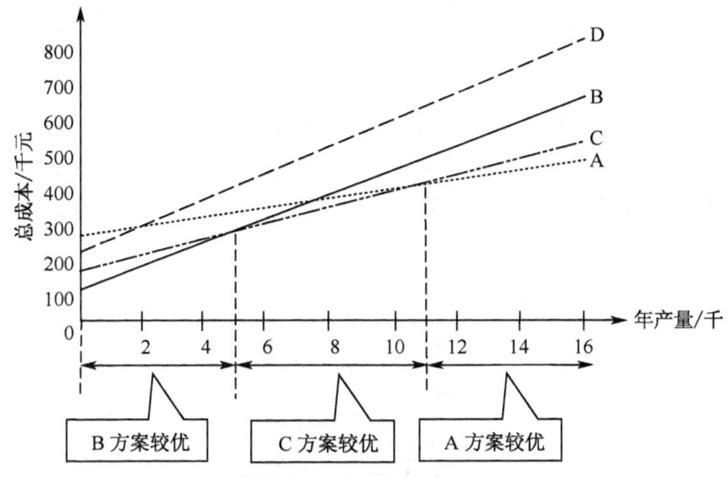

图 14-5　量本利分析法在设施选址中的应用

$$P_x = \frac{\sum d_{ix} V_i}{\sum V_i} \tag{14.1}$$

$$P_y = \frac{\sum d_{iy} V_i}{\sum V_i} \tag{14.2}$$

式中：P_x、P_y分别为新选厂址$P(x,y)$的位置坐标，该选址可使物料运输量达到最小。

14.2.6　设施布置

设施布置是指在既定的设施选址的基础上，对各相关部门、部门工作单元以及各种物资设施如车间、工作中心、设备、仓库或存贮等进行合理布置与安排，使其形成一个有机的整体，确保运作高效、安全、流畅。

正像设施选址一样，设施布置对企业也非常重要。首先，设施布置往往涉及大量的投资、耗费许多精力；其次，设施布置具有长期性，已经形成难以调整；最后，设施布置对运作产生很大的影响，比如，影响到成本、安全、质量、运输、运作环境等。

1. 设施布置的基本类型

设施布置类型在很大程度上还取决于运作流程特征。运作流程的四种基本类型对应了平面布置的四种基本类型。平面布置的基本类型有定点布置、按工艺布置、按产品布置、单元布置。

定点布置是指作为加工对象的产品位置固定不变，生产用的设备、工具、人员都围绕加工对象进行布置，并随着运作的进展而移动。许多项目型、单件小批型产品或服务的运作往往都采用这种布置方法，如修建大坝、建造轮船、采矿、拍摄电影外景等。

按工艺布置又称做机群布置，是指将同类或相似设备、或功能集中布置在一起，完成相同的运作任务。许多多品种小批量型产品或服务的运作，如机械设备制造、医疗保健服务等往往都采用这种布置方法，如图 14-6 所示。

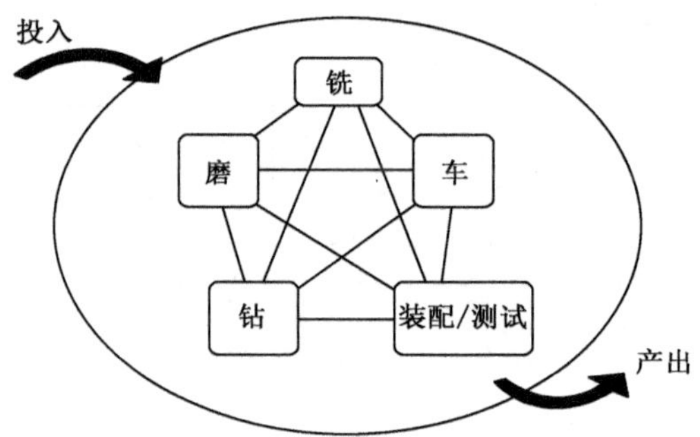

图 14-6　工艺布置示意图

按产品布置是指按照产品或服务专业化的原则布置有关的运作设施和设备，大量流水型运作，如麦当劳快餐服务、汽车装配等往往都采用这种布置方法，如图 14-7 所示。

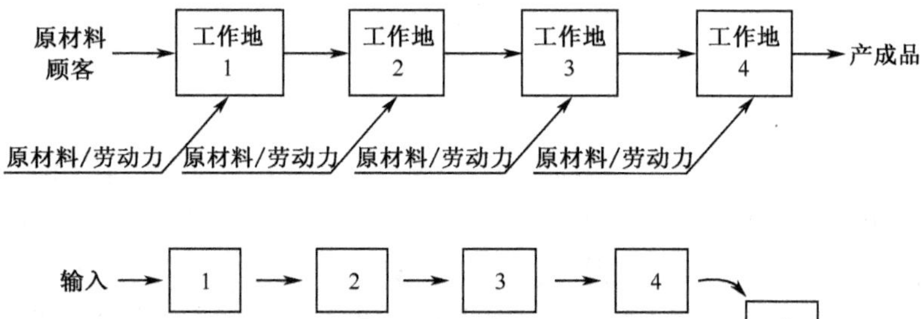

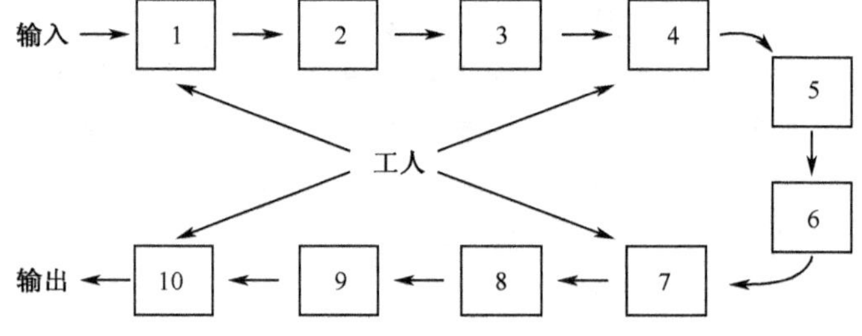

图 14-7　产品布置示意图

单元布置是指以相似性为基础对运作对象进行分组，按每组对象的运作要求对运作设备和设施分别进行布置，如图 14-8 所示。

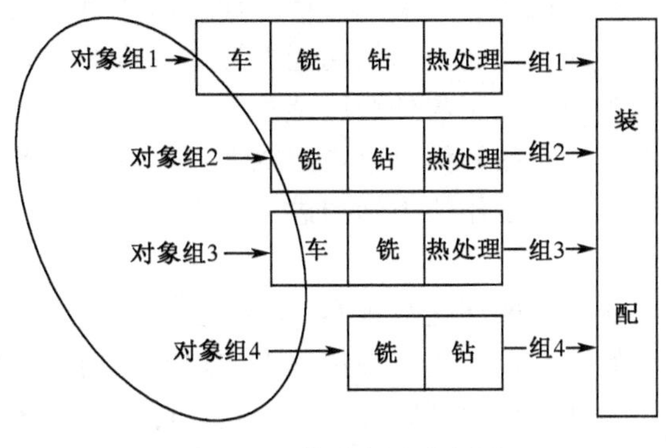

图 14-8 单元布置示意图

2. 设施布置的基本方法

设施布置的基本方法有物料流量法、物料流向法、相关作业法、综合法等四种。

物料流量法是指在进行设施布置时，优先考虑设施运作系统内的物料流量，以降低物料总运输量与运输成本作为优先考虑的目标。如果企业内部物料流量大、物料运输成本高，那么宜用物料流量法作为设施布置的基本方法。

物料流向法是指在进行设施布置时，优先考虑设施运作系统内的物料流向，降低物料流动的复杂性，简化物料运输线路，杜绝或尽量减少交叉、往返运输现象，确保物料运输线路简洁、明了、畅通。

相关作业法是指在进行设施布置时，优先考虑设施运作系统内不同部门之间业务关系的疏密程度，根据业务关系的疏密程度分别确定不同部门之间的位置关系，业务关系密切的部门相邻而置，业务关系越密切，相邻程度越高。一般来说，相关作业法经常用在服务业、行政管理等的组织或部门。但实际上，如果广义理解作业的内涵、内容，则相关作业法具有普遍的适用性。常见的业务关系有以下几种：物料流向、物料流量、客流量、内部人员流量、信息处理与交换及以上几种关系的混合。

综合法是指在进行设施布置时，以一种方法为主，再辅以其它方法。比如，当企业内部物料运输成本高时，以物料流量法为主来布置设施，同时又注意优化运输线路，做到在物料运输成本较低的前提下，运输线路尽量简单、明了、畅通。

14.3 计划与控制运作系统

14.3.1 运作计划系统的层次结构

运作计划系统具有层次性结构，从上而下依次为长期能力计划、综合计划、主生产计划、作业计划与控制。长期能力计划往往以所有同类产品为对象，规划未来若干年内该类产品的运作能力。长期能力计划决策的内容包括运作能力与规模、设施选址与设施布局、自制与外购以及垂直一体化、供应商开发等。

综合计划往往以某一产品族为对象，围绕该产品族，在整个年度内对相应的用工、采购与供应、存储、运作能力利用进行规划与安排，以较低的成本达到需求与资源之间的平衡。

主生产计划是综合计划的细化与落实，将综合计划中的产品族进一步细化为具体的不同规格型号的产品，并具体安排其出产进度计划。主生产计划按滚动式编制与修订，其计划时域从数周到数月不等，企业可根据具体情况设定。主生产计划所要解决的主要问题是确定各个计划期的最终产出项及其产出量。

作业计划与控制是主生产计划的细化与落实。根据主生产计划的进度要求，作业计划与控制围绕具体的产品，详细安排各个运作环节的投入、产出等生产作业活动，并对各项作业活动进行监督与控制。作业计划与控制所要解决的主要问题是，围绕具体的成品出产进度，决定其相应的各种物料的采购供应、各个生产环节中间物料项及最终产出项的投入产出进度、生产调度与日常派工。

企业典型的组织结构往往是“公司—事业部（各产品业务部或分公司）—工厂（门店）”，运作计划系统层次性结构与组织结构之间相互对应。

14.3.2 综合计划

综合计划往往以产品族为对象，就该产品族的运作进行年度规划，确定各计划时段的生产率、劳动力规模以及库存水平。在进行规划时，用综合需求来描述年度内对运作的需求。利用综合需求编制综合运作计划的优点主要是计算简单方便、精确度较高可靠性较大。

市场需求往往存在波动性，而企业运作又往往倾向于均衡性。针对市场需求波动性与运作均衡性之间的矛盾，编制综合运作计划时有三种基本策略可供选择，它们分别是均衡策略、变动策略、折中策略。

均衡策略是指虽然市场需求存在波动，但仍然采用均衡的方式进行运作的安排，当市场需求出现淡季时，产量大于需求，企业将过剩的产量存入仓库；当市场需求出现旺季时，产量小于需求，企业将库存的产品投向市场，如果此时还不能满足旺季市场的需求，还可以采取其他对策，如加班、延期交付、业务外包或牺牲销售机会。由此可见，均衡策略的好处是运作稳定，具有良好的均衡性与节奏性；但缺点是具有较大的库存成本，有时还会丧失销售机会。

变动策略是指根据预期的市场需求波动来进行运作的安排，当市场需求出现淡季时，削减生产，使产量等于需求量；当市场需求出现旺季时，增加产量，仍使产量等于需求量。变动策略的好处是既没有库存也不会损失销售机会；但缺点是需要根据市场需求的变化频繁地调整生产率，而调整生产率需要付出成本，比如，解雇员工、招聘员工、员工培训、质量不稳定等。

折中策略，就是综合考虑混合应用均衡策略和变动策略，通过有限地调整生产率，较大幅度地降低库存成本，使得因库存与调整生产率而引起的综合成本比较低。

根据上述策略制定综合计划的具体方法、技术很多，比如，线性规划法、线性决策准则法、试算法等。

14.3.3　需求管理

1. 相关需求与独立需求

企业运作系统对物料的需求可以划分为两种：独立需求与相关需求（图 14-9）。

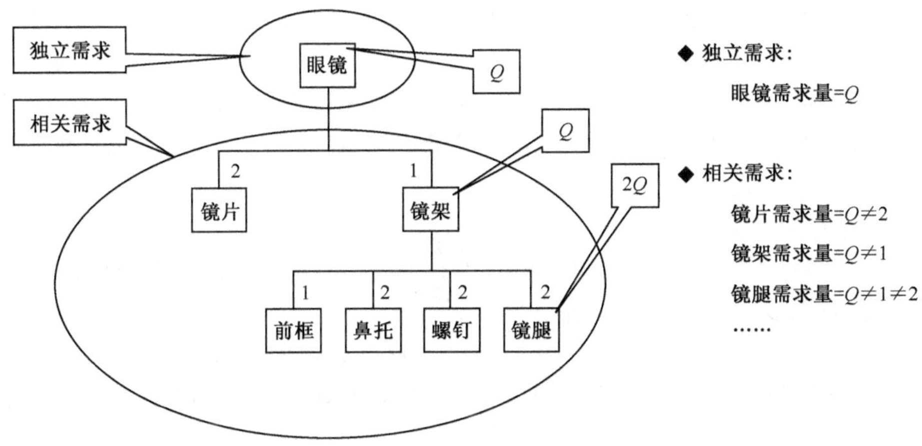

图 14-9　独立需求与相关需求

所谓独立需求是指物料的需求取决于外部因素，而与其他物料项的需求无关。比如，产成品、用于质量服务的备件等都是独立需求的例子。企业对独立需求的把握可通过客户订货和市场预测及其组合来进行。

所谓相关需求是指物料项的需求取决于其他物料项的需求。这两类不同的物料项之间存在明确的“父-子”关系。产品对各种物料的相关需求可以通过产品结构和“父-子”关系来确定，而不是依赖于客户订货、市场预测及其组合。某一物料项是独立需求还是相关需求需要具体分析，甚至在某些情况下，同一物料项既是独立需求又是相关需求。例如，某零件，若用来组装为产成品则为相关需求，若用来作为质量服务的备件则为独立需求。

图 14-9 直观地表达了独立需求与相关需求的概念。其中，眼镜的需求量 Q 为独立需求，它取决于市场需求。镜片需求量 $2Q$、镜架需求量 $1Q$、镜腿需求量 $2Q$ 等都是相关需求，它们可以通过简单的乘法求出。

在管理实践中，用库存控制的方法管理独立需求，用物料需求计划（material requirements planning，MRP）管理相关需求。

2. 独立需求管理——库存控制

1）库存管理的基本概念

库存是指暂时不用的、为了满足未来需求而临时存放的资源。对于库存的理解，应注意以下几方面。

时间。时间是指所存放资源用来满足未来需求的时间跨度。时间跨度越大，所需库存就越大、对未来需求预测的准确性也越低，库存的风险就越大。

满足需求。库存本身不是目的，而是为了满足未来需求。尤其对于那些仓储保管条件要求高、容易腐坏变质、易于陈旧过时、产品市场变化大等的库存项，更是如此。

资源。资源泛指各种用于制造的资源，这里只讨论物料库存问题。

存放。库存存放的方式多种多样。对于物料而言，有的存放在库房中，有的处在移动的过程中。

2）库存的利弊

库存是一把双刃剑。企业必须持有库存的理由很多；相反，企业保持零库存的理由也同样多。表 14-4 对此作了归纳。

表 14-4　库存的利弊（增加库存时）

优点
满足需求的变化
保持运作的独立性
增强生产计划的柔性
防止短缺
避免价格上涨
克服原料交货时间的波动
缺点
占用资金
成本高
掩盖问题
市场响应差

3）有效管理库存的条件

要有效地管理库存，必须做好以下各项工作。

首先，了解库存现状。了解库存现状，也即了解各库存项现有多少？在途多少？已下单多少？还缺多少？

其次，了解需求与提前期。库存服务于未来需求，因此准确预测未来需求非常重要。另外，订货、备货、运输、生产制造都需要占据时间。了解并控制各运作阶段的周期、提前期的变化对库存来说，意义重大。

再次，合理评价各项库存成本。成本是库存分析的重要依据，合理评价各运作阶段的各类库存的各个成本项，是库存分析的基础。

最后，合理分类库存项目。企业库存项目很多，有的企业其库存项数以千计，但并不是所有的库存项都有相同的重要性。依据一定的标准判断各类库存项的重要性，根据不同的重要性分别采取不同的方法，是有效管理库存的重要原则。管理实践表明，ABC分类法是一种行之有效的好方法。

4）库存定量分析与经济批量模型

库存定量分析决策的基本思路是，将库存视作一个关于订货量的成本系统，建立数学模型，应用数学工具，求得最佳订货量。

比如，设定下列变量：TC为年度存储总成本，元；D为需求速度，件/年；C为产品单价或单位产品可变成本，元/件；A为订购费或生产调整准备费，元/次；Q为批量，件/批次；平均库存量记为$\bar{Q}$；i为存储保管费率，%；i_C为单位产品年平均存储成本，记为H，元/件·年；W_1为单位产品年度可变缺货费，元/件·年；W_2为单位产品固定缺货费，元/件；$\bar{S}$为平均缺货量，件；S_{max}为最大缺货量，件。

在一个年度内，库存总成本可以表示为

年库存总成本 = 年购置费 + 年订货费 + 年存储费 + 年缺货费，即

$$\mathrm{TC} = \mathrm{DC} + A\frac{D}{Q} + H\bar{Q} + W_1\bar{S} + W_2 S_{max} \tag{14.3}$$

表14-5　经济批量订货模型假设

只涉及一种产品	提前期已知且保持不变
需求独立	没有数量折扣
年需求量或单位时间需求率已知	瞬时交付
需求均匀	订货费不变
不容许缺货或延期交付	存储费与库存量之间呈线性关系

在式（14.3）的基础上，再考虑到表14-5所示的一系列假设，则式（14.3）可以表达为

$$\mathrm{TC} = \mathrm{DC} + A\frac{D}{Q} + H\frac{Q}{2} \tag{14.4}$$

令式（14.4）对Q的一阶导数为零，得到

$$Q^* = \sqrt{\frac{2DA}{H}} \tag{14.5}$$

式（14.5）即为著名的经济批量订货模型。

【例】　某医院每年需购入药棉8000件，每件单价10元。每次订货费用为30元，单位产品年平均存储成本为3元/件·年。试求①经济订货批量；②年度库存总成本；③年度订购次数。

解 根据题意，已知：$D=8000$ 件/年，$C=10$ 元/件，$A=30$ 元，$H=3$ 元/件·年。

① 经济订货批量 Q^*。根据式（14.5）有

$$Q^*=\sqrt{\frac{2DA}{H}}=\sqrt{\frac{2\times 8000\times 30}{3}}=400(\text{件})$$

② 年度库存总成本 TC^*。根据式（14.4）有

$$\begin{aligned}TC^*&=DC+AD/Q+HQ/2\\&=8000\times 10+30\times 8000\div 400+3\times 400\div 2\\&=81200\ (\text{元})\end{aligned}$$

③ 年度订购次数 N^*。

$$N^*=D/Q=8000\div 400=20\ (\text{次})$$

5）简易库存系统——ABC 库存分类法

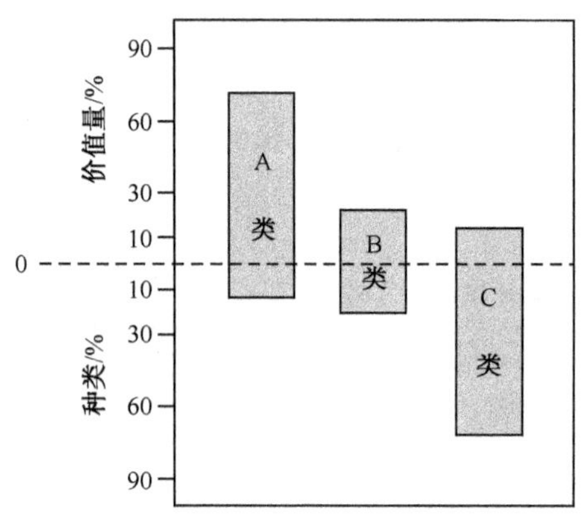

图 14-10　ABC 分类法示意图

在库存控制中，ABC 库存分类法认为，重要的 A 类物料往往占据数量的 10%而占据价值量 70%，需要给予特别的关注，也需要管理人员亲自做出库存控制决策；普通的 C 类物料往往占据数量的 70%而占据价值量 10%，属于廉价的、仅需给予少量关注的物品，库存控制决策往往采用临时应对的处理程序；介于 A 类与 C 类两者之间的物料往往占据数量的 20%，占据价值量 20%，给予一般性关注即可，往往根据一定的决策程序生成库存控制决策。图 14-10 对 ABC 分类法作了扼要描述。

3. 相关需求管理——物料需求计划

1）概念

物料需求计划是一个基于计算机的信息系统，通过该系统可以将产品出产进度安排向后转化为对各种相关物料项——原材料、零件、组件——的需求，利用生产提前期以及其他相关信息，快速计算并决定这些所需的相关物料项的数量与时间安排。这样，最终产品的需求就转化为不同计划期内对低层物料项的需求，使得“采购—备料—加工—组装—总装”等基本运作过程以及相应的辅助性运作过程和服务性运作过程等都能以确定的时间、数量进行统一安排、协调进行，从而能及时完成最终产品，满足市场的需求，并使库存保持在合理的低水平上。

MRP 既是一种管理理念、生产方式，也是一种方法技术、一个信息系统。

其核心思想是：围绕物料转化组织相应的制造资源，实现在正确的时间、正确的地点、得到正确的物料，实现按需准时生产，提高客户服务水平，同时使库存成本最低、运作效率最高。

2）MRP 核心结构

基本 MRP 的核心结构如图 14-11 所示。它由三部分构成，分别为输入、计算处理、输出。

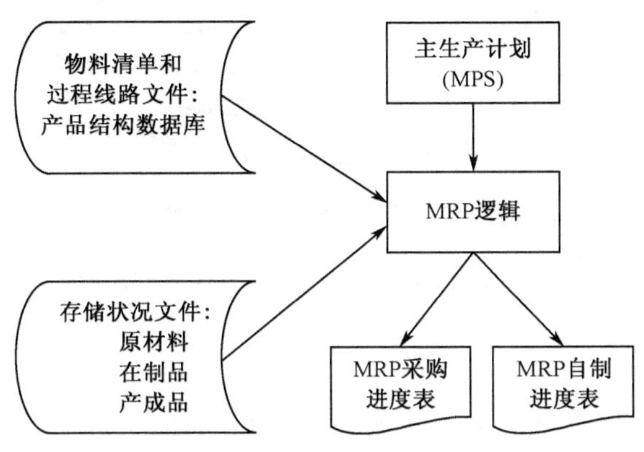

图 14-11　MRP 核心结构

MRP 的输入包括主生产计划 MPS（产成品进度表）、产品结构文件（BOM）和存储状态文件。MRP 的计算处理是指将产成品进度表转化为对物料进度需求的计算机程序。MRP 输出是指满足企业生产经营活动的各类进度表、报表与报告。

3）从 MRP 到 ERP

自 20 世纪 60 年代中期提出 MRP 至今，MRP 的发展历经了基本 MRP、闭环 MRP、制造资源计划（MRPII）以及企业资源计划（ERP）等发展。

虽然说伴随着科学技术的发展、伴随着企业外部环境、内部条件的变化，MRP 历经基本 MRP、闭环 MRP、MRPII 以及 ERP 等阶段的发展，URP 也在研究中。但是，该发展过程并不是一种计划代替另一种计划，而是根据企业生产经营的要求与技术的可能，不断扩大计划所管理的资源范围。它们的关系可以用图 14-12 来描述。

14.3.4　供应链管理

1. 供应链与供应链管理

供应与供应链并不是一个新概念，但是直到最近人们才认识到它的重要性。一方面源于企业环境的巨变与竞争的压力，使得企业对供应链产生了需求；另一

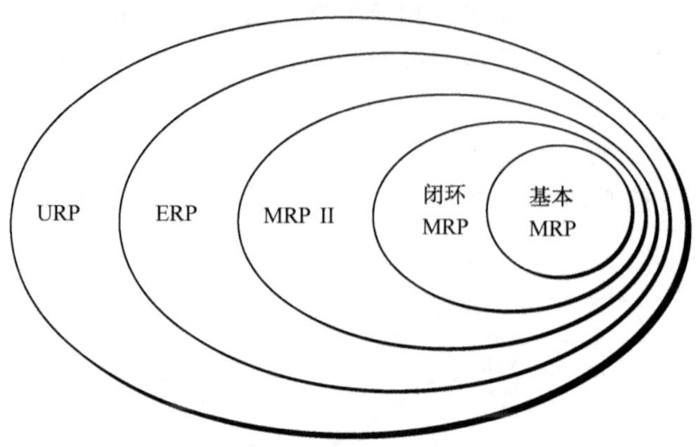

图 14-12　MRP 系统的发展

方面，信息技术的发展为企业组建供应链、管理供应链提供了良好的技术支持，使其成为可能。

1）供应链

供应链是指围绕核心企业，通过对信息流、物流、资金流的控制，将产品生产和流通中涉及的原材料供应商、生产商、分销商、零售商以及最终消费者连成一体的功能网络结构模式。在这个网络中，每个贸易伙伴既是其客户的供应商，又是其供应商的客户。他们既向其上游的贸易伙伴订购产品，又向其下游的贸易伙伴供应产品。供应链不仅是一条连接供应商到用户的物料链，而且还是一条增值链，物料在供应链上因加工等过程而增加其价值。供应链的结构可以简单地用图 14-13 所示的模型来描述。

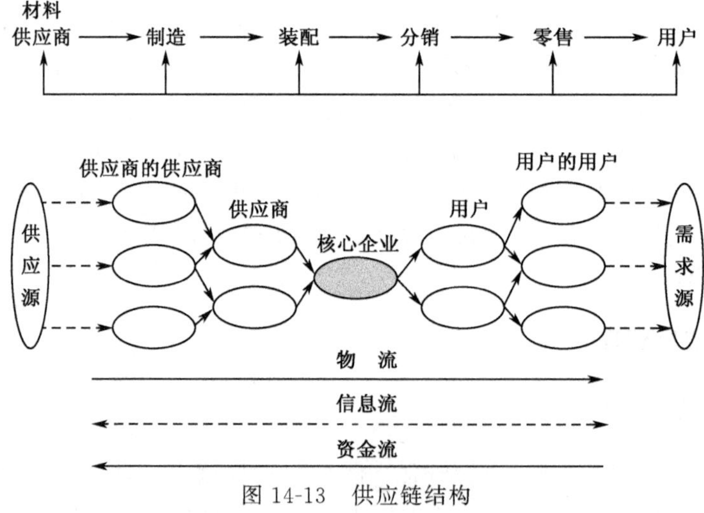

图 14-13　供应链结构

2）供应链管理

供应链管理是一种集成的管理思想和方法，它执行供应链中从供应商到最终用户的物流的计划和控制等职能。供应链管理把供应链上的各个企业作为一个不可分割的整体，进行整体优化，使供应链上各企业分担的采购、生产、分销和销售的职能成为一个协调发展的有机体。

供应链运作的表象是物流、信息流、资金流，但是供应链的成长过程实质包含两方面的含义：一是通过产品（技术、服务）的扩散机制来满足社会的需求，二是通过市场的竞争机制来发展壮大企业的实力。因此，供应链管理实际上是一种基于“竞争－合作－协调”机制的、以分布企业集成和分布作业协调为保证的新的企业运作模式。

供应链上各节点企业的利润都来自最终客户，供应链管理的核心有三个方面：首先，供应链上所有企业应视为一个有机的整体，它们具有共同的利益，上下游企业之间的关系不再是对手关系，而是双赢关系。其次，所有节点企业必须进行系统优化，加强协调和合作，加快信息流动的速度，减少信息传递过程中的失真和扭曲现象，以较低的成本增强对市场的反应速度，大大地降低风险。最后，利润分配，虽然供应链上各节点企业是一个利益共同体，上下游企业之间是双赢关系，但毕竟每个节点企业都是一个利益主体，它们都希望能以较低的成本得到较高的利润份额，因此，供应链各节点企业一方面要关注供应链上利润分布状况及利润变化转移趋势，另一方面要突出核心能力与业务专长、不断优化资产配置、经常审视自身的业务范围并进行动态的调整。

3）牛鞭效应

牛鞭效应是指这样一种现象：假设消费者需求有一个小的波动，那么，沿着供应链逆向而上，离消费者越远，时滞越明显，真实需求的变化被放大、扭曲得越严重，库存堆积越大、整条供应链对市场需求的响应速度越慢、最终成本越高。这样的后果是竞争力下降、竞争优势丧失、顾客价值遭受到严重侵蚀。由于牛鞭效应主要取决于企业间的协作，因此，加强供应链管理是减轻牛鞭效应的关键之一。

表 14-6 企业实施供应链管理的动因

企业实施供应链管理的动因
进一步改善运作
进一步专注于特长
企业间协作不畅
应对全球化的冲击
缓和牛鞭效应
信息技术的支持
更好地满足市场快速、多变的需求
压缩库存
更好地排除浪费、降低成本
改善企业现金流
降低市场风险
实现相关方多利益主体的共赢

4）企业对供应链管理的需求

企业对供应链的需求有多方面的动因，但是不管出于何种目的与动机，终极目的只有一个，那就是提升竞争力、强化竞争优势，为顾客提供更大的价值。企业对供应链的需求源于多方面的原因，表 14-6 对此作了简要归纳。

2. 供应链管理的基本策略

根据市场不可预见性大小和供给不可预见性高低，可将供应链划分为四种基本类型，不同类型的供应链宜采取不同的管理对策。图 14-14 对此作了扼要描述。

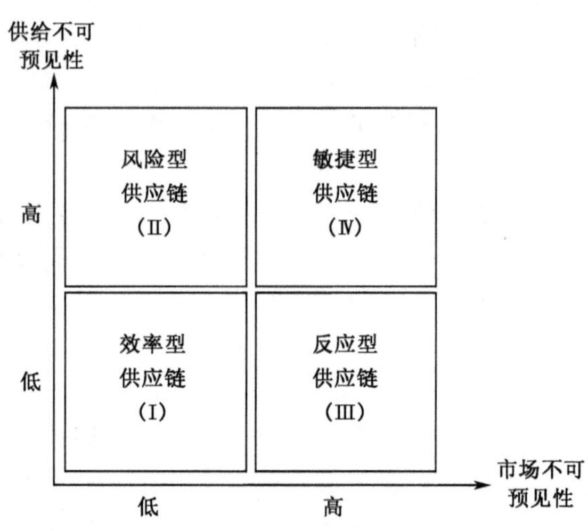

图 14-14 供应链基本策略

1）效率型供应链

效率型供应链的基本特征是：①市场需求平稳、需求规律性强、预测精度高，可预见性强；②供应源多，采购简单、容易，供应充裕、稳定；③该类供应链的核心是，加强整条供应链的协调管理，通过规模效应、彻底排除非增值性作业活动，采用基于优化技术的运作、配送一体化计划等来降低成本、降低库存、提高效率；④日常基本生活用品，以组建效率型供应链居多。

2）风险型供应链

风险型供应链基本特征是：①市场需求平稳、预测精度高，可预见性强；②供应源少，采购困难，供应不足、且不稳定；③该类供应链的核心是加强供应商基础管理，多方签约，强化对方履约行为，巩固购供关系，对于关键物料增加安全、应急库存，降低风险，以防供应不稳定对运作产生的消极影响；④零售业或短缺物料的采购就是如此。

3）反应型供应链

反应型供应链的基本特征是：①市场需求不平稳、消费者忠诚度低、消费者偏好变化大，产品创新力度大、产品生命周期短，难以对市场进行有效的预测；

②供应源较多，采购相对较容易、供应也较充分；③该类供应链的核心是加强客户关系管理、重视市场调查研究，不断加强快速捕捉市场需求信息，不断提升企业柔性，加强快速响应市场需求、快速满足市场需求等方面的能力；④时尚物品等，以组建反应型供应链居多。

4）敏捷性供应链

敏捷性供应链的基本特征是：①市场需求不平稳、消费者忠诚度低、消费者偏好变化大，产品创新力度大、产品生命周期短，难以对市场进行有效的预测；②供应源少，采购困难，供应不足、且不稳定；③该类供应链的核心需要双管齐下：一方面是加强客户关系管理、重视市场调查研究，不断加强快速捕捉市场需求信息、快速响应市场需求、快速满足市场需求等方面的能力；另一方面是多方签约，强化对方履约行为，巩固购供关系，保有一定数量的应急库存，降低风险，以防供应不稳定对运作产生的消极影响；④大型计算机、高端超大规模集成电路等，以组建敏捷供应链居多。

3. 供应链物流管理

物流是供应链的组成部分，是为了满足顾客需求而进行的对货物、服务、信息从起点到消费点的流动过程，以及为了使该流动过程高效率、低成本所实施的计划、执行、控制等行为活动。物流活动包括运输、库存、包装、搬运、订单处理、预测、计划、采购、服务、选址等内容。

供应链物流是指供应链环境下的物流。在供应链环境下，物流是供应链的一个重要的组成部分。供应链中的基本流有资金流、物流、信息流，由于资金流、信息流都可以以电子流的方式行动，但物流却必须经过时空转换才能实现。时空转换需要消耗时间、成本，如果供应链上各关联企业、物流服务提供商没有经过严密组织、精心安排、一体化运作，那么，物流过程中所消耗的时间、成本就会远远高于其所必需的合理值，与之相伴的成本就会很高。就此可见，供应链物流的核心就是在供应链环境下实现物流一体化运作，使物流增值效应达到最大化，为顾客创造的价值最大化。

供应链物流管理的终极目标就是在既定的供应链背景下，尽可能杜绝、排除、减少物流环节中的各种浪费现象，比如，反应迟缓、各种损耗、各种差错、不合理的运输安排等，尽可能提升供应链物流的价值创造能力。

【重要词汇】

◇ 运作管理

管理的一个职能领域，它对企业提供主要产品/服务的系统进行设计、运行、评价和改进，其核心是实现价值增值。

◇ 设施布置

对运作场所、工作中心、运作设备、内部运输线路（包括物料与人员）进行安排与布置，确保运作系统中的工作流低耗、高效、简单、有序。设施布置的典型形式包括产品对象布置、机群布置、定点布置、混合布置等。

◇ 产品-流程矩阵

描述与反映流程结构、产量要求以及相应的产品特性的关系。

◇ 独立需求

来自于外部的、对企业产品或服务的需求，其最大特征是需求的对象与数量只能作粗略估计。

◇ 相关需求

也叫非独立需求，是指对某一产品的需求是对其他产品的需求的直接结果，也就是说，相关需求可以根据独立需求进行精确计算。

◇ 供应链

产品生产和流通中涉及的原材料供应商、生产商、分销商、零售商以及最终消费者连成一体的网络组织。

【知识训练】

1. 构建运作系统包括哪些基本内容?

2. 运作计划系统的层次结构是指什么?

3. 产品研发成功与否的评判标准是什么? 影响产品研发成功率的常见因素有哪些?

4 什么是牛鞭效应?

【能力训练】

1. 分别观察一个制造类企业、一个服务类企业、一个非营利性组织，指出其相应的“输入—转化—输出—反馈”的主要内容。

2. 观察一个实际企业或组织，应用本章所学的基本原理、知识，指出其运作中存在的问题，并进行简要的分析。

3. 案例分析：

泰达公司的困境

泰达公司是一家汽车备件的销售商。由于没有制造能力，该公司销售的产品都是经采购、装配和再包装而来的。泰达公司确实拥有大量库存和最终装配设施，产品包括挂自己商标的化油器和点火装置。过去两年间，公司历经坎坷。首先，利润大幅度下降。其次，客户服务水平下降，延期交货超过订购量的25%。还有，客户退货率以每月3%的速度递增。

销售部副总裁韩晨认为大部分的问题源自装配部门。他说他们生产的产品的组合不符合实际需求，他们的质量控制差，生产率下降而且成本太高。

财务主管朱戈认为问题的产生是由于库存方面投资不当。他认为推向市场的项目和产品太多。他还认为采购部门的采购人员签订过多的采购合同，限制了库存和需求。

装配经理章毅说："现在的症结是我们库存了许多零件，但却没有装配它们的生产计划。"他还说："当我们有适当的零件时，质量却不是很好，但不管怎样，为了完成计划，我们还是用了。"

采购部经理付刚的立场是采购部并没有搞垮泰达公司。他与老供应商做生意。他利用历史数据确定需求，以自己认为良好的价格从供应商那儿采购原材料并以降低成本为目的评估新的供货来源。可能的话，他强调低成本和早交货从而对不断增加的赢利压力做出反应。（杰伊·海泽等，《生产与作业管理》，第 4 版，北京：华夏出版社，1999 年，第 338 页，略作修改）

阅读上述资料，以小组讨论或独立思考的方式，就以下问题编写分析报告。

1. 泰达公司的所面临的问题是什么？产生问题的原因是什么？
2. 你准备如何解决上述问题？

第 15 章　运作管理的基本策略

飞速地上升、下滑、回旋的过山车之所以安全抵达终点，是因为每一段轨道、每一个铆钉、铰链、滑轮、动力及其控制器的贡献以及它们之间的协同配合，否则，必将酿成大祸。经营企业亦然。

——孔庆善

【本章学习目的】

1. 理解运作战略的基本内容及其制定的基本过程。
2. 理解质量与质量管理的内涵，懂得企业加强质量管理的重要性。
3. 了解准时化生产的基本内容，理解企业排除浪费的重要意义。
4. 理解服务战略、服务蓝图。
5. 了解新兴制造技术及其发展趋势。

宁夏话剧团是一家省属剧团，该剧团有国家一级演员若干名，其中有的还是全国梅花奖获奖演员。由于城市演出市场不景气，该剧团显得日渐艰难，面临严重的生存危机，许多演员、美工等纷纷另觅出路。

正是在这种情况下，宁夏话剧团决定以车为流动舞台，把话剧搬到农村。从1984年起他们开车深入打麦场、小学校等四处演出。这种流动演出的形式，得到了农民们的喜爱，大家都亲切地叫它乡村大篷车。

剧团自己改装大篷车，大篷车上的演职人员演出前搭台、剧终卸台，既当演员又做舞美、剧务等，一个人顶两三个人，条件十分艰苦，但是大家干劲十足。大篷车剧目演出的特色是深入生活写剧本，请农民做剧本评委，甚至让农民直接参与创作。这样创作出来的戏受到了农民们的欢迎。此外，大篷车剧目的另一特色是打破以往常规，采用宁夏当地方言进行演出，便于农民理解。为了让演出达到最佳效果，大篷车不仅用农民喜爱的表达方式，刻画农村里现实发生的故事，还在剧情里融合了国家的有关政策、农村实用科技，使农民在看戏的过程中明白了当前一些政策规定。精彩的表演给农民带来欢乐的同时，也使大家受到教育、鼓舞。话剧团也因此步出困境，走向了新生。

到今天为止，大篷车剧组的演员们已经度过了近20年，20年里他们每年到农村演出近200场，行程近80万千米，走遍了宁夏回族自治区所有的村镇和学校。此外，他们还在全国20多个省市自治区进行巡回演出，把欢乐和艺术送到了农民的家门口，感动了一批又一批的观众。大篷车多次荣获文化部、中宣部的表彰。[根据中央电视台《焦点访谈》(2004 年 1 月 6 日) 改写]

15.1　竞争力与运作战略

15.1.1　产品竞争力要素

一般认为，在大多数情况下，影响产品竞争力的主要因素有质量、成本、柔性、交货等四个方面。这每一个因素都具有丰富的内涵，尤其重要的是，消费者或客户对它们的理解与认识和企业对它们的理解与认识几乎总有一些不同，甚至是很大的偏差。这种理解与认识上的差异，对企业来说既是机遇又是挑战。

质量。质量一直是竞争的关键要素，现在更是如此。影响质量的因素非常多，优化的产品设计、良好的采购与供应控制、稳定的运作流程、零缺陷的产品、恰当的包装运输、良好的仓库管理、方便地使用与保管、周到及时的售后服务、温馨殷勤的接待等对质量都有很重大的影响。

柔性。从一般意义上说，柔性是指对环境的响应能力，即高速度、低成本响应环境变化的能力。主要有：产量柔性、产品组合柔性、新产品开发及其投产柔性、紧急特殊订货处理等，而要实现这些柔性，要求精心设计产品与流程，要求运作系统具有良好的设备柔性、流程柔性、能力柔性、人员柔性、计划柔性等，甚至对供应商也有相应的要求。

交货。交货的本质是速度，即在保质、保量交付条件下的供货速度，是影响竞争的又一个重要因素，并且其重要性日益凸显。在某些市场上，交货甚至是影响竞争的关键条件。对交货的要求分为快速交货与按约交货两个方面。快速交货是指向市场快速提供产品的能力，这对于争取订单具有重要的意义。而按约交货是指按照合同的约定按时交付的能力，这对于顾客满意度具有重要影响。影响交货能力的因素很多，如采购与供应、企业研究与开发、柔性、设备管理、运作能力、运作周期、计划与控制等。

成本。成本对竞争能力的影响是不言而喻的，并且，成本也是运作管理中的一个关键问题。持续不断地降低成本对于提高产品竞争能力、增强运作系统对市场的应变能力和抗击市场风险的能力都有关键性影响。

质量、柔性、交货、成本是影响竞争能力的基本因素。产品本身是这四个要素的统一体，竞争能力不仅与这每一个要素相关，而且还取决于这些要素之间的统一性与协调性。

将质量、柔性、交货、成本等要素按水平划分为资格级、订单级两个水平等级。资格级水平意味着产品在该方面表现的仅以满足市场所能够许可的底限即可，这是产品参与市场竞争的前提条件与资格要求；订单级水平意味着产品在该方面的表现出类拔萃，与竞争对手相比，该产品对订单具有更大的吸引力。因此，企业必须根据既定的产品定位合理确定该产品各要素的水平，使得该产品某一方面的要素水平达到订单级，而其他方面的要素水平达到满足资格级，在产品或服务中最大限度地体现顾客价值。

15.1.2 运作战略

如果说企业战略为整个企业如何开展工作提供了一个基本的指导框架。那么，运作战略是在上层战略的指导下，在运作这一具体的职能部门内，明确运作管理应秉承的理念、基本原则和长期计划，并据此设计运作系统、组织运作过程、完善或变革现有的运作系统及其相应的管理理念、基本原则与方法，以支持业务单元有效地参与竞争、获取竞争优势为目标。

1. 运作战略内容

运作战略的基本内容如图 15-1 所示。企业最终绩效取决于资源-运作能力、运作网络、流程技术、研究开发与组织-配置与合理利用，运作管理对绩效具有关键影响。另外，如前所述，影响产品竞争能力的基本要素有质量、柔性、交货、成本，一方面运作对这四个要素有决定性影响，另一方面，资源配置与管理又对这四个要素有关键影响。因此，可以用图 15-2 来描述运作战略的基本内容及其竞争性安排。

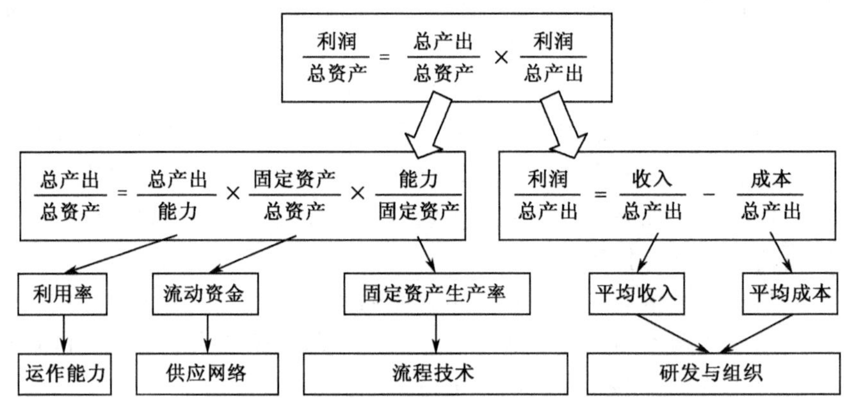

图 15-1 运作战略内容解析

图 15-2 表明，每一种竞争要素都受到每一类资源的影响，每一类资源也都影响到各个竞争要素。比如，质量受到运作能力、供应网络、流程技术、研究开发与组织的影响，而运作能力不仅影响质量，而且影响成本、柔性与交货期等。它们纵横交错，构成一个完整的有机体，在运作战略的制定、执行、控制时，须

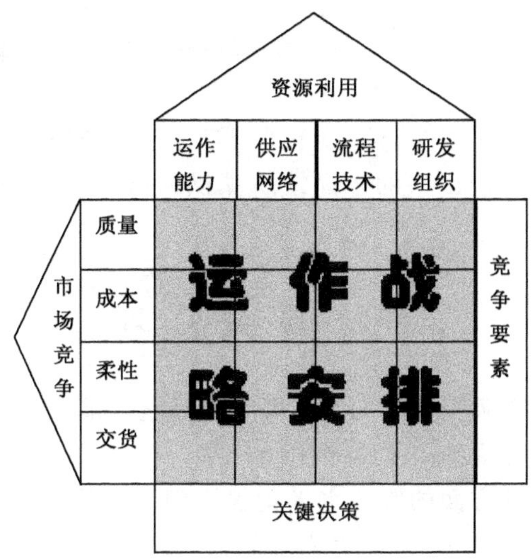

图 15-2　运作战略内容及其竞争性安排

对此全面考量。

2. 运作战略的制定

运作战略制定的基本过程可以概括为三个基本步骤：竞争要素分析与竞争优势选择、量化决策、方案开发与选择。

(1) 竞争要素分析与竞争优势选择。如前所述，影响产品竞争能力的基本因素有质量、柔性、交货、成本。企业必须从行业、目标市场、竞争定位等具体情况出发，全面正确地把握这些要素的内涵，明了他们对竞争的影响情况，在此基础上，结合企业的具体情况，本着既能扬长避短、发挥优势又能充分体现和满足顾客需求的原则，有所选择、有所侧重、有所突破。

(2) 量化决策。量化决策就是将上述的行动指南转化为一系列的绩效指标，也即运作战略的量化决策。在进行量化决策的时候，必须注意的是：首先，根据目标管理、标杆管理的基本原理设置指标。其次，指标的重要性以及指标水平的确定应体现动态性原则，综合考虑到企业战略要求、企业状况、行业变化、竞争对手等。最后，竞争优势选择与量化决策之间应有高度的一致性，各指标水平的确定也必须相互一致，不能冲突。

(3) 方案开发与选择。在进行方案开发与选择的时候，应注意到：首先，方案开发，应从实际出发，不可盲从。其次，企业的具体情况不同，各方案对绩效的贡献与保证程度、方案实施难度、方案实施成本等差别都很大。最后，应注意绩效指标与行动方案之间的对应关系，考虑到往往是一个行动方案影响到若干绩效指标，而一个绩效指标又往往受到若干个方案的影响。方案之间应协调一致，不能冲突，必须确保“竞争优势分析与选择→量化决策→方案选择”三者之间高度的一致性。

运作管理强调在运作战略的指导下进行运作系统的规划、构建、运行、控制以及改进，以确保所制造出来的产品或所提供的服务在市场上具有良好的竞争能力。

15.2 质量管理

影响产品在市场上吸引订单的基本要素是质量、柔性、交货、成本。以质取胜，就是产品在质量方面的要素水平出类拔萃，对目标市场的订单具有超出竞争对手的吸引力，而其他方面的要素水平则仅需满足该目标市场基本要求。比如，在笔记本电脑市场，IBM/Lenovo 针对移动商务计算等高端目标市场定位，推出的 ThinkPad 系列笔记本电脑，就是以质取胜的典型产品。为此，运作管理要优先强调全面质量、提供品质既卓越又稳定的高端产品，这是企业赢得竞争之必须。质量管理能为这样的运作策略提供良好的支撑。

15.2.1 质量与质量管理

1. 质量的概念

质量作为一个术语具有广泛的应用。中国《辞海》或美国《韦伯斯特大词典》不约而同地将“质量”定义为“（物品、服务、工作等）优秀的程度”；朱兰认为“质量就是适用性”；ISO9000 族（2000）对质量的定义是“产品、体系或过程的一组固有特性满足顾客和其他相关方面要求的能力”；除此之外，关于质量还有其他多种描述。事实上，无论是非专业人员还是专业人员，人们对质量的理解都不尽相同。但一般而言，质量的内涵主要包括以下几方面。

(1) 性能：产品或服务的主要特性；

(2) 美学性：外观、感觉、嗅觉、味觉；

(3) 特殊性能：额外特性；

(4) 一致性：满足顾客要求的程度；

(5) 安全性：危害、伤害或有害性；

(6) 可靠性：产品或服务所具备的性能的稳定性；

(7) 寿命：产品或服务发挥正常功能的持续时间；

(8) 感官质量：对产品质量的间接评价；

(9) 售后服务：顾客抱怨的解决并核实顾客已经满意。

2. 质量管理的演进

质量管理的发展经历了三个基本阶段，它们分别是质量检验阶段、统计质量控制（SQC）阶段、全面质量管理（TQM）阶段。

质量检验阶段也称为传统质量管理阶段，其主要特征是按照规定的技术要求，对已完成的产品进行质量检验。在这一阶段，质量管理的中心内容是通过事后把关性质的质量检查，对已生产出来的产品进行筛选，把不合格品和合格品分开。质量检验不能排除引发质量问题的原因，不能阻止新的不良品的形成。这是质量管理发展中的初始阶段。

统计质量控制阶段是质量管理发展过程中的一个重要阶段。它的主要特点是，从质量管理的指导思想上看，由事后把关变为事前预防；从质量管理的方法上看，广泛深入地应用了统计的思考方法和统计的检查方法。

全面质量管理阶段始于 20 世纪 50 年代末、60 年代初。最早由费根堡姆提出全面质量管理的概念，但日本人首先将这一概念真正用于企业管理之中。费根堡姆提出："全面质量管理是为了能够在最经济的水平上，并考虑到充分满足顾客要求的条件下进行生产和提供服务，并把企业各部门研制质量、维持质量和提高质量的活动构成一体的一种有效体系"。

3. 加强质量管理的重要性

实践证明，提高质量是企业通往成功的最佳途径，质量直接关系到利润与销售额的增长。图 15-3 描述的就是这样一种关系。

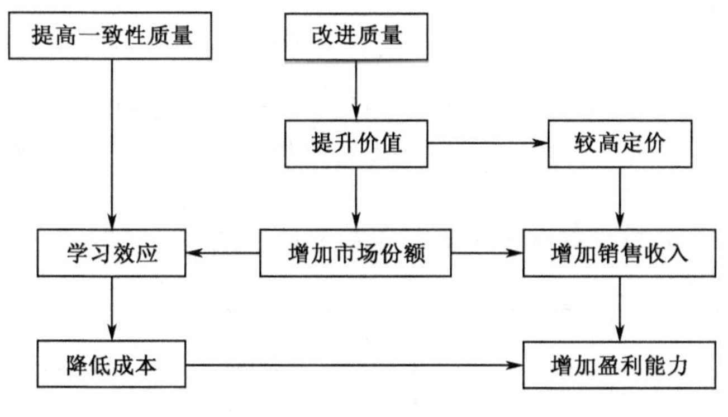

图 15-3　质量铄金

4. 决定质量的因素

一般认为，决定质量的因素主要包括：研发、采购、运作、物流、可使用性、售后服务。

研发。主要指产品或服务的研发、设计，这是达到最终质量水平的起点。不论是产品还是服务，在设计阶段就规定了其内容、形状、大小、结构、材料、运作流程等。一方面这体现了设计人员对顾客需求的理解与认识，体现了设计人员的设计意图，另一方面也决定了产品满足顾客需求的可能性。

采购。主要指运作所必需的原料、辅料、设备等的采购。任何企业的运作都离不开外部企业的支持，原料、辅料、设备等是企业运作的基本投入，如果这些基本投入达不到设计的要求，质量就得不到有效的保证。

运作。主要指产品制造或服务提供过程，包括外包、外协等。如果说研发、采购等在投入的阶段影响质量的话，那么运作过程则是突出了质量符合设计的程度，也即运作阶段决定了产品或服务在多大程度上实现了设计人员的意图。该实现程度受到多种因素的影响，比如，设计的合理性、采购与供应商，运作过程中的人员、设备、管理等。

物流。主要有包装、装卸、运输、仓储等环节对质量的影响。

可使用性与售后服务是指顾客在使用产品或服务时是否感到方便、舒适、安全、高效等，产品的保管、维护、修理是否方便及时等，产品的使用指南是否清晰易懂，产品是否有潜在不安全因素，如何进行应急处理等。

售后服务。主要包括周到及时的售后服务、报废处理等，该环节对顾客满意度有重要影响。

总之，影响质量的因素分布于产品的全过程，在该全过程中，影响质量的关键环节也各不相同，分析质量问题、解决质量问题，需结合实际情况，全过程分析，抓住少数重点环节，优先解决。

另外，上述过程对质量的影响也不是孤立的、凭空发生的，而是在特定情况下发生的，比如：①质量管理的方法、技能；②质量保证体系；③企业组织与制度；④企业文化、质量观念与意识；⑤外部因素，如政府、行业，竞争对手行为等。

图 15-4 对影响质量的基本因素作了简要的归纳。

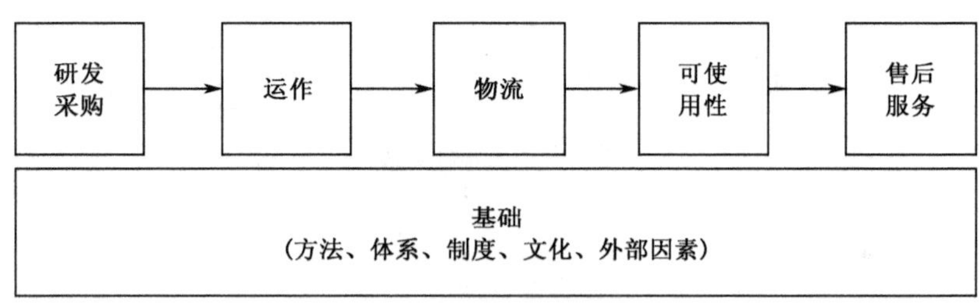

图 15-4 影响质量的因素

15.2.2　全面质量管理

根据 ISO8402：1994《质量管理与质量保证——术语》的定义，所谓全面质量管理是指“一个组织以质量为中心，以全员参与为基础，目的在于通过让顾客满意、本组织和全员受益，达到长期成功的管理过程”。

全面质量管理要求企业中每一个人都要关注质量的要求。该方法的两个基本核心是一方面要解决质量问题、持续不断的改进质量，另一方面是追求以用户满意为目标，持续不断的满足甚至超出用户的期望，取悦于顾客。

到目前为止，许多成功公司的经验表明，全面质量管理已经被认为是一种能使企业获取或重新获取竞争优势的重要手段，而追求竞争优势正是所有企业长久以来孜孜以求的目标。然而，实践也表明，为数较多的公司虽然也大力推行全面质量管理，但却以失败告终。麦肯锡的研究表明，全面质量管理实践具有很高的失败率，大约只有 1/3 的公司能够取得成功。实证研究表明，全面质量管理本身并没有任何缺陷，但当它被误用时，只能带来沮丧与失败。

质量管理活动，要求把各项工作都按照计划、执行、检查、处理这一工作方法进行。该工作方法简称为 PDCA 循环，又称为戴明环。它反映了管理工作的一般规律。

在指导实际工作的过程中，PDCA 循环可分解为四阶段八步骤。一方面，PDCA 环内有环。另一方面，每一个环周而复始，不断循环，持续工作，不断进步。PDCA 循环每一个阶段、步骤的基本工作内容如表 15-1 所示。

表 15-1　PDCA 循环

阶段	步骤	不断循环，螺旋上升
计划（P）	1. 选择课题 2. 了解现状 3. 分析现状 4. 拟定对策	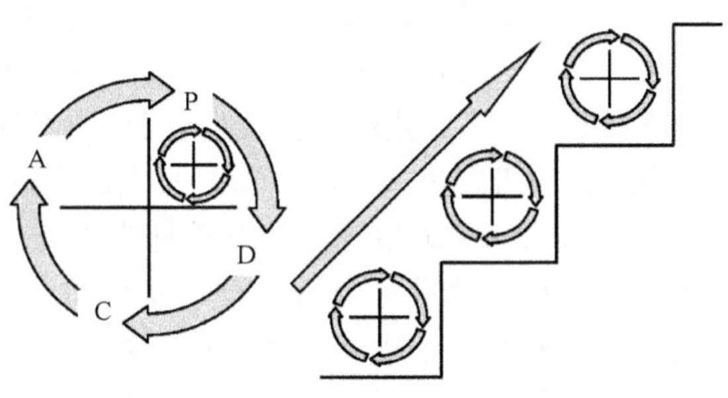 P A D C
执行（D）	5. 贯彻落实	
检查（C）	6. 确认效果	
处理（A）	7. 标准化 8. 遗留问题	

15.2.3　质量检验与改进

1. 质量检验

为确保生产系统能生产出高质量水平的产品，对某些或全部项目进行检验是必要的。检验的目的是立即发现不合格的原材料、外购件和不合格产品等，但是检验本身不能解决产生问题的原因，也不能产生价值增值。与检验相关的两个基本问题是检验地点、检验数量与检验频度。

检验物品是否符合质量标准有三个检验点，它们分别是：运作前、运作过程中和运作后。运作前检验的目的是确保投入的原材料、外购件符合质量标准，此时常见的检验点有供应商生产时、供应商发货前和物料入库前。运作过程中检验的目的是确保投入产出的转换系统以规定的方式进行工作，此时常见的检验点有高附加值操作前、瓶颈操作前、不可逆过程前、覆盖性过程前。运作后检验的目的是检验完工后产成品是否符合标准，从而在产品提交给客户前进行最后的确认，此时常见的检验地有产成品下生产线前、入库前、包装发货前。

就检验数量来说，在实际工作中有两个极端，其一是一个也不检验，其二是全数检验，但是在更多的情况下，是检验部分。到底检验多少，取决于下列因素：检验成本、检验的困难性、人工作业或机械作业的比重等。就检验频度来说，主要考虑的因素有：拟检批量的大小、运作过程的稳定性、运作类型、运作的批量等。

进行质量检验时，除了上述两个基本问题以外，另外两个问题也很重要：其一，要决定是实行集中检验还是现场检验；其二，要决定是实行质量测定还是进行变量测定。

2. 质量改进

加强质量改进的组织管理通常包括下列工作：①由最高管理者授权，由组织内某一部门（通常是质量管理部门）负责质量改进的管理工作。若组织庞大，也可成立专门的质量改进管理机构；②由负责质量改进的部门提出质量改进的方针、策略、方案目标和总的指导思想，支持和广泛协调组织的质量改进活动；③确定质量改进的需要和目标；④进行质量改进策划，制定质量改进计划，采取指定或其他方式组织有关的小组或个人实施；⑤对实施过程进行监督，给予资源的和道义的支持和帮助，协调相关的事项；⑥对质量改进进行测量、评价和奖励。

科学合理地开展质量改进活动，要求质量改进必须遵循科学合理的工作程序，这一程序的基本过程是：①选定对象，确定课题。根据质量改进计划或现实中存在的质量问题，选定质量改进的对象，确定课题。②确定人选，建立小组。根据所确定的课题，按其规模和涉及的范围大小，组织有关人员参与实施。可以组建跨部门的小组，也可以由原已存在的小组承担，或者在原已存在的小组中选择部分人员承担，甚至可以由某个人承担。③进行分解，明确职责。将质量改进可能涉及的工作项目或活动范围分配给参与者个人，明确完成的期限和配置的资源。必要时还应制定具体的计划。④调查原因，采取措施。调查可能的原因，确定因果关系，采取预防和纠正措施。⑤确认结果，巩固成果。确认改进结果，采用更改规范、设计、制度、规定、程序、方法等方法，保持和巩固成果。⑥寻找新目标。寻找新出现的质量问题或未解决的质量问题，选定新的质量改进对象，使质量改进进入新阶段。

质量改进可能改变现行的程序和方法，引起员工工作的变动，甚至可能增大个别员工的劳动强度，因而可能引起员工的抵触情绪。注意对消极因素的关注与引导，变消极因素为积极因素，使之符合质量改进的要求是非常重要的。质量改进中常见的消极因素有：满足现状，不思进取；只注意产品（服务）上存在的问题，而忽视管理和人际关系上存在的问题；质量改进是下属或别人的事，不是自己的事；只注意账面上的效果，忽视质量改进带来的生机和活力；对改进成果不加以巩固。对于这些情况，行之有效的方法是：营造浓厚的质量改进环境；将质量改进的理由和前景告诉员工；吸收有抵触情绪的员工参与质量改进；对个别员工进行适当补偿；调动有抵触情绪的员工的工作。

3. 质量改进工具与方法

用以进行质量改进的工具有多种，但以下列九种工具最为常见，因为这些工具简单、方便、易行，在质量管理的实践中，这些工具占据主导地位，使用率极高。这九种工具如图 15-5 所示。

（1）流程图。用来描述过程的主要步骤、分支以及最终结果的图。

（2）直方图。用来描述出现频率高、低的分布图。

（3）散点图。用来描述一个特征对于另一个特征值的图形表示。

（4）趋势图。这是一个标有特征值的时间顺序图。

（5）鱼刺图。用来描述过程要素的工具，用以分析过程变异的潜在根源。

（6）ABC 分析法。用以识别、排列并设法永久消除缺陷根源的方法。通常，质量缺陷的根源很多，应用 ABC 分析法，可以将质量缺陷的根源区分出重点少数与一般多数，从而有利于抓住重要的质量缺陷根源。

（7）数据收集。收集数据必须有明确的目的导向，并通过回答一系列相关的问题来开发一个合理有效的收集数据的方案。

（8）控制图。标有统计值的时间顺序图，该图包括一条中心线、一条或一条以上的由统计方法得到的控制图。

（9）检查表。记录数据的一种方法。

15.2.4　质量标准与认证

1. ISO9000 族

ISO/TC176 制定的所有国际标准称为 ISO9000 族。ISO 是国际标准化组织

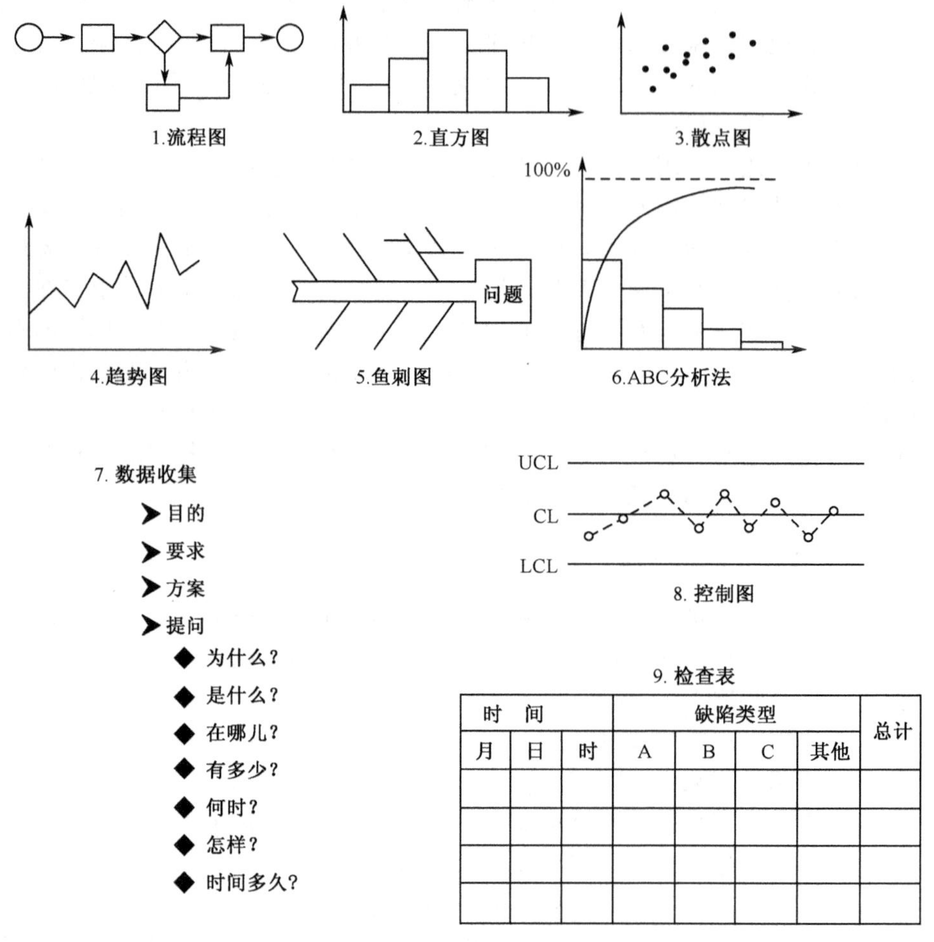

图 15-5 质量改进的常用工具与方法

的缩写。TC176 是 ISO 的第 176 技术委员会，由它负责制定“质量管理与质量保证”的有关标准和指导性文件，以指导组织的质量管理工作。

ISO9000 族是工业生产、国际贸易高度发展的产物，是国际社会对质量管理产生共识的结果，已经先后发布了 1987（年）版、经过“有限修改”的 1994（年）版以及经过“彻底修改”并于 2000 年 12 月 15 日发布的 2000 版的 ISO9000 族标准。

2. ISO9000：2000 的核心

首先，标准明确了组织改进业绩、获得持续成功的八项质量管理基本原则：以顾客为中心、领导作用、全员参与、过程方法、管理的系统方法、持续改进、基于事实的决策方法、与供方互利的关系；提供了建立、实施质量管理体系应遵循的 12 个方面的质量管理体系基础；以及包括 ISO9000、ISO9001、ISO9004、ISO19011 等在内的核心标准。

2000 版的 ISO9000 族标准颁发对进一步规范质量管理、指导组织的质量管理实践有着重要意义。

3. 认证

（1）质量体系认证。由被授权的第三方认证机构，依据 ISO9001 标准（或特定的行业技术规范），对组织的质量管理能力进行审核，认可并颁发证书，证明组织的质量管理能力符合标准要求的活动，称为质量管理体系认证。由于质量体系认证系经由国家或国际认可并授权、具有第三方法人资格的权威认证机构进行，因而具有良好的独立性、公正性、客观性、权威性、公信性。

（2）产品认证。产品质量认证是依据产品标准和相应技术要求，经认证机构确认并通过颁发认证证书和认证标志来证明某一产品相应标准和相应技术要求的活动。产品认证的基本依据是产品标准（通常为国际、国家或区域标准）和相应技术要求，形式是通过型式试验来确定产品是否符合标准。因此，产品认证具有相当大的局限性。

15.2.5　六西格玛质量管理过程

六西格玛（6σ）质量管理过程是一个被称为 DMAIC 的周期性的管理过程，如图 15-6 所示。该过程与 PDCA 循环的形式很相似，但内容有很大不同。

6 σ质量管理过程

1. **定义**(definition, D)
2. **测量**(measurement, M)
3. **分析**(analysis, A)
4. **改进**(improvement, I)
5. **管理**(control, C)

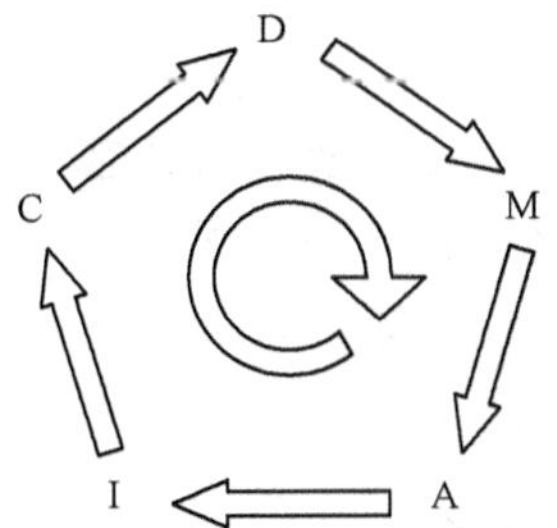

图 15-6　DMAIC 过程图解

首先是定义（definition，D），它是指确定问题、定义目标，确定需要改变的范围，和顾客的需求。这是 6σ 质量管理工作的起点。初始定义是否得当，对 6σ 质量管理过程的展开具有重要影响。

其次是测量（measurement，M），它对以后开始的 6σ 质量管理活动的对象范围予以定义。其内容是：目标指标化、设定评价基准，收集信息。并且在这一阶段要将统计手段运用于过程环节，这是 6σ 质量管理的特点，也是它被称之为有科学性的原因所在。

再次是分析（analysis，A），它是指要对差错、损失及缺陷发生的主要原因进行分析，从中选择应予以研究的课题，并且排出顺序。这里的工作内容主要是要做好主要因素间的关联性分析、对本公司的应变能力做出评价，设定优先顺序。

再其次是改进（improvement，I），它是指设定业务过程的改善目标，探讨具体对策。在这一阶段，工作的具体内容是改革的组织化、决定改革的方向、制订日程计划、实施改革。在这一阶段的进行中，处于被称为“黑色传动皮带”地位的专门成员具有重要作用。6σ 质量管理为了将这样的成员培养成革新的核心，特别重视其教育训练。

最后是管理（control，C），它是指使用管理图、核对目录，对改革后的全部过程是否按设定值运营予以确认，并排除所发生的问题。因而，这一阶段的内容是评价，排除重要而有缺陷的因素，维持现有水平，制订提高水平的计划。

15.3　准时化生产

有一些产品，比如，笔记本电脑或汽车和家用电器等，其共同特征是以相对稳定的平台产品为基础，提供丰富多样的终端产品。并且，在市场上，其订单的主流特征是价格打压凶、质量要求高、交货期要求急、品种款式多等，高性价比是其赢得订单的关键。面对这样的市场压力，靠传统方式生产产品就显得困难重重，而采用准时化生产（just in time，JIT），则能为这样的产品提供强大的竞争优势。比如，在笔记本电脑市场，以 DELL 公司为代表的笔记本电脑及其生产，就是典型代表。通过为顾客创造优于竞争对手的价值，是当今企业赢得顾客、赢得市场竞争的关键。根植于学习型组织与核心能力的 JIT 生产，因其所具有的良好的价值创造能力，能为这样的运作策略提供良好的支撑，而受到越来越多的关注。

15.3.1　概念

准时化生产，又称零库存生产，源于日本丰田汽车公司，故又可称为丰田生产系统（Toyota production system，TPS）。它的基本思想可用一句话来概括——“只在需要的时候，按需要的数量，生产所需的产品”。经过数十年的发展与完善，JIT 已逐步形成了一套有别于传统的、独具特色的、蕴含内在竞争优势的运作体系。实施 JIT 可为企业带来多方面利益，如表 15-2 所示。

表 15-2　实施 JIT 的利益

直接劳动生产率	↑20%～50%
间接劳动生产率	↑20%～60%
整体质量	↑1 倍
生产能力	↑35%～50%
按期交付率	↑100%
生产周期	↓80%～90%
报废、返工	↓25%～65%
采购价格	↓10%～50%
原材料库存	↓35%～75%
在制品	↓70%～90%
成品库存	↓60%～90%
生产准备	↓75%～95%
生产场地面积	↓40%～80%
工作环境	↑
员工满意度	↑
顾客满意度	↑

注：↑表示增加或改善；↓表示降低或减少。

JIT 生产方式是经过几十年的反复试行而逐渐形成的，到今天已经形成一整套包括从企业的经营理念、管理原则到生产组织、生产计划、控制、作业管理以及对人的管理等在内的完整的理论和方法体系。在当前经济一体化、竞争全球化的环境下，JIT 因其良好的市场应变能力，良好的对质量、成本、交货期进行有效控制的能力，正在越来越多地影响着汽车工业以及其他制造类行业。JIT 强调合理、优质、高效性，强调彻底排除浪费，这些对服务业、非营利组织等的运作，也都具有重要的借鉴意义。JIT 对丰富和发展现代运作管理理论也具有重要的影响作用。

15.3.2　浪费管理

1. 浪费的概念

浪费是指非增值性的或增值性有待进一步提高的任何行为、活动。顾客购买产品不是为了仅仅拥有该产品，而是因为该产品具有某种顾客所需要的功能，具有能满足顾客需求的价值。因此，企业中的一切，不论是人员、物料、设备或是行为、活动，只要能体现顾客需求与价值，都是必须的；反之，企业中的一切，不论是人员、物料、设备或是行为、活动，只要没有充分体现顾客需求与价值，都是浪费，都必须减少，直至彻底排除。

2. 库存是一种浪费

JIT 认为，库存是一种浪费，而且是一种罪魁祸首型浪费。一方面，库存本身并不能增加顾客的价值，也就是说，顾客愿意花多少钱来购买该产品，取决于他对该产品的需求程度，而非取决于该产品在企业仓库中的库存量。库存占据了大量的资金、增加了成本，却没有增加顾客价值，所以，库存是一种浪费，只要能满足顾客需求，库存量应该越低越好，最好是零库存。另一方面，库存掩盖了大量问题，使成本居高不下，还容易使企业、员工滋生自我满足、不思进取的心理、态度、行为，是滋长其他多种形式浪费的土壤与温床，所有这一切都与当今超竞争的市场环境背道而驰。所以，JIT 认为，库存是万恶之首，并将零库存作为追求的目标。

3. 浪费管理的方法工具

根据增值性情况，企业中的作业活动可分为四类，它们分别是增值型作业、浪费型作业、非增值但必须的作业、未知型作业，如表 15-3 所示。

表 15-3　浪费管理的策略与方法工具

作业分类	比　重	基本策略	浪费管理方法工具
增值型	17%：增值	保持、强化	浪费分析与描述 增值性分析 标杆管理 标准化与规范化
浪费型	35%：非增值，但容易消除	限制、排除	
非增值、但必须	40%：非增值，但需采用 IE、TQM 等方法手段	合并、精简	
未知型	8%：很难改进	重组再造	

增值型作业。增值型作业能够为顾客创造价值，顾客愿意为这样的作业付费。比如，对于机床厂来说，按订单装配整机床就是增值型作业。对于增值型作业，管理的基本策略是保持增值型作业，进一步加强该项作业的增值效应。

浪费型作业。浪费型作业不能为顾客创造价值，顾客也不愿意为这样的作业活动付费。比如，对于机床厂来说，不必要的在制品、组件的堆放、不合格件的返修。在一般的、非精细型企业中，人们对这些浪费型作业活动往往熟视无睹，而这些浪费型作业活动正是由于员工平常不合理的或不良的行为习惯所致，比如，脏乱差的作业现场，物品或工具随意堆放，对设备工况毫不关心等。对于这样的浪费型作业，从管理基本策略看，宜坚决限制、尽量彻底排除；从管理的方式看，宜通过深入发动员工，鼓励员工群策群力、积极参与、自主管理，在上级部门的协助、指导下，纳入到规范、有序、持续、高效的现场管理之中。

非增值但必须的作业。非增值但必须的作业具有这样的特征：一方面，该项作业活动不能为顾客创造价值，顾客也不愿意为这样的作业活动付费；另一方面，从企业的角度看，该项活动又必不可少。比如，对于机床厂来说，进行质量检验就是这样一种非增值但必须的作业。实际上，企业中非增值但必须的作业活动非常多，名目繁多的会议、报告、检查、审批……绝大部分都是非增值性的，但又是“必须的”。对于非增值但必须的作业，从管理的基本策略看，宜厉行精兵简政、倡导效率之策；从管理的方式看，解决该类问题，宜以受到专业训练的工程技术人员为主，采用专业化的方法手段，比如，工业工程、质量管理等方法手段来解决。

未知型作业。未知型作业能否为顾客创造价值、顾客是否愿意为这样的作业付费尚不明了。对于未知型作业，从管理的基本策略、基本方式看，宜以中高层的管理层为主，大刀阔斧实施流程重组。

浪费管理的基本工具有四种，它们分别是：浪费描述与分析、增值性分析、标杆管理、标准化与规范化。

浪费描述与分析。应用前述浪费分类与归集的方法，全面描述浪费的类型、分布，评估各种浪费的严重程度、所占的比重，充分分析这些浪费的原因，排除的可能性、程度，在此基础上决定排除浪费的工作重点与工作部署。

增值性分析。选择合适的价值流，应用相应的图表工具，全景式地演示、描述该价值流形成价值的过程，分析研究其中影响价值形成的问题点、薄弱环节，采取措施从根源上进行整改，排除价值流中的浪费，强化价值增值效应。

标杆管理。选择具有先进水平的标杆，围绕该先进对象收集相关信息，并将该流程在本项价值流的改良、或浪费管理中加以应用。规范、有序地应用标杆管理，有利于企业持续进步、追求卓越。

标准化与规范化。标准化与规范化包含两个基本阶段。阶段Ⅰ是指通过执行标准在既定标准上稳定现有运作过程；阶段Ⅱ是指在稳定现状的基础上进一步解决现有问题、排除浪费，提升创造价值的能力，并在解决问题的基础上进一步修订完善标准，并据此培训员工。阶段Ⅰ、阶段Ⅱ密切配合，相互支持，实现持续改进。

上述四种基本工具相互支持，互为补充，形成了一个完整的浪费管理工具体系。

15.3.3　JIT 的目标与手段体系

1. JIT 目标体系

从实用主义的观点看，JIT 的最终目标就是要构建一个可靠的、平滑的、快速流转的运作系统，该系统具有良好的市场响应能力、顾客价值保证能力、很高的资源利用能力，向市场提供有竞争力的产品。

要达成上述最终目标，就离不开“消除运作中断、提高运作系统柔性、排除浪费”等中间目标的支持。

消除中断。良好的运作系统应该是一个快速的、平滑的、均衡的流动系统，在该系统中，物料始终处于受控的流动状态或受控的短暂停留状态，没有也不应该有不必要的停顿、中断。引起不必要的中断的因素很多，比如，质量缺陷、设备故障、员工缺勤、供应混乱、作业计划不合理……由于这些原因引发了不必要的停顿，因此，要消除运作中断，应从源头上根除引发中断的原因。

运作系统高柔性。柔性高，意味着适应变化的能力强。当今市场环境对柔性的要求是多方面的，比如，产量的波动、品种的多样性、新产品的频繁导入、订单到达的不可预见性等。运作系统柔性高，意味着批量小、运作提前期短、设备可靠性高、设备调整快速容易、员工素质高、计划控制能力强。

排除浪费。排除浪费就是要尽量减少资源的限制、尽量提高资源的利用率。企业浪费现象很普遍，制造类企业中常见的浪费主要包括：过量生产、等待、运输、存储、流程、工作方法、加工形成的废品与缺陷、安全等方面。

2. JIT 模块

上述支持性目标又进一步分解为下列工作模块，它们分别是：产品设计、流程设计、运作组织、计划与控制、现场管理。

产品设计。JIT 要求在产品设计过程中努力抓好标准化、模块化、高质量以及并行工程等四个关键要素，在产品设计的源头为全面实施 JIT 打下基础。

流程设计。在良好的产品设计的基础上，JIT 对流程设计提出了要求，强调满足 JIT 对批量、设备管理、制造单元、在制品、质量改进、运作柔性等方面的要求。

运作组织。运作组织是 JIT 系统的又一个工作模块。根据 JIT 的要求，运作组织应将企业员工视作资产，注重对员工的岗位轮训，并能够在工作中充分发挥主观能动性，对其所做的工作进行持续不断的改进。

JIT 还要求企业改进成本核算，以便更加全面、客观、真实地反应作业活动的资源消耗情况、浪费情况与增值效应，这是引导决策人员做出正确决策的前提。另外，JIT 还对领导与管理的风格、方法提出新的要求，要求以团队的方式解决问题。这种解决问题的方式要求管理人员改变以往的角色定位，不再充当发号施令的指挥者，而是充当沟通、协调、指导、合作的教练。

计划与控制。JIT 生产方式运作计划与控制提出的要求是实现均衡负荷、拉动式生产、可视化系统、紧密的供应商关系、简化生产流程等要求，以充分发挥 JIT 效能。

拉动式生产系统与推动式生产系统。传统生产环境下使用的是以 MRP 为代表的推动式运作系统，其基本过程是，计划部门根据市场需求（订货和预测），按零部件展开，计算出每种零部件的需要量和各生产阶段的生产提前期，确定各零部件的投入出产计划，按计划向有关单位发出生产和订货的指令。各生产单位都按计划进行生产，将加工完的零部件“推”向下一个生产车间。

JIT 拉动式生产系统的基本过程是，由市场需求信息拉动产品装配，再通过“看板”系统沿反工艺顺序方向逐级传递，发出生产指令，上游生产单位完全按这些指令进行生产。每个生产单位都只在自己需要时才把上一道工序的产出拉过来；最终作业产出则由顾客需求或时间计划总表拉出。

拉动式生产系统中的“看板”系统是一种可视化的生产信息传递系统，其本质是一种基于可视化信息传递的两箱库存系统。看板卡醒目地悬挂在箱子上，卡、箱相配，一箱一卡。若某工作地需补充物料，就有一名工人来到存放物料的地方取走一箱所需的物料（每个箱子的容量都是事先确定好的），并且，从箱子里拿出看板，并将其悬挂在醒目的、指定的位置，再把箱子移到工作间。然后，悬挂的看板再由另一个补充库存的工人取下。整条生产线由此类推。这样，由需求引发了对库存的补充，而零部件补充的数量正好等于需求的数量。因此，看板系统具有需求拉动、小批量生产、底量库存、生产周期短、质量稳定、团队合作效率高等特征。

现场管理。现场管理是 JIT 的基础。前几个工作模块表明，没有高素质员工的支持，没有扎实、过硬的现场管理作为基础，JIT 的这些工作模块就不可能得到有效的贯彻落实。

上述 JIT 工作模块相互支持，协同配合，形成了达成 JIT 目标的手段体系，进一步分解、细化、落实这些手段体系，构成了 JIT 的实施路径图，如图 15-7 所示。

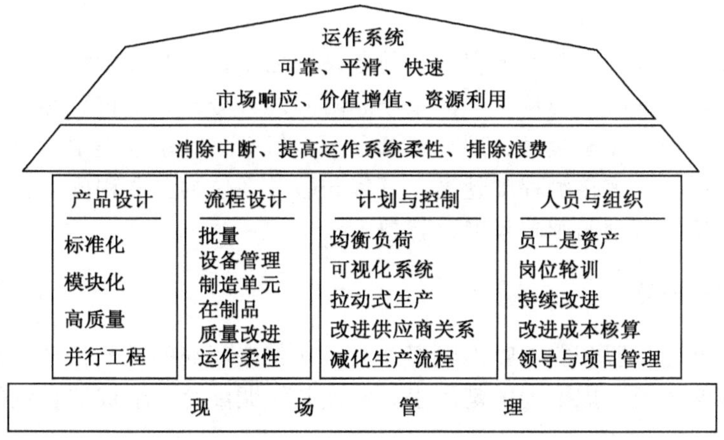

图 15-7　JIT 模块结构

15.4 服务管理

在现实经济生活中，纯粹产品制造或纯粹服务提供都很少，大多数情况下，产品与服务往往相互交织、相互渗透，一方面，人们购买产品会考虑或购买其相应的服务，另一方面，人们消费服务，往往也离不开相应的有形产品的支持。越来越多的企业倾向于将服务作为赢得竞争优势的基本手段。

服务管理的重要性日益凸显，加强服务管理变得更加重要了。

15.4.1 概述

服务可分为对内服务与对外服务两大类。对内服务是指以支持企业组织内部各项活动高效运作为目的的服务，服务本身与企业外部的顾客没有直接的关系，比如，企业内部的信息管理（数据处理）、会计、维修、人力资源管理等。对外服务是指一个组织以向组织外部的顾客提供服务为目的，服务本身与企业外部的顾客具有直接的关系，比如，银行、会计师事务所、旅游、上门维修或保洁等。运作管理既包括了对内服务又包括了对外服务，但本小节只讨论对外服务问题，也即以服务行业的企业组织为对象，讨论其服务管理问题。并且，考虑到服务行业千差万别，其运作管理也有很大的不同，这里将就服务运作管理的共性进行讨论。

15.4.2 服务运作分类

服务运作类型不同，运作管理的重点与要求也有很大的差别。根据不同的分类标准，服务运作有多种分类法。其中最常用的分类标准是根据服务运作过程中顾客的接触程度来划分的。

顾客接触是指顾客真实地存在于服务系统之中。顾客接触程度是指顾客存在于服务系统之中的时间与从事顾客服务总时间的百分比。根据顾客接触程度，服务运作可以划分为完全接触、部分接触和不接触等三种基本类型。很显然，在服务运作过程中，顾客接触程度越高，顾客与服务系统的关联程度也就越高，从而顾客对服务运作管理的影响程度也就越大。

15.4.3 服务战略

服务战略是指服务能够吸引顾客并为企业带来利润的长期指导原则。一般认为，服务战略主要考虑下列关键因素，并使其协调配合，形成综合竞争优势。这些因素如下：

顾客接待。要求顾客接待、服务过程中、顾客离开时，与顾客接触的各类员工都能做到殷勤、温馨、周到、及时。

服务提供。服务提供主要考虑快速、方便、及时等特征。

价格。使顾客觉得价格公道、合理，价格与价值相符。

多样性。服务的标准性或差别化的程度。一般来说，定位于低成本竞争，服务的标准化程度较高。定位于差别化竞争，服务的多样性、个性化程度较高。

技能。注重员工训练，使员工技能能够有效支持所定位的服务。

15.4.4　服务三角形

服务的基本特征是顾客的参与性。因此，服务的三个基本组成部分都必须以顾客为中心。一方面，服务战略的制定，必须有相应的目标顾客的支持，这是服务取得成功的前提；另一方面，在服务战略的指导下，服务提供系统、员工素质与技能应相互匹配，保证服务战略能得到切实有效的贯彻落实，并能得到顾客的认可。图 15-8 描述了服务三角形四个要素之间的动态交互关系。这种动态交互关系既描述了可能的冲突与矛盾，又为服务管理提供了基本指导。只有这样妥善处理这些动态交互关系，服务才会有竞争力，企业才会有满意的利益。

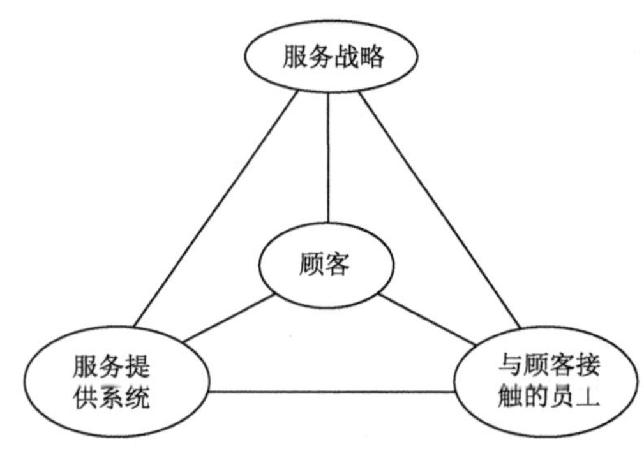

图 15-8　服务三角形

15.4.5　服务蓝图

服务蓝图是服务流程设计的基本工具，应用服务蓝图可以对服务提供系统做出完整的、明了的、准确的描述与定义。利用服务蓝图还可以：①对书面的服务进行分析检验；②掌握服务问题的产生，有利于服务问题的解决；③分析服务蓝图可以明确潜在的问题，从而采取预防措施；④分析增值效应，杜绝浪费，提升对顾客的价值。

图 15-9 是银行分期贷款的服务蓝图。该服务蓝图全面、清楚地描述了服务提供过程的全部处理过程，其中，“------”表示可视线，“□”表示一般处理过程，“◇”表示关键处理过程，“○”表示潜在的失误点，“△”表示顾客等待。

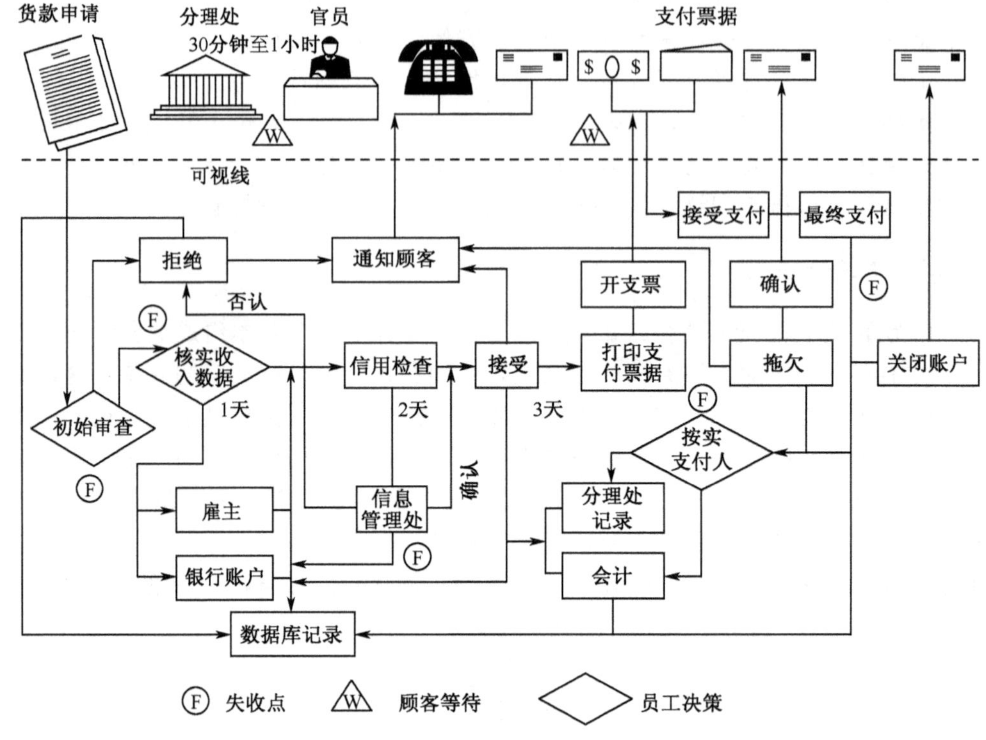

图 15-9　银行分期贷款服务蓝图

15.5　新兴制造技术

由于多种原因的影响，比如，科学技术的发展，社会生产力的提高，经济全球化的趋势，人们生活水平的提高，竞争对手的行动，消费者偏好的改变等，使得当今社会、当今时代充满了巨变。对企业而言，这些巨变既是机会又是挑战。如欲在巨变的环境中打造百年老店、使基业之树常青，那么，善用巨变、积极创新将是关键之举。因此，从运作管理的角度了解当今新兴的制造技术，无疑大有裨益。

15.5.1　先进制造技术的体系结构

从 20 世纪 50 年代开始，以计算机为核心的信息技术成为制造业先进管理模式中不可分割的组成部分。实际上，上述制造业的先进管理模式，都渗透到了先进制造技术（advanced manufacturing technology，AMT）的体系结构中。

先进制造技术是传统制造业不断地吸收机械、信息、电子、材料、能源以及现代管理等方面的最新技术成果，并将其综合应用于产品开发与设计、制造、检测、管理及售后服务的制造全过程，实现优质、高效、低耗、清洁、敏捷制造，并取得理想的技术经济效果的前沿制造技术的总称。从本质上说，先进制造技术是传统制造技术、信息技术、自动化技术和现代管理技术等的有机结合。

先进制造技术是由传统制造技术与以信息技术为核心的现代科学技术相结合的一个完整的高新技术群。其技术体系可以分为五大技术群，它们分别是系统总体技术群、管理技术群、设计制造一体化技术群、制造工艺与装配技术群、支撑技术群。

系统总体技术群。包括与制造系统集成相关的总体技术，如柔性制造、计算机集成制造、敏捷制造、智能制造、绿色制造等。

管理技术群。包括与制造企业的生产经营和组织管理相关的各种技术，如计算机辅助生产管理、制造资源计划、企业资源计划、客户关系管理、供应链管理、全面质量管理、准时制生产、精细生产、约束理论、企业过程重组、动态联盟企业管理等。

设计制造一体化技术群。包括与产品设计、制造、检测等制造过程相关的各种技术，如并行工程、CAD/CAPP/CAM/CAE、拟实制造、可靠性设计、智能优化设计、绿色设计、快速原型技术、质量功能配置、数控技术、物料储运控制、检测监控、质量控制等。

制造工艺与装配技术群。包括与制造工艺及装备相关的各种技术，如精密超精密加工工艺及装备、高速/超高速加工工艺及装备、特种加工工艺及装备、特殊材料加工工艺、精密切削加工工艺、热加工与成型工艺及装备、表面工程、微机械系统等。

支撑技术群。包括上述制造技术的各种支撑技术，如计算机技术、数据库技术、网络通信技术、软件工程、人工智能、虚拟现实、标准化技术、材料科学、人机工程学、环境科学等。

这里每一种方法都代表一种通过将订单实施流程集成化、同步化来改善竞争力的尝试。

先进制造技术是面向 21 世纪的、支持先进制造模式的综合制造技术，贯穿了从市场预测、产品设计、采购、制造管理、制造装配、质量保证、市场销售、售后服务、报废处理回收再利用等整个制造过程，注重技术、管理、人员三者的有机结合，注重环境保护。

15.5.2　约束理论

根据帕累托原理，在大部分的制造业组织中只有少数的资源具有有限的生产能力，即它们的柔性有限，因此，要改进制造柔性，就应该把管理重点放在稀缺资源（瓶颈）上，使用最佳的方法利用这些资源从而取得收益最大化。这套理论中以“鼓-缓冲器-绳子”模型（DBR）最为著名，后来这一理论又扩展为“约束理论”。

约束理论（theory of constraint，TOC）是以色列物理学家戈德拉特博士开创并发展起来的管理哲理。TOC 是关于进行改进和如何最好地实施这些改进的一套管理理念和管理原则，可以帮助企业识别出实现目标的过程中存在着哪些“约束”因素，并进一步指出如何实施必要的改进来消除这些约束，从而更有效地实现企业目标。

约束理论植根于最优生产技术（optimal production technology，OPT）。OPT 认为，一个企业的计划与控制的目标就是寻求顾客需求与企业能力的最优配合，一旦一个被控制的工序（即瓶颈）建立了一个动态的平衡，其余的工序应相继地与这一被控制的工序同步。OPT 的计划与控制是通过 DBR 系统，即“鼓”（drum）、“缓冲器”（buffer）和“绳子”（rope）系统来实现的。实施计划与控制主要包括以下四个步骤：

步骤 1：识别企业的真正约束（瓶颈）所在是控制物流的关键。一般来说，当需求超过能力时，排队最长的机器就是“瓶颈”，如果知道一定时间内生产的产品及其组合，就可以按物料清单计算出要生产的零部件。然后，按零部件的加工路线及工时定额，计算出各类机床的任务工时，将任务工时与能力工时比较，负荷最高、最不能满足需求的机床就是瓶颈。找出瓶颈之后，可以把企业里所有的加工设备划分为关键资源和非关键资源。

步骤 2：基于瓶颈约束，建立产品出产计划，产品出产计划（throughput schedule）的建立，应该使受瓶颈约束的物流达到最优，因为瓶颈约束控制着系统的“鼓的节拍”（drum-beat），即控制着企业的生产节拍和产销率。为此，需要按有限能力法进行生产安排，在瓶颈上扩大批量，设置“缓冲器”。

步骤 3：“缓冲器”的管理，以防止随机波动，使瓶颈不至于出现等待任务的情况。

步骤 4：对企业物流进行平衡，使得非瓶颈的物料应被瓶颈的产出率所控制（即“绳子”），一般按无限能力，用倒推方法对非瓶颈资源安排作业计划，使之与关键资源上的工序同步。

TOC 最初被人们理解为对制造业进行管理、解决瓶颈问题的方法，后来几经改进，发展出以“产销率、库存、运行费”为基础的指标体系，逐渐形成为一种面向增加产销率而不是传统的面向减少成本的管理理论和工具，并最终覆盖到企业管理的所有职能方面。1991 年，当 TOC 逐渐被人们接受的时候，TOC 又发展出用来逻辑化、系统化解决问题的“思维过程”（thinking process，TP）。所以，今天的 TOC，就像当年的 OPT 在管理理念和软件两个方面共同发展一样，它既是面向产销率的管理理念，又是一系列的思维工具。

产销率指单位时间内企业获取的利润额，是 TOC 对企业目标实现程度的关键度量标准。企业的制造部门单靠自己是无法大规模增加产销率的，这需要营销、产品设计和财务等其他部门的共同配合，使整个企业成为一个系统整体。因此就需要高层管理人员不断发展和实施一套为整个企业所接受的基于产销率的运作战略（throughput operating strategy），即 TOS 战略。

当然，TOC 不是增加产销率的唯一方法。但应该承认，TOC 是用来增加产销率的。是实现企业文化从“成本核算型”转变为“产销率增加型”的一套有效的工具和技术。这方面的新思路、新想法，不管是不是冠以 TOC 的名称，都已经和正在被企业的经营实践所证明。

15.5.3　精细生产

“精细生产”（lean production，LP）又称精良生产，英文含义是精干、完美与高品质，因此用中文“精细”来表达通过尽善尽美的生产方式达到的高效益。

20 世纪 80 年代末，美国麻省工学院（MIT）承担了国际汽车计划项目，着重研究日本汽车制造业与欧美大量生产方式的差别是什么，其成功的秘诀在哪里。美国 MIT 的研究小组在做了大量的调查和对比后，总结了以丰田汽车生产系统为代表的生产管理与控制模式后提出了“精细生产”的概念，把以丰田公司为代表的日本生产方式称为“精细生产”。

精细生产要求：对于人、时间、空间、财力、物资等各方面，凡是不能在生产中形成价值增值的都要去掉。例如维修工、现场清洁工，当操作工人进行增值的生产活动时，他们不工作，而需要维修时，操作工又不工作，故维修工作不能直接增值，应撤销，而要求操作工成为多面手，能够完成一般性的维修工作。又如库存占用资金但不增值，在厂内，要求厂房布局上前后衔接的车间尽量靠在一起，生产计划上严格同步，不超前不落后，及时供应；在厂外，对协作厂或供应商，则要求按天甚至按小时供应所需零配件，这样就最大限度地缩小了库存量。

所以精细生产方式几乎只用大量生产方式一半地时间、一半的人力、一半的场地，当然也就会用少得多的费用来开发同一个类型的新产品（如一种新型汽车）。精细生产模式是美国人对以丰田汽车公司为代表的日本生产系统的总结，其特点是：①强调以人为中心，以小组工作方式，充分发挥员工的主动性和创造性；生产的主要任务和责任下放到具有多种技能和相互协作的工人组成的工作小组中。②采用 JIT，实现了高效率、低库存的多品种混合生产，即上道工序只在下道工序需要时生产和准时提供加工件。③团队工作和并行开发是产品开发的主要形式与工作方式，大大缩短了开发周期和提高了产品的可制造性、可销售性。④简化组织结构，简化组织管理层次和手续，简化产品检验环节，精简一切不增值环节，简化一切过程。⑤强调一体化的质量保证体系，流水线工人全面参与质量保证。⑥与用户保持长期的密切联系，为用户提供良好的服务以满足用户的需求。⑦不断改进“修炼”，以尽善尽美为目标，追求最大的客户满意度。

精细生产是准时化生产的发展和深化；精细生产系统与大规模生产系统相比，大大提高了生产系统适应环境变化和需求变更的能力。

精细生产工厂追求的目标是：尽善尽美、精益求精、实现无库存、无废品、低成本的生产。就像 MIT 的研究报告中指出的：建立生产工厂来设计一种新型的汽车，在人员、场地面积、设备投资等方面只有大量生产方式的一半。为实现这种理想的目标，在 20 世纪 80 年代以前只有通过精心的组织与管理来实现。而在今天的信息时代，则有强有力的自动化工具与方法支持。

目前人们将精细生产的系统空间扩大到整个企业，提出精细企业。现代企业是多目标的，有局部的目标，如企业目标；还有全局的目标，如环境保护和社会效益，以及远期效益、在资源有限的条件下，这些目标是相互冲突的。为此，用价值模型来统一和综合这些冲突的目标。在价值模型的驱动下，将一切对企业价值起增值作用的企业活动集成起来，形成一条企业价值链，随着时间的推移形成企业价值流。精细企业的模式就是使这股价值流不断增加的管理模式。

15.5.4 敏捷制造

敏捷制造（agile manufacturing，AM）这一概念是 1991 年美国国防部为解决国防制造能力问题，而委托美国里海大学亚柯卡研究所，拟定一个同时体现工业界和国防部共同利益的中长期制造技术规划框架，在其《21 世纪制造企业战略》研究报告里提出的。

该模式是一种工业企业界已崭露头角的新的生产模式，是一种直接面向用户不断变更的个性化需求，完全按订单生产的可重新设计、重新组合、连续更换的新的信息密集的制造系统。这种系统对用户需求的变更有敏捷的响应能力，并且在产品的整个生命周期内使用户满意。生产系统的敏捷性是通过技术、管理和人这三种资源集成为一个协调的、相互关联的系统来实现的。敏捷制造系统具有一些明显的特点，比如，以强大的信息交换能力为基础的虚拟公司成为经营实体的主要组织形式；模块化、兼容式的组织结构和生产设施使得企业在组织和技术上具有很大的灵活性和应变能力，可以根据需求的变更进行重新组合；以紧密合作为特征的供应商、生产商与客户之间的联合网络；销售信息和用户使用信息可通过信息网络直接反馈到生产决策过程中；并行工程和多项目组是产品开发的主要方式与组织形式；把知识、技术和信息作为最重要的财富，发挥人的创造性。

《21 世纪制造企业战略》研究报告在分析归纳了制造企业必须具备的 29 个子系统与企业的九大基本要素的关系后，提出了关键的能使子系统作为设计敏捷制造系统时的参考。

敏捷制造的关键技术包括：敏捷虚拟企业的组织及管理技术、敏捷化产品设计和并行化企业运作、基于模型与仿真的拟实制造、可重组/可重用的制造技术、敏捷制造计划与控制、智能闭环加工过程控制、企业间的集成技术、全球化企业网、敏捷物流与供应链等。

敏捷制造是信息时代最有竞争力的生产模式。它在全球化的市场竞争中能以最短的交货期、最经济的方式，按用户需求生产出用户满意的具有竞争力的产品。设计敏捷企业时，必须充分注意到如下的要点。

首先，有知识的人是敏捷制造系统中最重要、最宝贵的财富。该系统能充分发挥人的主动性，并且强调不断对人进行教育，不断提高人的素质。

其次，敏捷企业具有灵活的动态组织结构。它能以最快的速度把企业内部和企业外部不同的优势力量集中在一起，形成具有快速响应能力的动态联盟。因为在企业内部它将多级管理模式变为扁平结构的管理方式，把更多的决策权下放到项目组；在企业外部，它将企业之间的竞争变为协作，通过高速网络通信能充分调动、利用分布在世界各地的各种资源，所以能保证迅速、经济地生产出有竞争力的产品。

再次，敏捷制造企业采用了先进制造技术。敏捷制造一方面要“快”，另一方面要“准”，其核心就在于快速地生产出用户满意地产品。因此，敏捷制造必须在其各个制造环节都采用先进制造技术，如产品设计，如果采用传统的人工设计方法，不但做不到“快”，也很难做到“准”，所以就要采用“计算机辅助工程设计”、“并行工程”，甚至“虚拟产品开发”等先进制造技术。只有在设计阶段就考虑到下游的制造、装配、使用、维修，才能做到一次成功。其次也必须采用其他一些先进制造技术，如柔性制造、计算机辅助管理、企业经营过程重构、计算机辅助质量保证、产品数据管理以及产品数据交换标准等技术。

接着，敏捷企业必须建立开放的基础结构。因为敏捷制造要把世界范围内的优势力量集成在一起，所以敏捷制造企业必须采取开放结构，只有这样，才能把企业的生产经营活动与市场和合作伙伴紧密联系起来，使企业能在一体化的电子商务环境中生存。

最后，敏捷制造既适合军用品生产，也适合民用品生产。敏捷制造代表了 CIMS 发展的新阶段。它主要通过敏捷化企业组织、并行工程环境、全球计算机网络或国家信息基础设施，在全球范围内实现企业间的动态联盟和拟实制造，使全球化生产体系或企业群能迅速开发出新产品，响应市场，赢得竞争。

15.5.5　并行工程

并行工程（concurrent engineering，CE）于 20 世纪 80 年代中期由美国国防

研究机构概括和提出，是一种先进的企业全局管理和集成模式。它将企业中复杂的工程设计、制造和经营管理过程中的各种作业，按最终目标，在时间和空间上并行交互进行，从而缩短了传统串行作业方式所需的时间和反复修改的次数，大幅度提高了作业的质量，加快进程，降低成本。

1986 年美国国防分析研究所的 R-338 研究报告对并行工程所做的定义为"并行工程是对产品及其相关过程（包括制造过程和支持过程）进行并行、一体化设计的一种系统化的工作模式。这种工作模式力图使开发者们从一开始就考虑到产品全生命周期（从概念形成到产品报废）中的所有因素，包括质量、成本、进度和用户需求。"

根据上述定义，并行工程具体内涵表现在：目标、系统化的工作模式、以产品为中心、信息新技术、企业员工素质。

并行过程的目标是实现产品的高质量、低成本、上市快，满足用户的多样化需求。

并行工程是一种系统化的工作模式。它强调产品全生命周期的市场需求分析、产品定义、研究开发、设计、制造、支持（包括质量、销售、采购、发送、服务）及产品报废等各相关阶段过程的集成、并发与优化；人们在产品生命周期的上游阶段工作时，就要充分考虑到下游工作的可实现性，尤其是在产品的设计阶段，要进行可制造性、可装配性、可测试性、可维护性、可靠性、可支持性和成本合理性等方面的设计。

并行工程以产品为中心，组成由有关部门代表参考的多学科小组进行"团队"工作。这种工作方式不仅加强了部门间的协调，而且集成了多学科人员的智慧。根据产品复杂程度不同，可组成有层次的团队工作小组群。如果条件允许，期望用户也成为团队的成员。

并行工程十分重视信息新技术的采用，以支持产品及其过程的数字化定义、计算机辅助设计与制造（如 CAD/CAE/CAM 等）、计算机辅助的下游可实现性的设计（如 DFA/DFM/DFT 等）、计算机辅助团队协同工作及各阶段部门间的信息集成等。

并行工程要求企业的成员具有与之相应的素质，尤其是团队协同工作的素质，并掌握有关协同工作的新技术。它要求产品生命周期各阶段工作之间要及时交流、协调，尽量避免跨阶段的"大返工"。

在现实世界中，人们有两种不同的工作方式：串行作业和并行作业。并行作业是一种对产品及其相关过程进行并行一体化设计的系统化的工作模式，其工作方式是：以空间资源换取时间资源，从而加快工作的速度。串行作业方式则相反，它以时间来换取空间。并行工程方法的实质是分层次地工作，它通过宏观过程的分析和求解来缩小微观实际过程分析和求解的范围，因此宏观一定要充分又不冗余。

15.5.6　成组技术

成组技术（group technology，GT）的基本原理是，以不同事物之间的相似性为基础，先对事物进行分类成组，然后再按组进行处理，既能满足多样性要求又能满足批处理、高效率的要求。成组技术的概念最早在 1959 年由苏联工程师米特罗法诺夫提出，并得到广泛的重视与研究。但在当今的制造环境下，成组技术显得更有用武之地。

成组技术的基本原理源于大量的统计分析。一项对机械制造业的实证研究表明，机械制造业产品零部件具有相似性、稳定性、重复性等基本特征。

相似性。不同产品的零部件划分为复杂件、标准件与相似件，则统计分析表明，复杂件、标准件与相似件分别占 5%～10%、20%～25%、60%～70%。

稳定性。进一步的实证研究表明，上述统计规律具有明显的稳定性，这种稳定性表现为：首先，统计规律没有因时间的推移而发生显著的变化；其次，只要行业相同，不管是哪一个国家与地区，统计规律都相同。

重复性。在多品种、小批量的制造中，相似件不仅占据大多数，而且当产品性能、规格型号变更时，这些相似件具有高度的重复再用的特点。

要科学、合理地应用、推广成组技术，必须先行建立零件分类编码系统。目前，国际上已有多种分类编码系统。

成组技术具有广泛的应用，在制造中，其中比较典型的应用包括产品设计、制造流程设计、建立成组制造系统。

产品设计。首先，建立设计文档的检索系统。其次，在进行产品设计时，根据设计要求形成相应的分类代码，并按该分类代码对已有的设计文档进行检索，根据检索的结果，或直接利用已有的设计文档；或对已有的设计文档进行一定的修改，然后再利用，或进行全新设计。

制造流程设计。以经过分类成组的零件组为对象进行流程、工装等的设计。

建立成组制造系统。根据成组技术的基本原理对车间（生产线）、工作中心和设备进行布局，并配置相应的其他制造资源，在不同的设备组上对已经分组归类的零件进行布局，以确保工作流（顾客和/或物流）畅通，制造系统能够高效运行。

采用成组技术可以带来很多的好处——如，减少作业更换时间，减少中间在制品库存，使物流量减少，缩短生产周期等。尤其是信息技术的支撑，进一步驱动了成组技术的应用、推广，从而使得制造更加柔性化、精细化、自动化、敏捷性、大规模定制等。

事物的相似性具有普遍性，基于相似性的成组技术的应用也具有广泛性。成组技术不仅适用于制造类企业，而且在服务型企业、非盈利组织中也大有可为。

15.5.7 计算机集成制造系统

计算机集成制造系统（computer integrated manufacturing system，CIMS）是1973年由美国哈林顿博士首先提出并在20世纪80年代得到发展与成熟的一种制造业先进管理模式。CIMS是通过计算机和自动化技术把企业的销售、开发设计、制造和过程控制等全过程综合在一起的计算机集成制造系统。

工业自动化已经从“单机自动化”进入集散控制阶段；计算机与网络技术在企业管理中的应用也越来越广泛，并开发出了各种分立的业务管理系统。但是，在过程控制系统与计算机管理系统之间始终存在空缺，使得控制与管理脱节，这种“自动化孤岛”难以适应日益激烈的市场竞争。正是在这种背景下，哈林顿博士提出了CIM（计算机集成制造）的概念：“企业的各个生产环节是不可分割的，需要同时考虑；整个生产过程实际上是对信息的采集、传递和加工处理过程，CIM要求把过程控制数据同其他业务信息结合于一个集成信息体系之中，从而构成一体化的计算机控制、管理、决策系统。CIM将企业的全部活动，从产品设计、生产、制造到经营决策和管理，通过计算机有机集成起来，形成一个整体，达到相互协调、总体优化，促进企业的技术进步，提高企业管理水平，缩短产品开发和制造周期，提高产品质量和劳动生产率，增强企业的应变能力和竞争力。”

CIMS在国外已经有了20多年研究和应用的历史，20世纪80年代以来，CIM的研究与应用成了生产领域的热门课题。

我国在20世纪80年代提出了在企业实施管控一体化，1987年国家正式立项将CIMS列入“863”高技术发展计划。经过了10多年的研究、实践和企业应用，我国“863”计划CIMS主题专家组对中国发展CIMS的目标、内容、步骤和方法也有了更为深入的理解和认识，并进行了理论和实践创新，将计算机集成制造系统发展为以信息集成和系统优化为特征的现代集成制造系统（contemporary integrated manufacturing systems），两者的缩写均为CIMS。1998年，我国“863”计划CIMS主题专家组在提出现代集成制造系统的新意义——“将信息技术、现代管理技术和制造技术相结合，并应用于企业产品全生命周期（从市场需求分析到最终报废处理）的各个阶段，通过信息集成、过程优化及资源优化，实现物流、信息流、价值流的集成和优化运行，达到人（组织、管理）、经营和技术三要素的集成，以加强企业新产品的T（时间）、Q（质量）、C（成本）、S（服务）、E（环境），从而提高企业的市场应变能力和竞争能力。”

国外早期CIM的内涵比较侧重信息集成，解决企业在管理、设计、加工制造等部门中存在的“自动化孤岛”的问题，实现在异构环境下的信息集成。

我国实施“863”/CIMS 则强调了系统集成，包含信息集成和系统优化两个方面。其主要内容有：企业建模、系统设计方法、软件工具和规范；异构环境下的信息集成。实施 CIMS 必须用系统的观点建立企业的模型，分析综合企业各部分的活动，划分功能，建立信息之间的静态或动态关系，用系统设计的方法、设计规范和软件工具，确定企业的信息流、物流和资金流。20 世纪 90 年代中期的应用集成平台技术、产品数据管理技术的出现为信息集成提供了有力的工具。但是，信息集成仍然是今后企业信息化的主要内容。CIM 作为一种组织、管理与运行企业的哲理，无论单元技术怎样发展、管理思想怎样变更、经济活动怎样变化、支撑环境怎样改善，它的系统的观点、信息的观点仍然是正确的和重要的。

企业为了提高产品的 T、Q、C、S、E，除了采用信息集成这一技术手段外，还要实施过程集成技术，如并行工程。并行工程即是在信息集成的基础上进行了过程的重构、集成和优化，把产品开发过程中传统的串行作业转变为并行作业，通过计算机网络支持下的协同工作环境和产品数据管理系统，使多学科的协同工作小组能并行作业，缩短了开发周期，减少了设计、制造、装配作业时的反复，降低了成本。

20 世纪 90 年代兴起的敏捷制造将制造业系统集成的概念从一个企业的集成扩展到多个企业之间的集成。它的组织形式是针对某一特定产品，组织或建立企业之间的动态联盟（非永久性的，即所谓虚拟企业）。对产品的多数零部件通过协作解决，一个企业可以在全球范围内寻找合作伙伴，采购价位低、质量好的零部件。这是企业经营要求不断优化的体现。企业间的集成是 CIMS 的新台阶和新阶段。

现代集成制造的提法可以认为是用前瞻的观点，更好地反映了 CIMS 的丰富内涵。因为它可以涵盖信息集成、过程集成和企业集成以及后续的新发展，也可以用“现代”来包含当代系统论、信息化、集成化、网络化、虚拟化和智能化等促进制造系统更快发展的新技术、新方法，这种提法有更大的灵活性，也为后续进一步发展留有余地，更重要的是有利于企业的接受和推广应用，这大大超过了国外早期对 CIMS 的认识，其内涵也大为丰富。

15.5.8　绿色制造

绿色制造（green manufacturing，GM）又称之为环境意识制造或面向环境的制造，是一个综合考虑环境影响和资源消耗的现代制造模式，其目标是使得产品从设计、制造、包装、运输、使用、报废等的整个生命周期中，对环境影响最小，资源利用效率最高，实现企业经济效益和社会效益协调优化、共同发展。

绿色制造的有关内容、概念可以追溯到 20 世纪 80 年代。但比较系统的绿色制造的概念、内容首先出现于美国制造工程师学会（SME）于 1996 发表的关于绿色制造的蓝皮书。

绿色制造的核心内容包括绿色制造的理论体系与总体技术。具体内容包括“绿色制造理论体系、绿色制造体系结构、绿色制造运行模式、绿色制造资源消耗”等。

绿色制造理论体系。主要有绿色制造的资源属性、绿色制造建模理论、绿色制造运行特征、绿色制造系统特性和集成特性。

绿色制造体系结构。主要有绿色制造的目标体系、功能体系、过程体系、信息结构等。绿色制造不只是指制造过程中的绿色问题，而是涉及整个产品生命周期的绿色问题。

绿色制造运行模式。绿色制造系统将企业各项活动中的各种资源要素（如人力、技术、设施、管理)、环境要素（如生态)、各种流（如物流、信息流、资金流）进行集成，形成一个有机的整体，在质量、成本、柔性、交货，尤其在绿色环保、循环利用等方面全面提升竞争力。从运作的过程看，绿色制造涉及全生命周期：绿色研发、绿色制造流程、绿色制造环境、绿色物流、相关资源的开发利用、报废及其处理等。

绿色制造资源消耗。主要是绿色制造物能能源系统。

15.5.9　全面制造

全面制造管理（total manufacturing management，TMM）是一个以“发展高柔性、零缺陷、短周期”为目标的先进管理模式，它包含了当今制造新模式的思想、技术，并通过逻辑上的统一而将各个组成部分有机地组合在一起，使这些子系统对企业的发展做出更大的、综合性贡献。全面制造管理主要包括“准时化生产、全面工业工程、全面生产维护、流程控制、质量改进”等内容。

准时化生产。准时化生产主要用于制造组织，强调综合利用各种方法手段，持续不断地排除浪费、提升顾客价值。

全面工业工程（total industrial engineering，TIE)。全面工业工程认为企业制造的效率不仅受到各单一因素的影响，比如，组织、技术等，而且还取决于这些因素之间的协同性。因此，全面工业工程通过系统化改进，全面提升制造效率。

全面生产维护（total productive maintenance，TPM)。是指以预防为原则，各相关方面协同努力，全员共同参与，做好生产维护工作。

流程控制（in process control，IPC)。以制造流程为重点，进行控制，确保在制造过程中完美实现产品设计意图。

质量改进（quality improvement，QI)。质量是影响顾客满意的关键要素之一，是影响产品竞争力的关键因素之一。质量改进强调全企业范围内共同关心质量、改善质量，取悦顾客，提升竞争力。

【重要词汇】

◇ 运作战略

指导运作管理的理念、原则和与此相应的长期计划。

◇ 质量

产品、体系或过程的一组固有特性满足顾客和其他相关方面要求的能力（ISO9000族：2000）。

◇ 全面质量管理

一个组织以质量为中心，以全员参与为基础，目的在于通过让顾客满意、本组织和全员受益，达到长期成功的管理过程（ISO8402：1994）。

◇ 准时化生产

一种以丰田公司为代表的、一组活动的集合，旨在实现零库存条件下的多种、大批、优质的混合流水生产。

◇ 服务战略

指导服务型组织的运作战略。

【知识训练】

1. 制定运作战略的基本步骤是什么？
2. 影响质量的基本因素有哪些？
3. PDCA循环由哪几个基本阶段、基本步骤构成？
4. DMAIC模型的五个基本步骤是什么？
5. JIT认为库存是“万恶之首”，必须优先排除，为什么？
6. 服务战略的核心是什么？
7. 服务三角形是指什么？

【能力练习】

1. 有人认为“战略决定成败”，有人认为“理念制胜”，有人认为“执行力决定胜负”，也有人认为“细节决定一切”，诸如此类的观念还有不少，谈谈你个人的理解与认识。

2. 为了提高质量，我国提出了“质量振兴纲要”，开展了“质量万里行”，颁布了“ISO9000族质量标准”，设立了“国家质量奖”，还大力倡导和营造“关注顾客、质量至上”的管理观念与企业文化等。凡此举措虽历经多年，但不容回避的是，我国产品整体质量状况并没有得到预期的改善。为什么？

3. 准时化生产又名“零库存生产”。可是，在实践中，人们发现在生产过程中根本无法做到“零库存”，如果一定要做到零库存生产，那企业得到的只能是“沮丧与失败”。谈谈你个人的理解与认识。

4. 试以一个与你的日常生活密切相关的服务型组织（或企业）为例，根据服务战略与服务三角形的有关知识，进行相应的观察与分析。

5. 案例分析：

牛仔裤生产的新模式

信步走入一家商店，要求店主按你要求的尺寸和特点定做服装，这种现象称为“量体裁衣”，这是一种准时生产系统，该系统将零售商和制造商连接起来，可对市场做出及时响应。有了这种快速反应能力，零售商能够将其销售点的信息直接送到工厂现场，从而使延迟时间达到最小化。定制服装公司正在开发一种价格比较合理的女式牛仔裤。应用“量体裁衣”的概念可以节约30%的生产费用，同时也减少了库存和降价损失。该服装公司的创始人孙坚克认为妇女们愿意花约350元的价格买一条保证合体的牛仔裤。

想购买牛仔裤的女顾客可在零售商店中选择她们喜欢的牛仔裤的款样，并与服装定制公司的准时生产服务部门签下合同，然后，订货后的牛仔裤在A市集中进行裁剪，裁剪后再送到B市集中进行加工，加工后的成品牛仔裤再发送到顾客手中。从“量体裁衣”订立合同到顾客收到牛仔裤，前后不到2周时间。由于女式牛仔裤市场是一个巨大的市场，因此，孙坚克认为，虽然还只是刚开始尝试，但为女顾客提供定制牛仔裤服务，是一个富有前景、值得期待的市场，而准时生产则能够为进入该市场提供良好的生产支持。

（理查德·B. 蔡斯等，《生产与运作管理》，第8版，北京：机械工业出版社，1999，328，329，略有修改）

阅读上述资料，以小组讨论或独立思考的方式，就以下问题编写分析报告。

1. 定制服装公司赢得订单的关键因素是什么？对于该公司来说，影响其竞争能力的其他因素还有哪些？

2. 对于定制服装公司来说，你认为运作管理的重点是什么？为什么？

参 考 文 献

艾德里安·里恩斯等．2002．市场领先．徐蔚，李梅梅译．上海：上海交通大学出版社
保罗·A萨缪尔森．1999．经济学（第16版）．萧琛等译．北京：华夏出版社
保罗·唐波拉尔，马丁·特鲁特．2002．与客户亲密接触——通过客户关系管理实现品牌价值最大化．汪开虎译．上海：上海交通大学出版社
陈畴淘．2003．现代经济管理基础．北京：科学出版社
仇向洋，朱志坚．2008．营销管理．第二版．北京：北京师范大学出版社
大卫·科利斯等．2000．公司战略．王永贵等译．大连：东北财经大学出版社
戴维，贝赞可等．1999．公司战略经济学．武亚军总译校．北京：北京大学出版社
多恩布什，费希尔．1997．宏观经济学．冯晴等译．北京：中国人民大学出版社
范里安．2006微观经济学：现代观点．费方域等译．上海：上海人民出版社
菲利普·科特勒．1999．营销管理．第九版．梅汝和，梅清豪，张桁译．上海：上海人民出版社
菲利普·科特勒，费尔南多·德·巴斯．2005．水平营销．陈燕茹译．北京：中信出版社
弗里德曼．2003．弗里德曼的生活经济学．赵学凯等译．北京：中信出版社
弗里蒙特·E卡斯特．1986．组织与管理．北京：中国社会科学出版社
高鸿业．2005．西方经济学．北京：中国人民大学出版社
格里高利·曼昆．2003．经济学原理．梁小民译．北京：机械工业出版社
哈罗德·孔茨，海因茨·韦里克．1998．管理学．张晓君等译．北京：经济科学出版社
洪明洲．2001．管理：个案，理论，辩证．台北：华泰书局
侯赟慧．2004．从商业生态系统角度谈企业管理．特区经济
加里·德斯勒．1999．人力资源管理．第六版．刘昕，吴芳雯译．北京：中国人民大学出版社
杰弗里·蒂蒙斯．2002．战略与商业机会．周伟民，田颖枝译．北京：华夏出版社
杰伊·海泽等．1999．生产与作业管理．第四版．潘洁夫等译．北京：华夏出版社
孔庆善．2006．运作管理．北京：科学出版社
雷蒙德·A诺伊等．2001．人力资源管理——赢得竞争优势．刘昕译．北京：中国人民大学出版社
李东．2005．企业价值战略——现代公司的绩效解析与兴衰奥秘．南京：东南大学出版社
理查德·B蔡斯，尼古拉·J阿奎拉诺，罗伯特·F雅各布斯．1999．生产与运作管理（第八版）．宋国防等译．北京：机械工业出版社
理查德·L达夫特．2003．组织理论与设计．王凤彬等译．北京：清华大学出版社
卢锋．2002．经济学原理（中国版）．北京：北京大学出版社
罗宾斯．1996．管理学．第四版．黄卫伟等译．北京：中国人民大学出版社
罗伯特·卡普兰等．1998．综合记分卡——一种革命性的评估和管理系统．王丙飞等译．北京：新华出版社
迈克尔·波特．1997．竞争优势．陈小悦译．北京：华夏出版社
茅于轼．2003．生活中的经济学．广州：暨南大学出版社
平狄克，鲁宾菲尔德．1997．微观经济学．张军等译．北京：中国人民大学出版社
秦志华．1997．人力资源开发与管理．北京：经济管理出版社
时巨涛等．2002．组织行为学．北京：石油工业出版社
时巨涛等．2005．信息时代的企业人力资源管理．北京：科学出版社

斯蒂芬·P罗宾斯. 1997. 组织行为学. 李原，孙健敏译. 北京：中国人民大学出版社

斯蒂格利茨. 2000. 经济学. 梁小民译. 北京：中国人民大学出版社

斯蒂格利茨，沃尔什. 2005. 经济学. 黄险峰，张帆译，谭崇台校. 北京：中国人民大学出版社

孙慧中. 2002. 管理学原理. 北京：中国财政经济出版社

台湾中山大学企业管理学系. 2005. 管理学. 台湾前程企业管理有限公司

托马斯·弗里德曼. 2006. 世界是平的. 何帆等译. 湘潭：湖南科学技术出版社

王凤彬，李东. 2001. 管理学. 北京：中国人民大学出版社

西屋·马瑟等. 1998. 价值创造. 孟祥成，武红军译. 天津：天津人民出版社

项保华. 2001. 战略管理——艺术与实务. 北京：华夏出版社

小乔治·斯托尔克. 1999. 企业成长战略. 赵锡军等译. 北京：中国人民大学出版社

徐康宁. 2001. 现代企业竞争战略. 南京：南京大学出版社

徐康宁. 2006. 环境经济学. 南京：江苏人民出版社

徐康宁，李东. 1999. 经济管理基础. 南京：东南大学出版社

亚德里安·J斯莱沃斯基等. 2007. 发现利润区. 凌晓东等译. 北京：中信出版社

余凯成等. 1999. 人力资源管理. 大连：大连理工大学出版社

余凯成等. 2001. 组织行为学. 大连：大连理工大学出版社

余永定，张宇燕，郑秉文. 2002. 西方经济学. 北京：经济科学出版社

张树民. 2006. 中级微观经济学教程. 北京：中国经济出版社

张一池. 1999. 人力资源管理教程. 北京：北京大学出版社

郑绍廉等. 1996. 人力资源开发与管理. 上海：复旦大学出版社

周正祥. 2006-10-23. 企业微观环境分析. http://www.chinavalue.net

Anand B N, Khanna T. 2000. Do firms learn to create value? The case of alliance. Strategic Management Journal, 21

Bourgeois L J III. 1996. Strategic Management from Concept to Implementation. Dryden Press, Fort Worth, TX

Kaplan R S, Norton D P. 1996. Link the balanced scorecard to strategy. California Management Review, 39 (1)

Kaplan R S, Norton D P. 1996. Using the balanced scorecard as a strategic management system. Harvard Business Review, 9～10

Kaplan R S, Norton D P. 2000. Having trouble with your strategy? Then map it. Harvard Business Review, 9～10

Poter M E. 1996. What is Strategy. Harvard Business Review

Silverman B S, Baum J A C. 2002. Alliance-based competitive dynamics. Academy of Management Journal, 45 (4)

Stalk G, Evans P, Shulman L E. 1992. Competing on capabilities: the new rule of corporate strategy. Harvard Business Review, 3～4

后　　记

写一部主要供大学理工科学生学习经济管理基础的教学读物，一直是我们的工作计划和教学探索。

东南大学在全国比较早地开设了“经济管理基础”这门课，并作为一门通识课，安排在理工科专业高年级的教学计划中。当时开设这门课时，主要是考虑在市场经济的背景下，让理工科专业的学生掌握一些经济学、管理学、财务管理等方面的知识，了解现实中的经济生活，以后在产品设计、技术革新中有市场的意识，具备基本的经营和效益的思维。理工科专业的学生往往专业基础扎实、学习能力强、刻苦用功，经济学和管理学对于他们虽然是跨学科的学习，但只要内容安排得当，理论联系实际，他们是很愿意学的，也能学得很好。事实上也是如此。根据东南大学近些年参加全国“挑战杯”大学生课外科技作品大赛取得的优异成绩来看，理工科大学生学了这门课，参赛的新产品设计明显有了市场意识，具备了经济管理知识的基本素养。通过几年来的探索，“经济管理基础”逐渐成为理工科专业高年级学生必修的一门课。

经济管理方面的内容很多，把所有的内容浓缩在几十个课时的一门课中是不现实的，只能删繁就简、取其精华。尤其是针对理工科学生的特点，选取最重要的内容，并用叙事式的语言，联系现实中的经济生活，让学生在案例和情景中了解经济管理的理论。我们的出发点是：要让学生掌握最基本的原理，如市场经济是怎么回事，资源在市场中是如何配置的，管理的基本功能是什么，组织在管理中起什么作用；让学生把握最有用的知识，如怎样做市场分析，如何控制生产管理的过程，怎样看资产负债表等。

我们曾经编写过一本“经济管理基础”的教材，当时主要供校内教学所用。现在已经有越来越多的高校开设这门课，根据形势发展的需要，我们原来编写的教材在分量上也略显单薄。于是，我们重新启动了编写新教材的计划，并经申请被选入了教育部普通高等教育“十一五”国家级规划教材。教材是集体编写的，作者的分工是：徐康宁负责第 1～4 章（邵军、程勇承担了部分初稿的编写），李东负责第 5～8 章，时巨涛负责第 9、10 章，朱志坚负责第 11、12 章，陈良华负责第 13 章，孔庆善负责第 14、15 章。徐康宁、李东作为主编，负责整体框架和章节安排。

由于给理工科学生编写经济管理的教材属于一个新的尝试，限于水平和认识，本书一定存在一些不足和缺陷，敬请专家和读者批评指正。

徐康宁

2008年10月